손해평가사 2차
기출유형 모의고사

시대에듀

손해평가사 2차

기출유형 모의고사

손해평가사 2차 시험을 위한 이론서

제1과목 | 농작물재해보험 및 가축재해보험의 이론과 실무

제2과목 | 농작물재해보험 및 가축재해보험 손해평가의 이론과 실무

농업정책보험금융원 페이지(www.apfs.kr)

손해평가사 ➔ 손해평가사 주요업무 에서 다운로드 받을 수 있습니다.

Always **with you**

사람의 인연은 길에서 우연하게 만나거나 함께 살아가는 것만을 의미하지는 않습니다.
책을 펴내는 출판사와 그 책을 읽는 독자의 만남도 소중한 인연입니다.
시대에듀는 항상 독자의 마음을 헤아리기 위해 노력하고 있습니다. 늘 독자와 함께하겠습니다.

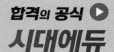

머리말

손해평가사는 공정하고 객관적인 농업재해보험의 손해평가를 하기 위해 피해사실의 확인, 보험가액 및 손해액의 평가, 그 밖에 손해평가에 필요한 사항에 대한 업무를 수행하는 자로서 농어업재해보험법에 따라 국가자격인 손해평가사 자격을 취득해야 합니다.

손해평가사 2차 시험은 농업정책보험금융원 홈페이지에 등재된 「농업재해보험 손해평가의 이론과 실무」 이론서에서 출제됩니다.

지금까지 출제된 2차 시험을 분석해 보면 손해평가사의 직무에 관한 문제들이 주로 출제되고 있으며, 특히 수확량 산정문제, 피해율 산정문제, 보험금 산정문제들이 심화문제로 출제되고 있습니다. 이런 문제들은 농업정책보험금융원 홈페이지에 공개된 「농업재해보험 손해평가의 이론과 실무」를 충분히 이해하고, 기출문제 경향에 따른 문제풀이에 초점을 두고 학습한다면 충분히 풀 수 있는 문제들이라고 생각합니다.

본서는 손해평가사 2차 시험 준비를 마무리하고 실력을 최종 점검할 수 있도록 10개년 기출문제를 철저히 분석하여 구성한 모의고사 문제집입니다. 2차 시험의 답안은 출제자의 의도를 파악하고, 그 답을 일목요연하게 서술하여야 하며, 문제에서 묻는 핵심내용을 기입해야 높은 점수를 받을 수 있습니다. 특히 주관식 풀이형 문제의 경우 기존 기출문제 등도 변형 · 활용되어 출제될 수 있기 때문에 기출문제를 많이 접해보고 유사문제를 풀어봄으로써 출제유형에 익숙해져야 합니다.

2차 시험과 관련하여 정답을 구하는 문제는 농업정책보험금원에 발표한 이론서를 기준으로 그 정답을 작성해야 하기 때문에 가장 최근 발표한 기준을 반영하였습니다.

아무쪼록 본서가 손해평가사를 준비하는 수험생들에게 등대와 같은 지침서로서 수험 준비과정을 마무리하고, 최종 점검을 하는데 도움이 되길 기대합니다.

대표 편저자 씀

이 책의 구성 및 특징

STEP 01 문제편

2025년 농업정책보험금융원에서 발표한 이론서를 적용한 기출유형 모의고사 10회분을 통해 학습내용을 최종 점검할 수 있습니다.

농작물재해보험 및 가축재해보험의 이론과 실무

01 다음 조건에 따른 종합위험보장 벼 품목의 병해충보장 특별약관 적용보험료를 계산하시오. [5점]

- 특별약관 보험가입금액 : 20,000,000원
- 지역별 특별약관 영업요율 : 5%
- 손해율에 따른 할증률 : 10%
- 친환경 재배시 할증률 : 5%
- 직파재배 농지 할증률 : 10%

02 종합위험보장방식 마늘, 양파 품목에서 ① 가입자격과 ② 대상재해를 쓰시오. [5점]

03 제주도지역 농지에서 남도종 마늘을 재배하는 A씨는 보험가입금액 100,000,000원의 조기파종보장 특약 마늘 상품에 가입하였다. 한지형 마늘 최초 판매개시일 24시 이전에 보상하는 재해로 10a당 식물체 주수가 27,000주가 되어 10월 31일 이전에 10a당 33,000주로 재파종을 한 경우 조기파종보험금의 계산과정과 값을 쓰시오. [5점]

농작물재해보험 및 가축재해보험 손해평가의 이론과 실무

11 다음은 보험사기에 관한 내용이다. ( )에 들어갈 내용을 각각 쓰시오. [5점]

정 의	보험사기는 보험계약자 등이 보험제도의 원리상으로는 취할 수 없는 보험혜택을 부당하게 얻거나 보험제도를 역이용하여 고액의 보험금을 수취할 목적으로 (①)이며, 악의적으로 행동하는 일체의 불법행위로서 범법성 (②)의 유형이다.
성립요건	• (③)에게 고의가 있을 것 • (④)가 있을 것 • 상대방인 보험자가 (⑤)에 빠지는 것 • 사기가 (⑥)일 것

12 종합위험 수확감소보장방식 밭작물 품목의 품목별 표본구간별 수확량조사 방법에 관한 내용이다. ( )에 들어갈 내용을 각각 쓰시오. [5점]

품 목	표본구간별 수확량조사 방법
양파	표본구간내 작물을 수확한후, 종구 (①) 윗부분 줄기를 절단하여 해당 무게를 조사한다. 단, 양파의 최대지름이 (②) 미만인 경우에는 (③), 100% 피해로 인정하고 해당 무게의 (④), 0%를 수확량으로 인정한다.
마늘	표본구간내 작물을 수확한후, 종구 (⑤) 윗부분을 절단하여 무게를 조사한다. 단, 마늘통의 최대지름이 (⑥) 미만인 경우에는 (⑦), 100% 피해로 인정하고 해당 무게의 (⑧), 0%를 수확량으로 인정한다.

STEP 02 정답 및 해설편

2025년 농업정책보험금융원에서 발표한 이론서를 적용한 정확하고 자세한 해설로 학습자가 자신의
Level-TEST를 할 수 있습니다.

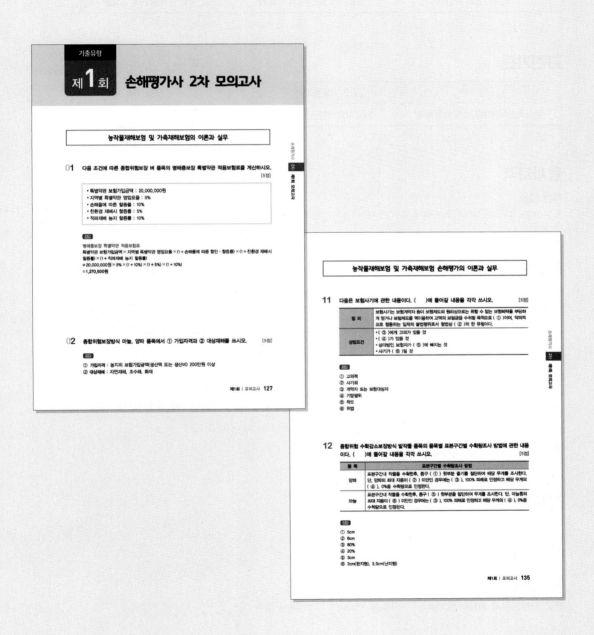

자격시험 소개

손해평가사란?

손해평가사는 공정하고 객관적인 손해액 산정과 보험금 지급을 위하여 농작물의 농업재해로 인한 손해에 대해 보험관련 법규와 약관을 근거로 전문적인 능력과 지식을 활용하여 보험사고를 조사·평가하는 일을 수행한다.

수행직무		
피해사실의 확인	보험가액 및 손해액의 평가	그 밖의 손해평가에 필요한 사항

관련기관

소관부처	운용기관	시행기관
농림축산식품부(재해보험정책과)	농업정책보험금융원(보험 2부)	한국산업인력공단

응시자격

제한 없음

※ 「농어업재해보험법」 제11조의4 제4항에 해당하는 사람은 그 처분이 있은 날부터 2년이 지나지 아니한 경우 시험에 응시할 수 없음

응시수수료 및 납부방법

1차 시험 응시수수료	2차 시험 응시수수료	납부방법
20,000원	33,000원	전자결제(신용카드, 계좌이체, 가상계좌 중 택일)

합격기준 및 합격자발표

❶ 매 과목 100점을 만점으로 하여 매 과목 40점 이상과 전 과목 평균 60점 이상인 사람을 합격자로 결정

❷ 큐넷 손해평가사 홈페이지 합격자발표 : 60일간(www.Q-Net.or.kr/site/loss)

❸ ARS (☎1666-0100) 합격자발표 : 4일간

자격증 발급

농업정책보험금융원에서 자격증 신청 및 발급업무를 수행한다.

접수방법

큐넷 손해평가사 홈페이지(www.Q-Net.or.kr/site/loss)에서 접수

AGRICULTURE INSURANCE CLAIM ADJUSTER

시험일정

구 분	원서접수기간	시행지역	시험일자	합격자발표
2차 시험	2025.7.21.~2025.7.25.	서울, 부산, 대구, 광주, 대전, 인천, 제주	2025.8.30.	2025.11.19.

시험과목 및 방법

구 분	시험과목	문항수	시험시간	시험방법
2차 시험	❶ 농작물재해보험 및 가축재해보험의 이론과 실무 ❷ 농작물재해보험 및 가축재해보험 손해평가의 이론과 실무	과목별 10문항	120분	주관식

※ 기활용된 문제, 기출문제 등도 변형 · 활용되어 출제될 수 있음
※ 2차 시험의 답안은 농업정책보험금융원에서 등재된 「농업재해보험 손해평가의 이론과 실무」를 기준으로 작성

손해평가사 자격시험 시행현황

구 분		2015	2016	2017	2018	2019	2020	2021	2022	2023	2024
1차	대 상	5,684명	3,655명	3,240명	3,716명	6,614명	9,752명	15,385명	15,796명	16,903명	17,871명
	응 시	4,002명	2,879명	2,374명	2,594명	3,901명	8,193명	13,230명	13,361명	14,107명	14,037명
	응시율	70.4%	78.8%	73.3%	69.8%	59.0%	84.0%	86.0%	84.6%	83.5%	78.6%
	합 격	1,865명	1,761명	1,444명	1,949명	2,486명	5,748명	9,508명	9,067명	10,830명	9,343명
	합격률	46.6%	61.2%	60.8%	75.1%	63.7%	70.2%	71.9%	67.9%	76.8%	66.6%
2차	대 상	2,935명	2,442명	1,939명	2,372명	3,254명	5,855명	10,136명	10,686명	11,732명	11,291명
	응 시	2,260명	1,852명	1,538명	1,934명	2,712명	4,937명	8,699명	9,016명	9,977명	9,584명
	응시율	77.0%	75.8%	79.3%	81.5%	83.3%	84.3%	85.8%	84.4%	85.1%	84.9%
	합 격	430명	167명	260명	129명	153명	566명	2,233명	1,017명	1,390명	566명
	합격률	19.0%	9.0%	16.9%	6.7%	5.6%	11.5%	25.7%	11.3%	13.9%	5.9%

〈자료출처 : 한국산업인력공단, Q-net 홈페이지〉

이 책의 차례

손해평가사
2차
기출유형 모의고사

손해평가사 2차 기출유형 모의고사

문제편

손해평가사 2차 모의고사

손해평가사 2차 제1회 모의고사

시험과목	① 농작물재해보험 및 가축재해보험의 이론과 실무 ② 농작물재해보험 및 가축재해보험 손해평가의 이론과 실무

수험자 확인사항	1. 답안지 인적사항 기재란 외에 수험번호 및 성명 등 특정인임을 암시하는 표시가 없음을 확인하였습니다. 확인 ☐
	2. 연필류, 유색필기구 등을 사용하지 않았습니다. 확인 ☐
	3. 답안지 작성시 유의사항을 읽고 확인하였습니다. 확인 ☐

[수험자 유의사항]

1. 답안지 표지 앞면 빈칸에는 시행연도·자격시험명·과목명을 정확히 기재하여야 합니다.

2. 답안지 작성은 반드시 검정색 필기구만을 계속 사용하여야 합니다.
   (그 외 연필류, 유색필기구 등을 사용한 답항은 채점하지 않으며, 0점 처리됩니다.)

3. 수험번호 및 성명은 반드시 연습지 첫 장 좌측 인적사항 기재란에만 작성하여야 하며, 답안지의
   인적사항 기재란 외의 부분에 특정인임을 암시하거나 답안과 관련 없는 특수한 표시를 하는 경우
   답안지 전체를 채점하지 않으며, 0점 처리합니다.

4. 계산문제는 반드시 계산과정, 답, 단위를 정확히 기재하여야 합니다.

5. 답안 정정 시에는 두 줄(=)로 긋고 다시 기재 또는 수정테이프 사용이 가능하며, 수정액을 사용할
   경우 채점상의 불이익을 받을 수 있으므로 사용하지 마시기 바랍니다.

6. 기 작성한 문항 전체를 삭제하고자 할 경우 반드시 해당 문항의 답안 전체에 명확하게 ×를 하시기
   바랍니다. (× 표시한 답안은 채점대상에서 제외)

7. 답안 작성시 문제번호 순서에 관계없이 답안을 작성하여도 되나, 문제번호 및 문제를 기재(긴 경우
   요약기재 가능)하고, 해당 답안을 기재하여야 합니다.

8. 각 문제의 답안작성이 끝나면 바로 옆에 "끝"이라고 쓰고, 최종 답안작성이 끝나면 줄을 바꾸어 중앙에
   "이하 여백"이라고 써야 합니다.

9. 수험자는 시험시간이 종료되면 즉시 답안작성을 멈춰야 하며, 종료시간 이후 계속 답안을 작성하거나
   감독위원의 답안지 제출지시에 불응할 때에는 당회 시험을 무효처리 합니다.

○ 본 문제는 2025년 4월 농업정책보험금융원에서 발표된 「농업재해보험 손해평가의 이론과 실무」
   이론서(2024년 12월 31일 기준 관련법령, 사업시행지침, 보험약관)를 바탕으로 구성하였습니다.

01 다음 조건에 따른 종합위험보장 벼 품목의 병해충보장 특별약관 적용보험료를 계산하시오.

[5점]

> • 특별약관 보험가입금액 : 20,000,000원
> • 지역별 특별약관 영업요율 : 5%
> • 손해율에 따른 할증률 : 10%
> • 친환경 재배시 할증률 : 5%
> • 직파재배 농지 할증률 : 10%

02 종합위험보장방식 마늘, 양파 품목에서 ① 가입자격과 ② 대상재해를 쓰시오.   [5점]

03 제주도지역 농지에서 남도종 마늘을 재배하는 A씨는 보험가입금액 100,000,000원의 조기파종보장 특약 마늘 상품에 가입하였다. 한지형 마늘 최초 판매개시일 24시 이전에 보상하는 재해로 10a당 식물체 주수가 27,000주가 되어 10월 31일 이전에 10a당 33,000주로 재파종을 한 경우 조기파종보험금의 계산과정과 값을 쓰시오.   [5점]

04 돼지를 사육하는 A농장의 계약자가 가축재해보험에 가입하려고 한다. 다음 물음에 답하시오.

[5점]

농 장	사육두수		
A농장	비육돈	모돈	웅돈
	50두	30두	20두

(1) 질병위험보장 특약에서 보상하는 주요 질병(3가지)을 쓰시오.
(2) 질병위험보장 특약 보험가액의 계산과정과 값을 쓰시오(단, 보험사업자가 제시한 기준가액으로 계산하고, 자돈가격은 100,000원으로 할 것).

05 종합위험 수확감소보장방식에서 보험가입시 특약으로 ① 나무손해보장을 가입할 수 있는 품목과 ② 품목별 보험기간(보장개시와 보장종료)을 쓰시오.

[5점]

06 종합위험보장 벼(조곡)에 관한 내용이다. 계약내용과 조사내용을 참조하여 다음 물음에 답하시오.

[15점]

○ 계약내용	○ 조사내용
• 보험가입금액 : 5,000,000원 • 가입면적 : 9,000m² • 자기부담비율 : 10%형	• 재이앙전 피해면적 : 2,700m² • 재이앙후 식물체 피해면적 : 6,300m²

(1) 재이앙・재직파보험금과 경작불능보험금을 지급하는 경우를 각각 서술하시오.
(2) 재이앙・재직파보장과 경작불능보장의 보장개시시점과 보장종료시점을 각각 쓰시오.
(3) 재이앙・재직파보험금의 계산과정과 값을 쓰시오.
(4) 경작불능보험금의 계산과정과 값을 쓰시오.

07 다음 적과전 종합위험방식(Ⅱ) 과수 품목별 보험가입이 가능한 주수의 합을 구하시오.

[15점]

구 분	재배형태	가입하는 해의 수령	주 수
사과	밀식재배	3년	150주
사과	반밀식재배	3년	200주
사과	일반재배	5년	190주
배	–	3년	250주
단감	–	4년	180주
떫은감	–	5년	250주

08 다음 계약들에 대하여 각각 정부지원액(2024년 기준)의 계산과정과 값을 쓰시오. [15점]

(단위 : 원)

구 분	농작물재해보험	농작물재해보험	가축재해보험
보험목적물	배	벼	외국산 경주마 1필
보험가입금액	100,000,000	150,000,000	60,000,000
자기부담비율	15%	20%	약관에 따름
영업보험료	15,000,000	10,000,000	6,000,000
순보험료	12,000,000	8,000,000	–
정부지원액	(①)	(②)	(③)

○ 주계약 가입기준임
○ 가축재해보험의 영업보험료는 업무방법에서 정하는 납입보험료와 동일함
○ 정부지원액이란 재해보험가입자가 부담하는 보험료의 일부와 재해보험사업자의 재해보험의 운영 및 관리에 필요한 비용의 전부 또는 일부를 정부가 지원하는 금액임(지방자치단체의 지원액은 포함되지 않음)
○ 재해보험사업자의 재해보험의 운영 및 관리에 필요한 비용은 부가보험료와 동일함

09 종합위험보장 시설작물 및 버섯작물 품목에 대하여 다음 물음에 답하시오. [15점]

(1) 자연재해나 조수해로 입은 손해를 보상하기 위한 경우를 서술하시오.

(2) 보장개시와 보장종료를 각각 쓰시오.

(3) 시설작물에 대한 내용이다. (   )에 들어갈 내용을 각각 쓰시오.

> 하우스별 연간 재배 예정인 시설작물 중 생산비가 가장 (①) 작물가액의 (②) 범위 내에서 계약자가 가입금액을 결정(10% 단위)한다.

10 종합위험방식 포도 품목에 관한 내용이다. 계약내용과 조사내용을 참조하여 다음 물음에 답하시오. [15점]

<table>
<tr><td>
1. 계약내용
　○ 보험가입 품목 : 포도, 비가림시설
　○ 특별약관 : 나무손해보장, 수확량감소추가
　　　보장
　○ 품종 : 캠밸얼리
　○ 수령 : 8년
　○ 가입주수 : 100주
　○ 평년수확량 : 2,000kg
　○ 가입수확량 : 2,000kg
　○ 비가림시설 가입면적 : 1,000m^2
　○ 자기부담비율 : 3년 연속가입 및 3년간 수령
　　　한 보험금이 순보험료의 120% 미만인 과수
　　　원으로 최저 자기부담비율 선택
　○ 포도 보험가입금액 : 20,000,000원
　○ 나무손해보장 보험가입금액 : 5,000,000원
　○ 비가림시설 보험가입금액 : 18,000,000원
</td><td>
2. 조사내용
　○ 사고접수 : 2023.8.10. 호우, 강풍
　○ 조사일 : 2023.8.13.
　○ 재해 : 호우
　○ 조사결과
　　• 실제결과주수 : 100주
　　• 고사된 나무 : 30주
　　• 수확량 : 900kg
　　• 미보상비율 : 10%
　　• 비가림시설 : 피해 없음
</td></tr>
</table>

(1) 계약내용과 조사내용에 따라 지급 가능한 포도 품목의 보험금(3가지)에 대하여 각각 계산과정과 값을 쓰시오.

(2) 포도 상품 비가림시설에 대한 보험가입기준 및 자기부담금 그리고 인수제한 내용이다. ( )에 들어갈 내용을 각각 쓰시오.

> • 비가림시설 보험가입기준 및 자기부담금 : (①) 단위로 가입(구조체＋피복재)하고, 최소 가입면적은 (②)이다. 자기부담금은 최소 30만원에서 최대 100만원 한도 내에서 손해액의 (③)를 적용한다.
> • 비가림시설 인수제한 : 비가림폭이 (④), 동고가 (⑤)의 범위를 벗어나는 비가림시설(과수원의 형태 및 품종에 따라 조정)

11 다음은 보험사기에 관한 내용이다. ( )에 들어갈 내용을 각각 쓰시오. [5점]

정 의	보험사기는 보험계약자 등이 보험제도의 원리상으로는 취할 수 없는 보험혜택을 부당하게 얻거나 보험제도를 역이용하여 고액의 보험금을 수취할 목적으로 (①)이며, 악의적으로 행동하는 일체의 불법행위로서 형법상 (②)의 한 유형이다.
성립요건	• (③)에게 고의가 있을 것 • (④)가 있을 것 • 상대방인 보험자가 (⑤)에 빠지는 것 • 사기가 (⑥)일 것

12 종합위험 수확감소보장방식 밭작물 품목의 품목별 표본구간별 수확량조사 방법에 관한 내용이다. ( )에 들어갈 내용을 각각 쓰시오. [5점]

품 목	표본구간별 수확량조사 방법
양파	표본구간내 작물을 수확한후, 종구 (①) 윗부분 줄기를 절단하여 해당 무게를 조사한다. 단, 양파의 최대 지름이 (②) 미만인 경우에는 (③), 100% 피해로 인정하고 해당 무게의 (④), 0%를 수확량으로 인정한다.
마늘	표본구간내 작물을 수확한후, 종구 (⑤) 윗부분을 절단하여 무게를 조사한다. 단, 마늘통의 최대 지름이 (⑥) 미만인 경우에는 (③), 100% 피해로 인정하고 해당 무게의 (④), 0%를 수확량으로 인정한다.

13 적과전 종합위험방식(Ⅱ) 사과 품목에서 적과후착과수조사를 실시하고자 한다. 과수원의 현황(품종, 재배방식, 수령, 주수)이 다음과 같이 확인되었을 때 ①, ②, ③, ④에 대해서는 계산과정과 값을 쓰고, ⑤에 대해서는 산정식을 쓰시오(단, 적정표본주수 최솟값은 소수점 첫째자리에서 올림하여 다음 예시와 같이 구하시오. 예시 : 10.2주 → 11주로 기재).   [5점]

○ 과수원의 현황

품 종	재배방식	수 령	실제결과주수	고사주수
스가루	반밀식	10	830	50
홍로	밀식	10	120	40

○ 적과후착과수 적정표본주수

품 종	재배방식	수 령	조사대상주수	적정표본주수	적정표본주수 산정식
스가루	반밀식	10	(①)	(③)	(⑤)
홍로	밀식	10	(②)	(④)	―

14 종합위험 수확감소보장방식 논작물 관련 내용이다. 계약사항과 조사내용을 참조하여 피해율의 계산과정과 값을 쓰시오.   [5점]

○ 계약사항

품 목	가입면적	평년수확량	표준수확량
벼	3,000m^2	9,000kg	7,000kg

○ 조사내용

조사종류	조사수확비율	피해정도	피해면적비율	미보상비율
수확량조사 (수량요소조사)	70%	매우 경미	10% 미만	10%

15 가축재해보험 보통약관에서 규정하는 보상하는 손해에 관한 내용이다. (   )에 들어갈 내용을 각각 쓰시오. [5점]

① 소(牛) : 폐사, 긴급도축, 소 도난 및 행방불명으로 인해 입은 손해, 가축사체 잔존물처리비용, (   )
② 종모우(種牡牛) : 보험의 목적이 폐사, 긴급도축, (   )의 사유로 입은 손해
③ 돼지(豚) : 화재 및 풍재, 수재, 설해, 지진 발생시 (   )에 필요한 조치로 목적물에 발생한 손해
④ 가금(家禽) : (   )으로 인한 폐사
⑤ 말(馬) : 폐사, 긴급도축, (   ), 가축사체 잔존물처리비용
⑥ 기타 가축(家畜) : (   )으로 인한 폐사
⑦ 축사(畜舍) : 보험의 목적이 (   )으로 입은 직접손해

16 농업수입감소보장방식 콩에 관한 내용이다. 계약사항과 수확량 조사내용을 참조하여 다음 물음에 답하시오. [15점]

○ 계약사항

보험가입금액	자기부담비율	가입면적	평년수확량	농지별 기준가격
10,000,000원	20%	10,000m²	3,000kg	6,000원/kg

※ 수확기가격은 5,000원/kg임

○ 수확량 조사내용
[면적조사]

실제경작면적	고사면적	기수확면적
10,000m²	1,000m²	1,000m²

[표본조사]

표본구간면적	종실중량	함수율
10m²	2kg	25%

[미보상비율] : 10%

(1) 수확량의 계산과정과 값을 쓰시오(단, 수확량은 kg단위로, 소수점 둘째자리에서 반올림하여 다음 예시와 같이 구하시오. 예시 : 123.45kg → 123.5kg).
(2) 피해율의 계산과정과 값을 쓰시오(단, 피해율은 소수점 셋째자리에서 반올림하여 다음 예시와 같이 구하시오. 예시 : 12.345% → 12.35%).
(3) 농업수입감소보험금의 계산과정과 값을 쓰시오.

17 종합위험방식 시설재배 버섯 품목에 관한 내용이다. 각 내용을 참조하여 다음 물음에 답하시오.

○ 표고버섯(원목재배)

원목의 면적	원목(본)의 피해면적	재배원목(본)수	피해원목(본)수	원목(본)당 보장생산비
40m²	20m²	2,000개	500개	7,000원

○ 표고버섯(톱밥배지재배)

준비기생산비계수	피해배지(봉)수	재배배지(봉)수	손해정도비율
66.3%	500개	2,000개	50%

배지(봉)당 보장생산비	생장일수	비 고
2,400원	45일	수확기 이전 사고임

○ 느타리버섯(균상재배)

준비기생산비계수	피해면적	재배면적	손해정도
67.6%	500m²	2,000m²	50%

단위면적당 보장생산비	생장일수	비 고
16,900원	14일	수확기 이전 사고임

(1) 표고버섯(원목재배) 생산비보장보험금의 계산과정과 값을 쓰시오.

(2) 표고버섯(톱밥배지재배) 생산비보장보험금의 계산과정과 값을 쓰시오.

(3) 느타리버섯(균상재배) 생산비보장보험금의 계산과정과 값을 쓰시오.

제1회 | 모의고사 **13**

18

감귤(온주밀감류) 과실손해조사에 관한 내용이다. 다음 물음에 답하시오. [15점]

○ 계약사항

보험가입금액	가입면적	자기부담비율
30,000,000원	4,800m^2	10%

○ 표본주 조사내용(단위 : 개)

구 분	정상 과실수	30%형 피해과실수	50%형 피해과실수	80%형 피해과실수	100%형 피해과실수
등급내	750	80	120	120	60
등급외	400	110	130	90	140

※ 수확전 사고조사는 실시하지 않았음
※ 미보상비율은 없음

(1) 위의 계약사항 및 표본주 조사내용을 참조하여 과실손해 피해율의 계산과정과 값을 쓰시오
   (단, 피해율은 소수점 셋째자리에서 반올림하여 다음 예시와 같이 구하시오. 예시 :
   12.345% → 12.35%).
(2) 위의 계약사항 및 표본주 조사내용을 참조하여 과실손해보험금의 계산과정과 값을 쓰시오.

19 특정위험방식 인삼에 관한 내용이다. 계약사항과 조사내용을 참조하여 다음 물음에 답하시오(단, 주어진 문제 조건외 다른 조건은 고려하지 않음). [15점]

○ 계약사항

인삼 가입금액	경작 칸수	연근	기준수확량 (5년근 표준)	자기부담 비율	해가림시설 가입금액	해가림시설 보험가액
100,000,000원	600칸	5년	0.73kg	20%	20,000,000원	30,000,000원

○ 조사내용

사고원인	피해칸	표본칸	표본수확량	지주목간격	두둑폭	고랑폭
화재	400칸	10칸	9.636kg	2.5m	1.2m	0.7m

해가림시설 피해액	잔존물제거비용	손해방지비용	대위권보전비용
5,000,000원	300,000원	300,000원	200,000원

(1) 인삼 피해율의 계산과정과 값을 쓰시오(단, 피해율은 소수점 셋째자리에서 반올림하여 다음 예시와 같이 구하시오. 예시 : 12.345% → 12.35%).

(2) 인삼 보험금의 계산과정과 값을 쓰시오.

(3) 해가림시설 보험금(비용 포함)의 계산과정과 값을 쓰시오(단, 보험금은 소수점 첫째자리에서 반올림하여 다음 예시와 같이 구하시오. 예시 : 12.5원 → 13원).

20 다음 계약사항과 조사내용을 참조하여 물음에 답하시오. [15점]

○ 계약사항

상품명	특약 및 주요사항	평년착과수	가입과중
적과전 종합위험방식(Ⅱ) 배 품목	• 나무손해보장 특약 • 착과감소 70% 선택	100,000개	400g

가입가격	가입주수	자기부담률	
1,000원/kg	750주	과실	10%
		나무	5%

※ 나무손해보장 특약의 보험가입금액은 1주당 10만원을 적용함

○ 조사내용

구 분	재해 종류	사고 일자	조사 일자	조사내용
계약 체결일 24시 ~ 적과전	우박	5월 30일	5월 31일	[피해사실확인조사] • 피해발생 인정 • 미보상비율 : 0%
적과후 착과수 조사	–		6월 10일	[적과후착과수조사]

품 종	실제결과주수	조사대상주수	표본주 1주당 착과수
화산	400주	400주	60개
신고	350주	350주	90개

※ 화산, 신고는 배의 품종임

구 분	재해 종류	사고 일자	조사 일자	조사내용
적과 종료 이후	태풍	9월 1일	9월 2일	[낙과피해조사] • 총 낙과수 : 4,000개(전수조사)

피해과실구성	정상	50%	80%	100%
과실수(개)	1,000	0	2,000	1,000

구 분	재해 종류	사고 일자	조사 일자	조사내용
	조수해	9월 18일	9월 20일	[나무피해조사] • 화산 30주, 신고 30주는 조수해로 고사
	우박	5월 30일	10월 1일	[착과피해조사]

피해과실구성	정상	50%	80%	100%
과실수(개)	50	10	20	20

※ 적과 이후 자연낙과 등은 감안하지 않으며, 무피해나무의 평균착과수는 적과후착과수의 1주당 평균착과수와 동일한 것으로 본다.

(1) 착과감소보험금의 계산과정과 값을 쓰시오.

(2) 과실손해보험금의 계산과정과 값을 쓰시오.

(3) 나무손해보험금의 계산과정과 값을 쓰시오.

손해평가사 2차 제2회 모의고사

시험과목	① 농작물재해보험 및 가축재해보험의 이론과 실무 ② 농작물재해보험 및 가축재해보험 손해평가의 이론과 실무

수험자 확인사항	1. 답안지 인적사항 기재란 외에 수험번호 및 성명 등 특정인임을 암시하는 표시가 없음을 확인하였습니다. 확인 ☐
	2. 연필류, 유색필기구 등을 사용하지 않았습니다. 확인 ☐
	3. 답안지 작성시 유의사항을 읽고 확인하였습니다. 확인 ☐

[수험자 유의사항]

1. 답안지 표지 앞면 빈칸에는 시행연도·자격시험명·과목명을 정확히 기재하여야 합니다.

2. 답안지 작성은 반드시 검정색 필기구만을 계속 사용하여야 합니다.
   (그 외 연필류, 유색필기구 등을 사용한 답항은 채점하지 않으며, 0점 처리됩니다.)

3. 수험번호 및 성명은 반드시 연습지 첫 장 좌측 인적사항 기재란에만 작성하여야 하며, 답안지의 인적사항 기재란 외의 부분에 특정인임을 암시하거나 답안과 관련 없는 특수한 표시를 하는 경우 답안지 전체를 채점하지 않으며, 0점 처리합니다.

4. 계산문제는 반드시 계산과정, 답, 단위를 정확히 기재하여야 합니다.

5. 답안 정정 시에는 두 줄(=)로 긋고 다시 기재 또는 수정테이프 사용이 가능하며, 수정액을 사용할 경우 채점상의 불이익을 받을 수 있으므로 사용하지 마시기 바랍니다.

6. 기 작성한 문항 전체를 삭제하고자 할 경우 반드시 해당 문항의 답안 전체에 명확하게 ✕를 하시기 바랍니다. (✕ 표시한 답안은 채점대상에서 제외)

7. 답안 작성시 문제번호 순서에 관계없이 답안을 작성하여도 되나, 문제번호 및 문제를 기재(긴 경우 요약기재 가능)하고, 해당 답안을 기재하여야 합니다.

8. 각 문제의 답안작성이 끝나면 바로 옆에 "끝"이라고 쓰고, 최종 답안작성이 끝나면 줄을 바꾸어 중앙에 "이하 여백"이라고 써야 합니다.

9. 수험자는 시험시간이 종료되면 즉시 답안작성을 멈춰야 하며, 종료시간 이후 계속 답안을 작성하거나 감독위원의 답안지 제출지시에 불응할 때에는 당회 시험을 무효처리 합니다.

○ 본 문제는 2025년 4월 농업정책보험금융원에서 발표된 「농업재해보험 손해평가의 이론과 실무」 이론서(2024년 12월 31일 기준 관련법령, 사업시행지침, 보험약관)를 바탕으로 구성하였습니다.

01 농작물재해보험에서 정하는 재배 관련 용어로 (   )에 들어갈 내용을 쓰시오.   [5점]

> • 꽃눈분화기 : 과수원에서 꽃눈분화가 (①) 정도 진행된 때
> • 발아 : (꽃 또는 잎) 눈의 인편이 (②) 정도 밀려나오는 현상
> • 신초발아기 : 과수원에서 전체 신초(당년에 자라난 새가지)가 (③) 정도 발아한 시점
> • 수확기 : 농지(과수원)가 위치한 지역의 (④)을(를) 감안하여 해당 목적물을 통상적으로 수확하는 시기

02 농작물재해보험 종합위험보장 밭작물 품목 중 출현율이 80% 미만인 농지를 인수제한 하는 품목(5가지 이상)을 모두 쓰시오(단, 농작물재해보험 판매상품 기준으로 한다).   [5점]

03 농작물재해보험 종합위험보장 과수품목의 보험기간에 대한 기준이다. (   )에 들어갈 내용을 쓰시오.   [5점]

구 분		보장개시	보장종료
보 장	목적물		
종합위험 수확감소보장	호두	(①) 단, (①)가 지난 경우에는 계약체결일 24시	수확기종료 시점 단, 판매개시연도 (②)을 초과할 수 없음
비가림과수 손해보장	포도	(③)	수확기종료 시점 단, 이듬해 (④)을 초과할 수 없음
비가림과수 손해보장	대추	(⑤) 단, (⑤)가 경과한 경우에는 계약체결일 24시	수확기종료 시점 단, 판매개시연도 (⑥)을 초과할 수 없음

04 종합위험 생산비보장 쪽파(실파) 품목은 사업지역, 파종 및 수확시기에 따라 1형과 2형으로 구분된다. ( )에 들어갈 내용을 쓰시오. [5점]

> (1) 보장개시
> - 1형 : 판매개시연도 (①)
> - 2형 : 판매개시연도 (②)
>
> (2) 보장종료
> - 1형 : 최초 수확 직전. 다만, 판매개시연도 (③)을 초과할 수 없음
> - 2형 : 최초 수확 직전. 다만, 이듬해 (④)을 초과할 수 없음

정답

① 10월 15일, ② 10월 15일, ③ 12월 31일, ④ 5월 31일

05 종합위험보장 고추 품목의 계약인수 관련 내용이다. ( )에 들어갈 내용을 쓰시오. [5점]

> - 계약인수는 (①) 단위로 가입하고 개별 (①)당 최저 보험가입금액은 (②)이다. 단, 하나의 리, 동에 있는 각각 (②) 미만의 두 개의 농지는 하나의 농지로 취급하여 계약 가능하다.
> - 고추 품목의 경우, 10a당 재식주수가 (③) 이상이고 (④) 이하인 농지만 가입 가능하다.

06 종합위험 밭작물 감자(고랭지재배, 봄재배, 가을재배) 품목에서 수확감소보장의 자기부담비율과 그 선택 기준을 각 비율별로 서술하시오. [15점]

07 종합위험 수확감소보장 ① 복숭아 품목의 보험금 지급사유를 쓰고, ② 보험금 계산(지급금액)에 대해 설명하시오(단, 세균구멍병으로 인한 피해가 있음). [15점]

08 종합위험 수확감소보장 밤 품목의 ① 가입자격과 ② 대상재해를 쓰고, ③ 농작물재해보험 판매기간과 ④ 대표적인 인수제한 목적물을 서술하시오. [15점]

09 농작물재해보험 품목 중 비가림시설 또는 해가림시설에 관한 다음 보험가입금액을 구하시오. [15점]

(1) 포도(단지 단위) 비가림시설의 최소 가입면적에서 최소 보험가입금액(단, m²당 시설비는 18,000원으로 산정한다)

(2) 대추(단지 단위) 비가림시설의 가입면적 300m²에서 최대 보험가입금액(단, m²당 시설비는 19,000원으로 산정한다)

(3) 다음 조건에 따른 인삼 해가림시설의 보험가입금액

• 단위면적당 시설비 : 50,000원	• 가입(재식)면적 : 500m²
• 시설유형 : 목재	• 내용연수 : 6년
• 시설년도 : 2022년 5월	• 가입시기 : 2024년 11월

10 가축재해보험 축사 보통약관에 관한 다음의 내용을 서술하시오. [15점]

(1) 보험의 목적

(2) 보상하는 손해

(3) 손해액의 산정

11 가축재해보험 약관에서 설명하는 보상하지 않는 손해에 관한 내용이다. 다음 (   )에 들어 갈 용어를 각각 쓰시오. [5점]

> • 계약자, 피보험자 또는 이들의 법정대리인의 (①) 또는 중대한 과실
> • 계약자 또는 피보험자의 (②) 및 (③)에 의한 가축폐사로 인한 손해
> • 보험목적이 (④)되어 보험목적을 객관적으로 확인할 수 없는 손해(다만, 풍수해 사고로 인한 직접손해 등 회사가 인정하는 경우에는 보상)
> • 계약 체결 시점 현재 기상청에서 발령하고 있는 기상특보 발령지역의 기상특보 관련 재해(⑤)로 인한 손해

12 다음은 종합위험 수확감소보장방식 논작물(벼)에 관한 내용이다. 아래의 내용을 참조하여 다음 물음에 답하시오. [5점]

(1) A농지의 재이앙·재직파보험금을 구하시오.

구 분	보험가입금액	보험가입면적	실제경작면적	피해면적
A농지	10,000,000원	3,000m²	3,000m²	1,200m²

(2) B농지의 수확감소보험금을 구하시오(수량요소조사, 표본조사, 전수조사가 모두 실시됨).

구 분	보험가입금액	조사방법에 따른 피해율	자기부담비율
B농지	10,000,000원	• 수량요소조사 : 피해율 30% • 표본조사 : 피해율 40% • 전수조사 : 피해율 50%	20%

13 농작물재해보험 보험금 지급과 관련한 약관의 내용이다. 다음 (   )에 들어갈 내용을 각각 쓰시오. [5점]

> • 회사는 제6조(보험금의 청구)에서 정한 서류를 접수한 때에는 접수증을 교부하고, 그 서류를 접수 받은 후 지체 없이 지급할 보험금을 결정하고 지급할 보험금이 결정되면 (①) 이내에 이를 지급한다. 또한, 지급할 보험금이 결정되기 전이라도 피보험자의 청구가 있을 때에는 회사가 추정한 보험금의 (②) 상당액을 가지급보험금으로 지급한다.
> • 회사가 지급기일 내에 보험금을 지급하지 않았을 때에는 그 다음날부터 지급일까지의 기간에 대하여 〈부표〉'보험금을 지급할 때의 적립이율'에 따라 (③)로 계산한 금액을 더하여 지급한다. 그러나 계약자 또는 피보험자의 (④) 사유로 지급이 지연된 때에는 그 해당 기간에 대한 이자를 더하여 지급하지 않는다.

14 다음의 계약사항과 조사내용을 참조하여 아래 착과수조사 결과에 들어갈 값(① ~ ③)을 각각 구하시오(단, 해당 과수원에 있는 모든 나무의 품종 및 수령은 계약사항과 동일한 것으로 함).

[5점]

○ 계약사항

품 목	품종 / 수령	가입일자(계약일자)
자두	A / 9년생	2023년 11월 20일

○ 조사내용

※ 조사종류 : 착과수조사
※ 조사일자 : 2024년 8월 20일
※ 조사사항
  • 상기 조사일자 기준 과수원에 살아있는 모든 나무수(고사된 나무수 제외) : 300주
  • 2023년 12월에 조사된 유목 및 제한 품종의 나무수 : 50주
  • 2023년 12월 발생한 보상하는 손해로 2024년 3월에 고사된 나무수 : 30주
  • 2024년 6월 발생한 보상하는 손해 이외의 원인으로 2024년 7월에 고사된 나무수 : 20주
  • 2024년 6월 발생한 보상하는 손해 이외의 원인으로 착과량이 현저하게 감소한 나무수 : 10주

○ 착과수조사 결과

구 분	실제결과주수	미보상주수	고사주수
주수	(①)주	(②)주	(③)주

15 적과전 종합위험방식(Ⅱ) 사과 품목의 과실손해보장 계약에서 적과종료 이전 동상해(4월 3일), 우박피해(5월 15일)를 입은 경우 다음 조건에 따른 착과감소과실수와 기준착과수를 구하시오.

[5점]

• 평년착과수 : 20,000개
• 적과후착과수 : 10,000개
• 적과종료 이전 특정위험 5종 한정보장 특별약관 : 가입
• 동상해 피해사실확인조사 : 피해 있음
• 우박 유과타박률 : 40%
• 미보상감수과실수 : 없음

16 피보험자 A가 운영하는 △△한우농장에서 한우 1마리가 인근 농장주인 B의 과실에 의해 폐사(보상하는 손해)되어 보험회사에 사고보험금을 청구하였다. 다음의 내용을 참조하여 피보험자 청구항목 중 비용(①~④)에 대한 보험회사의 지급 여부를 각각 지급 또는 지급불가로 기재하고, ⑤ 보험회사의 최종 지급금액(보험금＋비용)을 구하시오. [15점]

피보험자(A) 청구항목			보험회사 조사내용
보험금	소(牛)		폐사 시점의 손해액 500만원(전손)은 보험가입금액 및 보험가액과 같은 것으로 확인(자기부담금비율 : 20%)
비용	(①)	잔존물처리비용	A가 폐사로 잔존물의 견인비용 및 차에 싣는 비용을 위해 지출한 비용(30만원)으로 확인
	(②)	손해방지비용	A가 손해의 경감을 위해 지출한 유익한 비용이 아닌 보험목적의 관리의무를 위하여 지출한 비용(50만원)으로 확인
	(③)	대위권보전비용	A가 B에게 손해배상을 받을 수 있는 권리를 행사하기 위해 지출한 유익한 비용(40만원)으로 확인
	(④)	기타 협력비용	A가 회사의 요구 또는 협의에 따르기 위해 지출한 비용(40만원)으로 확인
최종 지급금액(보험금＋비용)			(⑤)

17 다음의 계약사항과 조사내용을 참조하여 ① 수확량(kg), ② 피해율(%) 및 ③ 보험금을 구하시오(단, 품종에 따른 환산계수 및 비대추정지수는 미적용하고, 수확량과 피해율은 소수점 셋째자리에서 반올림하여 다음 예시와 같이 구하시오. 예시 : 12.345kg → 12.35kg, 12.345% → 12.35%). [15점]

○ 계약사항

품 목	보험가입금액	가입면적	평년수확량	기준가격	자기부담비율
수입감소보장 양파	3,000만원	3,000m²	9,000kg	2,800원/kg	20%

○ 조사내용

재해종류	조사종류	실제경작면적	수확불능면적	타작물 및 미보상면적	기수확면적
냉해	수확량조사	3,000m²	500m²	300m²	0m²

표본구간 수확량	표본구간면적	미보상비율	수확기가격
11kg	10m²	10%	2,900원/kg

18 다음은 종합위험 생산비보장방식 고추에 관한 내용이다. 아래의 조건을 참조하여 다음 물음에 답하시오. [15점]

○ 조건 1

잔존보험 가입금액	가입면적 (재배면적)	자기부담비율	표준생장일수	준비기생산비 계수	정식일
9,000,000원	3,000m²	5%	100일	49.5%	2024년 5월 10일

○ 조건 2

재해종류	내 용
한해 (가뭄피해)	• 보험사고 접수일 : 2024년 8월 7일(정식일로부터 경과일수 89일) • 조사일 : 2024년 8월 8일(정식일로부터 경과일수 90일) • 수확개시일 : 2024년 8월 18일(정식일로부터 경과일수 100일) • 가뭄 이후 첫 강우일 : 2024년 8월 20일(수확개시일로부터 경과일수 2일) • 수확종료(예정)일 : 2024년 10월 7일(수확개시일로부터 경과일수 50일)

○ 조건 3

면적피해율	평균손해정도비율	미보상비율
50%	30%	10%

(1) 위 조건에서 경과비율(%)을 구하시오(단, 경과비율은 소수점 셋째자리에서 반올림하여 다음 예시와 같이 구하시오. 예시 : 12.345% → 12.35%).
(2) 위 조건에서 보험금을 구하시오(단, 원 단위 이하 절사).

19 다음은 종합위험 수확감소보장방식 복숭아에 관한 내용이다. 아래의 계약사항과 조사내용을 참조하여 ① A품종 수확량(kg), ② B품종 수확량(kg), ③ 수확감소보장 피해율(%), ④ 수확감소보험금을 구하시오(단, 피해율은 소수점 셋째자리에서 반올림하여 다음 예시와 같이 구하시오. 예시 : 12.345% → 12.35%). [15점]

○ 계약사항

품 목	가입금액	평년수확량	자기부담비율	수확량감소 추가보장 특약	나무손해보장 특약
복숭아	30,000,000원	5,000kg	20%	미가입	미가입

품종 / 수령	가입주수	1주당 표준수확량	표준과중
A / 9년생	200주	15kg	300g
B / 10년생	100주	30kg	350g

○ 조사내용(보상하는 재해로 인한 피해가 확인됨)

조사종류	품종 / 수령	실제결과주수	미보상주수	품종별·수령별 착과수(합계)
착과수조사	A / 9년생	200주	10주	5,000개
	B / 10년생	100주	8주	3,000개

조사종류	품 종	품종별 과중	미보상비율
과중조사	A	290g	5%
	B	310g	10%

20 적과전 종합위험방식(Ⅱ) 사과 품목에 대한 사항이다. 다음 조건을 참조하여 물음에 답하시오(단, 주어진 조건외 다른 사항은 고려하지 않음). [15점]

○ 계약사항

품목	보험가입금액	가입주수	평년착과수	자기부담비율	특약 및 주요 사항
사과	50,000,000원	600주	70,000개	15%	• 나무손해보장 미가입 • 적과전 5종 한정보장 미가입 • 가을동상해 부담보 가입 • 착과감소보험금 보장수준 70%형

• 가입가격 : 2,000원/kg, 가입과중 : 300g

○ 조사내용

구 분	재해종류	사고일자	조사일자	조사내용
계약일 24시 ~ 적과전	동상해	4월 9일	4월 10일	〈피해사실확인조사〉 • 피해발생 인정 • 미보상비율 : 0%
	우박	6월 8일	6월 9일	〈피해사실확인조사〉 • 피해발생 인정 • 미보상비율 : 0%
적과후 착과수 조사	–		6월 25일	〈적과후착과수조사〉 <table><tr><td>품 종</td><td>실제결과주수</td><td>조사대상주수</td><td>표본주 1주당착과수</td></tr><tr><td>미얀마</td><td>290주</td><td>290주</td><td>60개</td></tr><tr><td>후지</td><td>310주</td><td>310주</td><td>70개</td></tr></table>※ 미얀마, 후지는 사과의 품종임
적과 종료 이후	일소	9월 10일	9월 11일	〈낙과피해조사〉 • 총 낙과수 : 1,000개(전수조사), (착과피해는 없는 것으로 함) <table><tr><td>피해과실구성</td><td>정상</td><td>50%</td><td>80%</td><td>100%</td></tr><tr><td>과실수(개)</td><td>0</td><td>200</td><td>300</td><td>500</td></tr></table>
	태풍	9월 25일	9월 26일	〈낙과피해조사〉 • 총 낙과수 : 2,000개(전수조사) <table><tr><td>피해과실구성</td><td>정상</td><td>50%</td><td>80%</td><td>100%</td></tr><tr><td>과실수(개)</td><td>300</td><td>400</td><td>600</td><td>700</td></tr></table>
	우박	6월 8일	10월 3일	〈착과피해조사〉 <table><tr><td>피해과실구성</td><td>정상</td><td>50%</td><td>80%</td><td>100%</td></tr><tr><td>과실수(개)</td><td>160</td><td>80</td><td>10</td><td>50</td></tr></table>

※ 적과 이후 자연낙과 등은 감안하지 않음

(1) 착과감소보험금의 계산과정과 값을 구하시오.

(2) 과실손해보험금의 계산과정과 값을 구하시오(단, 감수과실수와 감수량은 소수점 첫째자리에서 반올림하여 다음 예시와 같이 구하시오. 예시 : 감수과실수 1.6개 → 2개, 감수량 1.6kg → 2kg로 기재).

손해평가사 2차 제3회 모의고사

시험과목	① 농작물재해보험 및 가축재해보험의 이론과 실무
	② 농작물재해보험 및 가축재해보험 손해평가의 이론과 실무

○ 본 문제는 2025년 4월 농업정책보험금융원에서 발표된 「농업재해보험 손해평가의 이론과 실무」 이론서(2024년 12월 31일 기준 관련법령, 사업시행지침, 보험약관)를 바탕으로 구성하였습니다.

01 농작물재해보험 관련 용어의 정의로 (   )에 들어갈 내용을 쓰시오. [5점]

- "위험(危險)"이란 (①)이고, (②)이며, (③)으로 구성되어 있다.
- "위태'(危殆)"란 특정한 사고로 인하여 발생할 수 있는 (④)을 새로이 창조하거나 증가시킬 수 있는 상태를 말한다.
- "손해(損害)"란 (⑤)의 결과로 발생하는 가치의 상실 혹은 감소를 의미한다.

02 농업수입감소보장 콩 품목의 보험금 계산식에 관한 내용이다. 다음 내용에서 (   )의 ① 용어와 ② 정의를 쓰시오. [5점]

실제수입 = {조사수확량 + (   )} × Min(농지별 기준가격, 농지별 수확기가격)

03 종합위험 비가림과수 손해보장방식(포도, 참다래)에서 보험기간에 관한 내용이다. (   ) 안에 들어갈 내용을 쓰시오. [5점]

보 장	가입품목	보장개시	보장종료
나무손해보장 특약	포도	판매개시연도 (①) 다만, (①) 이후 보험에 가입하는 경우에는 계약체결일 24시	이듬해 (②)
	참다래	판매개시연도 (③) 다만, (③) 이후 보험에 가입하는 경우에는 계약체결일 24시	이듬해 (④)

04 다음은 소(牛)도체결함으로 인한 경락가격 하락으로 인한 손해를 보상하는 소(牛)도체결함 보장 특별약관에 관한 설명이다. (   ) 안에 들어갈 내용을 쓰시오.   [5점]

> 도축장에서 소를 도축하면 이후 축산물품질평가사가 도체에 대하여 등급을 판정하고, 그 판정내용을 표시하는 "(①)"을(를) 도체에 찍는다. 등급판정과정에서 도체에 결함이 발견되면 추가로 "(②)"을(를) 찍게 된다. 본 특약은 경매시까지 발견된 (②)으로 인해 경락가격이 하락하여 발생하는 손해를 보상한다. 단, 보통약관에서 보상하지 않는 손해나 소 부문에서 보상하는 손해, 그리고 (③)으로 인한 손해는 보상하지 않는다.

05 가축재해보험 사업운영에 관한 담당 부서 및 기관을 쓰고, 그 부서 및 기관의 역할을 간략히 서술하시오.   [5점]

(1) 사업주관부서

(2) 사업관리기관

(3) 사업시행기관

06 위험관리 방법에 관한 다음 내용을 서술하시오.   [15점]

(1) 위험관리 방법을 선택할 경우 고려(예측)해야 할 사항(3가지)

(2) 위험 특성에 따른 위험관리 방법(4가지)

07 ○○도 △△시 관내 농업용 시설물에서 토마토를 재배하는 A씨, 장미를 재배하는 B씨, 부추를 재배하는 C씨는 모두 농작물재해보험 종합위험방식 원예시설 상품에 가입한 상태에서 자연재해로 시설작물이 직접적인 피해를 받았다. 이 때, A, B, C씨의 작물에 대한 (1) 보험금 지급사유와 (2) 지급보험금 계산식을 각각 쓰시오(단, C씨의 장미는 보상하는 재해로 나무가 죽은 경우에 해당함).   [15점]

08 농작물재해보험 종합위험 논작물(벼) 품목에 관한 내용이다. 다음 보장방식에 대한 보험금 지급사유와 보험금 산출식을 쓰시오. [15점]

(1) 이앙·직파불능보장

(2) 재이앙·재직파보장

(3) 경작불능보장

(4) 수확불능보장

(5) 수확감소보장

09 농작물재해보험 종합위험 수확감소보장 복숭아 품목에 관한 내용이다. 다음 조건에 대한 ① 보험금 지급사유와 ② 총 지급보험금을 계산하시오(단, 피해율은 소수점 셋째자리에서 반올림하여 다음 예시와 같이 구하시오. 예시 : 12.345% → 12.35%). [15점]

---

1. 계약사항
   ○ 보험가입 품목 : 복숭아
   ○ 품종 : 백도
   ○ 수령 : 10년
   ○ 가입주수 : 150주
   ○ 보험가입금액 : 30,000,000원
   ○ 평년수확량 : 9,000kg
   ○ 가입수확량 : 9,000kg
   ○ 자기부담비율 : 3년 연속가입 및 3년간 수령보험금이 순보험료의 120% 미만인 과수원으로 최저 자기부담비율 선택
   ○ 특별약관 : 수확량감소 추가보장

2. 조사내용
   ○ 사고접수 : 2024.7.5. 기타 자연재해, 병충해
   ○ 조사일 : 2024.7.6.
   ○ 사고조사내용 : 강풍, 병충해(세균구멍병)
   ○ 수확량 : 4,500kg(병충해과실무게 미포함)
   ○ 병충해과실무게 : 1,200kg
   ○ 미보상비율 : 10%

---

10 종합위험보장 매실, 무화과, 두릅, 블루베리, 감귤(만감류) 품목을 요약한 내용이다. 다음 ( )에 들어갈 내용을 쓰시오. [15점]

품 목	보 장	대상재해	보험기간	
			보장개시	보장종료
매실	수확감소보장	자연재해, 조수해, 화재	계약체결일 24시	(①)
	나무손해보장		판매개시연도 12월 1일 다만, 12월 1일 이후 보험에 가입하는 경우에는 계약체결일 24시	(②)
무화과	과실손해보장	자연재해, 조수해, 화재	계약체결일 24시	(③)
		(④)	(⑤)	(⑥)
	나무손해보장	자연재해, 조수해, 화재	판매개시연도 12월 1일 다만, 12월 1일 이후 보험에 가입하는 경우에는 계약체결일 24시	(⑦)
두릅	과실손해보장	자연재해, 조수해, 화재	계약체결일 24시	(⑧)
블루베리				(⑨)
감귤 (만감류)	과실손해보장	자연재해, 조수해, 화재	계약체결일 24시	(⑩)
	나무손해보장		계약체결일 24시	(⑪)

11 적과전 종합위험방식(Ⅱ) 적과종료 이전 특정 5종 위험한정 특약 사과 품목에서 적과전 우박 피해사고로 피해사실 확인을 위해 표본조사를 실시하고자 한다. 과수원의 품종과 주수가 다음과 같이 확인되었을 때 아래의 표본조사값(①~⑥)에 들어갈 표본주수, 나뭇가지 총수 및 유과 총수의 최솟값을 각각 구하시오(단, 표본주수는 소수점 첫째자리에서 올림하여 다음 예시와 같이 구하시오. 예시 : 12.6주 → 13주로 기재). [5점]

○ 과수원의 품종과 주수

품 목	품 종		주 수	피해내용	피해조사내용
사과	조생종	스가루	380	우박	유과타박률
	만생종	부사	210		

○ 표본조사값

품 종	표본주수	나뭇가지 총수	유과 총수
스가루	①	③	⑤
부사	②	④	⑥

12 다음은 수확량 산출식에 관한 내용이다. ① ~ ④에 들어갈 작물을 〈보기〉에서 선택하여 쓰고, '마늘' 수확량 산출식의 ⑤ 환산계수를 쓰시오. [5점]

─〈보기〉─

양배추   감자   콩   옥수수   고구마   마늘(한지형)

○ 표본구간 수확량 산출식에서 50% 피해형이 포함되는 품목 ·················· (①)
○ 표본구간 수확량 산출식에서 50% 피해형과 80% 피해형이 포함되는 품목 ·········· (②)
○ 표본구간 수확량 산출식에서 80% 피해형이 포함되는 품목 ················· (③), (④)
○ 마늘(한지형)의 표본구간 단위면적당 수확량 : 표본구간 수확량 합계 ÷ 표본구간면적
  ※ 환산계수 : (⑤)

13 다음의 계약사항 및 조사내용에 따라 참다래 수확량(kg)을 구하시오(단, 착과수와 수확량은 소수점 첫째 자리에서 반올림하여 다음 예시와 같이 구하시오. 예시 : 착과수 1.6개 → 2개, 수확량 1.6kg → 2kg로 기재). [5점]

○ 계약사항

실제결과주수	미보상주수	고사주수	수확완료주수	재식면적	
				주간거리	열간거리
500주	0주	50주	0주	4m	5m

○ 조사내용(수확전 사고)

표본 주수	표본구간 면적조사			표본구간 착과수 합계	착과피해 구성률	과중조사	
	윗변	아랫변	높이			50g 이하	50g 초과
9주	1.2m	1.8m	1.5m	900개	30%	1,450g/50개	2,150g/30개

14 돼지를 사육하는 축산농가에서 화재가 발생하여 사육장이 전소되고 사육장내 돼지가 모두 폐사하였다. 다음의 계약 및 조사내용을 참조하여 가축재해보험약관에 따른 보험금을 계산 하시오. [5점]

○ 계약 및 조사내용

보험가입금액	사육두수	두당 단가	자기부담금	잔존물처리비용	잔존물보전비용
3,000만원	50두	100만원	보험금의 10%	350만원	50만원

※ 회사가 잔존물을 취득함
※ 잔존물처리비용과 잔존물보전비용은 지급보험금의 계산을 준용하여 계산한 값이다.

15 다음의 계약사항 및 조사내용을 참조하여 피해율을 구하시오(단, 피해율은 소수점 셋째자리에서 반올림하여 둘째자리까지 다음 예시와 같이 구하시오. 예시 : 피해율 12.345% → 12.35%로 기재). [5점]

○ 계약사항

상품명	보험가입금액	평년수확량	수확량	미보상감수량
무화과	1,000만원	300kg	200kg	10kg

○ 조사내용

보상고사결과지수	미보상고사결과지수	정상결과지수	사고일	수확전 사고피해율
12개	8개	20개	2024.8.7.	30%

○ 잔여수확량비율 = {(100 − (1.06 × 사고발생일자)}

16 특정위험방식 인삼 해가림시설(2형)에 관한 내용이다. 태풍으로 인삼 해가림시설에 일부 파손 사고가 발생하여 아래와 같은 피해를 입었다. 가입조건이 아래와 같을 때 ① 감가율, ② 손해액, ③ 자기부담금, ④ 보험금, ⑤ 잔존보험가입금액을 계산과정과 답을 각각 쓰시오. [15점]

○ 보험가입내용

재배칸수	칸당 면적(m²)	시설 재료	설치비용(원/m²)	설치 연월	가입금액(원)
2,200칸	3.3	목재	6,000	2023.6.	43,560,000

※ 보험가입시점은 2024년 11월임

○ 보험사고내용

파손칸수	사고원인	사고 연월
900칸(전부 파손)	태풍	2024.7.

※ 2025년 설치비용은 설치연도와 동일한 것으로 함
※ 손해액과 보험금은 원 단위 이하 버림
※ 보험가액과 보험가입금액은 천원 단위 절사

17 종합위험 수확감소보장방식 논작물(벼) 품목의 통상적인 영농활동 중 보상하는 재해가 발생하였다. 보험금 산정방법에 따른 ① 보험금 지급사유와 ② 지급거절사유 및 ③ 지급보험금 계산식을 각각 쓰시오. [15점]

(1) 이앙·직파불능보험금
(2) 경작불능보험금(자기부담비율 20%형)
(3) 수확감소보험금
(4) 수확불능보험금(자기부담비율 20%형)

18 종합위험 수확감소보장 논작물 벼보험에 관한 내용이다. 아래와 같이 보험가입을 하고 보험사고가 발생한 것을 가정한 경우 다음의 물음에 답하시오(단, 피해율은 소수점 셋째자리에서 반올림하여 둘째자리까지 다음 예시와 같이 구하시오. 예시 : 피해율 12.345% → 12.35%로 기재). [15점]

○ 보험가입내용

구 분	농지면적 (m^2)	실제 경작면적 (m^2)	단위면적당 평년수확량 (kg/m^2)	가입가격 (원/kg)	자기부담비율 (%)	가입비율
A농지	19,000	18,000	0.85	1,400	20	평년수확량의 100%
B농지	13,500	13,500	0.84	1,500	15	평년수확량의 110%

○ 보험사고내용

구 분	사고내용	조사방법	수확량(kg)	미보상비율(%)	미보상사유
A농지	도열병	전수조사	4,100	10	방재 미흡
B농지	벼멸구	전수조사	4,000	10	방재 미흡

※ 위 보험사고는 각각 병해충 단독사고이며, 모두 병해충 특약에 가입함
※ 함수율은 배제하고 계산함
※ 보험금은 원 단위 이하 버림

(1) 수확감소에 따른 A농지의 ① 피해율, ② 보험금과 B농지의 ③ 피해율, ④ 보험금을 각각 구하시오.
(2) 각 농지의 식물체가 65% 이상 고사하여 경작불능보험금을 받을 경우, A농지의 ⑤ 보험금과 B농지의 ⑥ 보험금을 구하시오.

19 종합위험방식 원예시설작물 토마토에 관한 내용이다. 아래의 내용을 참조하여 물음에 답하시오. [15점]

○ 계약사항

품 목	보험가입금액(원)	가입면적(m²)	전작기 지급보험금(원)
종합위험방식 원예시설작물(토마토)	12,500,000	1,000	2,500,000

○ 조사내용

피해작물 재배면적 (m²)	손해정도 (%)	피해비율 (%)	정식일로부터 수확개시일까지의 기간	수확개시일로부터 수확종료일까지의 기간
1,000	30	30	80일	50일

(1) 수확일로부터 수확종료일까지의 기간 중 1/5 경과시점에서 사고가 발생한 경우 경과비율을 구하시오.

(2) 정식일로부터 수확개시일까지의 기간 중 1/5 경과시점에서 사고가 발생한 경우 보험금을 구하시오(단, 피해율 산정시 미보상비율은 0%임).

20 다음의 계약사항과 조사내용에 따른 ① 착과감소보험금, ② 과실손해보험금을 구하시오(단, 감수과실수와 누적감수량 산정시 소수점 이하 반올림함). [15점]

○ 계약사항

상품명	특 약	평년착과수	가입과중	가입가격	실제결과주수	자기부담비율	
적과전 종합 위험방식(Ⅱ) 단감	5종 한정보장 나무손해 보장	75,000개	0.4kg	1,000원/kg	750주	과실	10%
						나무	5%

○ 조사내용

구 분	재해 종류	사고 일자	조사 일자	조사내용
계약일 24시 ~ 적과전	우박	5월 3일	5월 4일	〈피해사실확인조사〉 • 표본주의 피해유과, 정상유과는 각각 66개, 234개 • 미보상비율 : 10%
	집중 호우	6월 25일	6월 26일	〈피해사실확인조사〉 | 피해형태 | 유 실 | 침 수 | 매 몰 | 미보상 | | 주수 | 100 | 40 | 90 | 20 | • 침수꽃(눈)·유과수의 합계 : 210개 • 미침수꽃(눈)·유과수의 합계 : 90개 • 미보상비율 : 20%
적과후 착과수 조사	–		7월 10일	〈적과후착과수조사〉 | 품 종 | 실제결과주수 | 조사대상주수 | 표본주 1주당 착과수 | | A품종 | 390 | 300 | 130 | | B품종 | 360 | 200 | 110 |
적과 종료 이후	태풍	9월 8일	9월 10일	〈낙과피해조사〉 • 총 낙과과실수 : 5,000개(전수조사) | 피해과실구성 | 100% | 80% | 50% | 정 상 | | 과실수(개) | 1,000 | 2,000 | 1,000 | 1,000 | • 조사대상주수 중 50주는 강풍으로 1/2 이상 절단(A품종 30주, B품종 20주) • 낙엽피해 표본조사 : 낙엽수 180개, 착엽수 120개 • 경과일수 : 100일 • 미보상비율 : 0%
	우박	5월 3일	11월 4일	〈착과피해조사〉 | 피해과실구성 | 100% | 80% | 50% | 정상 | 병충해 | | 과실수(개) | 20 | 10 | 10 | 50 | 10 |

※ 적과 이후 자연낙과 등은 감안하지 않으며, 무피해나무의 평균착과수는 적과후착과수의 1주당 평균착과수와 동일한 것으로 본다.
※ 나무손해보장 특약의 보험가입금액은 1주당 10만원을 적용한다.
※ 착과감소보험금 보장수준은 70%로 선택한다.

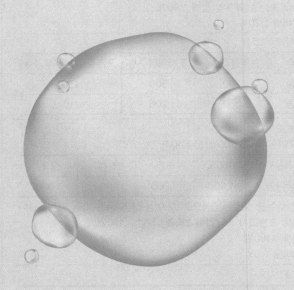

최고의 순간은 아직 오지 않았다.

- 제리 로이스터 -

손해평가사 2차 제4회 모의고사

시험과목	① 농작물재해보험 및 가축재해보험의 이론과 실무 ② 농작물재해보험 및 가축재해보험 손해평가의 이론과 실무

○ 본 문제는 2025년 4월 농업정책보험금융원에서 발표된 「농업재해보험 손해평가의 이론과 실무」 이론서(2024년 12월 31일 기준 관련법령, 사업시행지침, 보험약관)를 바탕으로 구성하였습니다.

01 다음은 보험의 특성에 관한 내용이다. (   )에 들어갈 용어를 순서대로 쓰시오.　　[5점]

> • "예기치 못한 손실"이란 계약자나 피보험자의 입장에서 전혀 예상할 수 없었던 (①)을(를) 의미
> 하며, 계약자나 피보험자의 (②) 손실은 보상하지 않는다는 의미이다.
> • "손실의 집단화(the pooling of fortuitous losses)"란 손실을 한데 모음으로써 (③)을(를) 손실
> 집단으로 전환시키는 것을 의미한다.
> • (④)은 개별적으로 부담하기 힘든 손실을 나누어 분담함으로써 손실로부터의 회복을 보다 용이
> 하게 한다. 이러한 상호부조 관계가 당사자간의 (⑤)을(를) 통해 달성된다는 점이 보험의 주요
> 한 특징이다.

02 종합위험보장 과수작물 보험의 계약인수와 관련하여 맞는 내용은 "O"로, 틀린 내용은 "×"로
표기하여 순서대로 나열하시오.　　[5점]

> ① 과수작물의 계약인수는 과수원 단위로 가입하고, 개별 과수원당 최저 보험가입금액은 300만원
> 이다.
> ② 과수작물의 계약자 1인이 서로 다른 2개 이상 품목을 가입하고자 할 경우에는 별개의 계약으로
> 처리하지 않는다.
> ③ 과수원은 한 덩어리 과수원이 여러 필지로 나누어져 있더라도 하나의 농지로 취급한다.
> ④ 비가림과수 포도, 대추, 참다래의 비가림시설은 단지 단위로 가입(구조체 + 피복재)하고, 최소
> 가입면적은 $100m^2$ 이다.

03 다음은 농작물재해보험 대상 품목별 가입자격(2024년 기준)에 관한 내용이다. 농작물재해보험 대상 품목에 따른 가입자격을 쓰시오. [5점]

- 사과, 배, 단감, 떫은감 : 농지의 보험가입금액(생산액 또는 생산비) (①)
- 오디, 인삼, 두릅, 블루베리, 수박(노지) : 농지의 보험가입금액(생산액 또는 생산비) (②)
- 옥수수, 콩, 배추, 양상추 : 농지의 보험가입금액(생산액 또는 생산비) (③)
- 벼, 밀, 보리, 메밀, 귀리 : 농지의 보험가입금액(생산액 또는 생산비) (④)
- 농업용 시설물 및 시설작물 : 단지 면적이 (⑤)
- 차(茶), 조사료용 벼, 사료용 옥수수 : 농지의 면적이 (⑥)

04 다음 밭작물의 품목별 보장내용에 관한 표의 빈칸에 담보가능은 "○"로, 부담보는 "×"로 표시할 때 다음 물음에 답하시오(단, '차' 품목 예시를 포함하여 개수를 산정함). [5점]

밭작물	재파종보장	재정식보장	경작불능보장	수확감소보장	수입보장	생산비보장
차	×	×	×	○	×	×
양배추						
고구마						
양파						
마늘						
시금치(노지)					.	

① '재파종보장' 열에서 "○"의 개수
② '재정식보장' 열에서 "○"의 개수
③ '경작불능보장' 열에서 "○"의 개수
④ '수입보장' 열에서 "○"의 개수
⑤ '시금치(노지)' 행에서 "○"의 개수

05 종합위험 손해보장방식 참다래 품목 비가림시설에 관한 내용이다. 다음 조건에서 계약자가 가입할 수 있는 보험가입금액의 ① 최솟값과 ② 최댓값을 구하고, ③ 계약자가 부담할 보험료의 최솟값은 얼마인지 쓰시오(단, 화재위험보장 특약은 제외하고, m^2당 시설비는 18,000원임). [5점]

- 가입면적 : 3,000m^2
- 지역별 보험요율(순보험요율) : 5%
- 순보험료 정부 보조금 비율 : 50%
- 순보험료 지방자치단체 보조금 비율 : 30%
- 손해율에 따른 할인·할증과 방재시설할인은 없음

06 적과전 종합위험방식(Ⅱ) 상품의 보험 계약이 무효, 효력상실 또는 해지된 경우 계약자 또는 피보험자의 책임 유무에 따른 보험료의 반환에 대하여 서술하시오. [15점]

(1) 계약자 또는 피보험자의 책임 없는 사유에 의하는 경우

(2) 계약자 또는 피보험자의 책임 있는 사유에 의하는 경우

07 종합위험방식 고추 품목에 관한 다음 내용을 각각 서술하시오. [15점]

(1) 다음 독립된 A, B, C 농지 각각의 보험가입 가능 여부와 그 이유(단, 각각 제시된 조건 이외는 고려하지 않음)

- A농지 : 보험가입금액이 200만원으로 농지 10a당 재식주수가 3,500주인 농지
- B농지 : 농지 10a당 재식주수가 3,000주로 4월 2일 고추를 터널재배 형식만으로 식재한 농지
- C농지 : 재식밀도가 1,000m^2당 1,000주로 전 농지가 비닐멀칭이 된 노지재배

(2) 병충해가 없는 경우 생산비보장보험금 지급사유와 계산식

(3) 수확기 중 보험사고가 발생한 경우 경과비율 계산식

08 적과전 종합위험방식(Ⅱ) 일소피해보장 보통약관에 관한 다음 내용을 각각 서술하시오.

[15점]

(1) 일소피해의 정의
(2) 일소피해보장의 보험기간
(3) 일소피해보장의 감수과실수 산정

09 가축재해보험과 관련하여 정부지원에 관한 내용이다. 다음 내용을 각각 서술하시오.

[15점]

(1) 정부지원 대상
(2) 정부지원 요건
(2) 정부지원 범위

10 가축재해보험(젖소) 사고시 월령에 따른 보험가액을 산출하고자 한다. 각 사례별(① ~ ⑤)로 보험가액 계산과정과 값을 쓰시오(단, 유량검정젖소 가입시는 제외하고, 만원 미만은 절사함).

[15점]

[사고 전전월 전국산지 평균가격]

• 분유떼기 암컷 : 100만원
• 수정단계 : 350만원
• 초산우 : 450만원
• 다산우 : 500만원
• 노산우 : 300만원

---

① 월령 3개월 질병사고 폐사
② 월령 11개월 대사성 질병 폐사
③ 월령 20개월 유량감소 긴급 도축
④ 월령 35개월 급성고창 폐사
⑤ 월령 61개월 사지골절 폐사

11 적과전 종합위험방식(Ⅱ) 사과 품목에서 「적과종료 이후부터 수확기종료」에 발생한 「태풍
(강풍), 지진, 집중호우, 화재 피해」의 「피해사실확인조사」 관련 설명이다. 다음 (   ) 안의
내용을 쓰시오. [5점]

> • 나무피해 확인 : 보상하지 않는 손해로 고사한 나무가 있는 경우 (①)로 조사한다.
> • 유과타박률 확인(5종 한정 특약 가입 건의 우박피해시 및 필요시) : 적과종료 전의 착과된 유과
>   및 꽃눈 등에서 우박으로 피해를 입은 유과(꽃눈)의 비율을 (②) 한다.
> • 피해규모 확인 : 조수해 및 화재 등으로 전체 나무 중 일부 나무에만 피해가 발생된 경우 실시하며,
>   피해대상주수(③)를 확인한다.
> • 낙엽률 확인(단감 또는 떫은감, 수확연도 6월 1일 이후 낙엽피해시, 적과종료 이전 특정 5종 한정
>   특약 가입 건) : (④) 기준으로 품목별 표본주수표의 표본주수에 따라 주수를 산정한다.

12 종합위험 수확감소보장방식 밭작물 품목에 관한 내용이다. 다음 (   )의 알맞은 내용을 순
서대로 쓰시오. [5점]

> • 대상품목은 마늘, 양파, 고구마, 양배추, (①), 옥수수(사료용 옥수수 포함), 콩, 팥, 차(茶),
>   (②) 품목으로 한다.
> • 피해사실확인조사는 (③)을 조사한다.
> • (④)은(는) 양배추 품목에만 해당한다.
> • 경작불능조사는 (⑤) 품목을 제외하고 전품목을 조사한다.

13 복분자 농사를 짓고 있는 △△마을의 A와 B농가는 4월에 저온으로 인해 큰 피해를 입어 경작이 어려운 상황에서 농작물재해보험 가입사실을 기억하고 경작불능보험금을 청구하였다. 두 농가의 피해를 조사한 결과에 따른 경작불능보험금을 구하시오(단, 피해는 면적 기준으로 조사하였으며, 미보상 사유는 없다). [5점]

구 분	보험가입금액	보험가입면적	고사면적	자기부담비율
A농가	4,000,000원	$1,500m^2$	$1,200m^2$	20%
B농가	5,000,000원	$2,000m^2$	$1,500m^2$	10%

14 다음의 계약사항과 조사내용을 참조하여 착과감소보험금을 구하시오(단, 착과감소량은 소수점 첫째자리에서 반올림하여 다음 예시와 같이 구하시오. 예시 : 123.4kg → 123kg). [5점]

○ 계약사항(해당 과수원의 모든 나무는 단일 품종, 단일 재배방식, 단일 수령으로 함)

품 목	가입금액	평년착과수	자기부담비율	보장수준
적과전 종합위험방식(Ⅱ) 사과	26,400,000원	30,000개	20%	70%

가입과중	가입가격	나무손해보장 특별약관	적과종료 이전 특정위험 5종 한정보장 특별약관
0.4kg	2,200원/kg	미가입	미가입

○ 조사내용

구 분	재해종류	사고일자	조사일자	조사내용
계약일 ~ 적과종료 이전	조수해	5월 6일	5월 7일	• 피해규모 : 일부 • 금차 조수해로 죽은 나무수 : 45주 • 미보상비율 : 5%
	냉해	6월 7일	6월 8일	• 피해규모 : 전체 • 냉해피해 확인 • 미보상비율 : 10%
적과후 착과수 조사	–		7월 23일	• 실제결과주수 : 120주 • 적과후착과수 : 18,000개 • 1주당 평년착과수 : 250개

15 가축재해보험 보통약관에서 정의하는 다음 (   ) 안의 용어를 답란에 쓰시오.   [5점]

- (①) : 가축 또는 동물의 생명 현상이 끝남을 말한다.
- (②) : 사체를 고온·고압 처리하여 기름과 고형분으로 분리, 사료·공업용 유지 및 육분·육골분을 생산하는 공정을 말한다.
- (③) : 회사와 계약을 체결하고 보험료를 납입할 의무를 지는 사람을 말한다.
- (④) : 약관에 따라 보험에 가입한 물건으로 보험증권에 기재된 가축 등을 말한다.
- (⑤) : 회사가 보험금을 지급하고 취득하는 법률상의 권리를 말한다.

16 농업수입감소보장 마늘 품목에 냉해와 가뭄피해가 발생하여 아래와 같이 수확량조사를 하였다. 계약사항과 조사내용을 토대로 하여 ① 표본구간 단위면적당 수확량, ② 수확량, ③ 실제수입, ④ 피해율, ⑤ 보험가입금액 및 농업수입감소보험금의 계산과정과 값을 각각 구하시오 (단, 품종에 따른 환산계수는 미적용하고, 수확량과 피해율은 소수점 셋째자리에서 반올림하여 둘째자리까지 다음 예시와 같이 구하시오. 예시 : 수확량 3.456kg → 3.46kg, 피해율 12.345% → 12.35%로 기재).   [15점]

〈계약사항〉

- 품종 : 남도
- 평년수확량 : 10,000kg
- 실제경작면적 : 3,000m²
- 가입수확량 : 10,000kg
- 자기부담비율 : 10%
- 기준가격 : 2,800원/kg

〈조사내용〉

- 실제경작면적 : 3,000m²
- 수확불능면적 : 200m²
- 타작물 및 미보상면적 : 300m²
- 표본구간 : 7구간
- 표본구간면적 : 10m²
- 표본구간 수확량 : 30kg
- 미보상비율 : 20%
- 수확기가격 : 2,500원/kg

17 금차 조사일정에 대하여 손해평가반을 구성하고자 한다. 아래의 '계약사항', '과거 조사사항', '조사자 정보'를 참조하여 〈보기〉의 손해평가반(①~⑤)별 구성가능 여부를 각 반별로 가능 또는 불가능으로 기재하고 불가능한 반은 그 사유를 각각 쓰시오(단, 제시된 내용외 다른 사항은 고려하지 않음). [15점]

○ 금차 조사일정

구 분	조사종류	조사일자
㉮계약(사과)	낙과피해조사	2024년 9월 7일

○ 계약사항

구 분	계약자(가입자)	모집인	계약일
㉮계약(사과)	A	B	2024년 2월 18일
㉯계약(사과)	C	D	2024년 2월 17일

○ 과거 조사사항

구 분	조사종류	조사일자	조사자
㉮계약(사과)	적과후착과수조사	2024년 8월 13일	E, H
㉯계약(사과)	적과후착과수조사	2024년 8월 18일	A, E, F

○ 조사자 정보(조사자간 생계를 같이하는 친족관계는 없음)

성 명	A	B	C	D	E	F	G	H
구 분	손해평가사	손해평가인	손해평가인	손해평가인	손해평가사	손해평가인	손해평가인	손해평가사

○ 손해평가반 구성

＜ 보 기 ＞

①반 : A, E   ②반 : C, D   ③반 : G   ④반 : B, E, F   ⑤반 : E, H

18

종합위험 수확감소보장방식 벼 품목의 다음 계약사항과 조사내용을 참조하여 물음에 답하시오.

[15점]

○ 계약사항

품 목	가입면적	보험가입금액	자기부담비율	평년수확량	가입 특약
벼	5,000m²	5,000,000원	10%	3,000kg	병충해보장 특약

○ 조사내용

조사종류	조사내용	조사결과
수확량조사 (표본조사)	실제경작면적	5,000m²
	벼멸구로 피해를 입어 고사한 면적	500m²
	이화명충으로 고사한 면적	200m²
	도열병으로 고사한 면적	300m²
	집중호우로 도복되어 고사한 면적	100m²
	고추가 식재된 하우스 시설 면적	400m²
	조사전 수확이 완료된 기수확면적	100m²
	표본구간 m²당 유효중량	350g/m²

(1) 수확량의 계산과정과 값을 구하시오(단, 수확량은 kg단위로, 소수점 둘째자리에서 반올림 하여 다음 예시와 같이 구하시오. 예시 : 123.45kg → 123.5kg).

(2) 피해율의 계산과정과 값을 구하시오(단, 피해율은 소수점 셋째자리에서 반올림하여 다음 예시와 같이 구하시오. 예시 : 12.345% → 12.35%).

19

농작물재해보험 종합위험보장 양파 상품에 가입하려는 농지의 최근 5년간 수확량 정보이다. 다음 물음에 답하시오.

[15점]

(단위 : kg)

연 도	2019년	2020년	2021년	2022년	2023년	2024년
평년수확량	1,000	900	950	1,000	1,100	?
표준수확량	900	950	900	950	1,000	1,050
조사수확량	–	–	400	무사고	900	
보험가입 여부	미가입	미가입	가입	가입	가입	

(1) 2024년 평년수확량 산출을 위한 과거 평균수확량의 계산과정과 값을 쓰시오.

(2) 2024년 평년수확량의 계산과정과 값을 쓰시오(단, 평년수확량은 소수점 첫째자리에서 반올림하여 다음 예시와 같이 구하시오. 예시 : 123.4kg → 123kg).

20 다음의 계약사항과 조사내용으로 ① 적과후착과수, ② 기준착과수, ③ 누적감수과실수의 계산과정과 값을 각각 구하시오(단, 적과후착과수, 기준착과수, 누적감수과실수는 소수점 첫째 자리에서 반올림하여 다음 예시와 같이 구하시오. 예시 : 3.56개 → 4개로 기재). [15점]

○ 계약사항

상품명	가입 특약	적과종료 이전 최대 인정피해율	평년착과수	가입과실수	실제결과주수
적과전 종합 위험방식(Ⅱ) 사과	적과종료 이전 특정 위험 5종 한정 보장 특약	100%	80,000개	40,000개	600주

○ 조사내용

구 분	재해종류	사고일자	조사일자	조사내용
적과 종료 이전	강풍	5월 30일	6월 1일	• 피해사실확인조사 : 피해 있음(풍속 20.0m/s) • 미보상감수과실수 : 없음
적과후 착과수	–	–	7월 3일	(아래 표 참조)

적과후착과수 조사:

품 종	재배 방식	수 령	실제 결과주수	표본 주수	표본주 착과수 합계
A품종	밀식	9	250	7	910
B품종	밀식	9	350	13	1,950

※ 고사주수 : A품종 50주(A품종 1주당 평년착과수 100개)
　　　　　　B품종 0주(B품종 1주당 평년착과수 100개)
※ 미보상주수, 수확불능주수 : 없음

구 분	재해종류	사고일자	조사일자	조사내용
적과 종료 이후	일소	8월 15일	8월 16일	• 낙과피해조사(전수조사) 　총 낙과과실수 : 1,000개

피해과실 구분	병해충 과실	100%	80%	50%	정상
과실수	20개	40개	30개	10개	0개

		8월 15일	10월 25일	• 착과피해조사 　단, 일소 사고 이후 착과수 : 변동 없음

피해과실 구분	병해충 과실	100%	80%	50%	정상
과실수	30개	10개	40개	20개	100개

	우박	11월 10일	11월 11일	• 착과피해조사 　사고 당시 착과과실수 : 5,000개

피해과실 구분	병해충 과실	100%	80%	50%	정상
과실수	10개	30개	70개	40개	50개

• 낙과피해조사(전수조사)
　총 낙과과실수 : 500개

피해과실 구분	병해충 과실	100%	80%	50%	정상
과실수	10개	50개	30개	10개	0개

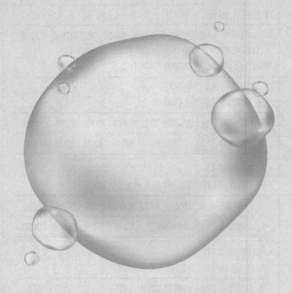

관찰하는데 있어서는 준비된 자에게만
기회가 온다.

-루이 파스퇴르-

손해평가사 2차 제5회 모의고사

시험과목	① 농작물재해보험 및 가축재해보험의 이론과 실무 ② 농작물재해보험 및 가축재해보험 손해평가의 이론과 실무

수험자 확인사항	1. 답안지 인적사항 기재란 외에 수험번호 및 성명 등 특정인임을 암시하는 표시가 없음을 확인하였습니다. 확인 □ 2. 연필류, 유색필기구 등을 사용하지 않았습니다. 확인 □ 3. 답안지 작성시 유의사항을 읽고 확인하였습니다. 확인 □

[수험자 유의사항]

1. 답안지 표지 앞면 빈칸에는 시행연도·자격시험명·과목명을 정확히 기재하여야 합니다.

2. 답안지 작성은 반드시 검정색 필기구만을 계속 사용하여야 합니다.
   (그 외 연필류, 유색필기구 등을 사용한 답항은 채점하지 않으며, 0점 처리됩니다.)

3. 수험번호 및 성명은 반드시 연습지 첫 장 좌측 인적사항 기재란에만 작성하여야 하며, 답안지의
   인적사항 기재란 외의 부분에 특정인임을 암시하거나 답안과 관련 없는 특수한 표시를 하는 경우
   답안지 전체를 채점하지 않으며, 0점 처리합니다.

4. 계산문제는 반드시 계산과정, 답, 단위를 정확히 기재하여야 합니다.

5. 답안 정정 시에는 두 줄(=)로 긋고 다시 기재 또는 수정테이프 사용이 가능하며, 수정액을 사용할
   경우 채점상의 불이익을 받을 수 있으므로 사용하지 마시기 바랍니다.

6. 기 작성한 문항 전체를 삭제하고자 할 경우 반드시 해당 문항의 답안 전체에 명확하게 ×를 하시기
   바랍니다. (× 표시한 답안은 채점대상에서 제외)

7. 답안 작성시 문제번호 순서에 관계없이 답안을 작성하여도 되나, 문제번호 및 문제를 기재(긴 경우
   요약기재 가능)하고, 해당 답안을 기재하여야 합니다.

8. 각 문제의 답안작성이 끝나면 바로 옆에 "끝"이라고 쓰고, 최종 답안작성이 끝나면 줄을 바꾸어 중앙에
   "이하 여백"이라고 써야 합니다.

9. 수험자는 시험시간이 종료되면 즉시 답안작성을 멈춰야 하며, 종료시간 이후 계속 답안을 작성하거나
   감독위원의 답안지 제출지시에 불응할 때에는 당회 시험을 무효처리 합니다.

○ 본 문제는 2025년 4월 농업정책보험금융원에서 발표된 「농업재해보험 손해평가의 이론과 실무」
   이론서(2024년 12월 31일 기준 관련법령, 사업시행지침, 보험약관)를 바탕으로 구성하였습니다.

01 농작물재해보험에서 정하는 용어의 정의로 (   )에 들어갈 내용을 답란에 쓰시오. [5점]

> • "보험의 목적"이란 보험의 약관에 따라 보험에 가입한 목적물로 보험증권에 기재된 농작물의
> (①), (②), 재배용·농업용 시설물, (③) 등을 말한다.
> • "평년수확량"이란 가입연도 직전 5년 중 보험에 가입한 연도의 (④)과 (⑤)을 가입 횟수에 따라
> 가중평균하여 산출한 해당 농지에 기대되는 수확량을 말한다.

02 다음은 농작물재해보험 적과전 종합위험방식(Ⅱ) 과수품목의 과실손해보장 보통약관의 대상
재해별 보험기간에 대한 기준이다. (   )에 들어갈 알맞은 내용을 답란에 쓰시오. [5점]

구 분		보험기간	
		보장개시	보장종료
적과종료 이전	자연재해	계약체결일 24시	단감, 떫은감 : (①)
적과종료 이후	가을동상해	(②)	사과, 배 : (③)
			단감, 떫은 감 : (④)

03 농작물재해보험 복숭아 품목의 아래 손해 중 보상하는 손해는 "○"로, 보상하지 않는 손해는
"×"로 (   )에 표기하시오. [5점]

① 원인의 직·간접을 묻지 아니하고 병해충(세균구멍병)으로 발생한 손해 ············· (   )
② 제초작업, 시비관리 등 통상적인 영농활동을 하지 않아 발생한 손해 ················· (   )
③ 서리 또는 기온의 하강으로 인하여 농작물 등이 얼어서 발생한 손해 ················· (   )
④ 하우스, 부대시설 등의 노후 및 하자로 생긴 손해 ······································· (   )
⑤ 수확기에 계약자 또는 피보험자의 고의 또는 중대한 과실로 수확하지 못하여 발생한 손해
 ··· (   )

04 ○○도 △△시 관내에서 무화과과수원(실제결과주수 1,000주)을 하는 A씨는 농작물재해보험 무화과 품목의 나무손해보장 특약에 1,000주를 가입한 상태에서 보험기간내 침수로 200주가 고사되는 피해를 입었다. A씨의 피해에 대한 나무손해보장 특약의 보험금 산출식을 쓰고, 해당 보험금을 계산하시오(단, 1주당 가입가격은 30,000원임). [5점]

05 가축재해보험(한우·육우·젖소)의 정부지원 관련 내용이다. (   )에 들어갈 내용을 답란에 쓰시오. [5점]

> • 가축재해보험가입방식은 농작물재해보험과 같은 방식으로 가입 대상자(축산농업인)가 가입 여부를 판단하여 가입하는 (①) 방식이다.
> • 가축재해보험에 가입하여 정부의 지원을 받는 요건은 (②)에 등록하고, 축산업 (③)을(를) 받은 자로 한다.
> • 가축재해보험과 관련하여 정부의 지원은 개인 또는 법인당 (④) 한도 내에서 납입보험료의 (⑤)%까지 받을 수 있다.

06 농작물재해보험에 따른 적과전 종합위험방식(Ⅱ) 나무손해보장 특별약관에서 정하는 보상하는 손해와 보상하지 않는 손해를 답란에 각각 서술하시오. [15점]

보상하는 손해	
보상하지 않는 손해	

07 농작물재해보험 원예시설 및 시설작물에서 정하는 자기부담금과 소손해면책금에 대하여 서술하시오. [15점]

08 농작물재해보험 종합위험방식 옥수수 품목에서 정하는 보험금 지급사유와 보험금 계산식을 답란에 서술하시오(단, 자기부담비율은 10%형, 보장비율은 45%형이고, 사고발생월은 5월임). [15점]

구 분	지급사유	보험금 계산식
경작불능 보험금		① 옥수수 : ② 사료용 옥수수 :
수확감소 보험금		

09 가축재해보험 손해평가의 ① 목적 및 ② 손해평가 담당자, ③ 평가방법에 관하여 서술하시오. [15점]

10 농업수입감소보장 포도 품목 캠벨얼리(노지)의 기준가격(원/kg)과 수확기가격(원/kg)을 구하고, 산출식을 답란에 서술하시오(단, 2024년에 수확하는 포도를 2023년 11월에 보험가입하였고, 과거 5년 농가수취비율의 올림픽 평균값은 80%로 정함). [15점]

연 도	서울시 가락도매시장 캠벨얼리(노지) 연도별 평균가격(원/kg)	
	중 품	상 품
2019	3,300	4,500
2020	3,200	3,500
2021	3,000	3,300
2022	3,900	4,700
2023	3,500	3,900
2024	4,000	4,900

11 다음은 농작물재해보험에서 사용하는 용어의 정의이다. 설명하는 내용에 알맞은 용어를 답란에 쓰시오. [5점]

① 국가 및 지방자치단체의 지원보험료를 제외한 계약자가 부담하는 금액을 의미한다.
② 보험가입금액에 해당하는 농지에서 경작한 수확물을 모두 조사하는 방법을 말한다.
③ 보험가입한 수확량으로 평년수확량의 일정범위(50% ~ 100%) 내에서 보험계약자가 결정한 수확량으로 가입금액의 기준을 의미한다.
④ 통상적인 적과 및 자연낙과 종료 시점의 착과수를 의미한다.
⑤ 실제경작면적 중 목적물 외에 타작물이 식재되어 있거나 보상하는 손해 이외의 원인으로 수확량이 현저하게 감소된 면적을 의미한다.

12 종합위험 수확감소보장방식 과수 품목의 과중조사를 실시하고자 한다. 아래 농지별 최소 표본과실수를 답란에 쓰시오(단, 해당 기준의 절반 조사는 고려하지 않는다). [5점]

계약사항			최소 표본과실수(개)
농 지	품 목	품종수	
A	포도	2	①
B	감귤(만감류)	1	②
C	복숭아	3	③
D	자두	1	④
E	자두	4	⑤

13 다음은 종합위험 수확감소보장방식 밭작물 품목별 수확량조사 적기에 관한 내용이다. 괄호 안에 알맞은 내용을 답란에 쓰시오. [5점]

품 목	수확량조사 적기
마늘	잎과 줄기가 (①) 황변하여 말랐을 때와 해당 지역의 통상 수확기가 도래하였을 때
고구마	삽식일로부터 (②)일 이후에 농지별로 적용
감자(가을재배)	파종일로부터 제주지역은 (③)일 이후, 이외 지역은 (④)일 이후
팥	꼬투리가 (⑤)% 이상이 성숙한 시기
양배추	(⑥) 형성이 완료된 때
수박(노지)	꽃가루받이 후 또는 착과후 (⑦)

14 다음은 종합위험 수확감소보장방식 논작물 및 밭작물 품목에 대한 내용이다. ( )에 알맞은 내용을 답란에 쓰시오. [5점]

구 분	품 목
수확량 전수조사 대상 품목	논작물의 경우 (①)이고, 밭작물의 경우 (②)를 제외한 전품목이다.
경작불능조사 대상 품목	논작물의 경우 (③)이고, 밭작물의 경우 (④)를 제외한 마늘, 양파, 양배추, 고구마, 감자(봄재배, 가을재배, 고랭지재배), 옥수수, 사료용 옥수수, 콩, 팥, 수박(노지) 품목이다.
병해충을 보장하는 품목 (특약 포함)	논작물의 경우 중 (⑤) 품목만 해당하고, 밭작물의 경우 (⑥) 품목만 해당한다.

15 가축재해보험의 축사 보통약관에서 보상하는 손해 중 지진 피해의 경우 다음의 최저기준을 초과하는 손해를 담보한다. ( ) 안에 알맞은 내용을 순서대로 답란에 쓰시오. [5점]

> ① 기둥의 ( ) 이하를 해체하여 수선 또는 보강하는 것
> ② 보의 ( ) 이하를 해체하여 수선 또는 보강하는 것
> ③ 지붕틀의 ( ) 이하를 해체하여 수선 또는 보강하는 것
> ④ 기둥, 보, 지붕틀, 벽 등에 ( ) 이하의 균열이 발생한 것
> ⑤ 지붕재의 ( ) 이하를 수선하는 것

16 종합위험 수확감소보장방식 벼 품목에 가입한 농가가 보상하는 재해로 피해를 입어 수확량 조사 방법 중 수량요소조사를 실시하였다. 다음 계약사항 및 조사내용을 기준으로 주어진 조사표의 ①~⑫항의 해당 항목값을 구하시오(단, 조사수확비율 결정은 해당 구간의 가장 큰 비율을 적용하고 미보상감수량은 없으며, 항목별 요소점수는 조사표본포기 순서대로 기재하고, 소수점 셋째자리에서 반올림하여 둘째자리까지 다음 예시와 같이 구하시오. 예시 : 수확량 3.456kg → 3.46kg, 피해율 12.345% → 12.35%로 기재). [15점]

○ 이삭상태 점수표

포기당 이삭수	16개 미만	16개 이상
점 수	1	2

○ 완전낟알상태 점수표

이삭당 완전낟알수	51개 미만	51개 이상 61개 미만	61개 이상 71개 미만	71개 이상 81개 미만	81개 이상
점 수	1	2	3	4	5

○ 조사수확비율 환산표

점수 합계(점)	10점 미만	10 ~11	12 ~13	14 ~15	16 ~18	19 ~21	22 ~23	24점 이상
조사수확비율 (%)	0 ~20	21 ~40	41 ~50	51 ~60	61 ~70	71 ~80	81 ~90	91 ~100

○ 조사내용

표본포기	1포기	2포기	3포기	4포기
포기당 이삭수	12	15	18	20
완전낟알수	49	56	75	65

○ 수량요소조사 조사표

항목별 요소점수조사									조사 수확 비율 (%)	표준 수확량 (kg)	조사 수확량 (kg)	평년 수확량 (kg)	피해 면적 비율 (%)	피해율 (%)
이삭상태				완전 낟알상태				합 계						
①	②	③	④	⑤	⑥	⑦	⑧	⑨	⑩	1,800	⑪	2,000	10% 이상 30% 미만	⑫

17 다음의 계약사항과 보상하는 손해에 따른 조사내용에 관하여 수확량, 미보상감수량, 수확감 소보험금을 구하시오. [15점]

① 계약사항

상품명	보험가입금액	가입면적	평년수확량	자기부담비율
수확감소보장 양배추	20,000,000원	10,000m²	5,000kg	10%

② 조사내용

조사종류	실제경작면적	고사면적	타작물 및 미보상면적	기수확면적
수확량조사	10,000m²	1,000m²	1,000m²	1,000m²

표본구간 정상 양배추 중량	80% 피해 양배추 중량	표본구간면적 합계	미보상비율
3kg	6kg	10m²	10%

(1) 수확량(kg단위로 소수점 셋째짜리에서 반올림하여 둘째자리까지 다음 예시와 같이 구하시 오. 예시 : 3.456kg → 3.46kg로 기재)

(2) 미보상감수량

(3) 수확감소보험금

18 다음 조건에 따라 농업수입감소보장 포도 품목의 피해율 및 농업수입감소보험금을 산출하시오. [15점]

- 보험가입금액 : 10,000,000원
- 평년수확량 : 1,000kg
- 조사수확량 : 600kg
- 농지별 기준가격 : 5,000원/kg
- 농지별 수확기가격 : 4,000원/kg
- 자기부담비율 : 20%
- 미보상비율 : 10%

(1) 피해율(피해율은 %단위로 소수점 셋째자리에서 반올림하여 둘째자리까지 다음 예시와 같 이 구하시오. 예시 : 12.345% → 12.35%로 기재)

(2) 농업수입감소보험금

19 다음의 계약사항과 조사내용에 따른 표본구간 유효중량, 피해율 및 수확감소보험금을 구하시오.

[15점]

① 계약사항

품목명	가입 특약	가입금액	가입면적	가입 수확량	평년 수확량	자기부담 비율	품종 구분
벼	병해충보장 특약	5,000,000원	5,000㎡	3,900kg	3,500kg	15%	새누리 (메벼)

② 조사내용

조사 종류	재해 내용	실제경작 면적	고사 면적	타작물 및 미보상면적	기수확 면적	표본구간 면적	표본구간 작물중량 합계	함수율
수확량 (표본)조사	병해충 (도열병) / 집중호우	5,000㎡	1,000㎡	500㎡	500㎡	0.5㎡	250g	25%

(1) 표본구간 유효중량(표본구간 유효중량은 g단위로 소수점 첫째자리에서 반올림하여 다음 예시와 같이 구하시오. 예시 : 123.4g → 123g로 기재)

(2) 피해율(피해율은 % 단위로 소수점 셋째자리에서 반올림하여 둘째자리까지 다음 예시와 같이 구하시오. 예시 : 12.345% → 12.35%로 기재)

(3) 수확감소보험금

20 다음의 계약사항과 조사내용에 관한 적과후착과수와 누적감수과실수를 구하시오(단, 감수과실수와 기준착과수는 소수점 첫째자리에서 반올림하고, 피해율은 %단위로 소수점 셋째자리에서 반올림하여 다음 예시와 같이 구하시오. 예시 : 12.345% → 12.35%). **[15점]**

① 계약사항

상품명	가입 특약	평년착과수	가입과실수	실제결과주수
적과전 종합위험방식(Ⅱ) 단감	미가입	15,000개	9,000개	100주

② 적과후착과수 조사내용(조사일자 : 7월 25일)

품 종	수 령	실제결과주수	표본주수	표본주 착과수 합계
부유	10년	20주	3주	210개
부유	15년	50주	8주	960개
차랑	20년	30주	3주	300개

구 분	재해 종류	사고 일자	조사 일자	조사내용
적과 종료 이전	우박	5월 15일	5월 16일	• 해당 조사 없음
적과 종료 이후	강풍	7월 30일	7월 31일	• 낙과피해조사(전수조사) 총 낙과과실수 : 1,000개 / 나무피해 없음 / 미보상감수과실수 0개 <table><tr><td>피해과실 구분</td><td>100%</td><td>80%</td><td>50%</td><td>정 상</td></tr><tr><td>과실수</td><td>1,000개</td><td>0</td><td>0</td><td>0</td></tr></table> • 낙엽피해조사 낙엽률 50%(경과일수 60일) / 미보상비율 0%
	태풍	10월 08일	10월 09일	• 낙과피해조사(전수조사) 총 낙과과실수 : 500개, 나무피해 없음, 미보상감수과실수 0개 <table><tr><td>피해과실 구분</td><td>100%</td><td>80%</td><td>50%</td><td>정 상</td></tr><tr><td>과실수</td><td>200개</td><td>100개</td><td>100개</td><td>100개</td></tr></table> • 낙엽피해조사 낙엽률 60%(경과일수 130일) / 미보상비율 0%
	우박	5월 15일	10월 29일	• 착과피해조사 단, 태풍 사고 이후 착과수는 변동 없음 <table><tr><td>피해과실 구분</td><td>100%</td><td>80%</td><td>50%</td><td>정 상</td></tr><tr><td>과실수</td><td>20개</td><td>30개</td><td>20개</td><td>30개</td></tr></table>
	가을 동상해	10월 30일	10월 31일	• 가을동상해 착과피해조사 사고 당시 착과과실수 : 3,000개 가을동상해로 인한 잎 피해율 : 70% 잔여일수 : 10일 <table><tr><td>피해과실 구분</td><td>100%</td><td>80%</td><td>50%</td><td>정 상</td></tr><tr><td>과실수</td><td>20개</td><td>20개</td><td>20개</td><td>40개</td></tr></table>

손해평가사 2차 제6회 모의고사

시험과목	① 농작물재해보험 및 가축재해보험의 이론과 실무 ② 농작물재해보험 및 가축재해보험 손해평가의 이론과 실무

수험자 확인사항	1. 답안지 인적사항 기재란 외에 수험번호 및 성명 등 특정인임을 암시하는 표시가 없음을 확인하였습니다. 확인 □
	2. 연필류, 유색필기구 등을 사용하지 않았습니다. 확인 □
	3. 답안지 작성시 유의사항을 읽고 확인하였습니다. 확인 □

[수험자 유의사항]

1. 답안지 표지 앞면 빈칸에는 시행연도·자격시험명·과목명을 정확히 기재하여야 합니다.

2. 답안지 작성은 반드시 검정색 필기구만을 계속 사용하여야 합니다.
   (그 외 연필류, 유색필기구 등을 사용한 답항은 채점하지 않으며, 0점 처리됩니다.)

3. 수험번호 및 성명은 반드시 연습지 첫 장 좌측 인적사항 기재란에만 작성하여야 하며, 답안지의
   인적사항 기재란 외의 부분에 특정인임을 암시하거나 답안과 관련 없는 특수한 표시를 하는 경우
   답안지 전체를 채점하지 않으며, 0점 처리합니다.

4. 계산문제는 반드시 계산과정, 답, 단위를 정확히 기재하여야 합니다.

5. 답안 정정 시에는 두 줄(=)로 긋고 다시 기재 또는 수정테이프 사용이 가능하며, 수정액을 사용할
   경우 채점상의 불이익을 받을 수 있으므로 사용하지 마시기 바랍니다.

6. 기 작성한 문항 전체를 삭제하고자 할 경우 반드시 해당 문항의 답안 전체에 명확하게 ×를 하시기
   바랍니다. (× 표시한 답안은 채점대상에서 제외)

7. 답안 작성시 문제번호 순서에 관계없이 답안을 작성하여도 되나, 문제번호 및 문제를 기재(긴 경우
   요약기재 가능)하고, 해당 답안을 기재하여야 합니다.

8. 각 문제의 답안작성이 끝나면 바로 옆에 "끝"이라고 쓰고, 최종 답안작성이 끝나면 줄을 바꾸어 중앙에
   "이하 여백"이라고 써야 합니다.

9. 수험자는 시험시간이 종료되면 즉시 답안작성을 멈춰야 하며, 종료시간 이후 계속 답안을 작성하거나
   감독위원의 답안지 제출지시에 불응할 때에는 당회 시험을 무효처리 합니다.

○ 본 문제는 2025년 4월 농업정책보험금융원에서 발표된 「농업재해보험 손해평가의 이론과 실무」
  이론서(2024년 12월 31일 기준 관련법령, 사업시행지침, 보험약관)를 바탕으로 구성하였습니다.

농작물재해보험 및 가축재해보험의 이론과 실무

01 다음은 위험(Risk) 관련 용어의 정의로 (   ) 안에 공통적으로 들어갈 내용을 답란에 쓰시오.
[5점]

> ① (   )은 손실의 기회만 있고 이득의 기회는 없는 위험이다. 즉, (   )은 이득의 범위가 0에서 −∞이다.
> ② (   )은 손실의 기회도 있지만 이익을 얻는 기회도 있는 위험을 말한다. 따라서 (   )의 이득의 범위는 −∞부터 +∞까지 광범위하다.

02 다음과 같이 4개의 사과 과수원을 경작하고 있는 A씨가 적과전 종합위험방식 보험상품에 가입하고자 할 경우, 계약인수 규정에 따라 보험가입이 가능한 과수원 구성과 그 이유를 쓰시오(단, 밀식재배 조건임).
[5점]

구 분	가입 조건	소재지
1번 과수원	'홍로' 품종 3년생 보험가입금액 200만원	경북 청송군 부남면 감연리
2번 과수원	'부사' 품종 4년생 보험가입금액 90만원	경북 청송군 부남면 감연리
3번 과수원	'감홍' 품종 5년생 보험가입금액 120만원	경북 청송군 부남면 감연리
4번 과수원	'스가루' 품종 6년생 보험가입금액 100만원	경북 청송군 부남면 상평리

(1) 과수원 구성

(2) 이 유

03 다음의 조건으로 농업용 시설물 및 시설작물을 종합위험방식 원예시설보험에 가입하려고 하는 경우 보험가입 여부를 판단하고, 그 이유를 쓰시오(단, 주어진 조건 외에는 고려하지 않는다).
[5점]

> • 시설하우스 조건 : 일부 하우스만을 선택적으로 가입
> • 시설작물의 재식밀도 : 토마토 1,600주/10a

(1) 보험가입 여부

(2) 이 유

04 농작물재해보험 종합위험방식 상품의 보험계약이 무효, 효력상실 또는 해지되었을 때 보험료의 환급에 관한 설명이다. (   ) 안에 들어갈 내용을 순서대로 답란에 쓰시오. [5점]

> ① 계약자 또는 피보험자의 책임 없는 사유에 의하는 경우 무효의 경우에는 납입한 계약자부담보험료의 (   ), 효력상실 또는 해지의 경우에는 해당 (   )에 따라 '환급보험료'를 계산한다.
> ② 계약자 또는 피보험자의 책임 있는 사유에 의하는 경우 계산한 해당 (   )에 따른 보험료를 환급한다.
> ③ 계약자 또는 피보험자의 (   )로 무효가 된 경우는 보험료를 반환하지 않는다.
> ④ 계약의 무효, 효력상실 또는 해지로 인하여 반환해야 할 보험료가 있을 때에는 계약자는 환급금을 청구하여야 하며, 청구일의 다음 날부터 지급일까지의 기간에 대하여 '보험개발원이 공시하는 (   )'을 연단위 복리로 계산한 금액을 더하여 지급한다.

05 다음 조건에 따라 적과전 종합위험방식(Ⅱ) 보험상품에 가입할 경우, 과실손해보장 보통약관 보험료를 산출하시오. [5점]

> • 품목 : 배
> • 보험가입금액 : 10,000,000원
> • 지역별 보통약관 보험요율 : 10%
> • 손해율에 따른 할증률 : 20%
> • 방재시설할인율 : −10%
> • 부보장 및 한정보장 특별약관 할인율 : −10%

06 적과전 종합위험방식(Ⅱ) 보험상품에 가입하는 경우 다음과 같은 조건에서 과실손해보장의 자기부담금과 태풍(강풍)·집중호우 나무손해보장 특약의 보험가입금액 및 자기부담금을 계산하시오(단, 결과주수 1주당 가입가격은 10만원이다). [15점]

> '신고' 배 6년생 1,000주를 실제 경작하고 있는 A씨는 최근 2년간 동 보험에 가입하였으며, 2년간 수령한 보험금이 순보험료의 120% 미만이었다. 과실손해보장의 보험가입금액은 1,000만원으로서 최저 자기부담비율을 선택하고, 특약으로는 태풍(강풍)·집중호우 나무손해보장특약만을 선택하여 보험에 가입하고자 한다.

(1) 과실손해보장의 자기부담금
(2) 태풍(강풍)·집중호우 나무손해보장특약의 보험가입금액
(3) 태풍(강풍)·집중호우 나무손해보장특약의 자기부담금

07 단감 '태추' 품종을 경작하는 A씨는 적과전 종합위험방식(Ⅱ) 보험에 가입하면서 적과종료 이전 특정위험 5종 한정보장 특별약관에도 가입하였다. (1) 보험가입금액이 감액된 경우의 차액보험료 산출방법에 대해 서술하고, (2) 다음 조건의 차액보험료를 계산하시오. [15점]

> • 착과감소보험금 보장수준 : 50%형
> • 주계약 보험가입금액 : 1,000만원
> • 기준수확량 : 1,100kg
> • 가입수확량 : 1,200kg
> • 계약자부담보험금 : 100만원
> • 감액분 계약자부담보험료 : 10만원
> • 감액미경과비율 : 90%
> • 미납입보험료 : 1만원

(1) 차액보험료 산출방법
(2) 차액보험료 계산

08 강원도 철원에서 '오대벼'를 재배하는 A씨는 100,000m^2 논의 주계약(보통약관) 보험가입금액 1억5천만원, 병충해보장 특약 보험가입금액 1억원을 선택하여 친환경재배방식으로 농작물재해보험에 가입하고자 한다. 다음의 추가조건에 따른 (1) 보통약관 보험료와 (2) 병해충보장 특약 보험료를 계산하시오.
[15점]

> [추가조건]
> 철원지역 보통약관 영업요율 1%, 특별약관 영업요율 1%, 손해율에 따른 할인율 −20%, 친환경재배 시 할증률 30%, 직파재배 농지할증률 15%이며, 정부보조보험료는 순보험료의 50%와 부가보험료를 지원하고 지자체지원 보험료는 순보험료의 30%를 지원한다. 상기 보험요율은 순보험요율이다.

(1) 보통약관 보험료
(2) 병해충보장 특약 보험료

09 종합위험 수확감소보장방식 마늘 품목에 관한 내용이다. 다음 조건을 참고하여 물음에 답하시오(단, 주어진 문제 조건외 다른 조건은 고려하지 않고, 피해율은 소수점 둘째자리 미만 절사. 예시 : 12.678% → 12.67%). [15점]

> • 계약자 甲은 제주특별자치도 서귀포시 대정읍 소재에서 마늘 농사를 짓고 있다.
> • 계약자 甲은 2024년 10월 15일 농지 5,000m²에 의성 품종 마늘을 파종하여, 보험가입금액 15,000,000원, 평년수확량 10,000kg, 최저 자기부담비율로 농작물재해보험 계약을 체결하였다.
> • 이후 통상적인 영농활동을 하며 농사를 짓던 중 2024년 10월 20일 호우피해가 발생하여 보험회사에 사고접수를 하였고, 조사결과 농지 전체 면적에서 식물체 주수 75,000주가 되어 2024년 10월 31일 160,000주를 재파종하였다.

(1) 보험회사에서 계약자 甲에게 지급하여야 할 보험금의 지급사유를 쓰시오.

(2) 보험회사에서 계약자 甲에게 지급하여야 할 보험금의 계산과정과 값을 쓰시오.

(3) 밭작물 공통 인수제한 목적물을 제외한 마늘 품목의 인수제한 목적물을 쓰시오.

10 가축재해보험의 축종별 보장수준과 관련하여 소(牛)의 주계약에서 보상하는 손해와 자기부담금을 다음 구분에 따라 쓰시오. [15점]

구 분	보상하는 손해	자기부담금
한우, 육우, 젖소		
종모우		

11 다음의 조건에 따른 적과전 종합위험방식(Ⅱ) 사과 품목의 실제결과주수와 태풍(강풍)·집중호우 나무손해보장 특별약관에 의한 보험금을 구하시오.   [5점]

태풍(강풍)·집중호우 나무손해보장 특별약관 보험가입금액	9,000만원
가입일자 기준 과수원에 식재된 모든 나무수	1,000주
인수조건에 따라 보험에 가입할 수 없는 나무수	100주
보상하는 재해(태풍)로 고사된 나무수	90주
보상하는 재해 이외의 원인으로 고사한 나무수	50주

(1) 실제결과주수
(2) 나무손해보장 특별약관 보험금

12 다음은 특정위험방식 인삼 품목 해가림시설의 손해조사에 관한 내용이다. 밑줄 친 틀린 내용을 알맞은 내용으로 수정하시오.   [5점]

- 조사대상은 인삼 해가림시설 사고가 접수된 농지이며, 조사시기는 ① 수확량 확인이 가능한 시기이다.
- 단위면적당 시설가액표, 파손 칸수 및 파손 정도 등을 참고하여 실제 피해에 대한 복구비용을 기평가한 ② 보험가액으로 피해액을 산출한다.
- 산출된 피해액에 대하여 감가상각을 적용하여 손해액을 산정한다. 다만, 피해액이 보험가액의 20% 이하인 경우에는 감가를 적용하지 않고, 피해액이 보험가액의 20%를 초과하면서 감가후 피해액이 보험가액의 20% 미만인 경우에는 ③ 보험가액의 10%를 손해액으로 산출한다.

13 다음은 복분자 품목의 특정위험 과실손해조사에서 고사결과모지수 산정방법에 관한 내용이다. 괄호에 알맞은 내용을 답란에 쓰시오. [5점]

> - 고사결과모지수는 수확감소환산 고사결과모지수에서 (①)고사결과모지수를 빼어 산출한다.
> - 수확감소환산 고사결과모지수는 종합위험 과실손해조사를 실시한 경우 기준 살아있는 결과모지수에서 (②) 고사결과모지수를 뺀후 (③)를 곱하여 산출한다. 종합위험 과실손해조사를 실시하지 않은 경우 (④)결과모지수에 (③)를 곱하여 산출한다.

14 종합위험 수확감소보장방식 감자 품목의 병충해에 의한 피해사실 확인후 보험금 산정을 위한 표본조사를 실시하였다. 한 표본구간에서 시들음병(2급)으로 입은 괴경의 무게가 30kg이고 손해정도가 30%인 경우 이 표본구간의 병충해감수량을 계산하시오(단, 병충해감수량은 kg단위로 소수점 둘째자리에서 반올림하여 첫째자리까지 다음 예시와 같이 구하시오. 예시 : 1.234kg → 1.2kg). [5점]

15 종합위험 수확감소보장방식 밭작물 품목의 표본구간별 수확량조사 방법에 관한 내용이다. 괄호 안에 알맞은 내용을 답란에 쓰시오. [5점]

품 목	표본구간별 수확량조사 방법
옥수수	표본구간내 작물을 수확한후 착립장 길이에 따라 상(①)·중(②)·하(③)로 구분한후 해당 개수를 조사한다.
차(茶)	표본구간 중 두 곳에 (④) 테를 두고 테 내의 수확이 완료된 새싹의 수를 세고, 남아있는 모든 새싹(1심2엽)을 따서 개수를 세고 무게를 조사한다.
콩·팥	표본구간내 콩·팥을 수확하여 (⑤)를 제거한후 콩·팥 종실의 무게 및 함수율(3회 평균) 조사한다.
양배추	표본구간내 작물의 뿌리를 절단하여 수확(외엽 2개 내외 부분을 제거)한후, (⑥) 피해 양배추, (⑦) 피해 양배추로 구분한다. (⑥) 피해형은 해당 양배추의 피해 무게를 (⑥) 인정하고, (⑦) 피해형은 해당 양배추 피해 무게를 (⑦) 인정한다.
수박(노지)	표본구간내 작물의 줄기를 절단하지 않고 각각의 수박 무게를 조사한다. 단, 보상하는 재해로 인해 피해가 발생하여 (⑧)는(은) 피해로 인정하고 해당 무게의 (⑨)을(를) 수확량으로 인정한다.

16 가축재해보험에서 자기부담금의 의의 및 약관상 규정에 관하여 서술하시오. [15점]

17 종합위험 수확감소보장방식 벼 품목에서 사고가 접수된 농지의 수량요소조사 방법에 의한 수확량조사 결과가 다음과 같을 경우 수확량과 피해율을 구하시오. [15점]

평년수확량	2,800kg	조사수확비율	80%
표준수확량	2,500kg	미보상비율	10%
기준수확량	2,400kg	피해면적 보정계수	1.1

(1) 수확량(단, 수확량은 kg단위로 소수점 첫째자리에서 반올림하여 다음 예시와 같이 구하시오. 예시 : 994.55kg → 995kg)

(2) 피해율(단, 피해율은 %단위로 소수점 셋째자리에서 반올림하여 둘째자리까지 다음 예시와 같이 구하시오. 예시 : 12.345% → 12.35%)

18 종합위험방식 밭작물 고추에 관하여 수확기 이전에 보험사고가 발생한 경우 〈보기〉의 조건에 따른 생산비보장보험금을 산정하시오. [15점]

〈보기〉
• 잔존보험가입금액 : 10,000,000원
• 자기부담금 : 500,000원
• 준비기생산비계수 : 49.5%
• 병충해 등급별 인정비율 : 70%
• 생장일수 : 60일
• 표준생장일수 : 100일
• 피해면적 : 500m²
• 재배면적 : 1,000m²
• 평균손해정도비율 : 80%
• 미보상비율 : 10%

(1) 계산과정
(2) 생산비보장보험금

19 다음의 계약사항과 보상하는 손해에 따른 조사내용에 관하여 수확량, 기준수입, 실제수입, 피해율, 농업수입감소보험금을 구하시오(단, 피해율은 % 단위로 소수점 셋째자리에서 반올림하여 둘째자리까지 다음 예시와 같이 구하시오. 예시 : 12.345% → 12.35%). [15점]

○ 계약사항

상품명	보험가입금액	가입면적	평년수확량	자기부담비율	기준가격
농업수입감소보장보험 양파	1,000만원	10,000m^2	2,500kg	20%	4,000원/kg

○ 조사내용

조사종류	조사방식	실제경작면적	수확불능면적	타작물 및 미보상면적
수확량조사	표본조사	10,000m^2	1,000m^2	1,000m^2

기수확면적	표본구간 수확량 합계	표본구간 면적 합계	미보상감수량	수확기가격
1,000m^2	1.2kg	12m^2	200kg	4,300원/kg

20 다음의 계약사항과 조사내용을 참고하여 누적감수과실수와 기준착과수를 구하시오[단, 감수과실수는 소수점 첫째자리에서 반올림하고, 피해율(%)은 소수점 셋째자리에서 반올림하여 다음 예시와 같이 구하시오. 예시 : 감수과실수 9.56개 → 10개, 피해율(%) 12.345% → 12.35%]. [20점]

○ 계약사항

상품명	가입특약	평년착과수	가입과실수	실제결과주수
적과전 종합위험방식(Ⅱ) 단감	적과종료 이전 특정위험 5종 한정보장 특별약관	10,000개	8,000개	100주

○ 조사내용

구 분	재해종류	사고일자	조사일자	조사내용
적과종료이전	우박	5월 10일	5월 11일	〈유과타박률조사〉 유과타박률 20% 미보상감수과실수 : 없음 / 미보상비율 : 0%
적과후착과수	–		7월 10일	적과후착과수 5,000개
적과종료이후	태풍	9월 8일	9월 9일	〈낙과피해조사(전수조사)〉 총 낙과과실수 : 1,000개 나무피해 없음 / 미보상감수과실수 없음 〈낙엽피해조사〉 낙엽률 30%(경과일수 100일) / 미보상비율 0%
	우박	5월 10일	10월 30일	〈착과피해조사〉 단, 태풍 사고 이후 착과수는 변동 없음
	가을동상해	10월 30일	10월 31일	〈가을동상해 착과피해조사〉 사고 당시 착과과실수 : 4,000개

〈낙과피해조사(전수조사)〉 피해과실 구분표

피해과실 구분	100%	80%	50%	정상
과실수	1,000개	0	0	0

〈착과피해조사〉 피해과실 구분표

피해과실 구분	100%	80%	50%	정상
과실수	10개	20개	20개	50개

〈가을동상해 착과피해조사〉 피해과실 구분표

피해과실 구분	100%	80%	50%	정상
과실수	10개	30개	20개	40개

손해평가사 2차 제7회 모의고사

시험과목	① 농작물재해보험 및 가축재해보험의 이론과 실무 ② 농작물재해보험 및 가축재해보험 손해평가의 이론과 실무

수험자 확인사항	1. 답안지 인적사항 기재란 외에 수험번호 및 성명 등 특정인임을 암시하는 표시가 없음을 확인하였습니다. 확인 ☐
	2. 연필류, 유색필기구 등을 사용하지 않았습니다. 확인 ☐
	3. 답안지 작성시 유의사항을 읽고 확인하였습니다. 확인 ☐

[수험자 유의사항]

1. 답안지 표지 앞면 빈칸에는 시행연도·자격시험명·과목명을 정확히 기재하여야 합니다.

2. 답안지 작성은 반드시 검정색 필기구만을 계속 사용하여야 합니다.
   (그 외 연필류, 유색필기구 등을 사용한 답항은 채점하지 않으며, 0점 처리됩니다.)

3. 수험번호 및 성명은 반드시 연습지 첫 장 좌측 인적사항 기재란에만 작성하여야 하며, 답안지의
   인적사항 기재란 외의 부분에 특정인임을 암시하거나 답안과 관련 없는 특수한 표시를 하는 경우
   답안지 전체를 채점하지 않으며, 0점 처리합니다.

4. 계산문제는 반드시 계산과정, 답, 단위를 정확히 기재하여야 합니다.

5. 답안 정정 시에는 두 줄(=)로 긋고 다시 기재 또는 수정테이프 사용이 가능하며, 수정액을 사용할
   경우 채점상의 불이익을 받을 수 있으므로 사용하지 마시기 바랍니다.

6. 기 작성한 문항 전체를 삭제하고자 할 경우 반드시 해당 문항의 답안 전체에 명확하게 ×를 하시기
   바랍니다. (× 표시한 답안은 채점대상에서 제외)

7. 답안 작성시 문제번호 순서에 관계없이 답안을 작성하여도 되나, 문제번호 및 문제를 기재(긴 경우
   요약기재 가능)하고, 해당 답안을 기재하여야 합니다.

8. 각 문제의 답안작성이 끝나면 바로 옆에 "끝"이라고 쓰고, 최종 답안작성이 끝나면 줄을 바꾸어 중앙에
   "이하 여백"이라고 써야 합니다.

9. 수험자는 시험시간이 종료되면 즉시 답안작성을 멈춰야 하며, 종료시간 이후 계속 답안을 작성하거나
   감독위원의 답안지 제출지시에 불응할 때에는 당회 시험을 무효처리 합니다.

○ 본 문제는 2025년 4월 농업정책보험금융원에서 발표된 「농업재해보험 손해평가의 이론과 실무」
   이론서(2024년 12월 31일 기준 관련법령, 사업시행지침, 보험약관)를 바탕으로 구성하였습니다.

농작물재해보험 및 가축재해보험의 이론과 실무

01 농작물재해보험 보통약관에서 정하는 용어를 순서대로 답란에 쓰시오. [5점]

- (   ) : 과수원에서 전체 눈이 50% 정도 발아한 시점
- (   ) : 가입연도 직전 5년 중 보험에 가입한 연도의 실제수확량과 표준수확량(가입품목의 품종, 수령, 재배방식 등에 따라 정해진 수확량)을 가입횟수에 따라 가중 평균하여 산출한 해당 과수원에 기대되는 수확량
- (   ) : 보험에 가입한 수확량으로 평년수확량의 일정범위(50%~100%) 내에서 계약자가 결정한 수확량
- (   ) : 보험에 가입한 농작물의 kg당 가격(나무손해보장 특별약관의 경우에는 보험에 가입한 나무의 1주당 가격)
- (   ) : 보험의 목적에 대한 피보험이익을 금전으로 평가한 금액 또는 보험의 목적에 발생할 수 있는 최대 손해액

02 다음은 농작물재해보험 대상 품목의 보험가입자격 및 기준에 관하여 (   ) 안에 알맞은 내용을 순서대로 쓰시오. [5점]

- 대추 : 농지의 보험가입금액은 (   ) 이상
- 단호박 : 농지의 보험가입금액은 (   ) 이상
- 보리 : 농지의 보험가입금액은 (   ) 이상
- 차(茶) : 농지의 면적이 (   ) 이상
- 버섯작물 : 단지 면적이 (   ) 이상

03 가축재해보험에 가입한 A축사에 다음과 같은 지진 피해가 발생하였다. 보상하는 손해에 해당하는 경우에는 "해당"을, 보상하지 않는 손해에 해당하는 경우에는 "미해당"을 쓰시오(다만, 주어진 조건외 다른 사항은 고려하지 않음). [5점]

- 지진으로 축사의 대문이 파손되어 이를 복구한 비용 150만원 : (①)
- 지진으로 기둥 또는 보 1개를 해체하여 수선한 비용 100만원 : (②)
- 지진으로 기둥, 보, 지붕틀, 벽 등에 2m를 초과하여 균열이 발생한 손해 200만원 : (③)
- 지진으로 축사내 배전반의 전기적 사고로 생긴 손해 150만원 : (④)
- 지진으로 축사의 냉난방설비가 파손되어 이를 복구하는 비용 300만원 : (⑤)

04 작물특정 및 시설종합위험 인삼손해보장방식의 자연재해에 대한 설명이다. (   )에 들어갈 내용을 쓰시오. [5점]

> • 폭설은 기상청에서 대설에 대한 특보(대설주의보, 대설경보)를 발령한 때 해당 지역의 눈 또는 (①)시간 신적설이 (②)cm 이상인 상태
> • 냉해는 출아 및 전엽기(4~5월) 중에 해당 지역에 최저기온 (③)℃ 이하의 찬 기온으로 인하여 발생하는 피해를 말하며, 육안으로 판별 가능한 냉해 증상이 있는 경우에 피해를 인정
> • 폭염은 해당 지역의 최고기온 (④)℃ 이상이 7일 이상 지속되는 상태를 말하며, 잎에 육안으로 판별 가능한 타들어간 증상이 (⑤)% 이상 있는 경우에 인정

05 농작물재해보험 보험료 방재시설 할인율의 방재시설 판정기준에 관한 내용이다. (   )에 들어갈 내용을 쓰시오. [5점]

> • 방풍림은 높이가 (①)미터 이상의 영년생 침엽수와 상록활엽수가 (②)미터 이하의 간격으로 과수원 둘레 전체에 식재되어 과수원의 바람 피해를 줄일 수 있는 나무
> • 방풍망은 망구멍 가로 및 세로가 (③)mm의 망목네트를 과수원 둘레 전체나 둘레 일부[1면 이상 또는 전체 둘레의 (④)% 이상]에 설치
> • 방충망은 망구멍이 가로 및 세로가 (⑤)mm 이하의 망목네트로 과수원 전체를 피복
> • 방조망은 망구멍의 가로 및 세로가 (⑥)mm를 초과하고 새의 입출이 불가능한 그물, 주 지주대와 보조 지주대를 설치하여 과수원 전체를 피복

06 농작물재해보험 가입시 적과전 종합위험방식(Ⅱ) 과수품목 인수제한 목적물의 공통기준을 서술하시오. [15점]

07 다음 품목에 해당하는 보장방식을 (보기)에서 모두 선택하고, 보장종료일을 (예)와 같이 서술하시오. [15점]

> (예) 양파 : 수확감소보장 – 수확기종료 시점(단, 이듬해 6월 30일을 초과할 수 없음)
> 　　　　　경작불능보장 – 수확개시 시점

> (보기) 조기파종보장, 수확감소보장, 생산비보장, 경작불능보장, 과실손해보장, 재파종보장,
> 　　　 재정식보장

양배추	
마 늘	
감자(봄재배)	
고 추	
무화과	

08 작물특정 및 시설종합위험 인삼손해보장방식 해가림시설의 ① 보험가입금액 산출방법과 ② 보험가입금액 산정을 위한 감가상각방법에 관하여 서술하시오. [15점]

09 다음 사례를 읽고 농작물재해보험에서 정하는 기준에 따라 인수가능 여부와 해당 사유를 서술하시오. [15점]

> A씨는 김해시에서 6년전 간척된 대동면 수안리 1번지(본인소유 농지 4,000m²)와 3년전 간척된 대동면 수안리 100번지(임차한 농지 1,000m², 수안리 1번지와 인접한 농지)에 벼를 경작하고 있다. 최근 3년 연속으로 김해시에 집중호우가 내려 호우경보가 발령되었고, A씨가 경작하고 있는 농지 (수안리 1번지, 수안리 100번지)에도 매년 침수피해가 발생하였다. 이에 A씨는 농작물재해보험에 가입하고자 가입금액을 산출한 결과 수안리 1번지 농지는 190만원, 수안리 100번지 농지는 50만원이 산출되었다.

(1) 인수가능 여부

(2) 해당 사유

10 종합위험 과실손해보장방식 감귤에 관한 내용이다. 다음의 조건 1~2를 참조하여 다음 물음에 답하시오(단, 주어진 조건외 다른 사항은 고려하지 않음). [15점]

○ 조건 1

- 감귤(온주밀감) / 5년생
- 보험가입금액 : 10,000,000원(자기부담비율 10%)
- 가입 특별약관 : 동상해과실손해보장 특별약관

○ 조건 2

(1) **과실손해조사**(수확전 사고조사는 없었음. 주품종 수확 이후 사고발생 함)
   ① 사고일자 : 2023년 11월 15일
   ② 피해사실확인조사를 통해 보상하는 재해로 확인됨
   ③ 표본주수 2주 선정후 표본조사내용
      - 등급내 피해과실수 32개
      - 등급외 피해과실수 26개
      - 기준과실수 300개
   ④ 미보상비율 : 20%

(2) **동상해과실손해조사**
   ① 사고일자 : 2024년 12월 20일
   ② 피해사실확인조사를 통해 보상하는 재해(동상해)로 확인됨
   ③ 표본주수 2주 선정후 표본조사내용

기수확과실	정상과실	80%형 피해과실	100%형 피해과실
100개	90개	80개	30개

   ④ 수확기 잔존비율(%) : (100 − 37) − (0.9 × 사고발생일자)[사고발생 월 12월 기준]
   ⑤ 미보상비율 : 10%

(1) 과실손해보장 보통약관 보험금의 계산과정과 값(원)을 쓰시오.
(2) 동상해과실손해보장 특별약관 보험금의 계산과정과 값(원)을 쓰시오.

11 다음은 농작물재해보험에서 정하는 손해평가 업무 절차상 손해평가반 구성에 관한 내용이다. 괄호에 알맞은 내용을 답란에 쓰시오. [5점]

> • 재해보험사업자 등은 보험가입자로부터 보험사고가 접수되면 (①) 등에 따라 조사내용을 결정하고 지체 없이 손해평가반을 구성한다.
> • 손해평가반은 농업재해보험 손해평가요령 제8조에서와 같이 손해평가인, 손해평가사, 손해사정사에 해당하는 자로 구성하며, (②) 이내로 한다. 이 규정에도 불구하고 직전 손해평가일로부터 (③) 이내의 보험가입자간 상호 손해평가에 대하여는 해당자를 손해평가반 구성에서 배제하여야 한다.

12 A과수원의 종합위험방식 포도 품목의 과중조사를 실시하고자 한다. 다음 조건을 이용하여 ① 과중조사 횟수, ② 최소 표본주수 및 ③ 최소 추출과실개수를 답란에 쓰시오. [5점]

> • A과수원의 품종은 3종이다.
> • 각 품종별 수확시기는 다르다.
> • 최소 표본주수는 회차별 표본주수의 합계로 본다.
> • 최소 추출과실개수는 회차별 추출과실개수의 합계로 본다.
> • 위 조건외 단서조항은 고려하지 않는다.

13 적과전 종합위험방식 '떫은감' 품목이 적과종료일 이후 태풍피해를 입었다. 다음 조건을 참조하여 물음에 답하시오(단, 주어진 조건외 다른 사항은 고려하지 않음). [5점]

○ 조건

조사대상주수	총 표본주의 낙엽수 합계	표본주수
650주	130개	13주

※ 모든 표본주의 각 결과지(신초, 1년생 가지)당 착엽수와 낙엽수의 합계 : 10개

(1) 낙엽률의 계산과정과 값(%)을 쓰시오.

(2) 낙엽률에 따른 인정피해율의 계산과정과 값(%)을 쓰시오[단, 인정피해율(%)은 소수점 셋째 자리에서 반올림한다. 예시 : 12.345% → 12.35%로 기재].

14 다음은 농작물재해보험에서 규정하는 농작물의 손해평가와 관련한 내용이다. 괄호에 알맞은 내용을 답란에 순서대로 쓰시오. [5점]

> - 인삼 품목의 수확량조사에서 기초자료인 칸 넓이조사는 두둑폭과 고랑폭을 더한 합계에 (　　)을(를) 곱하여 산출한다.
> - 메밀 품목의 피해면적은 도복으로 인한 피해면적에 (　　)를 곱한 값과 도복 이외 피해면적에 평균손해정도비율을 곱한 값을 더하여 산정한다.
> - 단호박 품목의 표본구간내 작물상태조사는 선정된 표본구간에 표본구간의 가로(　　)·세로(　　) 길이를 구획하여, 표본구간내 식재된 단호박을 손해정도비율표에 따라 구분하여 조사한다.

15 다음은 농작물재해보험 농업수입감소보장방식 밭작물 품목별 수확량조사 적기에 관한 내용이다. 괄호에 알맞은 내용을 답란에 순서대로 쓰시오. [5점]

> - 콩 : 콩잎이 누렇게 변하여 떨어지고 꼬투리의 (　　)% 이상이 고유한 성숙(황색)색깔로 변하는 시기인 생리적 성숙기로부터 (　　)일이 지난 시기
> - 감자(가을재배) : 파종일로부터 제주지역은 (　　)일 이후, 이외 지역은 (　　)일 이후
> - 마늘 : 잎과 줄기가 (　　) 황변하여 말랐을 때와 해당 지역의 통상 수확기가 도래하였을 때
> - 고구마 : 삽식일로부터 (　　)일 이후에 농지별로 적용
> - 옥수수 : 수염이 나온후 (　　)일 이후

16 종합위험 수확감소보장 마늘 품목에서 다음 계약사항과 조사내용에 따른 2가지 질문에 답하시오. [15점]

○ 계약사항

상품명	보험가입금액	가입면적	평년수확량	자기부담비율
종합위험 수확감소보장 마늘	1,000만원	5,000m²	5,000kg	20%

○ 조사내용

조사종류	조사방식	1m²당 식물체 주수 (1차조사)	1m²당 재파종 주수 (2차조사)
재파종조사	표본조사	15주	20주

(1) 재파종조사의 조사대상과 조사시기를 서술하시오.
(2) 재파종보험금 산정방법을 서술하고, 재파종보험금을 구하시오(단, 1a는 100m²이다).

17 종합위험방식 벼(조곡) 품목에 관한 다음 조건에 따른 보험금을 산정하시오(단, 아래의 조건들은 지급사유에 해당된다고 가정한다). [15점]

(1) 이앙 · 직파불능보험금

〈조건〉
• 보험가입금액 : 10,000,000원
• 자기부담비율 : 20%

① 계산과정 :
② 보험금 : _____원

(2) 재이앙 · 재직파보험금

〈조건〉
• 보험가입금액 : 10,000,000원
• 자기부담비율 : 20%
• 면적피해율 : 50%
• 미보상감수면적 : 없음

① 계산과정 :
② 보험금 : _____원

(3) 경작불능보험금

〈조건〉
• 보험가입금액 : 10,000,000원
• 자기부담비율 : 20%
• 식물체 70% 이상 고사

① 계산과정 :
② 보험금 : _____원

(4) 수확감소보험금

〈조건〉
• 보험가입금액 : 10,000,000원
• 자기부담비율 : 20%
• 평년수확량 : 1,500kg
• 수확량 : 500kg
• 미보상감수량 : 100kg

① 계산과정 :
② 보험금 : _____원

18 종합위험 수확감소방식 복숭아에 관한 내용이다. 다음의 계약사항과 조사내용을 참조하여 물음에 답하시오(단, 피해율은 소수점 셋째자리에서 반올림하여 다음 예시와 같이 구하시오. 예시 : 12.345% → 12.35%). [15점]

○ 계약사항

품 목	품 종	가입주수	보험가입금액	자기부담비율	평년수확량	표준수확량	가입 특약
복숭아	조생	100주	80,000,000원	10%	30,000kg	10,000kg	수확감소 추가보장 특약
	만생	250주				15,000kg	

○ 조사내용
  • 착과수조사(조사일자 : 2024년 6월 20일)

품 종	실제결과주수	미보상주수	표본주 1주당 착과수	미보상비율	기 타
조생	100주	5주	100개	10%	착과수조사전 사고 없음
만생	250주	10주	180개		

  • 2024년 8월 13일 우박 피해(조사일자 : 2024년 8월 15일)

품 종	금차 착과수	낙과피해 과실수	착과피해구성률	낙과피해구성률	과중조사
조생	0개	0개	–	–	기수확
만생	20,000개	6,000개	60%	70%	개당 350g

  ※ 우박 피해는 만생 품종 수확 중 발생한 피해임

(1) 수확량의 계산과정과 값을 구하시오.
(2) 수확감소보험금의 계산과정과 값을 구하시오.
(3) 수확감소 추가보장특약 보험금의 계산과정과 값을 구하시오.

19 다음은 가축재해보험에 관한 내용이다. 다음 물음에 답하시오. [15점]

(1) 가축재해보험에서 모든 부문 축종에 적용되는 보험계약자 등의 계약전·후 알릴의무와 관련한 내용의 일부분이다. 다음 ( )에 들어갈 내용을 쓰시오.

> [계약전 알릴의무]
> 계약자, 피보험자 또는 이들의 대리인은 보험계약을 청약할 때 청약서에서 질문한 사항에 대하여 알고 있는 사실을 반드시 사실대로 알려야 할 의무이다. 보험계약자 또는 피보험자가 고의 또는 중대한 과실로 계약전 알릴의무를 이행하지 않은 경우에 보험자는 그 사실을 안 날로부터 (①)월 내에, 계약을 체결한 날로부터 (②)년 내에 한하여 계약을 해지할 수 있다. 그러나 보험자가 계약 당시에 그 사실을 알았거나 중대한 과실로 인하여 알지 못한 때에는 그러하지 아니하다.

> [계약후 알릴의무]
> • 보험목적 또는 보험목적 수용장소로부터 반경 (③)km 이내 지역에서 가축전염병 발생(전염병으로 의심되는 질환 포함) 또는 원인 모를 질병으로 집단 폐사가 이루어진 경우
> • 보험의 목적 또는 보험의 목적을 수용하는 건물의 구조를 변경, 개축, 증축하거나 계속하여 (④)일 이상 수선할 때
> • 보험의 목적 또는 보험의 목적이 들어 있는 건물을 계속하여 (⑤)일 이상 비워두거나 휴업하는 경우

(2) 가축재해보험 소에 관한 내용이다. 다음 조건을 참조하여 한우(수컷)의 지급보험금(원)을 쓰시오(단, 주어진 조건외 다른 사항은 고려하지 않음).

> [조건]
> • 보험목적물 : 한우(수컷, 2022.4.3. 출생)
> • 가입금액 : 6,500,000원, 자기부담비율 : 20%, 중복보험 없음
> • 사고일 : 2024.8.6.(경추골절의 부상으로 긴급도축)
> • 보험금 청구일 : 2024.9.1.
> • 이용물처분액 : 1,000,000원(도축장발행 정산자료의 지육금액)
> • 2024년 한우(수컷) 월별 산지 가격동향
>
> | 구 분 | 4월 | 5월 | 6월 | 7월 | 8월 |
> |---|---|---|---|---|---|
> | 350kg | 3,500,000원 | 3,220,000원 | 3,150,000원 | 3,590,000원 | 3,600,000원 |
> | 600kg | 3,780,000원 | 3,600,000원 | 3,654,000원 | 2,980,000원 | 3,200,000원 |

20 다음의 계약사항과 조사내용을 참고하여 누적감수과실수를 구하시오(단, 감수과실수는 소수점 첫째자리에서 반올림하여 다음 예시와 같이 구하시오. 예시 : 10.6개 → 11개로 기재).

[20점]

○ 계약사항

상품명	특약	평년착과수	가입과실수	실제결과주수
적과전 종합위험방식(Ⅱ) 배	적과종료 이전 특정위험 5종 한정보장 특별약관	10,000개	8,000개	100주

○ 조사내용

구 분	재해 종류	사고 일자	조사 일자	조사내용 적과전 종합위험방식(Ⅱ)			
적과종료 이전	태풍	4월 20일	4월 21일	〈피해사실확인조사〉 나무피해율 : 50% 미보상감수과실수 : 없음			
	우박	5월 15일	5월 16일	〈유과타박률조사〉 유과타박률 : 35% 미보상감수과실수 : 없음			
적과후 착과수	–		7월 10일	적과후착과수 : 6,000개			
적과종료 이후	태풍	8월 25일	8월 26일	〈낙과피해조사(전수조사)〉 총 낙과과실수 : 1,000개 나무피해 없음			

〈적과종료 이후 - 태풍 - 낙과피해조사 세부표〉

피해과실 구분	100%	80%	50%	정상
과실수(개)	200	300	400	100

미보상감수과실수 : 없음

〈적과종료 이후 - 우박 (사고일자 5월 15일 / 조사일자 9월 10일) - 착과피해조사〉

피해과실 구분	100%	80%	50%	정상
과실수(개)	10	12	18	60

미보상감수과실수 : 없음

(1) 계산과정
(2) 누적감수과실수

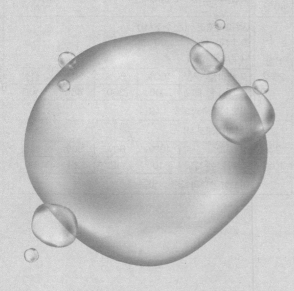

할 수 있다고 믿어라.
그러면 이미 반은 성공한 것이다.

- 시어도어 루즈벨트 -

손해평가사 2차 제8회 모의고사

시험과목	① 농작물재해보험 및 가축재해보험의 이론과 실무 ② 농작물재해보험 및 가축재해보험 손해평가의 이론과 실무

수험자 확인사항	1. 답안지 인적사항 기재란 외에 수험번호 및 성명 등 특정인임을 암시하는 표시가 없음을 확인하였습니다. 확인 ☐ 2. 연필류, 유색필기구 등을 사용하지 않았습니다. 확인 ☐ 3. 답안지 작성시 유의사항을 읽고 확인하였습니다. 확인 ☐

[수험자 유의사항]

1. 답안지 표지 앞면 빈칸에는 시행연도·자격시험명·과목명을 정확히 기재하여야 합니다.

2. 답안지 작성은 반드시 검정색 필기구만을 계속 사용하여야 합니다.
   (그 외 연필류, 유색필기구 등을 사용한 답항은 채점하지 않으며, 0점 처리됩니다.)

3. 수험번호 및 성명은 반드시 연습지 첫 장 좌측 인적사항 기재란에만 작성하여야 하며, 답안지의
   인적사항 기재란 외의 부분에 특정인임을 암시하거나 답안과 관련 없는 특수한 표시를 하는 경우
   답안지 전체를 채점하지 않으며, 0점 처리합니다.

4. 계산문제는 반드시 계산과정, 답, 단위를 정확히 기재하여야 합니다.

5. 답안 정정 시에는 두 줄(=)로 긋고 다시 기재 또는 수정테이프 사용이 가능하며, 수정액을 사용할
   경우 채점상의 불이익을 받을 수 있으므로 사용하지 마시기 바랍니다.

6. 기 작성한 문항 전체를 삭제하고자 할 경우 반드시 해당 문항의 답안 전체에 명확하게 ×를 하시기
   바랍니다. (× 표시한 답안은 채점대상에서 제외)

7. 답안 작성시 문제번호 순서에 관계없이 답안을 작성하여도 되나, 문제번호 및 문제를 기재(긴 경우
   요약기재 가능)하고, 해당 답안을 기재하여야 합니다.

8. 각 문제의 답안작성이 끝나면 바로 옆에 "끝"이라고 쓰고, 최종 답안작성이 끝나면 줄을 바꾸어 중앙에
   "이하 여백"이라고 써야 합니다.

9. 수험자는 시험시간이 종료되면 즉시 답안작성을 멈춰야 하며, 종료시간 이후 계속 답안을 작성하거나
   감독위원의 답안지 제출지시에 불응할 때에는 당회 시험을 무효처리 합니다.

○ 본 문제는 2025년 4월 농업정책보험금융원에서 발표된 「농업재해보험 손해평가의 이론과 실무」
   이론서(2024년 12월 31일 기준 관련법령, 사업시행지침, 보험약관)를 바탕으로 구성하였습니다.

농작물재해보험 및 가축재해보험의 이론과 실무

01 종합위험보장 벼(조사료용 벼 제외) 상품의 병해충보장 특별약관에서 담보하는 보장을 답란에 쓰시오. [5점]

02 농작물재해보험에서 계약자(피보험자)의 가입자격에 관한 설명이다. ( ) 안에 알맞은 내용을 쓰시오. [5점]

> 농작물재해보험 사업대상자는 사업 실시지역에서 보험대상 작물을 경작하는 (①)이다. 사업대상자 중에서 재해보험에 가입할 수 있는 자는 농어업재해보험법 제7조에 의한 동법 시행령 제9조에 따른 (②)을(를) 말한다.

03 경상남도지역 농지에서 마늘을 재배하는 A씨는 보험가입금액 100,000,000원의 재파종보장 마늘 상품에 가입하였다. 보상하는 재해로 10a당 식물체 주수 24,000주가 되어 10월 31일 이전에 10a당 32,000주로 재파종을 한 경우 재파종보험금의 계산과정과 값을 쓰시오. [5점]

04 가축재해보험의 보험가입 단위에 관한 설명이다. ( ) 안에 알맞은 내용을 쓰시오. [5점]

> • 가축재해보험은 사육하는 가축 및 축사를 (①) 보험가입하는 것이 원칙이다.
> • 예외적으로 종모우와 말의 경우는 (②)이 가능하다.
> • 소는 1년 이내 출하 예정인 경우, 축종별 및 성별을 구분하지 않고 보험가입시에는 소 이력제 현황의 (③) 이상, 축종별 및 성별을 구분하여 보험가입시에는 소 이력제 현황의 (④) 이상 조건에서 (⑤)이 가능하다.

05 종합위험보장 벼 상품의 보통약관에서 정하는 용어를 순서대로 답란에 쓰시오.　　　[5점]

> * (　　) : 수확량 또는 품질을 높이기 위해 비료성분을 토양 중에 공급하는 것
> * (　　) : 식물체가 고사한 면적을 보험가입면적으로 나누어 산출
> * (　　) : 못자리 등에서 기른 모를 농지로 옮겨 심는 일
> * (　　) : 물이 있는 논에 종자를 파종하는 방법
> * (　　) : 장기간의 지속적인 강우 부족에 의한 토양수분 부족으로 인하여 발생하는 피해

06 다음은 손해보험계약의 법적 특성이다. 각 특성에 대하여 서술하시오.　　　[15점]

(1) 유상계약성
(2) 쌍무계약성
(3) 상행위성
(4) 최고선의성
(5) 계속계약성

07 종합위험보장 벼 품목에 관한 내용이다. 계약내용과 조사내용을 참조하여 다음 물음에 답하시오.　　　[15점]

○ 계약내용	○ 조사내용
• 보험가입금액 : 10,000,000원 • 가입면적 : 10,000m^2 • 자기부담비율 : 15%	• 벼(조곡) 제현율 : 60% • 평년수확량 : 1,000kg • 수확량 : 300kg • 미보상감수량 : 0kg

(1) 수확불능보험금과 수확감소보험금을 지급하는 경우를 각각 서술하시오.
(2) 수확불능보장과 수확감소보장의 보장종료 시점을 각각 쓰시오.
(3) 수확불능보험금의 계산과정과 값을 쓰시오.
(4) 수확감소보험금의 계산과정과 값을 쓰시오.

08 종합위험 수확감소보장방식의 차(茶) 품목에 관한 사항이다. 다음 도표의 빈 칸에 알맞은 내용을 쓰시오. [15점]

구 분	내 용
계약인수	
보험가입대상	
인수제한 목적물 (7가지 이상)	

09 종합위험보장 원예시설작물에 대하여 다음 물음에 답하시오. [15점]

(1) 보험가입금액의 산정에 대해 서술하시오.

(2) 생산비보장보험금의 지급사유에 대하여 서술하시오.

(3) 시설작물 인수제한 내용이다. (   )에 들어갈 내용을 각각 쓰시오.

> • 작물의 재배면적이 시설면적의 (①) 미만인 경우. 다만, 백합·카네이션의 경우 하우스 면적의 50% 미만이라도 동당 작기별 (②) 이상 재배시 가입 가능하다.
> • 분화류의 (②)을(를) 재배하는 경우
> • 한 시설에서 화훼류와 비화훼류를 (③) 재배 중이거나 또는 재배 예정인 경우

10 甲의 사과과수원에 대한 내용이다. 조건 1~3을 참조하여 다음 물음에 답하시오(단, 주어진 조건외 다른 사항은 고려하지 않음). [15점]

○ 조건 1

- 2019년 사과(홍로/3년생/밀식재배) 300주를 농작물재해보험에 신규로 보험가입 함
- 2020년과 2022년도에는 적과전에 우박과 냉해피해로 과수원의 적과후착과량이 현저하게 감소하였음.
- 사과(홍로)의 일반재배방식 표준수확량은 아래와 같음

수 령	5년	6년	7년	8년	9년
표준수확량	6,000kg	8,000kg	8,500kg	9,000kg	10,000kg

○ 조건 2

[甲의 과수원 과거수확량 자료]

구 분	2019년	2020년	2021년	2022년	2023년
평년착과량	1,500kg	3,200kg	–	4,000kg	3,700kg
표준수확량	1,500kg	3,000kg	4,500kg	5,700kg	6,600kg
적과후착과량	2,000kg	800kg	–	950kg	6,000kg
보험가입 여부	가입	가입	미가입	가입	가입

○ 조건 3

[2024년 보험가입내용 및 조사결과 내용]
- 적과전 종합위험방식 II 보험가입(적과종료 이전 특정위험 5종 한정보장 특별약관 미가입)
- 가입가격 : 2,000원/kg
- 보험가입 당시 계약자부담보험료 : 200,000원(미납보험료 없음)
- 자기부담비율 : 20%
- 착과감소보험금 보장수준 50%형 가입
- 2024년 과수원의 적과전 냉해피해로, 적과후착과량이 2,500kg으로 조사됨
- 미보상감수량 없음

(1) 2024년 평년착과량의 계산과정과 값(kg)을 쓰시오.

(2) 2024년 착과감소보험금의 계산과정과 값(원)을 쓰시오.

(3) 만약 2024년 적과전 사고가 없이 적과후착과량이 2,500kg으로 조사되었다면, 계약자 甲에게 환급해야 하는 차액보험료의 계산과정과 값(원)을 쓰시오(단, 보험료는 일원 단위 미만 절사함, 예시 : 12,345.6원 → 12,345원).

11 농작물재해보험의 보험금 심사에 관한 내용이다. ( )에 들어갈 내용을 각각 쓰시오.

[5점]

- 보험사고접수 이후 피해사실의 확인, (①) 및 손해액의 평가 등 손해평가 과정 이후 재해보험사업자의 보험금 지급 여부 및 지급보험금을 결정하기 위하여 보험금 심사를 하게 된다.
- 사고보험금 심사는 (②) 사고로 발생한 재산상의 손해를 보상할 것을 목적으로 약관형식으로 판매되는 (③) 특성상 약관 규정 내용을 중심으로 판단하게 된다.
- 보험계약의 단체성과 (④)이라는 특수성 때문에 약관의 해석은 보험계약자 등을 보호하기 위하여 일정한 해석의 원칙이 필요하기 때문에 우리나라에서는 (⑤)에 약관의 해석과 관련하여 다양한 약관의 해석의 원칙을 규정하고 있다.

12 종합위험 수확감소보장방식 밭작물 품목의 품목별 표본구간 면적조사 방법에 관한 내용이다. ( )에 들어갈 내용을 각각 쓰시오.

[5점]

품 목	표본구간 면적조사 방법
(①)	• 이랑폭 2m 미만 : 이랑길이(②) 및 이랑폭조사 • 이랑폭 2m 이상 : 이랑길이(③) 및 이랑폭조사
고구마, 양배추, 감자, 옥수수	이랑길이(④) 및 이랑폭조사
차(茶)	규격의 테(⑤) 사용
콩, 팥	• 점파 : 이랑길이(⑥) 및 이랑폭조사 • 산파 : 규격의 원형(⑦) 이용 또는 표본구간의 가로 · 세로길이조사
수박(노지)	이랑길이(⑧) 및 이랑폭조사

13 적과전 종합위험방식(Ⅱ) 사과 품목에서 적과후착과수조사를 실시하고자 한다. 과수원의 현황(품종, 재배방식, 수령, 주수)이 다음과 같이 확인되었을 때 ①, ②, ③, ④, ⑤의 계산과정과 값을 쓰시오(단, 적정표본주수 최솟값은 소수점 첫째자리에서 올림하여 다음 예시와 같이 구하시오. 예시 : 10.2주 → 11주로 기재). [5점]

품 종	재배방식	수 령	실제결과주수	미보상주수	고사주수	수확불능주수	조사대상주수	적정표본주수
스가루	반밀식	10	100	0	0	0	100	①
스가루	반밀식	20	200	0	0	0	200	②
홍로	밀식	10	120	0	0	0	120	③
부사	일반	10	150	0	0	0	150	④
합계			570	0	0	0	570	⑤

14 종합위험 생산비보장방식 '브로콜리'에 관한 내용이다. 보험금 지급사유에 해당하며, 아래 조건을 참조하여 보험금의 계산과정과 값(원)을 쓰시오(단, 주어진 조건외 다른 사항은 고려하지 않음). [5점]

○ 조건 1

보험가입금액	자기부담비율
20,000,000원	5%

○ 조건 2

재배면적	피해면적	정식일로부터 사고발생일까지 경과일수
1,000m²	500m²	65일

※ 수확기 이전에 보험사고가 발생하였고, 기발생 생산비보장보험금은 없음

○ 조건 3
피해 조사결과

정 상	50%형 피해송이	80형 피해송이	100%형 피해송이
24개	30개	20개	26개

※ 미보상비율은 없음

15 가축재해보험 소(牛) 부문의 보상하는 손해에 관한 내용이다. (　　)에 들어갈 용어를 각각 쓰시오. [5점]

> • 폐사는 질병 또는 (①)에 의하여 수의학적으로 구할 수 없는 상태가 되고 맥박, 호흡, 그 외 일반증상으로 폐사한 것이 확실한 때로 하며, 통상적으로는 (②) 등의 소견을 기준으로 판단하게 된다.
> • 긴급도축은 "사육하는 장소에서 부상, 난산, 산욕마비, (③) 및 젖소의 (④) 등이 발생한 소(牛)를 즉시 도축장에서 도살하여야 할 불가피한 사유가 있는 경우"에 한한다.
> • 도난손해는 보험증권에 기재된 보관장소 내에 보관되어 있는 동안에 불법침입자, 절도 또는 강도의 도난행위로 입은 (⑤)로 한정하고 있으며, 보험증권에 기재된 보관장소에서 이탈하여 운송 도중 등에 발생한 도난손해 및 도난행위로 입은 (⑥)은(는) 도난손해에서 제외된다.

16 농업수입감소보장방식 고구마에 관한 내용이다. 계약사항과 수확량 조사내용을 참조하여 다음 물음에 답하시오. [15점]

○ 계약사항

보험가입금액	자기부담비율	가입면적	평년수확량	농지별 기준가격
10,000,000원	20%	10,000m²	3,000kg	5,000원/kg

※ 수확기가격은 4,500원/kg임

○ 수확량 조사내용
[면적조사]

실제경작면적	수확불능면적	타작물 및 미보상면적	기수확면적
10,000m²	1,000m²	1,000m²	1,000m²

[표본조사]

표본구간면적	표본구간 수확량
10m²	2kg

[미보상비율] : 10%

(1) 수확량의 계산과정과 값을 쓰시오.
(2) 피해율의 계산과정과 값을 쓰시오.
(3) 농업수입감소보험금의 계산과정과 값을 쓰시오.

17 농업용 원예시설물(고정식 하우스)에 강풍이 불어 피해가 발생되었다. 다음 조건을 참조하여 물음에 답하시오(단, 문제 조건에서 손해액은 감가율을 적용하지 않은 금액으로 가정함).

[15점]

구 분	손해내역	내용 연수	경년 감가율	경과 연월	보험가입 금액	손해액	비 고
1동	연동하우스 (구조체 손해)	15년	5.3%	3년	500만원	300만원	피복재 손해 제외
2동	장수 PE (피복재 단독사고)	1년	40%	1년	300만원	100만원	–
3동	장기성 PO (피복재 단독사고)	5년	16%	2년	200만원	100만원	• 재조달가액보장 특약 • 미복구

(1) 1동의 지급보험금 계산과정과 값을 쓰시오.

(2) 2동의 지급보험금 계산과정과 값을 쓰시오.

(3) 3동의 지급보험금 계산과정과 값을 쓰시오.

18 벼 농사를 짓고 있는 甲은 가뭄으로 농지내 일부 면적의 벼가 고사되는 피해를 입어 재이앙 조사후 모가 없어 경작면적의 일부만 재이앙을 하였다. 이후 수확전 태풍으로 도복피해가 발생해 수확량 조사방법 중 표본조사를 하였으나, 甲이 결과를 불인정하여 전수조사를 실시하였다. 계약사항(종합위험 수확감소보장방식)과 조사내용을 참조하여 다음 물음에 답하시오[단, 수확량(kg) 및 피해율(%)은 소수점 이하 절사함. 예시 : 12.67% → 12%]. [15점]

○ 계약사항

품 종	보험가입금액	가입면적	평년수확량	표준수확량	자기부담비율
동진찰벼	5,000,000원	3,000m^2	3,600kg	3,200kg	20%

○ 조사내용
• 재이앙조사

재이앙전 조사내용		재이앙후 조사내용	
실제경작면적	3,000m^2	재이앙면적	1,000m^2
피해면적	1,200m^2	–	–

• 수확량조사

표본조사 내용		전수조사 내용	
표본구간 총 중량 합계	0.48kg	전체 조곡중량	1,200kg
표본구간면적	0.96m^2	미보상비율	10%
함수율	16%	함수율	20%

(1) 재이앙보험금의 지급가능한 횟수를 쓰시오.
(2) 재이앙보험금의 계산과정과 값을 쓰시오.
(3) 수확량감소보험금의 계산과정과 값을 쓰시오.

19 농업수입감소보장방식 마늘에 관한 내용이다. 다음의 계약사항 및 조사내용을 참조하여 물음에 답하시오(단, 주어진 조건외 다른 사항은 고려하지 않음).　　　　　　[15점]

○ 계약사항

품 종	보험가입금액	가입면적	평년수확량	자기부담비율	기준가격
대서(난지형)	20,000,000원	2,000m²	6,000kg	10%	2,400원/kg

○ 조사내용
　① 재해종류 : 한해(가뭄)
　② 면적조사 및 표본구간 면적

실제경작면적	타작물 및 미보상면적	표본구간수	표본구간	
			이랑길이	이랑폭
2,000m²	300m²	5	1m	2m

　※ 모든 표본구간의 이랑 길이와 이랑 폭은 같음
　③ 모든 표본구간 수확량

피해구분	정상마늘	80%형 피해 마늘	100%형 피해 마늘
합계	18kg	10kg	2kg

　④ 미보상비율 : 10%
　⑤ 수확적기까지 잔여일수 10일, 잔여일수 1일당 작물이 0.8%(0.008)씩 비대해지는 것으로 산정할 것.
　⑥ 수확기가격 : 2,000원/kg

(1) 표본구간 단위면적당 수확량(kg/m²)의 계산과정과 값을 구하시오(단, 단위면적당 수확량(kg/m²)은 소수점 둘째자리에서 반올림하여 다음 예시와 같이 구하시오. 예시 : 123.45kg → 123.5kg).

(2) 농업수입감소보험금의 계산과정과 값을 구하시오(단, 피해율은 소수점 셋째자리에서 반올림하여 다음 예시와 같이 구하시오. 예시 : 12.345% → 12.35%).

(3) 위 계약사항 및 조사내용으로 감소된 수확량이 보상하는 재해로 인한 것이 아니라면, 이때의 농업수입감소보험금의 계산과정과 값을 구하시오(단, 피해율은 소수점 셋째자리에서 반올림하여 다음 예시와 같이 구하시오. 예시 : 12.345% → 12.35%).

손해평가사 2차 제8회 모의고사

20 계약사항과 조사내용을 참조하여 다음 물음에 답하시오. [15점]

○ 계약사항

상품명	특약 및 주요사항	평년착과수	가입과중
적과전 종합위험방식(Ⅱ) 사과 품목	• 나무손해보장 특약 • 착과감소 50% 선택	100,000개	500g

가입가격	가입주수	자기부담률	
1,500원/kg	750주	과실	10%
		나무	5%

※ 나무손해보장 특약의 보험가입금액은 1주당 10만원 적용

○ 조사내용

구 분	재해 종류	사고 일자	조사 일자	조사내용
계약일 24시 ~ 적과전	우박	5월 30일	5월 31일	[피해사실확인조사] • 피해발생 인정 • 미보상비율 : 0%
적과후 착과수 조사	–		6월 10일	[적과후착과수조사]

[적과후착과수조사]

품 종	실제결과주수	조사대상주수	표본주 1주당 착과수
홍로	390주	390주	60개
부사	360주	360주	90개

※ 홍로, 부사는 사과의 품종임

구 분	재해 종류	사고 일자	조사 일자	조사내용
적과 종료 이후	태풍	9월 1일	9월 2일	[낙과피해조사] • 총 낙과수 : 4,000개(전수조사)
	조수해	9월 18일	9월 20일	[나무피해조사] • 홍로 30주, 부사 30주는 조수해로 고사
	우박	5월 30일	10월 1일	[착과피해조사]

[낙과피해조사]

피해과실구성	정상	50%	80%	100%
과실수(개)	1,000	1,000	1,000	1,000

[착과피해조사]

피해과실구성	정상	50%	80%	100%
과실수(개)	50	10	20	20

※ 적과 이후 자연낙과 등은 감안하지 않으며, 무피해나무의 평균착과수는 적과후착과수의 1주당 평균착과수와 동일한 것으로 본다.

(1) 착과감소보험금의 계산과정과 값을 쓰시오.

(2) 과실손해보험금의 계산과정과 값을 쓰시오.

(3) 나무손해보험금의 계산과정과 값을 쓰시오.

손해평가사 2차 제9회 모의고사

시험과목	① 농작물재해보험 및 가축재해보험의 이론과 실무 ② 농작물재해보험 및 가축재해보험 손해평가의 이론과 실무

수험자 확인사항	1. 답안지 인적사항 기재란 외에 수험번호 및 성명 등 특정인임을 암시하는 표시가 없음을 확인하였습니다.　확인 □
	2. 연필류, 유색필기구 등을 사용하지 않았습니다.　확인 □
	3. 답안지 작성시 유의사항을 읽고 확인하였습니다.　확인 □

[수험자 유의사항]

1. 답안지 표지 앞면 빈칸에는 시행연도·자격시험명·과목명을 정확히 기재하여야 합니다.

2. 답안지 작성은 반드시 검정색 필기구만을 계속 사용하여야 합니다.
   (그 외 연필류, 유색필기구 등을 사용한 답항은 채점하지 않으며, 0점 처리됩니다.)

3. 수험번호 및 성명은 반드시 연습지 첫 장 좌측 인적사항 기재란에만 작성하여야 하며, 답안지의
   인적사항 기재란 외의 부분에 특정인임을 암시하거나 답안과 관련 없는 특수한 표시를 하는 경우
   답안지 전체를 채점하지 않으며, 0점 처리합니다.

4. 계산문제는 반드시 계산과정, 답, 단위를 정확히 기재하여야 합니다.

5. 답안 정정 시에는 두 줄(=)로 긋고 다시 기재 또는 수정테이프 사용이 가능하며, 수정액을 사용할
   경우 채점상의 불이익을 받을 수 있으므로 사용하지 마시기 바랍니다.

6. 기 작성한 문항 전체를 삭제하고자 할 경우 반드시 해당 문항의 답안 전체에 명확하게 ×를 하시기
   바랍니다. (× 표시한 답안은 채점대상에서 제외)

7. 답안 작성시 문제번호 순서에 관계없이 답안을 작성하여도 되나, 문제번호 및 문제를 기재(긴 경우
   요약기재 가능)하고, 해당 답안을 기재하여야 합니다.

8. 각 문제의 답안작성이 끝나면 바로 옆에 "끝"이라고 쓰고, 최종 답안작성이 끝나면 줄을 바꾸어 중앙에
   "이하 여백"이라고 써야 합니다.

9. 수험자는 시험시간이 종료되면 즉시 답안작성을 멈춰야 하며, 종료시간 이후 계속 답안을 작성하거나
   감독위원의 답안지 제출지시에 불응할 때에는 당회 시험을 무효처리 합니다.

○ 본 문제는 2025년 4월 농업정책보험금융원에서 발표된 「농업재해보험 손해평가의 이론과 실무」
이론서(2024년 12월 31일 기준 관련법령, 사업시행지침, 보험약관)를 바탕으로 구성하였습니다.

01 농작물재해보험 보통약관에서 규정하는 용어의 정의로 (   )에 들어갈 내용을 쓰시오.
[5점]

- (①)란 차나무의 신초(新梢, 햇가지)를 수확한 것을 말하며, 통상 생산자조합 또는 농협의 수매 기한(②) 내에 수확한 것에 한한다.
- (③)란 생산비에서 수확기에 발생되는 생산비를 차감한 값을 말한다.
- (④)이란 보험사고로 인하여 발생한 손해에 대하여 계약자 또는 피보험자가 부담하는 일정 비율로 보험가입금액에 대한 비율을 말한다.
- (⑤)란 회사가 지급할 금전에 이자를 줄 때 1년마다 마지막 날에 그 이자를 원금에 더한 금액을 다음 1년의 원금으로 하는 이자 계산방법을 말한다.

02 농작물재해보험 종합위험보장 과수 품목 중 가입하는 해의 나무 수령(나이)이 3년 미만인 과수원을 인수제한 하는 품목을 3가지 이상 쓰시오(단, 농작물재해보험 판매상품 기준으로 한다).
[5점]

03 농작물재해보험 종합위험 비가림과수 품목의 보험기간에 대한 기준이다. (   )에 들어갈 내용을 쓰시오.   [5점]

구 분		보장개시	보장종료
보 장	품 목		
수확감소보장	포도	(①)	수확기종료 시점 단, 이듬해 (②)을 초과할 수 없음
	이듬해에 맺은 참다래 과실	(③) 단, (③)가 지난 경우에는 계약체결일 24시	해당 꽃눈이 성장하여 맺은 과실의 수확기종료 시점 단, 이듬해 (④)을 초과할 수 없음
	대추	(⑤) 단, (⑤)가 경과한 경우에는 계약체결일 24시	수확기종료 시점 단, 판매개시연도 (⑥)을 초과할 수 없음

04 다음은 역선택과 도덕적 해이의 유사점과 차이점에 관한 설명이다. (   )에 들어갈 내용을 쓰시오.   [5점]

- 역선택과 도덕적 해이는 (①)의 원인으로 발생하며, 보험가액에 비해 보험금액의 비율이 (②) 발생 가능성이 높고, (③)는(은) 역선택이나 도덕적 해이를 야기한 당사자에게 귀착되는 반면, (④)는(은) 보험자와 다수의 선의의 계약자들에 돌아가 결국 보험사업의 정상적 운영에 악영향을 미친다는 점에서 유사하다(황희대, 2010).
- 역선택은 (⑤)에 예측한 위험보다 높은 위험(집단)이 가입하여 사고발생률을 증가시키는데 비해 도덕적 해이는 (⑥) 계약자가 사고발생 예방노력 수준을 낮추는 선택을 한다는 점에서 차이가 있다.

05 농작물재해보험사업 시행과 관련된 설명이다. ( )에 들어갈 내용을 쓰시오. [5점]

> • 시범사업은 전국적으로 보험사업을 실시하기 전에 일부 지역에서 보험설계의 (①), 사업의 확대 가능성, 농가의 (②) 등을 파악하여 미비점을 보완함으로써 전국적 본사업 실시시의 시행착오를 최소화하기 위한 것이다. (③)차 이상 시범사업 품목 중에서 농업재해보험심의회에 심의에 따라 본사업으로 전환될 수 있다.
> • 재해보험사업자는 보험대상 농작물 등이라 하더라도 보험화가 곤란한 특정 품종, 특정 재배방법, 특정시설 등에 대해서는 (④)과 협의하여 보험대상에서 제외하거나 보험인수를 거절할 수 있다.

06 농업재해대응에서 정부의 역할과 정책보험으로서 농업재해보험을 국가가 운영하는 이유를 서술하시오. [15점]

07 종합위험 밭작물(생산비보장) 고추 품목의 인수제한 목적물에 대한 내용이다. 다음 각 농지별 보험가입가능 여부를 "가능" 또는 "불가능"으로 쓰고, 불가능한 농지는 그 사유를 쓰시오. [15점]

> • A농지 : 고추 정식 1년전 인삼을 재배한 농지로, 가입금액 300만원으로 가입 신청 (①)
> • B농지 : 직파하고 6월 1일에 고추를 식재한 농지로 가입 신청 (②)
> • C농지 : 해당 연도 5월 1일 터널재배로 정식하여 풋고추 형태로 판매하기 위해 재배하는 농지로 가입 신청 (③)
> • D농지 : 동일 농지내 재배방법이 동일하지 않은 농지로, 보장생산비가 낮은 재배방법으로 가입 신청 (④)
> • E농지 : 1,000m²당 1,200주의 재식밀도로 4월 30일 노지재배로 식재하고 가입 신청 (⑤)

08 적과전 종합위험방식(Ⅱ) 떫은감 상품에 관한 내용이다. 다음 조건을 참고하여 물음에 답하시오(단, 주어진 문제 조건외 다른 조건은 고려하지 않음). [15점]

○ 계약사항
- 보장내용 : 과실손해보장
  (5종 한정 특약 미가입)
- 평년착과량(가입수확량) : 10,000kg
- 가입일자 : 2024년 2월 7일
- 가입주수 : 300주
- 평균과중 : 160g
- 가입가격(kg당) : 1,000원
- 보통약관 영업요율 : 11%
- 순보험요율 : 10%
- 지자체보험지원비율 : 순보험료의 30%
- 부가보험료 : 순보험료의 10%
- 보장수준 : 가입 가능한 최대 수준
- 자기부담비율 : 가입 가능한 최소 수준
- 방재시설할인율 : -20%
- 과수원 할인·할증률 : 없음

○ 조사사항
- 조사일자 : 2024년 8월 2일
- 재해내용 : 냉해·호우피해
- 적과후착과수 : 30,000개
- 미보상감수량 : 250kg

○ 보험료 및 보험금 지급내용(단위 : 천원)

구 분	영업보험료	순보험료	부가보험료	지급보험금	
				착과감소 보험금	과실손해 보험금
2019년	1,733	1,575	158	–	–
2020년	1,832	1,665	167	1,000	2,000
2021년	1,733	1,575	158	3,000	–
2022년	1,931	1,755	176	1,800	–
2023년	1,782	1,620	162	–	1,500

○ 정부의 농가부담보험료 지원비율

구 분	품 목	보장수준(%)				
		60	70	80	85	90
국고보조율 (%)	사과, 배, 단감, 떫은감	60	60	50	38	33

(1) 정부보조보험료의 계산식과 값을 쓰시오.

(2) 계약자부담보험료의 계산식과 값을 쓰시오.

(3) 착과감소보험금의 계산식과 값을 쓰시오.

09 다음과 같은 '인삼'의 해가림시설이 있다. 다음 물음에 답하시오(단, 주어진 조건외 다른 조건은 고려하지 않음). [15점]

○ 가입시기 : 2024년 6월
○ 농지내 재료별(목재, 철재)로 구획되어 해가림시설이 설치되어 있음
  [해가림시설(목재)]
  ① 시설년도 : 2018년 10월
  ② 면적 : 5,000m^2
  ③ 단위면적당 시설비 : 30,000원/m^2
    ※ 해가림시설 정상 사용 중

  [해가림시설(철재)]
  ① 전체면적 : 6,000m^2
    • 면적 A : 4,500m^2(시설년도 : 2021년 3월)
    • 면적 B : 1,500m^2(시설년도 : 2022년 3월)
  ② 단위면적당 시설비 : 50,000원/m^2
    ※ 해가림시설 정상 사용 중이며, 면적 A, B는 동일 농지에 설치

---

(1) 해가림시설(목재)의 보험가입금액의 계산과정과 값을 쓰시오.
(2) 해가림시설(철재)의 보험가입금액의 계산과정과 값을 쓰시오.

10 농업수입안정보험 포도 품목에 관한 내용이다. 다음 조건을 참고하여 물음에 답하시오(단, 주어진 문제 조건외 다른 조건은 고려하지 않고, 피해율은 소수점 둘째자리 미만 절사함. 예시 : 12.678% → 12.67%). [15점]

○ 계약사항
- 품종 : 캠벨얼리(시설)
- 평년수확량 : 10,000kg
- 가입수확량 : 5,000kg
- 가입일자 : 2023년 12월 18일
- 가입주수 : 300주
- 자기부담비율 : 20%

○ 조사사항
- 조사일자 : 2024년 6월 12일
- 조사내용 : 냉해피해
- 수확량 : 5,000kg
- 미보상감수량 : 100kg

○ 기타 사항
- 기준가격과 수확기가격 산출시 동일한 농가수취비율 적용
- 기준가격 산출시 보험가입 직전 5년(2019년~2023년) 적용
- 보험가입금액은 천원 단위 절사

○ 연도별 농가수취비율

구 분	2019년	2020년	2021년	2022년	2023년
농가수취비율	78%	70%	76%	80%	74%

○ 서울시 농수산식품공사 가락시장 연도별 가격(원/kg)

구 분	2019년	2020년	2021년	2022년	2023년	2024년
중품	4,500	5,100	5,400	5,300	5,200	5,400
상품	5,200	5,500	5,800	5,500	5,800	6,000

---

(1) 2024년 기준가격의 계산식과 값을 쓰시오.

(2) 2024년 수확기가격의 계산식과 값을 쓰시오.

(3) 2024년 농업수입감소보장 보험금의 계산식과 값을 쓰시오.

11 종합위험 수확감소보장방식 벼 품목의 수량요소조사 시기와 조사방법에 관한 일부 내용이다. 다음 ( )에 들어갈 용어를 각각 쓰시오. [5점]

유 형	조사시기	조사방법
수량요소 조사	(①)	1. 표본포기 수 : (②)(가입면적과 무관함) 2. 표본포기 선정 : 재배방법 및 품종 등을 감안하여 (③)에 동일한 간격으로 골고루 배치될 수 있도록 표본포기를 선정한다. 다만, 선정한 포기가 표본으로서 부적합한 경우(해당 포기의 수확량이 현저히 많거나 적어서 표본으로서의 대표성을 가지기 어려운 경우 등)에는 가까운 위치의 다른 포기를 표본으로 선정한다. 3. 표본포기조사 : 선정한 표본포기별로 (④) 점수 및 (⑤) 점수를 조사한다.

12 종합위험 수확감소보장 밭작물(마늘, 양배추) 품목에 관한 내용이다. 보험금 지급사유에 해당하며, 아래의 조건을 참조하여 다음 물음에 답하시오(단, 피해율은 소수점 셋째자리에서 반올림하여 다음 예시와 같이 구하시오. 예시 : 12.345% → 12.35%). [5점]

○ 조건

품 목	재배지역	보험가입금액	보험가입면적	자기부담비율
마늘	의성	5,000,000원	1,500m²	20%
양배추	제주	3,000,000원	2,000m²	10%

(1) '마늘'의 재파종전조사 결과는 1a당 식물체 주수가 2,400주이고, 재파종후조사 결과는 1a당 식물체 주수가 3,300주로 조사되었다. 보험금 지급사유와 재파종보험금(원)을 구하시오.

(2) '양배추'의 재정식전조사 결과는 피해면적 1,000m²이고, 재정식후조사 결과는 재정식면적 1,000m²으로 조사되었다. 보험금 지급사유와 재정식보험금(원)을 구하시오.

13 종합위험 수확감소보장방식 '유자(동일 품종, 동일 수령)' 품목에 관한 내용으로 수확개시전 수확량 조사를 실시하였다. 보험금 지급사유에 해당하며, 아래의 조건을 참조하여 보험금의 계산과정과 값(원)을 쓰시오(단, 주어진 조건외 다른 사항은 고려하지 않음). [5점]

○ 조건 1

보험가입금액	평년수확량	자기부담비율	미보상비율
30,000,000원	12,000kg	20%	10%

○ 조건 2

조사대상주수	고사주수	미보상주수	표본주수	총 표본주의 착과량
570주	10주	20주	9주	270kg

○ 조건 3
- 착과피해 조사결과

정상과	50%형 피해과실	80%형 피해과실	100%형 피해과실
20개	20개	30개	30개

14 종합위험 수확감소보장방식 감자에 관한 내용이다. 다음 계약사항과 조사내용을 참조하여 피해율(%)의 계산과정과 값을 쓰시오(단, 피해율은 소수점 셋째자리에서 반올림하여 다음 예시와 같이 구하시오. 예시 : 12.345% → 12.35%). [5점]

○ 계약사항

품 목	보험가입금액	가입면적	평년수확량	자기부담비율
감자(고랭지재배)	5,000,000원	2,500m²	5,000kg	20%

○ 조사내용

재 해	조사방법	실제경작 면적	고사 면적	타작물 및 미보상 면적	미보상 비율	표본구간 면적	표본구간 총 수확량조사 내용
호우	수확량 조사 (표본조사)	2,500m²	100m²	100m²	20%	10m²	• 정상 감자 5kg • 최대 지름 5cm 미만 감자 3kg • 병충해(균핵병) 감자 4kg • 병충해 손해정도비율 40%

15 다음의 계약사항과 조사내용을 참조하여 ① 수확량(kg), ② 피해율(%) 및 ③ 보험금을 구하시오[단, 품종에 따른 비대추정지수는 미적용하고, 수확량과 피해율(%)은 소수점 셋째자리에서 반올림하여 다음 예시와 같이 구하시오. 예시 : 수확량 12.345kg → 12.35kg, 피해율(%) 12.345% → 12.35%]. [5점]

○ 계약사항

품 목	가입금액	가입면적	평년수확량	기준가격	자기부담비율
수입감소보장 마늘(한지형)	3,000만원	2,500m^2	8,000kg	2,900원/kg	20%

○ 조사내용

재해종류	조사종류	실제경작면적	수확불능면적	타작물 및 미보상면적	기수확면적
냉해	수확량조사	2,500m^2	500m^2	100m^2	100m^2

표본구간 수확량	표본구간면적	미보상비율	수확기가격
12kg	10m^2	15%	3,000원/kg

※ 환산계수 : 0.7(한지형)

16 배 과수원은 적과전 과수원 일부가 호우에 의한 유실로 나무 50주가 고사되는 피해(자연재해)가 확인되었고, 적과 이후 봉지작업을 마치고 태풍으로 낙과피해조사를 받았다. 계약사항(적과전 종합위험방식)과 조사내용을 참조하여 다음 물음에 답하시오[단, 감수과실수와 착과손해 감수과실수, 피해율(%)은 소수점 이하 절사함. 예시 : 12.67% → 12%]. [15점]

○ 계약사항 및 적과후착과수 조사내용

계약사항			적과후착과수 조사내용	
품목	가입주수	평년착과수	실제결과주수	1주당 평균착과수
배(단일 품종)	300주	35,000개	300주	100개

※ 적과종료 이전 특정위험 5종 한정보장 특약 미가입

○ 낙과피해 조사내용

사고일자	조사방법	전체 낙과과실수	낙과피해 구성비율(100개)				
			정상 10개	50%형 70개	80%형 10개	100%형 5개	병해충 과실 5개
9월 18일	전수조사	9,000개					

(1) 적과종료 이전 착과감소과실수의 계산과정과 값을 쓰시오.

(2) 적과종료 이후 착과손해 감수과실수의 계산과정과 값을 쓰시오.

(3) 적과종료 이후 낙과피해 감수과실수와 착과손해 감수과실수의 계산과정과 합계 값을 쓰시오.

17 종합위험 생산비보장방식 고추에 관한 내용이다. 다음의 조건을 참조하여 물음에 답하시오 (단, 주어진 조건외 다른 사항은 고려하지 않음). [15점]

○ 조건 1
- 갑(甲)은 2024년 5월 10일 고추를 노지재배방식으로 정식하고, 보험가입금액 10,000,000원 (자기부담비율 5%, 재배면적 3,000m²)으로 가입함.
- 2024년 7월 9일 태풍으로 피해가 발생하여 사고접수후 조사를 받고 생산비보장보험금을 수령함.
- 갑(甲)이 정식일로부터 100일후 수확을 시작하였으나, 수확을 하던 중 바이러스병이 발생한 것을 확인후 병충해로 사고접수를 함.
- 이후 갑(甲)의 요청에 의해 바이러스병 피해에 대한 생산비보장 손해조사(수확개시일로부터 경과일수 10일)를 받았음.

○ 조건 2
- 2024년 7월 9일 태풍피해가 발생함(정식일로부터 경과일수 60일).
- 실제경작면적 3,000m², 피해면적 1,500m²
- 준비기생산비계수 49.5%
- 손해정도비율 조사(표본이랑 합계임)

구 분	정 상	20%형 피해	40%형 피해	60%형 피해	80%형 피해	100%형 피해	합 계
주수	25주	60주	50주	35주	40주	40주	250주

○ 조건 3
- 수확기 중 바이러스병 피해발생
- 실제경작면적 3,000m², 피해면적 2,400m²
- 표준수확일수 50일, 평균손해정도비율 70%, 미보상비율 10%

○ 조건 4
- 수확개시일로부터 30일 경과후 바이러스병에 의한 피해면적이 농지 전체(재배면적 3,000m²)로 확대됨.
- 평균손해정도비율, 미보상비율은 조건 3과 같음.

(1) 조건 1~ 조건 2를 참조하여 조건 2의 생산비보장보험금의 계산과정과 값을 구하시오.
(2) 조건 1~ 조건 3을 참조하여 조건 3의 생산비보장보험금의 계산과정과 값을 구하시오(단, 계산과정에서 산출되는 금액은 소수점 이하 절사하여 다음 예시와 같이 구하시오. 예시 : 1234.56원 → 1234원).
(3) 조건 1~ 조건 4를 참조하여 조건 4의 생산비보장보험금 및 산정근거를 쓰시오.

18 가축재해보험 소에 관한 내용이다. 다음 물음에 답하시오. [15점]

○ 조건 1
- 甲은 가축재해보험에 가입후 A축사에서 소를 사육하던 중 사료 자동급여기를 설정하고 3일간 A축사를 비우고 여행을 다녀왔음
- 여행을 다녀와 A축사의 출입문이 파손되어 CCTV를 확인해 보니 신원불상자의 침입 흔적이 있었으나, 그 당시에는 도난손해를 인지하지 못했다. 그런데 30일이 지난 이후 재고조사에서 한우(암컷) 1마리를 도난당한 것을 확인하고, 즉시 경찰서에 도난신고후 재해보험사업자에게 도난신고확인서를 제출함
- 금번 사고는 보험기간내 사고이며, 甲과 그 가족 등의 고의 또는 중과실은 없었고, 또한 사고 예방 및 안전대책에 소홀히 한 점도 없었음

○ 조건 2
- 보험목적물 : 한우(암컷)
- 자기부담비율 : 20%
- 출생일 : 2023년 11월 4일
- 보험가입금액 : 3,000,000원
- 소재지 : A축사(보관장소)
- 사고일자 : 2024년 10월 14일

○ 조건 3
- 발육표준표

한우 암컷	월 령	7월령	8월령	9월령	10월령	11월령
	체중	230kg	240kg	250kg	260kg	270kg

- 2024년 월별산지가격동향

한우 암컷	구 분	7월	8월	9월	10월
	350kg	330만원	350만원	340만원	340만원
	600kg	550만원	555만원	550만원	560만원
	송아지(4~5월령)	220만원	230만원	230만원	230만원
	송아지(6~7월령)	240만원	240만원	250만원	250만원

---

(1) 조건 2 ~ 3을 참조하여 한우(암컷) 보험가액의 계산과정과 값을 쓰시오.

(2) 조건 1 ~ 3을 참조하여 지급보험금과 그 산정 이유를 쓰시오.

(3) 다음 (   )에 들어갈 내용을 쓰시오.

긴급도축에서 부상 범위는 (①), (②)에 한하며, 젖소의 유량 감소는 유방염, 불임 및 각종 대사성질병으로 인하여 수의학적으로 유량 감소가 예견되어 젖소로서의 (③)가 없다고 판단이 확실시되는 경우에 한정하고 있다.

19 종합위험보장 참다래 상품에서 다음 조건에 따라 2024년의 평년수확량을 구하시오(단, 주어진 조건 외의 다른 조건은 고려하지 않음). [15점]

(단위 : kg)

구 분	2019년	2020년	2021년	2022년	2023년	합 계	평 균
평년수확량	8,100	8,100	8,200	8,400	8,500	41,300	8,260
표준수확량	8,200	8,200	8,300	8,300	8,200	41,200	8,240
조사수확량	8,000	4,000	무사고	무사고	8,600	–	–
가입 여부	가입	가입	가입	가입	가입	–	–

※ 2024년의 표준수확량은 8,240kg임

20 수확전 종합위험보장방식 무화과에 관한 내용이다. 다음 계약사항과 조사내용을 참조하여 물음에 답하시오[단, 피해율(%)은 소수점 셋째자리에서 반올림하여 다음 예시와 같이 구하시오. 예시 : 12.345% → 12.35%]. [15점]

○ 계약사항

품 목	보험가입금액	가입주수	평년수확량	표준과중(개당)	자기부담비율
무화과	10,000,000원	500주	5,000kg	90g	20%

○ 수확개시전 조사내용
  ① 사고내용
    • 재해종류 : 우박
    • 사고일자 : 2024년 5월 10일
  ② 나무수조사
    • 보험가입일자 기준 과수원에 식재된 모든 나무수 500주(유목 및 인수제한 품종 없음)
    • 보상하는 손해로 고사된 나무수 20주
    • 보상하는 손해 이외의 원인으로 착과량이 현저하게 감소된 나무수 20주
    • 병해충으로 고사된 나무수 40주
  ③ 착과수조사 및 미보상비율조사
    • 표본주수 10주
    • 표본주 착과수 총 개수 2,000개
    • 제초상태에 따른 미보상비율 10%
  ④ 착과피해조사(표본주 임의과실 100개 추출하여 조사)
    • 가공용으로도 공급될 수 없는 품질의 과실 20개(일반시장 출하 불가능)
    • 일반시장 출하시 정상과실에 비해 가격하락(50% 정도)이 예상되는 품질의 과실 30개
    • 피해가 경미한 과실 30개
    • 가공용으로 공급될 수 있는 품질의 과실 20개(일반시장 출하 불가능)

○ 수확개시후 조사내용
  ① 재해종류 : 우박
  ② 사고일자 : 2024년 9월 5일
  ③ 표본주 3주의 결과지 조사 : 고사결과지수 10개, 정상결과지수(미고사결과지수) 20개, 병해충 고사결과지수 4개
  ④ 착과피해율 30%
  ⑤ 잔여수확량비율

사고발생 월	잔여수확량 산정식(%)
8월	{100 − (1.06 × 사고발생일자)}
9월	{(100 − 33) − (1.13 × 사고발생일자)}
10월	(100 − 67) − 0.84 × 사고발생일자

(1) 수확전 피해율(%)의 계산과정과 값을 쓰시오.
(2) 수확후 피해율(%)의 계산과정과 값을 쓰시오.
(3) 지급보험금의 계산과정과 값을 쓰시오.

손해평가사 2차 제10회 모의고사

시험과목	① 농작물재해보험 및 가축재해보험의 이론과 실무 ② 농작물재해보험 및 가축재해보험 손해평가의 이론과 실무

수험자 확인사항	1. 답안지 인적사항 기재란 외에 수험번호 및 성명 등 특정인임을 암시하는 표시가 없음을 확인하였습니다. 확인 □ 2. 연필류, 유색필기구 등을 사용하지 않았습니다. 확인 □ 3. 답안지 작성시 유의사항을 읽고 확인하였습니다. 확인 □

[수험자 유의사항]

1. 답안지 표지 앞면 빈칸에는 시행연도·자격시험명·과목명을 정확히 기재하여야 합니다.

2. 답안지 작성은 반드시 검정색 필기구만을 계속 사용하여야 합니다.
   (그 외 연필류, 유색필기구 등을 사용한 답항은 채점하지 않으며, 0점 처리됩니다.)

3. 수험번호 및 성명은 반드시 연습지 첫 장 좌측 인적사항 기재란에만 작성하여야 하며, 답안지의
   인적사항 기재란 외의 부분에 특정인임을 암시하거나 답안과 관련 없는 특수한 표시를 하는 경우
   답안지 전체를 채점하지 않으며, 0점 처리합니다.

4. 계산문제는 반드시 계산과정, 답, 단위를 정확히 기재하여야 합니다.

5. 답안 정정 시에는 두 줄(=)로 긋고 다시 기재 또는 수정테이프 사용이 가능하며, 수정액을 사용할
   경우 채점상의 불이익을 받을 수 있으므로 사용하지 마시기 바랍니다.

6. 기 작성한 문항 전체를 삭제하고자 할 경우 반드시 해당 문항의 답안 전체에 명확하게 ×를 하시기
   바랍니다. (× 표시한 답안은 채점대상에서 제외)

7. 답안 작성시 문제번호 순서에 관계없이 답안을 작성하여도 되나, 문제번호 및 문제를 기재(긴 경우
   요약기재 가능)하고, 해당 답안을 기재하여야 합니다.

8. 각 문제의 답안작성이 끝나면 바로 옆에 "끝"이라고 쓰고, 최종 답안작성이 끝나면 줄을 바꾸어 중앙에
   "이하 여백"이라고 써야 합니다.

9. 수험자는 시험시간이 종료되면 즉시 답안작성을 멈춰야 하며, 종료시간 이후 계속 답안을 작성하거나
   감독위원의 답안지 제출지시에 불응할 때에는 당회 시험을 무효처리 합니다.

○ 본 문제는 2025년 4월 농업정책보험금융원에서 발표된 「농업재해보험 손해평가의 이론과 실무」
   이론서(2024년 12월 31일 기준 관련법령, 사업시행지침, 보험약관)를 바탕으로 구성하였습니다.

01 다음은 위험 특성에 따른 위험관리 방법에 관한 설명이다. (   ) 안에 들어갈 내용을 쓰시오.

[5점]

> 위험의 발생 빈도와 평균적인 손실 규모에 따라 네 가지 위험관리 수단이 고려될 수 있다.
> • 손실 규모와 발생 빈도가 낮은 경우는 개인이나 조직 스스로 발생 손실을 부담하는 (①)가 적절하다.
> • 손실의 빈도는 낮지만 발생 손실의 규모가 큰 경우에는 외부의 보험기관에 보험을 가입함으로써 개인이나 조직의 위험을 (②)하는 것이 바람직하다.
> • 발생 빈도가 높지만 손실 규모가 상대적으로 작은 경우에는 (③)을(를) 위주로 한 위험보유 기법이 경제적이다.
> • 손실 발생 빈도가 높고 손실 규모도 큰 경우에는 (④)가 적절하다.

02 가축재해보험 협정보험가액 특별약관이 적용되는 가축 중 유량검정젖소에 관한 내용이다. (   )에 들어갈 내용을 쓰시오.

[5점]

> 유량검정젖소란 젖소개량사업소의 검정사업에 참여하는 농가 중에서 일정한 요건을 충족하는 농가[직전 월 (①)일 평균유량이 (②)kg 이상이고 평균 체세포수가 (③)만 마리 이하를 충족하는 농가]의 소[최근 산차 305일 유량이 (④)kg 이상이고, 체세포수가 (⑤)만 마리 이하인 젖소]를 의미하며, 요건을 충족하는 유량검정젖소는 시가에 관계없이 협정보험가액 특약으로 보험가입이 가능하다.

03 수확전 종합위험과실손해보장방식 복분자, 무화과 품목을 요약한 내용이다. 다음 (   ) 안에 들어갈 내용을 쓰시오. [5점]

품 목	보 장	보상하는 재해		보험기간	
				보장개시	보장종료
복분자	과실손해보장	이듬해 (①) 이전	자연재해, 조수해, 화재	계약체결일 24시	이듬해 (①)
		이듬해 (②) 이후	태풍(강풍), 우박	이듬해 (②)	이듬해 수확기종료 시점 다만, 이듬해 (③)을 초과할 수 없음
무화과	과실손해보장	이듬해 (④) 이전	자연재해, 조수해, 화재	계약체결일 24시	이듬해 (④)
		이듬해 (⑤) 이후	태풍(강풍), 우박	이듬해 (⑤)	이듬해 수확기종료 시점 다만, 이듬해 (⑥)을 초과할 수 없음
	나무손해보장	자연재해, 조수해, 화재		판매개시연도 (⑦) 다만, (⑦) 이후 보험에 가입한 경우에는 계약체결일 24시	이듬해 (⑧)

04 농작물재해보험 대상품목에 관한 인수제한 목적물 기준이다. (   )에 들어갈 내용을 쓰시오. [5점]

대상품목	인수제한 목적물
참다래(비가림시설)	가입면적이 (①)m² 미만인 참다래 비가림시설
밀	(②)재배방식에 의한 봄 파종을 실시한 농지
콩	출현율이 (③)% 미만인 농지
메밀	9월 (④)일 이후에 파종을 실시 또는 할 예정인 농지
자두	가입하는 해의 나무수령(나이)이 (⑤)년 미만인 과수원
두릅	1주당 재배면적이 (⑥)m² 초과인 과수원
블루베리	기입시점 기준 나무 수령이 (⑦)년 미만인 블루베리 나무로만 구성된 과수원

05 종합위험보장 논작물(벼) 품목의 보험료의 환급에 관한 내용이다. (   ) 안에 들어갈 내용을 답란에 쓰시오.   [5점]

> (1) 계약자 또는 피보험자의 책임 없는 사유에 의하는 경우
>   (①)의 경우에는 납입한 계약자부담보험료의 전액, (②)의 경우에는 해당 월 미경과비율에 따라 아래와 같이 '환급보험료'를 계산한다.
>
> > 환급보험료 = (③) × 미경과비율
> > ※ (③)은(는) 최종 보험가입금액 기준으로 산출한 보험료 중 계약자가 부담한 금액
>
> (2) 계약자 또는 피보험자의 책임 있는 사유에 의하는 경우
>   계산한 해당 월 미경과비율에 따른 환급보험료. 다만 계약자, 피보험자의 (④)로 무효가 된 때에는 보험료를 환급하지 않는다.
>
> (3) 계약자 또는 피보험자의 책임 있는 사유라 함은 다음 각 호를 말한다.
>   ① 계약자 또는 피보험자가 (⑤)하는 경우
>   ② 사기에 의한 계약, 계약의 해지 또는 중대사유로 인한 해지에 따라 계약을 (⑥)하는 경우
>   ③ (⑦)으로 인한 계약의 효력 상실

06 다음은 '사과'의 적과전 종합위험방식 계약에 관한 사항이다. 다음 물음에 답하시오(단, 주어진 조건외 다른 조건은 고려하지 않음).   [15점]

구 분	품 목	보장수준(%)				
		60	70	80	85	90
국고보조율(%)	사과, 배, 단감, 떫은감	60	60	50	38	33

> [조건]
> ○ 품목 : 사과(적과전 종합위험방식)   ○ 가입금액 : 1,000만원(주계약)
> ○ 순보험요율 : 20%   ○ 부가보험요율 : 3%
> ○ 할인·할증률 : 없음(= 100%)   ○ 자기부담비율 : 15%형
> ○ 착과감소보험금 보장수준 : 70%형

(1) 영업보험료의 계산과정과 값을 쓰시오.

(2) 농가부담보험료의 계산과정과 값을 쓰시오.

07 작물특정 및 시설종합위험 인삼손해보장방식의 해가림시설에 관한 내용이다. 다음 물음에 답하시오(단, A시설과 B시설은 별개 계약임). [15점]

시 설	시설유형	재배면적	시설년도	가입시기
A시설	목재A형	3,000m²	2020년 4월	2024년 10월
B시설	07-철인-A형	1,500m²	2017년 5월	2024년 11월

(1) A시설의 보험가입금액의 계산과정과 값(원)을 쓰시오(단, 천원 단위 절사).

(2) B시설의 보험가입금액의 계산과정과 값(원)을 쓰시오(단, 천원 단위 절사).

08 농작물재해보험 '벼'에 관한 내용이다. 다음 물음에 답하시오(단, 보통약관과 특별약관 보험가입금액은 동일하며, 병해충 특약에 가입되어 있음). [15점]

○ 계약사항 등
- 보험가입일 : 2024년 5월 22일
- 품목 : 벼
- 재배방식 : 친환경 직파 재배
- 가입수확량 : 5,000kg
- 보통약관 영업요율 : 15%
- 특별약관 영업요율 : 5%
- 손해율에 따른 할증률 : 15%
- 직파재배 농지 할증률 : 10%
- 친환경 재배시 할증률 : 10%

○ 조사내용
- 민간 RPC(양곡처리장) 지수 : 1.2
- 농협 RPC 계약재배 수매가(원/kg)

연 도	수매가	연 도	수매가	연 도	수매가
2018	1,300	2020	1,600	2022	2,000
2019	1,400	2021	1,800	2023	2,200

※ 계산시 민간 RPC 지수는 농협 RPC 계약재배 수매가에 곱하여 산출할 것

(1) 보험가입금액의 계산과정과 값을 쓰시오.

(2) 수확감소보장 보통약관 적용보험료의 계산과정과 값을 쓰시오(단, 천원 단위 절사).

(3) 병해충보장 특별약관 적용보험료의 계산과정과 값을 쓰시오(단, 천원 단위 절사).

09 농업수입안정보험 '콩' 품목에 관한 내용이다. 계약내용과 조사내용을 참조하여 다음 물음에 답하시오(피해율은 %로 소수점 둘째자리 미만 절사함. 예시 : 12.678% → 12.67%). [15점]

○ 계약내용
- 보험가입일 : 2024년 6월 20일
- 평년수확량 : 2,000kg
- 가입수확량 : 2,000kg
- 자기부담비율 : 10%
- 과거 5년 농가수취비율의 올림픽 평균값 : 80%
- 전체 재배면적 : 3,000m^2(백태 1,500m^2, 서리태 1,500m^2)

○ 조사내용
- 조사일 : 2024년 10월 20일
- 전체 재배면적 : 3,000m^2(백태 1,500m^2, 서리태 1,500m^2)
- 수확량 : 1,500kg
- 미보상감수량 : 100kg

■ 서울양곡도매시장 연도별 '백태' 평균가격(원/kg)

연 도 / 등 급	2019	2020	2021	2022	2023	2024
상품	6,300	6,400	7,200	7,400	7,600	7,800
중품	6,100	6,200	6,900	7,000	7,200	7,200

■ 서울양곡도매시장 연도별 '서리태' 평균가격(원/kg)

연 도 / 등 급	2019	2020	2021	2022	2023	2024
상품	7,600	7,800	8,200	7,800	8,400	8,600
중품	7,300	7,400	7,800	7,200	8,200	8,200

(1) 2024년 기준가격의 계산과정과 값을 쓰시오.

(2) 2024년 수확기가격의 계산과정과 값을 쓰시오.

(3) 2024년 농업수입감소보장보험금의 계산과정과 값을 쓰시오.

10 종합위험방식 수확감소보장 보리 품목에 관한 내용이다. 다음 조건을 참고하여 물음에 답하시오(단, 주어진 문제 조건외 다른 조건은 고려하지 않음).　　　　　[15점]

○ 과거수확량 자료

구 분	2019년	2020년	2021년	2022년	2023년	2024년
표준수확량	5,000kg	5,400kg	5,800kg	6,200kg	6,000kg	6,200kg
평년수확량	5,200kg	5,600kg	5,500kg	6,500kg	6,400kg	?
조사수확량	무사고	무사고	무사고	무사고	무사고	
보험가입 여부	여	여	여	여	여	

○ 보험가입조건
 • 가입수확량 : 최소 가입
 • 가입가격 : 2,000원/kg

(1) 2024년 평년수확량에 대한 계산식과 값을 쓰시오(단, 평년수확량은 kg단위로, 소수점 첫째 자리에서 반올림하여 다음 예시와 같이 구하시오. 예시 : 123.5kg → 124kg).

(2) 2024년 평년수확량을 활용하여 보험가입금액의 계산식과 값을 쓰시오(단, 천원 단위 절사).

11 적과전 종합위험방식의 적과종료 이전 보상하지 않는 손해에 관한 내용의 일부이다. (　　) 에 들어갈 내용을 쓰시오. [5점]

> ○ 계약자, 피보험자 또는 이들의 법정대리인의 (①)로 인한 손해
> ○ 제초작업, 시비관리 등 통상적인 (②)을 하지 않아 발생한 손해
> ○ 원인의 직·간접을 묻지 않고 (③)으로 발생한 손해
> ○ 하우스, 부대시설 등의 (④)로 생긴 손해
> ○ 보상하는 자연재해로 인하여 발생한 (⑤) 등 간접손해
> ○ 「식물방역법」 제36조(방제명령 등)에 의거 금지 병해충인 과수 (⑥) 발생에 의한 폐원으로 인한 손해 및 정부 및 공공기관의 매립으로 발생한 손해

12 다음은 손해평가 단위에 관한 내용이다. (　　) 안에 들어갈 내용을 답란에 쓰시오. [5점]

> (1) 보험목적물별 손해평가 단위는 다음 각 호와 같다.
>   1. 농작물 : (①)
>   2. 가축 : (②)
>   3. 농업시설물 : (③)
>
> (2) 농지라 함은 하나의 보험가입금액에 해당하는 토지로 (④) 등과 관계없이 농작물을 재배하는 하나의 경작지를 말하며, 방풍림, 돌담, (⑤) 등에 의해 구획된 것 또는 동일한 울타리, 시설 등에 의해 구획된 것을 하나의 농지로 한다. 다만, (⑥)에서 보이는 돌담 등으로 구획되어 있는 면적이 극히 작은 것은 동일 작업 단위 등으로 정리하여 하나의 농지에 포함할 수 있다.

13 종합위험 수확감소보장방식의 품목별 과중조사에 관한 내용의 일부이다. ( )에 들어갈 내용을 쓰시오. [5점]

---

(1) **포도, 복숭아, 자두, 감귤(만감류) 품목**

품종별로 착과가 평균적인 3주 이상의 나무에서 크기가 평균적인 과실을 (①) 이상 추출한다. 표본 과실수는 포도, 감귤(만감류)의 경우에 농지당 (②) 이상, 복숭아, 자두의 경우에 농지당 (③)개 이상이어야 한다.

(2) **밤(수확개시전 수확량조사시 과중조사)**

품종별 과실(송이) 개수를 파악하고, 과실(송이)내 과립을 분리하여 지름 길이를 기준으로 정상(30mm 초과)·소과(30mm 이하)를 구분하여 무게를 조사한다. 이때 소과(30mm 이하)인 과실은 해당 과실 무게를 실제 무게의 (④)로 적용한다.

(3) **참다래**

품종별로 과실 개수를 파악하고, 개별 과실 과중이 50g 초과하는 과실과 50g 이하인 과실을 구분하여 무게를 조사한다. 이때, 개별 과실 중량이 50g 이하인 과실은 해당 과실의 무게를 실제 무게의 (⑤)로 적용한다.

(4) **오미자(수확개시후 수확량조사시 과중조사)**

선정된 표본구간별로 표본구간내 착과된 과실을 (⑥) 수확하여 수확한 과실의 무게를 조사한다. 다만, 현장 상황에 따라 표본구간별로 착과된 과실 중 (⑦)만을 수확하여 조사할 수 있다.

---

14 논작물에 대한 수확량조사(조사료용 벼 제외)에 관한 내용이다. ( )에 들어갈 내용을 순서대로 쓰시오. [5점]

---

① 피해사실 확인조사시 수확량조사가 필요하다고 판단된 농지에 대하여 실시하는 조사로, 수확량조사의 조사방법은 ( ), ( ), ( )가 있으며, 현장 상황에 따라 조사방법을 선택하여 실시할 수 있다.

② 단, ( ) 발생시 대표농지를 선정하여 각 수확량조사의 조사결과 값[( ), ( )] 등을 대표농지의 인접 농지(동일 '리' 등 생육환경이 유사한 인근 농지)에 적용할 수 있다.

③ 다만, 동일 농지에 대하여 복수의 조사방법을 실시한 경우 피해율 산정의 우선순위는 ( ), ( ), ( ) 순으로 적용한다.

---

15 종합위험 시설작물 손해평가 및 보험금 산정에 관하여 다음 물음에 답하시오.　　[5점]

(1) 농업용 시설물 감가율과 관련하여 아래 (　　)에 들어갈 내용을 쓰시오.

구 분	경과기간			
	1년 이하	2~4년	5~8년	9년 이상
구조체(고정감가)	0%	(①)%	(②)%	(③)%
피복재	(④)%(고정감가)			

(2) 다음은 원예시설 작물 중 '시금치'에 관련된 내용이다. 아래의 조건을 참조하여 생산비보장 보험금(원)을 구하시오(단, 아래 제시된 조건 이외의 다른 사항은 고려하지 않음).

○ 조건

품 목	보험가입금액	피해면적	재배면적	손해정도	보장생산비
시금치	3,000,000원	500m^2	1,000m^2	50%	2,500원/m^2

• 보상하는 재해로 보험금 지급사유에 해당(1사고, 1동, 기상특보재해)
• 구조체 및 부대시설 피해 없음
• 수확기 이전 사고이며, 생장일수는 20일
• 중복보험은 없음

16 떫은감 과수원을 경작하는 갑(甲)은 적과전 종합위험방식(II)에 가입한후 적과 전에 냉해, 집중호우, 조수해 피해를 입고 2024년 7월 30일 적과후 착과수조사를 받았다. 다음의 계약사항과 조사내용을 참조하여 물음에 답하시오(단, 피해율은 %단위로 소수점 셋째자리에서 반올림한다. 예시 : 12.345% → 12.35%로 기재하고, 주어진 조건외 다른 사항은 고려하지 않음).

[15점]

○ 계약사항

품 목	가입주수	보험가입금액	자기부담비율	평년착과수	가입 특약
떫은감	300주	20,000,000원	10%	30,000개	5종 한정보장, 나무손해보장

• 나무손해 가입금액 : 주당 100,000원(자기부담비율 5%)

○ 조사내용

조사종류	조사내용	조사결과
피해사실 확인조사 (적과전 실시)	2024년 4월 5일 냉해로 고사한 주수	10주
	2024년 6월 1일 집중호우로 유실되거나 매몰되어 고사한 주수	유실 20주 매몰 40주
	2024년 6월 25일 멧돼지 피해로 고사한 주수	10주
적과후 착과수조사	병충해로 고사한 주수	10주
	조사대상주수를 산정하여 착과수조사 결과 표본주 1주당 평균착과수	100개
	잡초 등 제초작업 불량으로 인한 미보상비율	10%

(1) 착과감소과실수의 계산과정과 값을 구하시오.
(2) 미보상감수과실수의 계산과정과 값을 구하시오.
(3) 나무손해보험금의 계산과정과 값을 구하시오.

17 종합위험 수확감소보장 밭작물 '옥수수' 품목에 관한 내용이다. 보험금 지급사유에 해당하며, 아래의 조건을 참조하여 물음에 답하시오(단, 주어진 조건외 다른 사항은 고려하지 않음). [15점]

○ 조건

품 종	보험가입금액	보험가입면적	표준수확량	
미백2호	20,000,000원	10,000m^2	2,000kg	

가입가격	재식시기지수	재식밀도지수	자기부담비율	표본구간면적 합계
2,000원/kg	1	1	10%	18m^2

면적조사 결과			
조사대상면적	고사면적	타작물면적	기수확면적
9,000m^2	500m^2	200m^2	300m^2

표본구간내 수확한 옥수수				
착립장 길이 (13cm)	착립장 길이 (14cm)	착립장 길이 (15cm)	착립장 길이 (16cm)	착립장 길이 (17cm)
10개	12개	7개	9개	2개

(1) 피해수확량의 계산과정과 값(kg)을 쓰시오.

(2) 손해액의 계산과정과 값(원)을 쓰시오.

(3) 수확감소보험금의 계산과정과 값(원)을 쓰시오.

18 가축재해보험의 축사에 관한 내용이다. 다음의 계약사항 및 조사내용을 참조하여 금번 사고 보험금의 계산과정과 값을 구하시오(단, 주어진 조건외 다른 사항은 고려하지 않음).

[15점]

○ 계약사항

목적물		건축 면적 및 구조	보험가입금액	자기부담비율
축사	A동	600m² / 경량철골조 판넬지붕	200,000,000원	5%
	B동	300m² / 경량철골조 판넬지붕		

○ 조사내용
- 금번 태풍피해로 B동 축사의 지붕 일부가 파손됨(손해액 10,000,000원).
- 금번 사고시점의 A동 및 B동 축사의 보험가액 산정자료

구 분	재조달가액 (신축가액)	감가상각액 (경과연수 및 경년감가율을 적용한 금액임)
A동 축사	190,000,000원	30,000,000원
B동 축사	100,000,000원	20,000,000원

- 동 보험의 보험기간 중 금번 사고 2개월 전에 A동 축사에 화재가 발생하여 보험금 80,000,000원이 지급됨.

19 수확전 과실손해보장방식 '복분자' 품목에 관한 내용이다. 다음 물음에 답하시오.　　[15점]

(1) 아래 표는 복분자의 과실손해보험금 산정시 수확일자별 잔여수확량비율(%)을 구하는 식이다. 다음 (　　)에 들어갈 계산식을 쓰시오.

사고일자	경과비율(%)
6월 1일~7일	(①)
6월 8일~20일	(②)

(2) 아래 조건을 참조하여 과실손해보험금(원)을 구하시오(단, 피해율은 %단위로 소수점 셋째 자리에서 반올림한다. 예시 : 12.345% → 12.35%로 기재하고, 주어진 조건외 다른 사항은 고려하지 않음).

○ 조건

품 목	보험가입금액	가입포기수	자기부담비율	평년결과모지수
복분자	10,000,000원	1,800포기	20%	7개

사고일자	사고원인	표본구간 살아있는 결과모지수 합계	표본조사 결과		표본구간수	미보상비율
			전체결실수	수정불량결실수		
4월 10일	냉해	300개	500개	250개	10	20%

20 종합위험 수확감소보장방식 '논작물' 품목에 관한 내용으로 보험금 지급사유에 해당하며, 아래 물음에 답하시오(단, 주어진 조건외 다른 사항은 고려하지 않음). [15점]

(1) 종합위험 수확감소보장방식 논작물(조사료용 벼)에 관한 내용이다. 다음 조건을 참조하여 경작불능보험금의 계산식과 값(원)을 쓰시오.

　○ 조건

보험가입금액	보장비율	사고발생일
10,000,000원	계약자는 최대 보장비율 가입조건에 해당되어 이를 선택하여 보험가입을 하였다.	6월 15일

(2) 종합위험 수확감소보장방식 논작물(벼)에 관한 내용이다. 다음 조건을 참조하여 표본조사에 따른 수확량감소보험금의 계산과정과 값(원)을 쓰시오(단, 표본구간 조사시 산출된 수확량과 미보상감수량(kg단위), 유효중량(g단위)은 소수점 첫째자리에서 반올림한다. 예시 : 123.4g → 123g, 피해율은 %단위로 소수점 셋째자리에서 반올림한다. 예시 : 12.345% → 12.35%).

　○ 조건 1

보험가입금액	가입면적 (실제경작면적)	자기부담비율	평년수확량	품 종
10,000,000원	4,000m²	10%	2,000kg	메벼

　○ 조건 2

기수확면적	표본구간면적 합계	표본구간작물중량 합계	함수율	미보상비율
500m²	1.5m²	500g	25%	20%

(3) 종합위험 수확감소보장방식 논작물(벼)에 관한 내용이다. 다음 조건을 참조하여 전수조사에 따른 수확량감소보험금의 계산과정과 값(원)을 쓰시오(단, 조사대상면적 수확량과 미보상감수량은 kg단위로 소수점 첫째자리에서 반올림한다. 예시 : 123.4kg→123kg, 단위면적당 평년수확량은 소수점 첫째자리까지 kg단위로 기재하고, 피해율은 %단위로 소수점 셋째자리에서 반올림한다. 예시 : 12.345% → 12.35%).

　○ 조건 1

보험가입금액	가입면적 (실제경작면적)	자기부담비율	평년수확량	품 종
10,000,000원	4,000m²	10%	2,000kg	찰벼

　○ 조건 2

고사면적	기수확면적	작물중량 합계	함수율	미보상비율
200m²	300m²	550kg	20%	10%

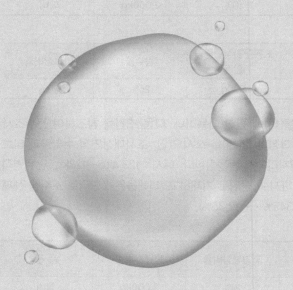

실패의 99%는 변명하는 습관이 있는
사람들에게서 온다.

- 조지 워싱턴 -

정답 및 해설

손해평가사 2차 모의고사

제1회 손해평가사 2차 모의고사

농작물재해보험 및 가축재해보험의 이론과 실무

01 다음 조건에 따른 종합위험보장 벼 품목의 병해충보장 특별약관 적용보험료를 계산하시오.
[5점]

> • 특별약관 보험가입금액 : 20,000,000원
> • 지역별 특별약관 영업요율 : 5%
> • 손해율에 따른 할증률 : 10%
> • 친환경 재배시 할증률 : 5%
> • 직파재배 농지 할증률 : 10%

정답

병해충보장 특별약관 적용보험료
특별약관 보험가입금액 × 지역별 특별약관 영업요율 × (1 + 손해율에 따른 할인 · 할증률) × (1 + 친환경 재배시 할증률) × (1 + 직파재배 농지 할증률)
= 20,000,000원 × 5% × (1 + 10%) × (1 + 5%) × (1 + 10%)
= 1,270,500원

02 종합위험보장방식 마늘, 양파 품목에서 ① 가입자격과 ② 대상재해를 쓰시오. [5점]

정답

① **가입자격** : 농지의 보험가입금액(생산액 또는 생산비) 200만원 이상
② **대상재해** : 자연재해, 조수해, 화재

03 제주도지역 농지에서 남도종 마늘을 재배하는 A씨는 보험가입금액 100,000,000원의 조기 파종보장 특약 마늘 상품에 가입하였다. 한지형 마늘 최초 판매개시일 24시 이전에 보상하는 재해로 10a당 식물체 주수가 27,000주가 되어 10월 31일 이전에 10a당 33,000주로 재파종 을 한 경우 조기파종보험금의 계산과정과 값을 쓰시오. [5점]

[정답]

조기파종보험금 = 보험가입금액 × 25% × 표준피해율
- 표준피해율(10a 기준) = (30,000주 − 식물체 주수) ÷ 30,000주
  = (30,000주 − 27,000주) ÷ 30,000주 = 0.1(= 10%)
- 조기파종보험금 = 100,000,000원 × 25% × 10% = **2,500,000원**

[해설]

조기파종보험금 계산방식
한지형 마늘 최초 판매개시일 24시 이전에 보상하는 재해로 10a당 식물체 주수가 30,000주보다 적어지고, 10월 31일 이전 10a당 30,000주 이상으로 재파종한 경우 아래와 같이 계산한 재파종보험금을 1회에 한하여 지급한다.

> 보험금 = 보험가입금액 × 25% × 표준피해율
> ※ 표준피해율(10a기준) = (30,000주 − 식물체 주수) ÷ 30,000주

04 돼지를 사육하는 A농장의 계약자가 가축재해보험에 가입하려고 한다. 다음 물음에 답하시오.
[5점]

농 장	사육두수		
A농장	비육돈	모돈	웅돈
	50두	30두	20두

(1) 질병위험보장 특약에서 보상하는 주요 질병(3가지)을 쓰시오.
(2) 질병위험보장 특약 보험가액의 계산과정과 값을 쓰시오(단, 보험사업자가 제시한 기준가액 으로 계산하고, 자돈가격은 100,000원으로 할 것).

[정답]

(1) **질병위험보장 특약에서 보상하는 주요 질병**
① 전염성위장염(TGE virus 감염증)
② 돼지유행성설사병(PED virus 감염증)
③ 로타바이러스감염증(Rota virus 감염증)

(2) **질병위험보장 특약 보험가액**
모돈두수 × 2.5 × 자돈가격 = 30두 × 2.5 × 100,000원 = **7,500,000원**

05 종합위험 수확감소보장방식에서 보험가입시 특약으로 ① 나무손해보장을 가입할 수 있는 품목과 ② 품목별 보험기간(보장개시와 보장종료)을 쓰시오.　　　　　　　　　　[5점]

정답

(1) 나무손해보장을 가입할 수 있는 품목
　　복숭아, 자두, 매실, 살구, 유자, 감귤(만감류)

(2) 품목별 보험기간
　　① 복숭아, 자두, 매실, 살구, 유자
　　　• 보장개시 : 판매개시연도 12월 1일(다만, 12월 1일 이후 보험에 가입하는 경우에는 계약체결일 24시)
　　　• 보장종료 : 이듬해 11월 30일
　　② 감귤(만감류)
　　　• 보장개시 : 계약체결일 24시
　　　• 보장종료 : 이듬해 4월 30일

06 종합위험보장 벼(조곡)에 관한 내용이다. 계약내용과 조사내용을 참조하여 다음 물음에 답하시오.　　　　　　　　　　[15점]

○ 계약내용	○ 조사내용
• 보험가입금액 : 5,000,000원	• 재이앙전 피해면적 : 2,700m²
• 가입면적 : 9,000m²	• 재이앙후 식물체 피해면적 : 6,300m²
• 자기부담비율 : 10%형	

(1) 재이앙·재직파보험금과 경작불능보험금을 지급하는 경우를 각각 서술하시오.
(2) 재이앙·재직파보장과 경작불능보장의 보장개시 시점과 보장종료 시점을 각각 쓰시오.
(3) 재이앙·재직파보험금의 계산과정과 값을 쓰시오.
(4) 경작불능보험금의 계산과정과 값을 쓰시오.

정답

(1) 재이앙·재직파보험금과 경작불능보험금을 지급하는 경우
　　① 재이앙·재직파보험금 : 보상하는 재해로 면적피해율이 10%를 초과하고, 재이앙·재직파한 경우 1회 지급한다.
　　② 경작불능보험금 : 보상하는 재해로 식물체 피해율이 65%[벼(조곡) 분질미는 60%] 이상이고, 계약자가 경작불능보험금을 신청한 경우 지급한다.

(2) 재이앙·재직파보장과 경작불능보장의 보장개시 시점과 보장종료 시점
　　① 보장개시 시점(공통) : 이앙(직파)완료일 24시[다만, 보험계약시 이앙(직파)완료일이 경과한 경우에는 계약체결일 24시]
　　② 보장종료 시점
　　　• 재이앙·재직파보장 : 판매개시연도 7월 31일
　　　• 경작불능보장 : 출수기전(다만, 조사료용 벼의 경우 판매개시연도 8월 31일)

(3) 재이앙 · 재직파보험금

면적피해율 = 피해면적 ÷ 보험가입면적 = 2,700m^2 ÷ 9,000m^2 = 0.3(= 30%)

※ 면적피해율이 10%를 초과함

재이앙 · 재직파보험금 = 보험가입금액 × 25% × 면적피해율

$\qquad\qquad\qquad\qquad$ = 5,000,000원 × 25% × 30%

$\qquad\qquad\qquad\qquad$ = 375,000원

(4) 경작불능보험금

식물체 피해율 = 식물체 피해면적 ÷ 보험가입면적 = 6,300m^2 ÷ 9,000m^2 = 0.7(= 70%)

※ 식물체 피해율이 65%를 초과함

자기부담비율이 10%형인 경우

경작불능보험금 = 보험가입금액 × 45% = 5,000,000원 × 45% = 2,250,000원

[해설]

(1) 재이앙 · 재직파보험금

> 보험금 = 보험가입금액 × 25% × 면적피해율
>
> ※ 면적피해율 = 피해면적 ÷ 보험가입면적

(2) 경작불능보험금

> 보험금 = 보험가입금액 × 45%
>
> ※ 자기부담비율이 10%형인 경우

---

07 다음 적과전 종합위험방식(Ⅱ) 과수 품목별 보험가입이 가능한 주수의 합을 구하시오.

[15점]

구 분	재배형태	가입하는 해의 수령	주 수
사과	밀식재배	3년	150주
사과	반밀식재배	3년	200주
사과	일반재배	5년	190주
배	–	3년	250주
단감	–	4년	180주
떫은감	–	5년	250주

[정답]

840주

[해설]

가입하는 해의 나무의 수령(나이)이 다음 기준 미만인 경우 보험가입이 제한된다.

- 사과 : 밀식재배 3년, 반밀식재배 4년, 일반재배 5년
- 배 : 3년
- 단감·떫은감 : 5년

따라서, 보험가입이 가능한 품목은 사과(밀식재배), 사과(일반재배), 배, 떫은감이므로,

∴ 주수의 합 = 150주 + 190주 + 250주 + 250주 = **840주**

08 다음 계약들에 대하여 각각 정부지원액(2024년 기준)의 계산과정과 값을 쓰시오. [15점]

(단위 : 원)

구 분	농작물재해보험	농작물재해보험	가축재해보험
보험목적물	배	벼	외국산 경주마 1필
보험가입금액	100,000,000	150,000,000	60,000,000
자기부담비율	15%	20%	약관에 따름
영업보험료	15,000,000	10,000,000	6,000,000
순보험료	12,000,000	8,000,000	–
정부지원액	(①)	(②)	(③)

○ 주계약 가입기준임
○ 가축재해보험의 영업보험료는 업무방법에서 정하는 납입보험료와 동일함
○ 정부지원액이란 재해보험가입자가 부담하는 보험료의 일부와 재해보험사업자의 재해보험의 운영 및 관리에 필요한 비용의 전부 또는 일부를 정부가 지원하는 금액임(지방자치단체의 지원액은 포함되지 않음)
○ 재해보험사업자의 재해보험의 운영 및 관리에 필요한 비용은 부가보험료와 동일함

[정답]

(1) 농작물재해보험 배

자기부담비율이 15%형(보장수준 85%)이므로, 순보험료의 38%는 정부에서 지원하고, 부가보험료(운영비)는 전액 정부에서 지원한다.

정부지원액 = (12,000,000원 × 38%) + 부가보험료(15,000,000원 − 12,000,000원) × 100%
= **7,560,000원**

(2) 농작물재해보험 벼

자기부담비율이 20%형(보장수준 80%)이므로, 순보험료의 50%는 정부에서 지원하고, 부가보험료(운영비)는 전액 정부에서 지원한다.

정부지원액 = (8,000,000원 × 50%) + 부가보험료(10,000,000원 − 8,000,000원) × 100% = **6,000,000원**

(3) 가축재해보험 외국산 경주마(1필)

외국산 경주마는 정부지원에서 제외되므로, 정부지원액은 **0원**이다.

영업보험료 = 순보험료 + 부가보험료

(1) 과수(배)의 정부지원율

정부지원 보험료는 보장수준별로 차등 지원한다.

[정부의 농가부담보험료 지원비율(2024년 기준)]

보장수준(%)	90	85	80	70	60
국고보조율(%)	33	38	50	60	60

부가보험료(운영비)는 재해보험사업자가 농작물재해보험 사업의 운영 및 관리에 필요한 비용으로 전액 정부에서 지원한다.

(2) 벼의 정부지원율

정부지원 보험료는 보장수준별로 차등 지원한다.

[정부의 농가부담보험료 지원비율(2024년 기준)]

보장수준(%)	90	85	80	70	60
국고보조율(%)	35	38	50	55	60

(3) 국산 말(1필)의 정부지원율

> 납입보험료 = 보험가입금액 × 보험요율

가축재해보험에 가입한 재해보험가입자의 납입보험료의 50%를 지원한다. 말은 마리당 가입금액 4,000만원 한도내 보험료의 50%를 지원하되, 4,000만원을 초과하는 경우는 초과금액의 70%까지 가입금액을 산정하여 보험료의 50%를 지원한다(외국산 경주마는 정부지원 제외).

09 종합위험보장 시설작물 및 버섯작물 품목에 대하여 다음 물음에 답하시오. [15점]

(1) 자연재해나 조수해로 입은 손해를 보상하기 위한 경우를 서술하시오.

(2) 보장개시와 보장종료를 각각 쓰시오.

(3) 시설작물에 대한 내용이다. ( )에 들어갈 내용을 각각 쓰시오.

> 하우스별 연간 재배 예정인 시설작물 중 생산비가 가장 (①) 작물가액의 (②) 범위 내에서 계약자가 가입금액을 결정(10% 단위)한다.

정답

(1) 자연재해나 조수해로 입은 손해를 보상하기 위한 경우
① 구조체, 피복재 등 농업용 시설물(버섯재배사)에 직접적인 피해가 발생한 경우
② 농업용 시설물에 직접적인 피해가 발생하지 않은 자연재해로서 작물피해율이 70% 이상 발생하여 농업용 시설물내 전체 작물의 재배를 포기하는 경우(시설작물에만 해당)
③ 기상청에서 발령하고 있는 기상특보 발령지역의 기상특보 관련 재해로 인해 작물에 피해가 발생한 경우 (시설작물에만 해당)
④ 시설재배 농작물에 조수해 피해가 발생한 경우 조수해로 입은 손해(시설작물에만 해당)

(2) 보장개시와 보장종료
① **보장개시** : 청약을 승낙하고 제1회 보험료 납입한 때
② **보장종료** : 보험증권에 기재된 보험종료일 24시

(3) (   )에 들어갈 내용
① 높은
② 50~100%

---

10 종합위험방식 포도 품목에 관한 내용이다. 계약내용과 조사내용을 참조하여 다음 물음에 답하시오.   [15점]

1. 계약내용	2. 조사내용
○ 보험가입 품목 : 포도, 비가림시설 ○ 특별약관 : 나무손해보장, 수확량감소추가보장 ○ 품종 : 캠벨얼리 ○ 수령 : 8년 ○ 가입주수 : 100주 ○ 평년수확량 : 2,000kg ○ 가입수확량 : 2,000kg ○ 비가림시설 가입면적 : 1,000m² ○ 자기부담비율 : 3년 연속가입 및 3년간 수령한 보험금이 순보험료의 120% 미만인 과수원으로 최저 자기부담비율 선택 ○ 포도 보험가입금액 : 20,000,000원 ○ 나무손해보장 보험가입금액 : 5,000,000원 ○ 비가림시설 보험가입금액 : 18,000,000원	○ 사고접수 : 2024.8.10. 호우, 강풍 ○ 조사일 : 2024.8.13. ○ 재해 : 호우 ○ 조사결과 　• 실제결과주수 : 100주 　• 고사된 나무 : 30주 　• 수확량 : 900kg 　• 미보상비율 : 10% 　• 비가림시설 : 피해 없음

(1) 계약내용과 조사내용에 따라 지급 가능한 포도 품목의 보험금(3가지)에 대하여 각각 계산과 정과 값을 쓰시오.

(2) 포도 상품 비가림시설에 대한 보험가입기준 및 자기부담금 그리고 인수제한 내용이다. ( )에 들어갈 내용을 각각 쓰시오.

> • 비가림시설 보험가입기준 및 자기부담금 : (①) 단위로 가입(구조체＋피복재)하고, 최소 가입면적은 (②)이다. 자기부담금은 최소 30만원에서 최대 100만원 한도 내에서 손해액의 (③)를 적용한다.
> • 비가림시설 인수제한 : 비가림폭이 (④), 동고가 (⑤)의 범위를 벗어나는 비가림시설(과수원의 형태 및 품종에 따라 조정)

정답

(1) 지급 가능한 3가지 보험금

① 비가림과수손해보장보험금

보험금＝보험가입금액×(피해율－자기부담비율)

• 미보상감수량＝(평년수확량－수확량)×미보상비율

    ＝(2,000kg－900kg)×10%＝110kg

• 피해율＝(평년수확량－수확량－미보상감수량)÷평년수확량

    ＝(2,000kg－900kg－110kg)÷2,000kg＝0.495(＝49.5%)

• 보험금＝20,000,000원×(49.5%－10%)＝**7,900,000원**

※ **자기부담비율** : 최근 3년간 연속 보험가입 과수원으로서 3년간 수령한 보험금이 순보험료의 120% 미만인 경우에 한하여 10%형 선택 가능

② 나무손해보장보험금(특약)

보험금＝보험가입금액×[피해율－자기부담비율(5%)]

• 피해율＝피해주수(고사된 나무)÷실제결과주수＝30주÷100주＝0.3(＝30%)

• 보험금＝5,000,000원×(30%－5%)＝**1,250,000원**

③ 수확량감소추가보장보험금(특약)

보험금＝보험가입금액×(주계약 피해율×10%)

※ **주계약 피해율** : 종합위험 비가림과수손해보장(보통약관)에서 산출한 피해율을 말함(＝49.5%).

보험금＝20,000,000원×(49.5%×10%)＝**990,000원**

(2) ( )에 들어갈 내용

① 단지

② 200㎡

③ 10%

④ 2.4m±15%

⑤ 3m±5%

11 다음은 보험사기에 관한 내용이다. (   )에 들어갈 내용을 각각 쓰시오.   [5점]

정 의	보험사기는 보험계약자 등이 보험제도의 원리상으로는 취할 수 없는 보험혜택을 부당하게 얻거나 보험제도를 역이용하여 고액의 보험금을 수취할 목적으로 (①)이며, 악의적으로 행동하는 일체의 불법행위로서 형법상 (②)의 한 유형이다.
성립요건	• (③)에게 고의가 있을 것 • (④)가 있을 것 • 상대방인 보험자가 (⑤)에 빠지는 것 • 사기가 (⑥)일 것

【정답】

① 고의적
② 사기죄
③ 계약자 또는 보험대상자
④ 기망행위
⑤ 착오
⑥ 위법

12 종합위험 수확감소보장방식 밭작물 품목의 품목별 표본구간별 수확량조사 방법에 관한 내용이다. (   )에 들어갈 내용을 각각 쓰시오.   [5점]

품 목	표본구간별 수확량조사 방법
양파	표본구간내 작물을 수확한후, 종구 (①) 윗부분 줄기를 절단하여 해당 무게를 조사한다. 단, 양파의 최대 지름이 (②) 미만인 경우에는 (③), 100% 피해로 인정하고 해당 무게의 (④), 0%를 수확량으로 인정한다.
마늘	표본구간내 작물을 수확한후, 종구 (⑤) 윗부분을 절단하여 무게를 조사한다. 단, 마늘통의 최대 지름이 (⑥) 미만인 경우에는 (③), 100% 피해로 인정하고 해당 무게의 (④), 0%를 수확량으로 인정한다.

【정답】

① 5cm
② 6cm
③ 80%
④ 20%
⑤ 3cm
⑥ 2cm(한지형), 3.5cm(난지형)

13 적과전 종합위험방식(Ⅱ) 사과 품목에서 적과후착과수조사를 실시하고자 한다. 과수원의 현황(품종, 재배방식, 수령, 주수)이 다음과 같이 확인되었을 때 ①, ②, ③, ④에 대해서는 계산과정과 값을 쓰고, ⑤에 대해서는 산정식을 쓰시오(단, 적정표본주수 최솟값은 소수점 첫째자리에서 올림하여 다음 예시와 같이 구하시오. 예시 : 10.2주 → 11주로 기재). [5점]

○ 과수원의 현황

품 종	재배방식	수 령	실제결과주수	고사주수
스가루	반밀식	10	830	50
홍로	밀식	10	120	40

○ 적과후착과수 적정표본주수

품 종	재배방식	수 령	조사대상주수	적정표본주수	적정표본주수 산정식
스가루	반밀식	10	(①)	(③)	(⑤)
홍로	밀식	10	(②)	(④)	–

[정답]

① 조사대상주수
= 품종 · 재배방식 · 수령별 실제결과주수 – 미보상주수 – 고사주수 – 수확불능주수
= 830주 – 50주 = **780주**
② 조사대상주수 = 120주 – 40주 = **80주**
③ 적정표본주수
= 표본주수 × (품종 · 재배방식 · 수령별 조사대상주수 ÷ 조사대상주수 합계)
= 15주 × (780주 ÷ 860주) = 13.60주 ⟹ **14주**
※ 조사대상주수 800주 이상 ~ 900주 미만의 표본주수는 15주이다.
④ 적정표본주수 = 15주 × (80주 ÷ 860주) = 1.39주 ⟹ **2주**
⑤ 적정표본주수 산정
= 전체 표본주수 × (품종 · 재배방식 · 수령별 조사대상주수 ÷ 조사대상주수 합계)

[해설]

(1) 조사대상주수 산정

> 품종 · 재배방식 · 수령별 실제결과주수 – 미보상주수 – 고사주수 – 수확불능주수

(2) 적정표본주수 산정

> 전체 표본주수 × (품종 · 재배방식 · 수령별 조사대상주수 ÷ 조사대상주수 합계)

[표본주수표(사과)]

조사대상주수	표본주수	조사대상주수	표본주수
50주 미만	5	50주 이상 100주 미만	6
100주 이상 150주 미만	7	150주 이상 200주 미만	8
200주 이상 300주 미만	9	300주 이상 400주 미만	10
400주 이상 500주 미만	11	500주 이상 600주 미만	12
600주 이상 700주 미만	13	700주 이상 800주 미만	14
800주 이상 900주 미만	15	900주 이상 1,000주 미만	16
1,000주 이상	17		

14 종합위험 수확감소보장방식 논작물 관련 내용이다. 계약사항과 조사내용을 참조하여 피해율의 계산과정과 값을 쓰시오. [5점]

○ 계약사항

품 목	가입면적	평년수확량	표준수확량
벼	$3,000m^2$	9,000kg	7,000kg

○ 조사내용

조사종류	조사수확비율	피해정도	피해면적비율	미보상비율
수확량조사 (수량요소조사)	70%	매우 경미	10% 미만	10%

정답

- 수확량 = 표준수확량 × 조사수확비율 × 피해면적 보정계수
  = 7,000kg × 70% × 1.2 = **5,880kg**
  ※ 피해면적 보정계수 = 1.2
- 미보상감수량 = (평년수확량 − 수확량) × 미보상비율
  = (9,000kg − 5,880kg) × 10% = **312kg**
- 피해율 = (평년수확량 − 수확량 − 미보상감수량) ÷ 평년수확량
  = (9,000kg − 5,880kg − 312kg) ÷ 9,000kg = 0.312(= **31.2%**)

해설

피해율 산정방법
- 피해율 = (평년수확량 − 수확량 − 미보상감수량) ÷ 평년수확량
  ※ 단, 병해충 단독사고일 경우 병해충 최대 인정피해율을 적용한다.
- 수확량 = 표준수확량 × 조사수확비율 × 피해면적 보정계수
- 미보상감수량 = (평년수확량 − 수확량) × 미보상비율

[피해면적 보정계수]

피해정도	피해면적비율	보정계수
매우 경미	10% 미만	1.2
경미	10% 이상 30% 미만	1.1
보통	30% 이상	1

15 가축재해보험 보통약관에서 규정하는 보상하는 손해에 관한 내용이다. (　　　)에 들어갈 내용을 각각 쓰시오.　　　　　　　　　　　　　　　　　　　　　　　　　　　　　　　[5점]

> ① 소(牛) : 폐사, 긴급도축, 소 도난 및 행방불명으로 인해 입은 손해, 가축사체 잔존물처리비용,
> 　　(　　　)
> ② 종모우(種牡牛) : 보험의 목적이 폐사, 긴급도축, (　　　)의 사유로 입은 손해
> ③ 돼지(豚) : 화재 및 풍재, 수재, 설해, 지진 발생시 (　　　)에 필요한 조치로 목적물에 발생한
> 　　손해
> ④ 가금(家禽) : (　　　)으로 인한 폐사
> ⑤ 말(馬) : 폐사, 긴급도축, (　　　), 가축사체 잔존물처리비용
> ⑥ 기타 가축(家畜) : (　　　)으로 인한 폐사
> ⑦ 축사(畜舍) : 보험의 목적이 (　　　)으로 입은 직접손해

정답

① 검안서 및 진단서 발급비용
② 경제적 도살
③ 방재 또는 긴급피난
④ 화재 및 풍재, 수재, 설해, 지진
⑤ 불임
⑥ 화재 및 풍재, 수재, 설해, 지진
⑦ 화재 및 풍재, 수재, 설해, 지진

16 농업수입감소보장방식 콩에 관한 내용이다. 계약사항과 수확량 조사내용을 참조하여 다음 물음에 답하시오. [15점]

○ 계약사항

보험가입금액	자기부담비율	가입면적	평년수확량	농지별 기준가격
10,000,000원	20%	10,000m²	3,000kg	6,000원/kg

※ 수확기가격은 5,000원/kg임

○ 수확량 조사내용

[면적조사]

실제경작면적	고사면적	기수확면적
10,000m²	1,000m²	1,000m²

[표본조사]

표본구간면적	종실중량	함수율
10m²	2kg	25%

[미보상비율] : 10%

(1) 수확량의 계산과정과 값을 쓰시오(단, 수확량은 kg단위로, 소수점 둘째자리에서 반올림하여 다음 예시와 같이 구하시오. 예시 : 123.45kg → 123.5kg).

(2) 피해율의 계산과정과 값을 쓰시오(단, 피해율은 소수점 셋째자리에서 반올림하여 다음 예시와 같이 구하시오. 예시 : 12.345% → 12.35%).

(3) 농업수입감소보험금의 계산과정과 값을 쓰시오.

정답

(1) 수확량

- 표본구간 단위면적당 수확량 = 표본구간 수확량 합계 ÷ 표본구간면적
    = 1.74kg ÷ 10m² = 0.174kg/m²

※ 표본구간 수확량 합계
    = 표본구간별 종실중량 합계 × {(1 − 함수율) ÷ (1 − 기준함수율)}
    = 2kg × {(1 − 25%) ÷ (1 − 14%)} = 1.74kg

※ 기준함수율 : 콩(14%)

- 조사대상면적 = 실제경작면적 − 고사면적 − 타작물 및 미보상면적 − 기수확면적
    = 10,000m² − 1,000m² − 0m² − 1,000m² = 8,000m²
- 단위면적당 평년수확량 = 평년수확량 ÷ 실제경작면적
    = 3,000kg ÷ 10,000m² = 0.3kg/m²
- 수확량(표본조사) = (표본구간 단위면적당 수확량 × 조사대상면적) + {단위면적당 평년수확량 × (타작물 및 미보상면적 + 기수확면적)}
    = (0.174kg/m² × 8,000m²) + {0.3kg/m² × (0m² + 1,000m²)}
    = 1,392kg + 300kg = **1,692kg**

(2) 피해율
  - 미보상감수량 = (평년수확량 – 수확량) × 미보상비율
               = (3,000kg – 1,692kg) × 10% = **130.8kg**
  - 피해율 = (기준수입 – 실제수입) ÷ 기준수입
         = (18,000,000원 – 9,114,000원) ÷ 18,000,000원
         = 0.4937(= **49.37%**)
  ※ 기준수입 = 평년수확량 × 농지별 기준가격
            = 3,000kg × 6,000원/kg = 18,000,000원
  ※ 실제수입 = (수확량 + 미보상감수량) × 최솟값(농지별 기준가격, 농지별 수확기가격)
            = (1,692kg + 130.8kg) × 최솟값(6,000원/kg, 5,000원/kg)
            = 1,822.8kg × 5,000원/kg = 9,114,000원

(3) 농업수입감소보험금
   농업수입감소보험금 = 보험가입금액 × (피해율 – 자기부담비율)
                  = 10,000,000원 × (49.37% – 20%) = **2,937,000원**

[해설]

(1) 수확량

> 수확량(표본조사) = (표본구간 단위면적당 수확량 × 조사대상면적) + {단위면적당 평년수확량 ×
>   (타작물 및 미보상면적 + 기수확면적)}

  ① 표본구간 단위면적당 수확량 = 표본구간 수확량 합계 ÷ 표본구간면적
    - 표본구간 수확량 합계 = 표본구간별 종실중량 합계 × {(1 – 함수율) ÷ (1 – 기준함수율)}
    - 기준함수율 : 콩(14%)
  ② 조사대상면적 = 실제경작면적 – 고사면적 – 타작물 및 미보상면적 – 기수확면적
  ③ 단위면적당 평년수확량 = 평년수확량 ÷ 실제경작면적

(2) 피해율
  ① 피해율 = (기준수입 – 실제수입) ÷ 기준수입
  ② 기준수입 = 평년수확량 × 농지별 기준가격
  ③ 실제수입 = (수확량 + 미보상감수량) × 최솟값(농지별 기준가격, 농지별 수확기가격)
    ※ 미보상감수량 = (평년수확량 – 수확량) × 미보상비율

(3) 농업수입감소보험금 산정
   농업수입감소보험금 = 보험가입금액 × (피해율 – 자기부담비율)

17 종합위험방식 시설재배 버섯 품목에 관한 내용이다. 각 내용을 참조하여 다음 물음에 답하시오.

[15점]

○ 표고버섯(원목재배)

원목의 면적	원목(본)의 피해면적	재배원목(본)수	피해원목(본)수	원목(본)당 보장생산비
40m²	20m²	2,000개	500개	7,000원

○ 표고버섯(톱밥배지재배)

준비기생산비계수	피해배지(봉)수	재배배지(봉)수	손해정도비율
66.3%	500개	2,000개	50%

배지(봉)당 보장생산비	생장일수	비 고
2,400원	45일	수확기 이전 사고임

○ 느타리버섯(균상재배)

준비기생산비계수	피해면적	재배면적	손해정도
67.6%	500m²	2,000m²	50%

단위면적당 보장생산비	생장일수	비 고
16,900원	14일	수확기 이전 사고임

(1) 표고버섯(원목재배) 생산비보장보험금의 계산과정과 값을 쓰시오.

(2) 표고버섯(톱밥배지재배) 생산비보장보험금의 계산과정과 값을 쓰시오.

(3) 느타리버섯(균상재배) 생산비보장보험금의 계산과정과 값을 쓰시오.

정답

(1) 표고버섯(원목재배) 생산비보장보험금
- 피해비율 = 피해원목(본)수 ÷ 재배원목(본)수
  = 500개 ÷ 2,000개 = 0.25(= **25%**)
- 손해정도비율 = 원목(본)의 피해면적 ÷ 원목의 면적
  = 20m² ÷ 40m² = 0.5(= **50%**)
- 피해율 = 피해비율 × 손해정도비율 × (1 − 미보상비율)
  = 25% × 50% × (1 − 0) = **12.5%**
- 생산비보장보험금 = 재배원목(본)수 × 원목(본)당 보장생산비 × 피해율
  = 2,000개 × 7,000원/개 × 12.5% = **1,750,000원**

(2) 표고버섯(톱밥배지재배) 생산비보장보험금
- 경과비율 = α + (1 − α) × (생장일수 ÷ 표준생장일수)
  = 66.3% + (1 − 66.3%) × (45일 ÷ 90일)
  = **83.15%**
  ※ 준비기생산비계수 = 66.3%
  ※ 표준생장일수 = 90일

- 피해율 = 피해비율 × 손해정도비율 × (1 − 미보상비율)
  - = 25% × 50% × (1 − 0) = 0.125(= 12.5%)
  - ※ 피해비율 = 피해배지(봉)수 ÷ 재배배지(봉)수
    - = 500개 ÷ 2,000개 = 0.25(= 25%)
- 생산비보장보험금 = 재배배지(봉)수 × 배지(봉)당 보장생산비 × 경과비율 × 피해율
  - = 2,000개 × 2,400원/개 × 83.15% × 12.5%
  - = 498,900원

(3) 느타리버섯(균상재배) 생산비보장보험금

- 경과비율 = α + (1 − α) × (생장일수 ÷ 표준생장일수)
  - = 67.6% + (1 − 67.6%) × (14일 ÷ 28일)
  - = 83.8%
  - ※ 준비기생산비계수 = 67.6%
  - ※ 표준생장일수 = 28일
- 피해율 = 피해비율 × 손해정도비율 × (1 − 미보상비율)
  - = 25% × 60% × (1 − 0) = 0.15(= 15%)
  - ※ 피해비율 = 피해면적 ÷ 재배면적
    - = 500m^2 ÷ 2,000m^2 = 0.25(= 25%)
  - ※ 손해정도가 50%이므로 손해정도비율은 60%이다.
- 생산비보장보험금 = 재배면적 × 단위면적당 보장생산비 × 경과비율 × 피해율
  - = 2,000m^2 × 16,900원/m^2 × 83.8% × 15%
  - = 4,248,660원

[해설]

(1) 표고버섯(원목재배) 생산비보장보험금
① 생산비보장보험금 = 재배원목(본)수 × 원목(본)당 보장생산비 × 피해율
② 피해율 = 피해비율 × 손해정도비율 × (1 − 미보상비율)
- 피해비율 = 피해원목(본)수 ÷ 재배원목(본)수
- 손해정도비율 = 원목(본)의 피해면적 ÷ 원목의 면적

(2) 표고버섯(톱밥배지재배) 생산비보장보험금
① 생산비보장보험금 = 재배배지(봉)수 × 배지(봉)당 보장생산비 × 경과비율 × 피해율
② 경과비율(수확기 이전 사고)
- 경과비율 = α + (1 − α) × (생장일수 ÷ 표준생장일수)
- 준비기생산비계수 = α
  - ※ 표고버섯(톱밥배지재배) = 66.3%
  - ※ 느타리버섯(균상재배) = 67.6%
③ 피해율 = 피해비율 × 손해정도비율 × (1 − 미보상비율)
  - ※ 피해비율 = 피해배지(봉)수 ÷ 재배배지(봉)수

[버섯종류별 표준생장일수]

품 목	품 종	표준생장일수
표고버섯(톱밥배지재배)	전체	90일
느타리버섯(균상재배)	전체	28일

(3) 느타리버섯(균상재배) 생산비보장보험금

① 생산비보장보험금 = 재배면적 × 단위면적당 보장생산비 × 경과비율 × 피해율

② 피해율 = 피해비율 × 손해정도비율 × (1 − 미보상비율)

　※ 피해비율 = 피해면적 ÷ 재배면적

[느타리버섯(균상재배)의 손해정도비율]

손해정도	1~20%	21~40%	41~60%	61~80%	81~100%
손해정도비율	20%	40%	60%	80%	100%

18　감귤(온주밀감류) 과실손해조사에 관한 내용이다. 다음 물음에 답하시오.　　　[15점]

○ 계약사항

보험가입금액	가입면적	자기부담비율
30,000,000원	4,800m^2	10%

○ 표본주 조사내용(단위 : 개)

구 분	정상 과실수	30%형 피해과실수	50%형 피해과실수	80%형 피해과실수	100%형 피해과실수
등급내	750	80	120	120	60
등급외	400	110	130	90	140

※ 수확전 사고조사는 실시하지 않았음
※ 미보상비율은 없음

(1) 위의 계약사항 및 표본주 조사내용을 참조하여 과실손해 피해율의 계산과정과 값을 쓰시오
（단, 피해율은 소수점 셋째자리에서 반올림하여 다음 예시와 같이 구하시오. 예시 :
12.345% → 12.35%).

(2) 위의 계약사항 및 표본주 조사내용을 참조하여 과실손해보험금의 계산과정과 값을 쓰시오.

정답

(1) 과실손해 피해율
- 기준과실수 = 모든 표본주의 과실수 총 합계(= 2,000개)
- 등급내 피해과실수
  = (등급내 30%형 과실수 합계 × 0.3) + (등급내 50%형 과실수 합계 × 0.5) + (등급내 80%형 과실수 합계
  　× 0.8) + (등급내 100%형 과실수 합계 × 1)
  = (80개 × 0.3) + (120개 × 0.5) + (120개 × 0.8) + (60개 × 1)
  = **240개**

- 등급외 피해과실수
  = (등급외 30%형 과실수 합계 × 0.3) + (등급외 50%형 과실수 합계 × 0.5) + (등급외 80%형 과실수 합계 × 0.8) + (등급외 100%형 과실수 합계 × 1)
  = (110개 × 0.3) + (130개 × 0.5) + (90개 × 0.8) + (140개 × 1)
  = **310개**
- 과실손해 피해율
  = {(등급내 피해과실수 + 등급외 피해과실수 × 50%) ÷ 기준과실수} × (1 − 미보상비율)
  = {(240개 + 310개 × 50%) ÷ 2,000개} × (1 − 0)
  = 0.1975(= **19.75%**)

(2) 과실손해보험금
- 손해액 = 보험가입금액 × 피해율 = 30,000,000원 × 19.75% = **5,925,000원**
- 자기부담금 = 보험가입금액 × 자기부담비율 = 30,000,000원 × 10% = **3,000,000원**
- 과실손해보험금 = 손해액 − 자기부담금 = 5,925,000원 − 3,000,000원 = **2,925,000원**

[해설]

(1) 과실손해 피해율
과실손해 피해율 = {(등급내 피해과실수 + 등급외 피해과실수 × 50%) ÷ 기준과실수} × (1 − 미보상비율)
※ 피해인정 과실수 = 등급내 피해과실수 + (등급외 피해과실수 × 50%)
- 등급내 피해과실수 = (등급내 30%형 과실수 합계 × 0.3) + (등급내 50%형 과실수 합계 × 0.5) + (등급내 80%형 과실수 합계 × 0.8) + (등급내 100%형 과실수 합계 × 1)
- 등급외 피해과실수 = (등급외 30%형 과실수 합계 × 0.3) + (등급외 50%형 과실수 합계 × 0.5) + (등급외 80%형 과실수 합계 × 0.8) + (등급외 100%형 과실수 합계 × 1)
※ **기준과실수** : 모든 표본주의 과실수 총 합계

(2) 과실손해보험금
과실손해보험금 = 손해액 − 자기부담금
※ 손해액 = 보험가입금액 × 피해율
※ 자기부담금 = 보험가입금액 × 자기부담비율

19 특정위험방식 인삼에 관한 내용이다. 계약사항과 조사내용을 참조하여 다음 물음에 답하시오(단, 주어진 문제 조건외 다른 조건은 고려하지 않음). [15점]

○ 계약사항

인삼 가입금액	경작 칸수	연근	기준수확량 (5년근 표준)	자기부담 비율	해가림시설 가입금액	해가림시설 보험가액
100,000,000원	600칸	5년	0.73kg	20%	20,000,000원	30,000,000원

○ 조사내용

사고원인	피해칸	표본칸	표본수확량	지주목간격	두둑폭	고랑폭
화재	400칸	10칸	9.636kg	2.5m	1.2m	0.7m

해가림시설 피해액	잔존물제거비용	손해방지비용	대위권보전비용
5,000,000원	300,000원	300,000원	200,000원

(1) 인삼 피해율의 계산과정과 값을 쓰시오(단, 피해율은 소수점 셋째자리에서 반올림하여 다음 예시와 같이 구하시오. 예시 : 12.345% → 12.35%).

(2) 인삼 보험금의 계산과정과 값을 쓰시오.

(3) 해가림시설 보험금(비용 포함)의 계산과정과 값을 쓰시오(단, 보험금은 소수점 첫째자리에서 반올림하여 다음 예시와 같이 구하시오 예시 : 12.5원 → 13원).

정답

(1) 인삼 피해율

- 피해면적 = 피해칸수(= 400칸)
- 재배면적 = 실제경작칸수(= 600칸)
- 표본칸 면적 = 표본칸수 × 지주목간격 × (두둑폭 + 고랑폭)
  $$= 10 \times 2.5m \times (1.2m + 0.7m) = 47.5m^2$$
- 단위면적당 조사수확량 = 표본수확량 합계 ÷ 표본칸 면적
  $$= 9.636kg \div 47.5m^2 = 0.203kg/m^2$$
- 단위면적당 미보상감수량 = (기준수확량 − 단위면적당 조사수확량) × 미보상비율 = 0
- 수확량 = 단위면적당 조사수확량 + 단위면적당 미보상감수량
  $$= 0.203kg/m^2 + 0 = 0.203kg/m^2$$
- 피해율 $= \left(1 - \dfrac{\text{수확량}}{\text{연근별 기준수확량}}\right) \times \dfrac{\text{피해면적}}{\text{재배면적}}$

  $$= \left(1 - \dfrac{0.203kg/m^2}{0.73kg/m^2}\right) \times \dfrac{400칸}{600칸} = 0.4813(= 48.13\%)$$

(2) 인삼 보험금

인삼 보험금 = 보험가입금액 × (피해율 − 자기부담비율)
$$= 100,000,000원 \times (48.13\% - 20\%) = 28,130,000원$$

(3) 해가림시설 보험금(비용 포함)

보험가입금액이 보험가액보다 작을 경우에는 보험가입금액을 한도로 다음과 같이 비례보상한다.

> 해가림시설 보험금 = (손해액 − 자기부담금) × (보험가입금액 ÷ 보험가액)

- **손해액** : 산출된 피해액에 대하여 감가상각을 적용하여 손해액을 산정한다. 다만, 피해액이 보험가액의 20% 이하인 경우에는 감가를 적용하지 않는다. 즉
  피해액(= 5,000,000원) ≤ 보험가액의 20%(= 30,000,000원 × 0.2 = 6,000,000원)이므로,
  손해액 = **5,000,000원**
- **자기부담금** : 최소 자기부담금(10만원)과 최대 자기부담금(100만원)을 한도로 손해액의 10%이므로,
  5,000,000원 × 10% = **500,000원**
- **해가림시설 보험금** = (5,000,000원 − 500,000원) × (20,000,000원 ÷ 30,000,000원)
  = **3,000,000원**(※ 소수점 첫째자리에서 반올림) ············· ①
- **잔존물제거비용** : 손해액의 10%(500,000원)를 초과할 수 없으므로,
  잔존물제거비용 = **300,000원** ·································· ②
- **손해방지비용** : 보험가입금액을 초과하는 경우에도 지급하지만, 손해방지비용은 농지당 20만원을 초과할 수 없다.
  손해방지비용 = **200,000원** ·································· ③
- **대위권보전비용** : 보험가입금액을 초과하는 경우에도 지급한다.
  대위권보전비용 = **200,000원** ·································· ④

손해평가사 2차 제1회 모의고사

제1회 | 모의고사 **145**

- 해가림시설 보험금(비용 포함)
  = ① + ② + ③ + ④
  = 3,000,000원 + 300,000원 + 200,000원 + 200,000원 = **3,700,000원**
  ※ 비용 등(잔존물제거비용, 손해방지비용, 대위권보전비용)은 그 값이 문제조건에 주어졌기 때문에 약관상 비례보상을 적용하지 않고 보험금을 계산함

[해설]

(1) 인삼 피해율

① 피해율 = $\left(1 - \dfrac{수확량}{연근별\ 기준수확량}\right) \times \dfrac{피해면적}{재배면적}$

② 수확량 = 단위면적당 조사수확량 + 단위면적당 미보상감수량
   - 단위면적당 조사수확량 = 표본수확량 합계 ÷ 표본칸 면적
   - 표본칸 면적 = 표본칸수 × 지주목간격 × (두둑폭 + 고랑폭)
   - 단위면적당 미보상감수량 = (기준수확량 − 단위면적당 조사수확량) × 미보상비율

③ 피해면적 = 피해칸수

④ 재배면적 = 실제경작칸수

(2) 인삼 보험금

인삼 보험금 = 보험가입금액 × (피해율 − 자기부담비율)

(3) 해가림시설 보험금(비용 포함)

① 해가림시설 보험금은 보험가입금액을 한도로 손해액에서 자기부담금액을 차감하여 산정한다. 단, 보험가입금액이 보험가액보다 클 때에는 보험가액을 한도로 한다.
   - 보험가입금액이 보험가액보다 작을 경우에는 보험가입금액을 한도로 다음과 같이 비례보상한다.

   > (손해액 − 자기부담금) × (보험가입금액 ÷ 보험가액)

   - 손해액은 산출된 피해액에 대하여 감가상각을 적용하여 산정한다. 다만, 피해액이 보험가액의 20% 이하인 경우에는 감가를 적용하지 않고, 피해액이 보험가액의 20%를 초과하면서 감가후 피해액이 보험가액의 20% 미만인 경우에는 보험가액의 20%를 손해액으로 산출한다.
   - 자기부담금은 최소 자기부담금(10만원)과 최대 자기부담금(100만원)을 한도로 손해액의 10%에 해당하는 금액을 적용한다.

② 해가림시설 보험금과 잔존물제거비용의 합은 보험가입금액을 한도로 한다. 단, 잔존물제거비용은 손해액의 10%를 초과할 수 없다.

③ 손해방지비용, 대위권보전비용, 잔존물보전비용, 기타 협력비용은 보험가입금액을 초과하는 경우에도 지급한다. 단, 손해방지비용은 농지당 20만원을 초과할 수 없다.

20 다음 계약사항과 조사내용을 참조하여 물음에 답하시오. [15점]

○ 계약사항

상품명	특약 및 주요사항	평년착과수	가입과중
적과전 종합위험방식(Ⅱ) 배 품목	• 나무손해보장 특약 • 착과감소 70% 선택	100,000개	400g

가입가격	가입주수	자기부담률	
1,000원/kg	750주	과실	10%
		나무	5%

※ 나무손해보장 특약의 보험가입금액은 1주당 10만원을 적용함

○ 조사내용

구 분	재해 종류	사고 일자	조사 일자	조사내용
계약 체결일 24시 ~ 적과전	우박	5월 30일	5월 31일	[피해사실확인조사] • 피해발생 인정 • 미보상비율 : 0%
적과후 착과수 조사	–		6월 10일	[적과후착과수조사] 표 아래 참조
적과 종료 이후	태풍	9월 1일	9월 2일	[낙과피해조사] • 총 낙과수 : 4,000개(전수조사) 표 아래 참조
	조수해	9월 18일	9월 20일	[나무피해조사] • 화산 30주, 신고 30주는 조수해로 고사
	우박	5월 30일	10월 1일	[착과피해조사] 표 아래 참조

[적과후착과수조사]

품 종	실제결과주수	조사대상주수	표본주 1주당 착과수
화산	400주	400주	60개
신고	350주	350주	90개

※ 화산, 신고는 배의 품종임

[낙과피해조사]

피해과실구성	정상	50%	80%	100%
과실수(개)	1,000	0	2,000	1,000

[착과피해조사]

피해과실구성	정상	50%	80%	100%
과실수(개)	50	10	20	20

※ 적과 이후 자연낙과 등은 감안하지 않으며, 무피해나무의 평균착과수는 적과후착과수의 1주당 평균착과수와 동일한 것으로 본다.

(1) 착과감소보험금의 계산과정과 값을 쓰시오.

(2) 과실손해보험금의 계산과정과 값을 쓰시오.

(3) 나무손해보험금의 계산과정과 값을 쓰시오.

(1) 착과감소보험금

① 적과후착과수 = 품종별 표본주 1주당 착과수 × 조사대상주수
    = (400주 × 60개/주) + (350주 × 90개/주) = **55,500개**

② 착과감소과실수 = 최솟값(평년착과수 − 적과후착과수, 최대 인정감소실수)
    = (100,000개 − 55,500개) = **44,500개**

③ 착과감소량 = 착과감소과실수 × 가입과중
    = 44,500개 × 0.40kg/개 = **17,800kg**

④ 기준착과수 = 적과후착과수 + 착과감소과실수
    = 55,500개 + 44,500개 = **100,000개**

⑤ 기준수확량 = 기준착과수 × 가입과중
    = 100,000개 × 0.40kg/개 = **40,000kg**

⑥ 자기부담감수량 = 기준수확량 × 자기부담비율
    = 40,000kg × 10% = **4,000kg**

⑦ 착과감소보험금
    = (착과감소량 − 미보상감수량 − 자기부담감수량) × 가입가격 × (70%)
    = (17,800kg − 0kg − 4,000kg) × 1,000원/kg × 70%
    = **9,660,000원**

(2) 과실손해보험금

① **누적감수과실수**

  ㉠ 적과종료 이전 자연재해(우박)로 인한 적과종료 이후 착과손해 : 적과후착과수가 평년착과수의 60% 미만인 경우
     감수과실수 = 적과후착과수 × 5% = 55,500개 × 5% = **2,775개**

  ㉡ 태풍낙과피해(전수조사)
     총 낙과과실수 × (낙과피해구성률 − max A) × 1.07
     = 4,000개 × (65% − 5%) × 1.07 = **2,568개**

     ※ 낙과피해구성률

     $$= \frac{(100\%형\ 피해과실수 \times 1) + (80\%형\ 피해과실수 \times 0.8) + (50\%형\ 피해과실수 \times 0.5)}{100\%형\ 피해과실수 + 80\%형\ 피해과실수 + 50\%형\ 피해과실수 + 정상과실수}$$

     $$= \frac{(1,000 \times 1) + (2,000 \times 0.8) + (0 \times 0.5)}{1,000 + 2,000 + 0 + 1,000} = 0.6(=65\%)$$

     ※ max A : 금차 사고전 기조사된 착과피해구성률 중 최댓값(= 5%)

  ㉢ 조수해 나무피해 : 보상하지 않으므로 누적감수과실수에서는 제외된다.
     화산 30주, 신고 30주가 조수해로 고사하였으므로,
     (30주 × 60개/주) + (30주 × 90개/주) = **4,500개**

  ㉣ 우박 착과피해
     사고 당시 착과과실수 × (착과피해구성률 − max A)
     = 47,000개 × (41% − 5%) = **16,920개**

     ※ 사고 당시 착과과실수
        = 적과후착과수 − 총 낙과과실수 − 총 적과종료 후 나무피해과실수 − 총 기수확과실수
        = 55,500개 − 4,000개 − 4,500개 − 0개 = **47,000개**

     ※ 착과피해구성률 $= \dfrac{(20 \times 1) + (20 \times 0.8) + (10 \times 0.5)}{50 + 10 + 20 + 20} = 0.41(= 41\%)$

     ※ max A : 금차 사고전 기조사된 착과피해구성률 중 최댓값(= 5%)

  ㉤ 누적감수실수 = 2,775개 + 2,568개 + 0개 + 16,920개 = **22,263개**

② 적과종료 이후 감수량 = 누적감수과실수 × 가입과중

$$= 22,263개 × 0.40kg/개 = 8,905.2kg$$

③ **미보상감수량** : 감수량에서 제외된다.

④ **자기부담감수량** : 0kg

자기부담감수량

= (기준수확량 × 자기부담비율) − (착과감소량 − 적과종료 이전에 산정된 미보상감수량)

= (40,000kg × 10%) − (17,800kg − 0kg) < 0이므로, 0kg이다.

⑤ **과실손해보험금**

과실손해보험금

= (적과종료 이후 누적감수량 − 미보상감수량 − 자기부담감수량) × 가입가격

= (8,905.2kg − 0kg − 0kg) × 1,000원/kg

= **8,905,200원**

(3) 나무손해보험금

① 실제결과주수 = 400주 + 350주 = **750주**

② 피해율 = 피해주수(고사된 나무) ÷ 실제결과주수

= (30주 + 30주) ÷ 750주 = 0.08(= **8%**)

③ 자기부담비율 = **5%(약관)**

④ 지급보험금 = 보험가입금액 × (피해율 − 자기부담비율)

= (750주 × 100,000원/주) × (8% − 5%) = **2,250,000원**

※ 나무손해보장 특약의 보험가입금액은 1주당 100,000원을 적용한다.

[해설]

(1) 착과감소보험금

지급보험금은 착과감소량이 자기부담감수량을 초과하는 경우 아래에 따라 계산한다.

① **보험금 = (착과감소량 − 미보상감수량 − 자기부담감수량) × 가입가격 × (50% or 70%)**

② **착과감소량** : 착과감소량은 산출된 착과감소과실수에 가입과중을 곱하여 산출한다.

• 착과감소과실수 = 최솟값(평년착과수 − 적과후착과수, 최대 인정감소과실수)

• 적과후착과수 = 품종별 표본주 1주당 착과수 × 조사대상주수

③ **미보상감수량** : 보상하는 재해 이외의 원인으로 감소되었다고 평가되는 부분을 말하며, 계약 당시 이미 발생한 피해, 병해충으로 인한 피해 및 제초상태불량 등으로 인한 수확감소량으로 감수량에서 제외된다.

④ **자기부담감수량** : 기준수확량에 자기부담비율을 곱한 양으로 한다.

• 기준착과수 = 적과후착과수 + 착과감소과실수

• 기준수확량 = 기준착과수 × 가입과중

⑤ **가입가격** : 보험에 가입할 때 결정한 과실의 kg당 평균가격을 말한다.

(2) 과실손해보험금

지급보험금은 적과종료 이후 누적감수량이 자기부담감수량을 초과하는 경우, 아래에 따라 계산한다.

① **보험금 = (적과종료 이후 누적감수량 − 미보상감수량 − 자기부담감수량) × 가입가격**

② **적과종료 이후 누적감수량**

• 적과종료 이전 자연재해로 인한 적과종료 이후 착과손해 : 적과후착과수가 평년착과수의 60% 미만인 경우, 감수과실수 = 적과후착과수 × 5%

• 적과종료 이후 감수량 = 누적감수과실수 × 가입과중

③ **미보상감수량** : 보상하는 재해 이외의 원인으로 감소되었다고 평가되는 부분을 말하며, 계약 당시 이미 발생한 피해, 병해충으로 인한 피해 및 제초상태불량 등으로 인한 수확감소량으로 감수량에서 제외된다.

④ **자기부담감수량** : 기준수확량에 자기부담비율을 곱한 양으로 한다. 다만, <u>산출된 착과감소량이 존재하는 경우에는 착과감소량에서 적과종료 이전에 산정된 미보상감수량을 뺀 값을 자기부담감수량에서 제외한다.</u> 이때 자기부담감수량은 0보다 작을 수 없다.

⑤ **가입가격** : 보험에 가입할 때 결정한 과실의 kg당 평균가격을 말한다.

(3) 나무손해보험금

① 지급보험금은 보험가입금액에 피해율에서 자기부담비율을 차감한 값을 곱하여 산정하며, 피해율은 피해주수(고사된 나무)를 실제결과주수로 나눈 값으로 한다.

- 지급보험금 = 보험가입금액 × (피해율 − 자기부담비율)
- 피해율 = 피해주수(고사된 나무) ÷ 실제결과주수

② 자기부담비율은 가입한 약관에 따른다(5%).

농작물재해보험 및 가축재해보험의 이론과 실무

01 농작물재해보험에서 정하는 재배 관련 용어로 ( )에 들어갈 내용을 쓰시오. [5점]

- 꽃눈분화기 : 과수원에서 꽃눈분화가 (①) 정도 진행된 때
- 발아 : (꽃 또는 잎) 눈의 인편이 (②) 정도 밀려나오는 현상
- 신초발아기 : 과수원에서 전체 신초(당년에 자라난 새가지)가 (③) 정도 발아한 시점
- 수확기 : 농지(과수원)가 위치한 지역의 (④)을(를) 감안하여 해당 목적물을 통상적으로 수확하는 시기

정답

① 50%, ② 1~2mm, ③ 50%, ④ 기상여건

02 농작물재해보험 종합위험보장 밭작물 품목 중 출현율이 80% 미만인 농지를 인수제한 하는 품목(5가지 이상)을 모두 쓰시오(단, 농작물재해보험 판매상품 기준으로 한다). [5점]

정답

감자(가을재배), 감자(봄재배), 감자(고랭지재배), 옥수수, 사료용 옥수수, 콩, 팥

해설

보험가입 당시 출현후 고사된 싹은 출현이 안 된 것으로 판단한다.

03 농작물재해보험 종합위험보장 과수품목의 보험기간에 대한 기준이다. (   )에 들어갈 내용을 쓰시오. [5점]

구 분		보장개시	보장종료
보 장	목적물		
종합위험 수확감소보장	호두	(①) 단, (①)가 지난 경우에는 계약체결일 24시	수확기종료 시점 단, 판매개시연도 (②)을 초과할 수 없음
비가림과수 손해보장	포도	(③)	수확기종료 시점 단, 이듬해 (④)을 초과할 수 없음
비가림과수 손해보장	대추	(⑤) 단, (⑤)가 경과한 경우에는 계약체결일 24시	수확기종료 시점 단, 판매개시연도 (⑥)을 초과할 수 없음

[정답]

① 발아기, ② 9월 30일, ③ 계약체결일 24시, ④ 10월 10일, ⑤ 신초발아기, ⑥ 10월 31일

[해설]

종합위험보장 과수품목의 보험기간

구 분		보장개시	보장종료
보 장	목적물		
종합위험 수확감소보장	호두	**(발아기)** 단, **(발아기)**가 지난 경우에는 계약체결일 24시	수확기종료 시점 단, 판매개시연도 **(9월 30일)**을 초과할 수 없음
비가림과수 손해보장	포도	**(계약체결일 24시)**	수확기종료 시점 단, 이듬해 **(10월 10일)**을 초과할 수 없음
비가림과수 손해보장	대추	**(신초발아기)** 단, **(신초발아기)**가 경과한 경우에는 계약체결일 24시	수확기종료 시점 단, 판매개시연도 **(10월 31일)**을 초과할 수 없음

04 종합위험 생산비보장 쪽파(실파) 품목은 사업지역, 파종 및 수확시기에 따라 1형과 2형으로 구분된다. ( )에 들어갈 내용을 쓰시오.   [5점]

> (1) 보장개시
> • 1형 : 판매개시연도 (①)
> • 2형 : 판매개시연도 (②)
>
> (2) 보장종료
> • 1형 : 최초 수확 직전. 다만, 판매개시연도 (③)을 초과할 수 없음
> • 2형 : 최초 수확 직전. 다만, 이듬해 (④)을 초과할 수 없음

정답

① 10월 15일, ② 10월 15일, ③ 12월 31일, ④ 5월 31일

05 종합위험보장 고추 품목의 계약인수 관련 내용이다. ( )에 들어갈 내용을 쓰시오.   [5점]

> • 계약인수는 (①) 단위로 가입하고 개별 (①)당 최저 보험가입금액은 (②)이다. 단, 하나의 리, 동에 있는 각각 (②) 미만의 두 개의 농지는 하나의 농지로 취급하여 계약 가능하다.
> • 고추 품목의 경우, 10a당 재식주수가 (③) 이상이고 (④) 이하인 농지만 가입 가능하다.

정답

① 농지, ② 200만원, ③ 1,500주, ④ 4,000주

06 종합위험 밭작물 감자(고랭지재배, 봄재배, 가을재배) 품목에서 수확감소보장의 자기부담비율과 그 선택 기준을 각 비율별로 서술하시오.   [15점]

정답

자기부담비율 선택 기준
① **10%형** : 최근 3년간 연속 보험가입 계약자로서 3년간 수령한 보험금이 순보험료의 120% 미만인 경우에 한하여 선택 가능하다.
② **15%형** : 최근 2년간 연속 보험가입 계약자로서 2년간 수령한 보험금이 순보험료의 120% 미만인 경우에 한하여 선택 가능하다.
③ **20%형, 30%형, 40%형** : 제한 없음

해설

수확감소보장 밭작물 품목의 자기부담비율은 지급보험금을 계산할 때 피해율에서 차감하는 비율로서, 계약할 때 계약자가 선택한 비율(10%, 15%, 20%, 30%, 40%)이다. 단, 수박(노지)의 자기부담비율은 20%, 30%, 40%이다.

07 종합위험 수확감소보장 ① 복숭아 품목의 보험금 지급사유를 쓰고, ② 보험금 계산(지급금액)에 대해 설명하시오(단, 세균구멍병으로 인한 피해가 있음). [15점]

정답

① **보험금 지급사유**
  보상하는 재해로 피해율이 자기부담비율을 초과하는 경우 지급한다.
② **보험금 계산(지급금액)**
  • 보험가입금액 × (피해율 – 자기부담비율)
  • 피해율 = {(평년수확량 – 수확량 – 미보상감수량) + 병충해감수량} ÷ 평년수확량
  • 병충해감수량 = 병충해(세균구멍병) 피해 과실의 무게 × 0.5

해설

보험금 지급사유 및 보험금 계산
• 평년수확량은 과거 조사내용, 해당 과수원의 식재 내역·현황 및 경작상황 등에 따라 정한 수확량을 활용하여 산출한다.
• 수확량, 피해주수, 미보상감수량 등은 농림축산식품부장관이 고시하는 손해평가요령에 따라 조사·평가하여 산정한다.
• 자기부담비율은 보험가입시 선택한 비율로 한다.
• 미보상감수량이란 보상하는 재해 이외의 원인으로 감소되었다고 평가되는 부분을 말하며, 계약 당시 이미 발생한 피해, 병해충으로 인한 피해 및 제초상태 불량 등으로 인한 수확감소량으로써 피해율 산정시 감수량에서 제외된다.
• 복숭아의 병충해감수량에서 세균구멍병으로 인한 피해과는 50%형 피해과실로 인정한다.

08 종합위험 수확감소보장 밤 품목의 ① 가입자격과 ② 대상재해를 쓰고, ③ 농작물재해보험 판매기간과 ④ 대표적인 인수제한 목적물을 서술하시오. [15점]

정답

① **가입자격**
  농지의 보험가입금액(생산액 또는 생산비) 200만원 이상
② **대상재해**
  자연재해, 조수해, 화재
③ **농작물재해보험 판매기간**
  4~5월
④ **인수제한 목적물**
  가입하는 해의 나무 수령(나이)이 5년 미만인 과수원

09 농작물재해보험 품목 중 비가림시설 또는 해가림시설에 관한 다음 보험가입금액을 구하시오.

[15점]

(1) 포도(단지 단위) 비가림시설의 최소 가입면적에서 최소 보험가입금액(단, m^2당 시설비는 18,000원으로 산정한다)

(2) 대추(단지 단위) 비가림시설의 가입면적 $300m^2$에서 최대 보험가입금액(단, m^2당 시설비는 19,000원으로 산정한다)

(3) 다음 조건에 따른 인삼 해가림시설의 보험가입금액

> - 단위면적당 시설비 : 50,000원
> - 시설유형 : 목재
> - 시설년도 : 2022년 5월
> - 가입(재식)면적 : $500m^2$
> - 내용연수 : 6년
> - 가입시기 : 2024년 11월

정답

(1) 포도(단지 단위) 비가림시설의 최소 가입면적에서 최소 보험가입금액
포도 비가림시설의 m^2당 시설비에 비가림시설 면적을 곱하여 산정한다(※ 천원 단위 절사).
산정된 금액의 <u>80% ~ 130% 범위</u> 내에서 계약자가 보험가입금액을 결정한다.
m^2당 시설비는 18,000원이고 최소 가입면적은 $200m^2$이므로,
최소 보험가입금액 = $200m^2 \times$ 18,000원/$m^2 \times$ 80% = **2,880,000원**

(2) 대추(단지 단위) 비가림시설의 가입면적 $300m^2$에서 최대 보험가입금액
대추 비가림시설의 m^2당 시설비에 비가림시설 면적을 곱하여 산정한다(※ 천원 단위 절사).
산정된 금액의 <u>80% ~ 130% 범위</u> 내에서 계약자가 보험가입금액을 결정한다.
m^2당 시설비는 19,000원이고 가입면적은 $300m^2$이므로,
최대 보험가입금액 = $300m^2 \times$ 19,000원/$m^2 \times$ 130% = **7,410,000원**

(3) 인삼 해가림시설의 보험가입금액
보험가입금액 = 재조달가액 × (100% − 감가상각률)
- 재조달가액 = 단위면적당 시설비 × 가입(재식)면적 = 50,000원/$m^2 \times 500m^2$ = 25,000,000원
- 감가상각률 = 경과기간 × 경년감가율 = 2년 × 13.33% = 26.66%
 ※ 경과기간 = 2024년 11월 − 2022년 5월 = 2년 6개월 = 2년(※ 연단위 감가상각을 적용)
 ※ 경년감가율

유 형	내용연수	경년감가율
목재	6년	13.33%
철재	18년	4.44%

보험가입금액 = 25,000,000원 × (100% − 26.66%) = 18,335,000원
= **18,330,000원**(※ 천원 단위는 절사함)

10 가축재해보험 축사 보통약관에 관한 다음의 내용을 서술하시오. [15점]

(1) 보험의 목적
(2) 보상하는 손해
(3) 손해액의 산정

정답

(1) 보험의 목적
① **건물의 부속물** : 피보험자 소유인 칸막이, 대문, 담, 곳간 및 이와 비슷한 것
② **건물의 부착물** : 피보험자 소유인 게시판, 네온싸인, 간판, 안테나, 선전탑 및 이와 비슷한 것
③ **건물의 부속설비** : 피보험자 소유인 전기·가스설비, 급·배수설비, 냉·난방설비, 급이기, 통풍설비 등 건물의 주 용도에 적합한 부대시설 및 이와 비슷한 것
④ **건물의 기계장치** : 착유기, 원유냉각기, 가금사의 기계류(케이지, 부화기, 분류기 등) 및 이와 비슷한 것

(2) 보상하는 손해
① 화재에 따른 손해
② 화재에 따른 소방손해
③ 태풍, 홍수, 호우(豪雨), 강풍, 풍랑, 해일(海溢), 조수(潮水), 우박, 지진, 분화 및 이와 비슷한 풍재 또는 수재로 입은 손해
④ 설해에 따른 손해
⑤ 화재 또는 풍재·수재·설해·지진에 따른 피난손해(피난지에서 보험기간 내의 5일 동안에 생긴 상기 손해를 포함한다)

(3) 손해액의 산정
손해액은 그 손해가 생긴 때와 장소에서의 보험가액에 따라 계산한다. 보험목적물의 경년감가율은 손해보험 협회의 "보험가액 및 손해액의 평가기준"을 준용하며, 이 보험목적물이 지속적인 개·보수가 이루어져 보험 목적물의 가치증대가 인정된 경우 잔가율은 보온덮개·쇠파이프조인 축사구조물의 경우에는 <u>최대 50%까지</u>, 그 외 기타 구조물의 경우에는 <u>최대 70%까지</u>로 수정하여 보험가액을 평가할 수 있다. 다만, 보험목적물 이 손해를 입은 장소에서 6개월 이내 실제로 수리 또는 복구되지 않은 때에는 잔가율이 30% 이하인 경우에는 <u>최대 30%로 수정하여 평가</u>한다.

11 가축재해보험 약관에서 설명하는 보상하지 않는 손해에 관한 내용이다. 다음 (   )에 들어갈 용어를 각각 쓰시오. [5점]

> • 계약자, 피보험자 또는 이들의 법정대리인의 (①) 또는 중대한 과실
> • 계약자 또는 피보험자의 (②) 및 (③)에 의한 가축폐사로 인한 손해
> • 보험목적이 (④)되어 보험목적을 객관적으로 확인할 수 없는 손해(다만, 풍수해 사고로 인한 직접손해 등 재해보험사업자가 인정하는 경우에는 보상)
> • 계약 체결 시점 현재 기상청에서 발령하고 있는 기상특보 발령지역의 기상특보 관련 재해(⑤)로 인한 손해

정답

① 고의, ② 도살, ③ 위탁도살, ④ 유실 또는 매몰, ⑤ 풍재, 수재, 설해, 지진, 폭염

해설

보상하지 않는 손해(약관 제4조)
1. 계약자, 피보험자 또는 이들의 법정대리인의 (**고의**) 또는 중대한 과실
2. 계약자 또는 피보험자의 (**도살**) 및 (**위탁도살**)에 의한 가축폐사로 인한 손해
3. 가축전염병예방법 제2조(정의)에서 정하는 가축전염병에 의한 폐사로 인한 손해 및 정부 및 공공기관의 살처분 또는 도태권고로 발생한 손해
4. 보험목적이 (**유실 또는 매몰**)되어 보험목적을 객관적으로 확인할 수 없는 손해(다만, 풍수해 사고로 인한 직접손해 등 재해보험사업자가 인정하는 경우에는 보상)
5. 원인의 직접, 간접을 묻지 않고 전쟁, 혁명, 내란, 사변, 폭동, 소요, 노동쟁의, 기타 이들과 유사한 사태로 인한 손해
6. 지진의 경우 보험계약일 현재 이미 진행 중인 지진(본진, 여진을 포함)으로 인한 손해
7. 핵연료물질(사용된 연료 포함) 또는 핵연료물질에 의하여 오염된 물질(원자핵 분열 생성물 포함)의 방사성, 폭발성 그 밖의 유해한 특성 또는 이들의 특성에 의한 사고로 인한 손해
8. 위 제7호 이외의 방사선을 쬐는 것 또는 방사능 오염으로 인한 손해
9. 계약 체결 시점 현재 기상청에서 발령하고 있는 기상특보 발령지역의 기상특보 관련 재해(**풍재, 수재, 설해, 지진, 폭염**)로 인한 손해

12 다음은 종합위험 수확감소보장방식 논작물(벼)에 관한 내용이다. 아래의 내용을 참조하여 다음 물음에 답하시오. [5점]

(1) A농지의 재이앙·재직파보험금을 구하시오.

구 분	보험가입금액	보험가입면적	실제경작면적	피해면적
A농지	10,000,000원	3,000m²	3,000m²	1,200m²

(2) B농지의 수확감소보험금을 구하시오(수량요소조사, 표본조사, 전수조사가 모두 실시됨).

구 분	보험가입금액	조사방법에 따른 피해율	자기부담비율
B농지	10,000,000원	• 수량요소조사 : 피해율 30% • 표본조사 : 피해율 40% • 전수조사 : 피해율 50%	20%

정답

(1) A농지의 재이앙·재직파보험금
지급금액 = 보험가입금액 × 25% × 면적피해율
※ 면적피해율 = 피해면적 ÷ 보험가입면적 = 1,200m² ÷ 3,000m² = 40%
지급금액 = 10,000,000원 × 25% × 40% = **1,000,000원**

(2) B농지의 수확감소보험금
지급금액 = 보험가입금액 × (피해율 – 자기부담비율)
※ 동일 농지에 대하여 복수의 조사방법을 실시한 경우 피해율 산정의 우선순위는 <u>전수조사, 표본조사, 수량요소조사</u> 순으로 적용한다.
지급금액 = 10,000,000원 × (50% – 20%) = **3,000,000원**

13 농작물재해보험 보험금 지급과 관련한 약관의 내용이다. 다음 (　)에 들어갈 내용을 각각 쓰시오. [5점]

> • 회사는 제6조(보험금의 청구)에서 정한 서류를 접수한 때에는 접수증을 교부하고, 그 서류를 접수받은 후 지체 없이 지급할 보험금을 결정하고 지급할 보험금이 결정되면 (①) 이내에 이를 지급한다. 또한, 지급할 보험금이 결정되기 전이라도 피보험자의 청구가 있을 때에는 회사가 추정한 보험금의 (②) 상당액을 가지급보험금으로 지급한다.
> • 회사가 지급기일 내에 보험금을 지급하지 않았을 때에는 그 다음날부터 지급일까지의 기간에 대하여 〈부표〉 '보험금을 지급할 때의 적립이율'에 따라 (③)로 계산한 금액을 더하여 지급한다. 그러나 계약자 또는 피보험자의 (④) 사유로 지급이 지연된 때에는 그 해당 기간에 대한 이자를 더하여 지급하지 않는다.

정답

① 7일, ② 50%, ③ 연단위 복리, ④ 책임 있는

14 다음의 계약사항과 조사내용을 참조하여 아래 착과수조사 결과에 들어갈 값(① ~ ③)을 각각 구하시오(단, 해당 과수원에 있는 모든 나무의 품종 및 수령은 계약사항과 동일한 것으로 함).

[5점]

○ 계약사항

품 목	품종 / 수령	가입일자(계약일자)
자두	A / 9년생	2023년 11월 20일

○ 조사내용

※ 조사종류 : 착과수조사
※ 조사일자 : 2024년 8월 20일
※ 조사사항
• 상기 조사일자 기준 과수원에 살아있는 모든 나무수(고사된 나무수 제외) : 300주
• 2023년 12월에 조사된 유목 및 제한 품종의 나무수 : 50주
• 2023년 12월 발생한 보상하는 손해로 2024년 3월에 고사된 나무수 : 30주
• 2024년 6월 발생한 보상하는 손해 이외의 원인으로 2024년 7월에 고사된 나무수 : 20주
• 2024년 6월 발생한 보상하는 손해 이외의 원인으로 착과량이 현저하게 감소한 나무수 : 10주

○ 착과수조사 결과

구 분	실제결과주수	미보상주수	고사주수
주수	(①)주	(②)주	(③)주

정답

① 실제결과주수 = 300주 + 30주 + 20주 = **350주**
② 미보상주수 = 20주 + 10주 = **30주**
③ 고사주수 = **30주**

해설

① **실제결과주수**
실제결과주수는 가입일자를 기준으로 농지(과수원)에 식재된 모든 나무수를 의미한다. 다만, 인수조건에 따라 보험에 가입할 수 없는 나무(유목 및 제한 품종 등) 수는 제외한다.
• 상기 조사일자 기준 과수원에 살아있는 모든 나무수(고사된 나무수 제외) 300주는 실제결과주수에 포함된다.
• 2023년 12월에 조사된 유목 및 제한 품종의 나무수 50주는 실제결과주수에 포함되지 않는다.
• 2023년 12월 발생한 보상하는 손해로 2024년 3월에 고사된 나무수 30주는 실제결과주수에 포함된다.
• 2024년 6월 발생한 보상하는 손해 이외의 원인으로 2024년 7월에 고사된 나무수 20주는 실제결과주수에 포함된다.
• 2024년 6월 발생한 보상하는 손해 이외의 원인으로 착과량이 현저하게 감소한 나무수 10주는 살아있는 모든 나무수(고사된 나무수 제외) 300주에 포함되므로, 실제결과주수에서 제외한다.

∴ 실제결과주수 = 300주 + 30주 + 20주 = **350주**

② **미보상주수**

미보상주수는 실제결과나무수 중 <u>보상하는 손해 이외의 원인으로 고사하거나 수확량(착과량)이 현저하게 감소한 나무수</u>를 의미한다.

∴ 미보상주수 = 20주 + 10주 = **30주**

③ **고사주수**

고사주수는 실제결과나무수 중 <u>보상하는 손해로 고사된 나무수</u>를 의미한다. 즉 2023년 12월 발생한 보상하는 손해로 2024년 3월에 고사된 나무수 30주를 말한다.

∴ 고사주수 = **30주**

---

15 적과전 종합위험방식(Ⅱ) 사과 품목의 과실손해보장 계약에서 적과종료 이전 동상해(4월 3일), 우박피해(5월 15일)를 입은 경우 다음 조건에 따른 착과감소과실수와 기준착과수를 구하시오. [5점]

- 평년착과수 : 20,000개
- 적과후착과수 : 10,000개
- 적과종료 이전 특정위험 5종 한정보장 특별약관 : 가입
- 동상해 피해사실확인조사 : 피해 있음
- 우박 유과타박률 : 40%
- 미보상감수과실수 : 없음

정답

① 착과감소과실수 : 8,000개
② 기준착과수 : 18,000개

해설

① **착과감소과실수**

적과종료 이전 사고는 보상하는 재해(자연재해, 조수해, 화재)가 <u>중복해서 발생한 경우에도 아래 산식을 한번만 적용한다.</u>

착과감소과실수 = 최솟값(평년착과수 – 적과후착과수, 최대 인정감소과실수)
= 최솟값(20,000개 – 10,000개, 8,000개) = **8,000개**

※ 최대 인정감소과실수 = 평년착과수 × 최대 인정피해율 = 20,000개 × 40% = **8,000개**
※ 최대 인정피해율 : 우박 유과타박률 40%

② **기준착과수**

적과종료 전에 인정된 착과감소과실수가 있는 과수원의 기준착과수는 다음과 같다.

기준착과수 = 적과후착과수 + 착과감소과실수
= 10,000개 + 8,000개 = **18,000개**

16 피보험자 A가 운영하는 △△한우농장에서 한우 1마리가 인근 농장주인 B의 과실에 의해 폐사(보상하는 손해)되어 보험회사에 사고보험금을 청구하였다. 다음의 내용을 참조하여 피보험자 청구항목 중 비용(①~④)에 대한 보험회사의 지급 여부를 각각 지급 또는 지급불가로 기재하고, ⑤ 보험회사의 최종 지급금액(보험금 + 비용)을 구하시오. [15점]

피보험자(A) 청구항목		보험회사 조사내용
보험금	소(牛)	폐사 시점의 손해액 500만원(전손)은 보험가입금액 및 보험가액과 같은 것으로 확인(자기부담금비율 : 20%)
비용	(①) 잔존물처리비용	A가 폐사로 잔존물의 견인비용 및 차에 싣는 비용을 위해 지출한 비용(30만원)으로 확인
	(②) 손해방지비용	A가 손해의 경감을 위해 지출한 유익한 비용이 아닌 보험목적의 관리의무를 위하여 지출한 비용(50만원)으로 확인
	(③) 대위권보전비용	A가 B에게 손해배상을 받을 수 있는 권리를 행사하기 위해 지출한 유익한 비용(40만원)으로 확인
	(④) 기타 협력비용	A가 회사의 요구 또는 협의에 따르기 위해 지출한 비용(40만원)으로 확인

최종 지급금액(보험금 + 비용)	(⑤)

① 지급, ② 지급불가, ③ 지급, ④ 지급, ⑤ 510만원

[해설]

① **지 급**
보험목적물이 폐사한 경우 잔존물처리비용에는 사고현장에서의 잔존물의 견인비용 및 차에 싣는 비용을 포함하므로, 지급에 해당한다.

② **지급불가**
손해방지비용 중 손해의 방지 또는 경감을 위하여 지출한 필요 또는 유익한 비용은 보상하지만, 보험목적의 관리의무를 위하여 지출한 비용은 보상하지 않는다.

③ **지 급**
A가 B에게 손해의 배상을 받을 수 있는 권리를 지키거나 행사하기 위하여 지출한 필요 또는 유익한 비용인 대위권보전비용을 보상한다.

④ **지 급**
회사의 요구 또는 협의에 따르기 위해 지출한 기타 협력비용은 보상하므로, 지급에 해당한다.

⑤ **최종 지급금액(보험금 + 비용)**
- 보험금 = (손해액 − 자기부담금) × (보험가입금액 ÷ 보험가액)
  ※ (보험가입금액 ÷ 보험가액) = 1
- 최종 지급금액 = (손해액 − 자기부담금) + 잔존물처리비용 + 대위권보전비용 + 기타 협력비용
  = (500만원 − 100만원) + 30만원 + 40만원 + 40만원 = **510만원**
  ※ 자기부담금 = 손해액 × 자기부담비율 = 500만원 × 20% = 100만원

17 다음의 계약사항과 조사내용을 참조하여 ① 수확량(kg), ② 피해율(%) 및 ③ 보험금을 구하시오(단, 품종에 따른 환산계수 및 비대추정지수는 미적용하고, 수확량과 피해율은 소수점 셋째자리에서 반올림하여 다음 예시와 같이 구하시오. 예시 : 12.345kg → 12.35kg, 12.345% → 12.35%). [15점]

○ 계약사항

품 목	보험가입금액	가입면적	평년수확량	기준가격	자기부담비율
수입감소보장 양파	3,000만원	3,000m²	9,000kg	2,800원/kg	20%

○ 조사내용

재해종류	조사종류	실제경작면적	수확불능면적	타작물 및 미보상면적	기수확면적
냉해	수확량조사	3,000m²	500m²	300m²	0m²

표본구간 수확량	표본구간면적	미보상비율	수확기가격
11kg	10m²	10%	2,900원/kg

정답

① 수확량(kg) : 3,320kg/m²
② 피해율(%) : 56.80%
③ 보험금 : 11,040,000원

해설

① 수확량(kg)

> 수확량 = (표본구간 단위면적당 수확량 × 조사대상면적) + {단위면적당 평년수확량 × (타작물 및 미보상면적 + 기수확면적)}

- 표본구간 단위면적당 수확량 = 표본구간 수확량 ÷ 표본구간면적
  $$= 11kg \div 10m^2 = 1.1kg/m^2$$
- 조사대상면적 = 실제경작면적 − 수확불능면적 − 타작물 및 미보상면적 − 기수확면적
  $$= 3,000m^2 - 500m^2 - 300m^2 - 0m^2 = 2,200m^2$$
- 단위면적당 평년수확량 = 평년수확량 ÷ 실제경작면적 = $9,000kg \div 3,000m^2 = 3kg/m^2$
- 수확량 = $(1.1kg/m^2 \times 2,200m^2) + \{3kg/m^2 \times (300m^2 + 0m^2)\} = 3,320kg/m^2$

② **피해율(%)**

$$\text{피해율} = (\text{기준수입} - \text{실제수입}) \div \text{기준수입}$$

- 기준수입 = 평년수확량 × 농지별 기준가격 = 9,000kg × 2,800원/kg = 25,200,000원
- 실제수입 = (수확량 + 미보상감수량) × 최솟값(농지별 기준가격, 농지별 수확기가격)
  = (3,320kg + 568kg) × 2,800원/kg = 10,886,400원
- 미보상감수량 = (평년수확량 − 수확량) × 미보상비율 = (9,000kg − 3,320kg) × 10%
  = 568kg
- 피해율 = (기준수입 − 실제수입) ÷ 기준수입
  = (25,200,000원 − 10,886,400원) ÷ 25,200,000원
  = 0.568 = **56.80%**

(별해)

$$\text{피해율} = (\text{평년수확량} - \text{수확량} - \text{미보상감수량}) \div \text{평년수확량}$$

- 미보상감수량 = (평년수확량 − 수확량) × 미보상비율 = (9,000kg − 3,320kg) × 10% = 568kg
- 피해율 = (9,000kg − 3,320kg − 568kg) ÷ 9,000kg = 0.568 = **56.80%**

③ **보험금**

$$\text{보험금} = \text{보험가입금액} \times (\text{피해율} - \text{자기부담비율})$$

- 보험금 = 3,000만원 × (56.80% − 20%) = **11,040,000원**

18 다음은 종합위험 생산비보장방식 고추에 관한 내용이다. 아래의 조건을 참조하여 다음 물음에 답하시오. [15점]

○ 조건 1

잔존보험 가입금액	가입면적 (재배면적)	자기부담비율	표준생장일수	준비기생산비 계수	정식일
9,000,000원	3,000m²	5%	100일	49.5%	2024년 5월 10일

○ 조건 2

재해종류	내 용
한해 (가뭄피해)	• 보험사고 접수일 : 2024년 8월 7일(정식일로부터 경과일수 89일) • 조사일 : 2024년 8월 8일(정식일로부터 경과일수 90일) • 수확개시일 : 2024년 8월 18일(정식일로부터 경과일수 100일) • 가뭄 이후 첫 강우일 : 2024년 8월 20일(수확개시일로부터 경과일수 2일) • 수확종료(예정)일 : 2024년 10월 7일(수확개시일로부터 경과일수 50일)

○ 조건 3

면적피해율	평균손해정도비율	미보상비율
50%	30%	10%

(1) 위 조건에서 경과비율(%)을 구하시오(단, 경과비율은 소수점 셋째자리에서 반올림하여 다음 예시와 같이 구하시오. 예시 : 12.345% → 12.35%).
(2) 위 조건에서 보험금을 구하시오(단, 원 단위 이하 절사).

정답

(1) 경과비율(%)
수확기 이전에 보험사고가 발생하였으므로,
경과비율(%) = 준비기생산비계수 + (1 − 준비기생산비계수) × (생장일수 ÷ 표준생장일수)
= 49.5% + (1 − 49.5%) × (90일 ÷ 100일) = **94.95%**
※ 생장일수는 정식일로부터 사고발생일까지 경과일수(90일)로 한다.

(2) 보험금

> 보험금 = (잔존보험가입금액 × 경과비율 × 피해율) − 자기부담금
> ※ 단, 병충해가 있는 경우 병충해 등급별 인정비율을 피해율에 곱한다.

• 피해율 = 면적피해율 × 평균손해정도비율 × (1 − 미보상비율)
= 50% × 30% × (1 − 10%) = 13.5%
• 자기부담금 = 잔존보험가입금액 × 자기부담비율(5%)
= 9,000,000원 × 5% = 450,000원
• 보험금 = (9,000,000원 × 94.95% × 13.5%) − 450,000원 = 703,642.5원
= **703,640원**(※ 원 단위 이하 절사)

19 다음은 종합위험 수확감소보장방식 복숭아에 관한 내용이다. 아래의 계약사항과 조사내용을 참조하여 ① A품종 수확량(kg), ② B품종 수확량(kg), ③ 수확감소보장 피해율(%), ④ 수확감소보험금을 구하시오(단, 피해율은 소수점 셋째자리에서 반올림하여 다음 예시와 같이 구하시오. 예시 : 12.345% → 12.35%). [15점]

○ 계약사항

품 목	가입금액	평년수확량	자기부담비율	수확량감소 추가보장 특약	나무손해보장 특약
복숭아	30,000,000원	5,000kg	20%	미가입	미가입

품종 / 수령	가입주수	1주당 표준수확량	표준과중
A / 9년생	200주	15kg	300g
B / 10년생	100주	30kg	350g

○ 조사내용(보상하는 재해로 인한 피해가 확인됨)

조사종류	품종 / 수령	실제결과주수	미보상주수	품종별·수령별 착과수(합계)
착과수조사	A / 9년생	200주	10주	5,000개
	B / 10년생	100주	8주	3,000개

조사종류	품 종	품종별 과중	미보상비율
과중조사	A	290g	5%
	B	310g	10%

정답

① A품종 수확량(kg) : 1,575kg
② B품종 수확량(kg) : 1,130kg
③ 수확감소보장 피해율(%) : 41.31%
④ 수확감소보험금 : 6,393,000원

① A품종 수확량(kg)

> 수확량 = 착과량 − 사고당 감수량의 합

- 표준수확량 = A품종 표준수확량 + B품종 표준수확량
  = (15kg/주 × 200주) + (30kg/주 × 100주) = **6,000kg**
- A품종 평년수확량 = 평년수확량 × {(주당 표준수확량 × 실제결과주수) ÷ 표준수확량}
  = 5,000kg × {(15kg/주 × 200주) ÷ 6,000kg} = **2,500kg**
- A품종 주당 평년수확량 = 평년수확량 ÷ 실제결과주수
  = 2,500kg ÷ 200주 = **12.5kg/주**
- A품종 착과량 = (착과수 × 품종별 과중) + (주당 평년수확량 × 미보상주수)
  = (5,000개 × 0.290kg/개) + (12.5kg/주 × 10주) = **1,575kg**
- A품종 수확량 = 착과량 − 사고당 감수량의 합
  = 1,575kg − 0kg = **1,575kg**

② B품종 수확량(kg)
- B품종 평년수확량 = 평년수확량 × {(주당 표준수확량 × 실제결과주수) ÷ 표준수확량}
  = 5,000kg × {(30kg/주 × 100주) ÷ 6,000kg} = **2,500kg**
- B품종 주당 평년수확량 = 평년수확량 ÷ 실제결과주수
  = 2,500kg ÷ 100주 = **25kg/주**
- B품종 착과량 = (착과수 × 품종별 과중) + (주당 평년수확량 × 미보상주수)
  = (3,000개 × 0.310kg/개) + (25kg/주 × 8주) = **1,130kg**
- B품종 수확량 = 착과량 − 사고당 감수량의 합
  = 1,130kg − 0kg = **1,130kg**

③ 수확감소보장 피해율(%)

> 피해율(%) = (평년수확량 − 수확량 − 미보상감수량 + 병충해감수량) ÷ 평년수확량

- 수확량 : 품종별 과중이 모두 있으므로,
  수확량 = (착과량 − 사고당 감수량의 합)이다.
  수확량 = (A품종 착과량 + B품종 착과량) − 사고당 감수량의 합
  = (1,575kg + 1,130kg) − 0kg = **2,705kg**
- 미보상감수량 = (평년수확량 − 수확량) × 최댓값(미보상비율)
  = (5,000kg − 2,705kg) × 10% = **229.5kg**
- 병충해감수량 = 0kg
- 피해율(%) = (5,000kg − 2,705kg − 229.5kg + 0kg) ÷ 5,000kg = 0.4131 = **41.31%**

④ 수확감소보험금
보험금 = 보험가입금액 × (피해율 − 자기부담비율)
= 30,000,000원 × (41.31% − 20%) = **6,393,000원**

20 적과전 종합위험방식(Ⅱ) 사과 품목에 대한 사항이다. 다음 조건을 참조하여 물음에 답하시오(단, 주어진 조건외 다른 사항은 고려하지 않음). [15점]

○ 계약사항

품 목	보험가입금액	가입주수	평년착과수	자기부담비율	특약 및 주요 사항
사과	50,000,000원	600주	70,000개	15%	• 나무손해보장 미가입 • 적과전 5종 한정보장 미가입 • 가을동상해 부담보 가입 • 착과감소보험금 보장수준 70%형

• 가입가격 : 2,000원/kg, 가입과중 : 300g

○ 조사내용

구 분	재해종류	사고일자	조사일자	조사내용
계약일 24시 ~ 적과전	동상해	4월 9일	4월 10일	〈피해사실확인조사〉 • 피해발생 인정 • 미보상비율 : 0%
	우박	6월 8일	6월 9일	〈피해사실확인조사〉 • 피해발생 인정 • 미보상비율 : 0%
적과후 착과수 조사	–		6월 25일	〈적과후착과수조사〉 <table><tr><th>품 종</th><th>실제결과주수</th><th>조사대상주수</th><th>표본주 1주당 착과수</th></tr><tr><td>미얀마</td><td>290주</td><td>290주</td><td>60개</td></tr><tr><td>후지</td><td>310주</td><td>310주</td><td>70개</td></tr></table>※ 미얀마, 후지는 사과의 품종임
적과 종료 이후	일소	9월 10일	9월 11일	〈낙과피해조사〉 • 총 낙과수 : 1,000개(전수조사), (착과피해는 없는 것으로 함) <table><tr><th>피해과실구성</th><th>정상</th><th>50%</th><th>80%</th><th>100%</th></tr><tr><td>과실수(개)</td><td>0</td><td>200</td><td>300</td><td>500</td></tr></table>
	태풍	9월 25일	9월 26일	〈낙과피해조사〉 • 총 낙과수 : 2,000개(전수조사) <table><tr><th>피해과실구성</th><th>정상</th><th>50%</th><th>80%</th><th>100%</th></tr><tr><td>과실수(개)</td><td>300</td><td>400</td><td>600</td><td>700</td></tr></table>
	우박	6월 8일	10월 3일	〈착과피해조사〉 <table><tr><th>피해과실구성</th><th>정상</th><th>50%</th><th>80%</th><th>100%</th></tr><tr><td>과실수(개)</td><td>160</td><td>80</td><td>10</td><td>50</td></tr></table>

※ 적과 이후 자연낙과 등은 감안하지 않음

(1) 착과감소보험금의 계산과정과 값을 구하시오.

(2) 과실손해보험금의 계산과정과 값을 구하시오(단, 감수과실수와 감수량은 소수점 첫째자리에서 반올림하여 다음 예시와 같이 구하시오. 예시 : 감수과실수 1.6개 → 2개, 감수량 1.6kg → 2kg로 기재).

[정답]

(1) 착과감소보험금

보험금 = (착과감소량 − 미보상감수량 − 자기부담감수량) × 가입가격 × 보장수준(50% or 70%)

① **착과감소량 = 착과감소과실수 × 가입과중**

- 적과후착과수 = 품종별 조사대상주수 × 품종별 주당 착과수
  = (290주 × 60개/주) + (310주 × 70개/주) = 39,100개
- 착과감소과실수 = 평년착과수 − 적과후착과수
  = 70,000개 − 39,100개 = 30,900개
- 착과감소량 = 착과감소과실수 × 가입과중
  = 30,900개 × 0.3kg/개 = **9,270kg**

② **미보상감수량 = 0kg**

미보상감수량은 보상하는 재해 이외의 원인으로 인하여 감소되었다고 평가되는 부분을 말하며, 계약 당시 이미 발생한 피해, 병해충으로 인한 피해 및 제초상태 불량 등으로 인한 수확감소량으로서 <u>감수량에서 제외</u>된다.

③ 자기부담감수량 = 기준수확량 × 자기부담비율
  = 21,000kg × 15% = **3,150kg**

※ 기준수확량 = (적과후착과수 + 착과감소과실수) × 가입과중
  = (39,100개 + 30,900개) × 0.3kg/개 = 21,000kg

④ 착과감소보험금 = (착과감소량 − 미보상감수량 − 자기부담감수량) × 가입가격 × 보장수준(70%)
  = (9,270kg − 0kg − 3,150kg) × 2,000원/kg × 70% = **8,568,000원**

(2) 과실손해보험금

과실손해보험금 = (적과종료 이후 누적감수량 − 자기부담감수량) × 가입가격

① **적과종료 이전 자연재해로 인한 적과종료 이후 착과손해 감수량**

적과후착과수가 평년착과수의 60% 미만인 경우
착과손해 감수과실수 = 적과후착과수 × 5%
  = 39,100개 × 5% = **1,955개**

※ 착과율 = (적과후착과수 ÷ 평년착과수)
  = (39,100개 ÷ 70,000개) = 0.55857 = 55.86%(< 60%)

※ 상기 계산된 감수과실수는 적과종료 이후 누적감수과실수에 합산하며, 적과종료 이후 착과피해율 (max A 적용)로 인식한다.

※ 착과피해율 = 5%

② **일소피해**

일소피해로 인한 감수과실수는 보험사고 한 건당 <u>적과후착과수의 6%를 초과하는 경우</u>에만 감수과실수로 인정한다. 즉
39,100개 × 6% = 2,346개를 초과하는 경우 감수과실수로 인정한다.

- 낙과피해구성률 = {(200개 × 0.5) + (300개 × 0.8) + (500개 × 1.0)} ÷ 1,000개
  = 0.84 = 84%
- 일소 낙과피해 감수과실수 = 총 낙과과실수 × (낙과피해구성률 − max A)
  = 1,000개 × (84% − 5%) = **790개**(< 2,346개)
  ⇒ 일소 낙과피해 감수과실수로 인정되지 않음

③ 태풍피해
- 낙과피해구성률 = {(400개 × 0.5) + (600개 × 0.8) + (700개 × 1.0)} ÷ 2,000개
  = 0.69 = 69%
- 태풍 낙과피해 감수과실수 = 총 낙과과실수 × (낙과피해구성률 − max A) × 1.07
  = 2,000개 × (69% − 5%) × 1.07 = 1,369.6개
  = 1,370개(※ 소수점 첫째자리에서 반올림)

④ 우박피해
- 착과피해구성률 = {(80개 × 0.5) + (10개 × 0.8) + (50개 × 1.0)} ÷ (160개 + 80개 + 10개 + 50개)
  = 0.49 = 49%
- 사고 당시 착과과실수
  = 39,100개(적과후착과수) − 1,000개(일소피해 낙과수) − 2,000개(태풍피해 낙과수)
  = 36,100개
- 우박 착과피해 감수과실수 = 사고 당시 착과과실수 × (착과피해구성률 − max A)
  = 36,100개 × (49% − 5%) = 15,884개

⑤ 누적감수과실수 = 1,955개 + 1,370개 + 15,884개 = 19,209개

⑥ 누적감수량 = 누적감수과실수 × 가입가중
  = 19,209개 × 0.3kg/개 = 5,762.7kg = 5,763kg(※ 소수점 첫째자리에서 반올림)

⑦ 자기부담감수량
착과감소량이 존재하는 경우 과실손해보험금의 자기부담감수량은 (착과감소량 − 미보상감수량)을 제외한 값으로 하며, 이때 자기부담감수량은 0보다 작을 수 없다. 즉
3,150kg − (9,270kg − 0kg) < 0이므로 자기부담감수량은 0kg이다.

⑧ 과실손해보험금 = (적과종료 이후 누적감수량 − 자기부담감수량) × 가입가격
  = (5,763kg − 0kg) × 2,000원/kg = 11,526,000원

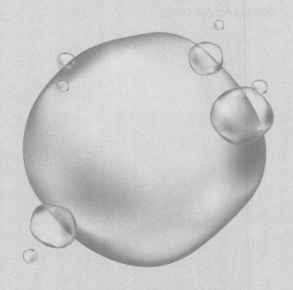

실패하는 길은 여럿이나 성공하는 길은 오직
하나다.

- 아리스토텔레스 -

제3회 손해평가사 2차 모의고사

농작물재해보험 및 가축재해보험의 이론과 실무

---

01 농작물재해보험 관련 용어의 정의로 ( )에 들어갈 내용을 쓰시오. [5점]

- "위험(危險)"이란 (①)이고, (②)이며, (③)으로 구성되어 있다.
- "위태'(危殆)'란 특정한 사고로 인하여 발생할 수 있는 (④)을 새로이 창조하거나 증가시킬 수 있는 상태를 말한다.
- "손해(損害)"란 (⑤)의 결과로 발생하는 가치의 상실 혹은 감소를 의미한다.

정답

① 미래의 일, ② 안 좋은 일, ③ 가능성, ④ 손해의 가능성, ⑤ 손인(損因)

---

02 농업수입감소보장 콩 품목의 보험금 계산식에 관한 내용이다. 다음 내용에서 ( )의 ① 용어와 ② 정의를 쓰시오. [5점]

> 실제수입 = {조사수확량 + ( )} × Min(농지별 기준가격, 농지별 수확기가격)

정답

① 용어 : <u>미보상감수량</u>
② 정의 : 미보상감수량이란 보상하는 재해 이외의 원인으로 수확량이 감소되었다고 평가되는 부분을 말하며, 계약 당시 이미 발생한 피해, 병해충으로 인한 피해 및 제초상태 불량 등으로 인한 수확감소량으로서 피해율 산정시 감수량에서 제외한다.
- 미보상감수량 = (평년수확량 − 수확량) × 미보상비율(또는 보상하는 재해가 없이 감소된 수량)

> 실제수입 = {조사수확량 + (<u>미보상감수량</u>)} × Min(농지별 기준가격, 농지별 수확기가격)

03 종합위험 비가림과수 손해보장방식(포도, 참다래)에서 보험기간에 관한 내용이다. ( ) 안
에 들어갈 내용을 쓰시오. [5점]

보 장	가입품목	보장개시	보장종료
나무손해보장 특약	포도	판매개시연도 (①) 다만, (①) 이후 보험에 가입하는 경우에는 계약체결일 24시	이듬해 (②)
	참다래	판매개시연도 (③) 다만, (③) 이후 보험에 가입하는 경우에는 계약체결일 24시	이듬해 (④)

[정답]

① 12월 1일, ② 11월 30일, ③ 7월 1일, ④ 6월 30일

[해설]

보험기간

보 장	가입품목	보장개시	보장종료
나무손해보장 특약	포도	판매개시연도 (<u>12월 1일</u>) 다만, (<u>12월 1일</u>) 이후 보험에 가입하는 경우에는 계약체결일 24시	이듬해 (<u>11월 30일</u>)
	참다래	판매개시연도 (<u>7월 1일</u>) 다만, (<u>7월 1일</u>) 이후 보험에 가입하는 경우에는 계약체결일 24시	이듬해 (<u>6월 30일</u>)

04 다음은 소(牛)도체결함으로 인한 경락가격 하락으로 인한 손해를 보상하는 소(牛)도체결함
보장 특별약관에 관한 설명이다. ( ) 안에 들어갈 내용을 쓰시오. [5점]

> 도축장에서 소를 도축하면 이후 축산물품질평가사가 도체에 대하여 등급을 판정하고, 그 판정내
> 용을 표시하는 "(①)"을(를) 도체에 찍는다. 등급판정과정에서 도체에 결함이 발견되면 추가로
> "(②)"을(를) 찍게 된다. 본 특약은 경매시까지 발견된 (②)으로 인해 경락가격이 하락하여 발
> 생하는 손해를 보상한다. 단, 보통약관에서 보상하지 않는 손해나 소 부문에서 보상하는 손해, 그
> 리고 (③)으로 인한 손해는 보상하지 않는다.

[정답]

① 등급판정인
② 결함인
③ 경매후 발견된 결함

05 가축재해보험 사업운영에 관한 담당 부서 및 기관을 쓰고, 그 부서 및 기관의 역할을 간략히 서술하시오. [5점]

(1) 사업주관부서
(2) 사업관리기관
(3) 사업시행기관

> **정답**

(1) 사업주관부서 : 농림축산식품부
농림축산식품부는 재해보험 관계법령의 개정, 보험료 및 운영비 등 국고 보조금 지원 등 전반적인 제도 업무를 총괄한다.

(2) 사업관리기관 : 농업정책보험금융원
농업정책보험금융원은 「농어업재해보험법」 제25조의2(농어업재해보험 사업관리) 제2항에 의거 농림축산식품부로부터 가축재해보험 사업관리를 수탁받아서 업무를 수행한다. 주요 업무는 재해보험사업의 관리·감독, 재해보험 상품의 연구 및 보급, 재해 관련 통계 생산 및 데이터베이스 구축·분석, 손해평가인력 육성, 손해평가기법의 연구·개발 및 보급, 재해보험사업의 약정체결 관련 업무, 손해평가사제도 운용 관련 업무, 농어업재해재보험기금 관리·운용 업무 등이다.

(3) 사업시행기관 : 재해보험사업자(NH농협손해보험)
재해보험사업자는 보험상품의 개발 및 판매, 손해평가, 보험금 지급 등 실질적인 보험사업 운영을 한다.

06 위험관리 방법에 관한 다음 내용을 서술하시오. [15점]

(1) 위험관리 방법을 선택할 경우 고려(예측)해야 할 사항(3가지)
(2) 위험 특성에 따른 위험관리 방법(4가지)

> **정답**

(1) 위험관리 방법을 선택할 경우 고려(예측)해야 할 사항(3가지)
① 위험 발생 빈도와 손실 규모를 예측해야 한다.
② 각각의 위험통제 기법과 위험재무 기법이 위험의 속성(발생 빈도 및 손실 규모)에 미칠 영향과 예정손실 예측에 미칠 영향을 고려해야 한다.
③ 각각의 위험관리 기법에 소요될 비용을 예측해야 한다.

(2) 위험 특성에 따른 위험관리 방법(4가지)
위험의 발생 빈도와 평균적인 손실 규모에 따라 다음과 같은 위험관리 수단이 고려될 수 있다.
① **손실 규모와 발생 빈도가 낮은 경우** : 개인이나 조직 스스로 발생 손실을 부담하는 <u>위험보유</u>가 적절하다.
② **손실의 빈도는 낮지만 발생 손실의 규모가 큰 경우** : 외부의 보험기관에 보험을 가입함으로써 개인이나 조직의 <u>위험을 전가</u>하는 것이 바람직하다.
③ **발생 빈도가 높지만 손실 규모가 상대적으로 작은 경우** : <u>손실통제</u>를 위주로 한 위험관리 기법이 경제적이다.
④ **손실 발생 빈도가 높고 손실 규모도 큰 경우** : <u>위험회피</u>가 적절하다.

07　○○도 △△시 관내 농업용 시설물에서 토마토를 재배하는 A씨, 장미를 재배하는 B씨, 부추를 재배하는 C씨는 모두 농작물재해보험 종합위험방식 원예시설 상품에 가입한 상태에서 자연재해로 시설작물이 직접적인 피해를 받았다. 이 때, A, B, C씨의 작물에 대한 (1) 보험금 지급사유와 (2) 지급보험금 계산식을 각각 쓰시오(단, C씨의 장미는 보상하는 재해로 나무가 죽은 경우에 해당함).　　　　[15점]

> **정답**

(1) **보험금 지급사유(공통)**

　보상하는 재해로 1사고마다 1동 단위로 생산비보장보험금이 10만원을 초과할 때

(2) **지급보험금 계산식**

　① **토마토를 재배하는 A씨**

　　생산비보장보험금 = 토마토 재배면적 × 토마토 단위면적당 보장생산비 × 경과비율 × 피해율

　② **부추를 재배하는 C씨**

　　생산비보장보험금 = 부추 재배면적 × 부추 단위면적당 보장생산비 × 피해율 × 70%

　③ **장미를 재배하는 D씨(보상하는 재해로 나무가 죽은 경우)**

　　생산비보장보험금 = 장미 재배면적 × 장미 단위면적당 나무고사 보장생산비 × 피해율

08　농작물재해보험 종합위험 논작물(벼) 품목에 관한 내용이다. 다음 보장방식에 대한 보험금 지급사유와 보험금 산출식을 쓰시오.　　　　[15점]

(1) 이앙·직파불능보장

(2) 재이앙·재직파보장

(3) 경작불능보장

(4) 수확불능보장

(5) 수확감소보장

> **정답**

(1) **이앙·직파불능보장**

　① **보험금 지급사유** : 보상하는 재해로 농지 전체를 이앙·직파하지 못하게 된 경우

　② **보험금 산출식** : 보험가입금액 × 15%

(2) **재이앙·재직파보장**

　① **보험금 지급사유** : 보상하는 재해로 면적피해율이 10%를 초과하고, 재이앙·재직파한 경우(1회 지급)

　② **보험금 산출식** : 보험가입금액 × 25% × 면적피해율

　　※ 면적피해율 = 피해면적 ÷ 보험가입면적

(3) **경작불능보장**

　① **보험금 지급사유** : 보상하는 재해로 식물체 피해율이 65%[벼(조곡) 분질미는 60%] 이상이고, 계약자가 경작불능보험금을 신청한 경우

　② **보험금 산출식** : 보험가입금액 × 일정비율

　　※ 일정비율은 자기부담비율에 따른 경작불능보험금

(4) 수확불능보장
① **보험금 지급사유** : 보상하는 재해로 벼(조곡) 제현율이 65%[벼(조곡) 분질미는 70%] 미만으로 떨어져 정상벼로서 출하가 불가능하게 되고, 계약자가 수확불능보험금을 신청한 경우
② **보험금 산출식** : 보험가입금액 × 일정비율
※ 일정비율은 자기부담비율에 따른 수확불능보험금

(5) 수확감소보장
① **보험금 지급사유** : 보상하는 재해로 피해율이 자기부담비율을 초과하는 경우
② **보험금 산출식** : 보험가입금액 × (피해율 – 자기부담비율)
※ 피해율 = (평년수확량 – 수확량 – 미보상감수량) ÷ 평년수확량

09 농작물재해보험 종합위험 수확감소보장 복숭아 품목에 관한 내용이다. 다음 조건에 대한 ① 보험금 지급사유와 ② 총 지급보험금을 계산하시오(단, 피해율은 소수점 셋째자리에서 반올림하여 다음 예시와 같이 구하시오. 예시 : 12.345% → 12.35%). [15점]

---

1. 계약사항
   ○ 보험가입 품목 : 복숭아
   ○ 품종 : 백도
   ○ 수령 : 10년
   ○ 가입주수 : 150주
   ○ 보험가입금액 : 30,000,000원
   ○ 평년수확량 : 9,000kg
   ○ 가입수확량 : 9,000kg
   ○ 자기부담비율 : 3년 연속가입 및 3년간 수령보험금이 순보험료의 120% 미만인 과수원으로 최저 자기부담비율 선택
   ○ 특별약관 : 수확량감소 추가보장

2. 조사내용
   ○ 사고접수 : 2024.7.5. 기타 자연재해, 병충해
   ○ 조사일 : 2024.7.6.
   ○ 사고조사내용 : 강풍, 병충해(세균구멍병)
   ○ 수확량 : 4,500kg(병충해과실무게 미포함)
   ○ 병충해과실무게 : 1,200kg
   ○ 미보상비율 : 10%

---

(1) 보험금 지급사유

수확감소보험금은 보상하는 재해로 피해율이 자기부담비율을 초과하는 경우에 지급한다.

(2) 지급보험금 계산

① 수확감소보험금

보험금 = 보험가입금액 × (피해율 − 자기부담비율)

- 피해율 = {(평년수확량 − 수확량 − 미보상감수량) + 병충해감수량} ÷ 평년수확량
- 미보상감수량 = (평년수확량 − 수확량) × 최댓값(미보상비율)

    = (9,000kg − 4,500kg) × 10% = **450kg**
- 병충해감수량 = 병충해과실무게 × 0.5

    = 1,200kg × 0.5 = 600kg
- 피해율 = {(평년수확량 − 수확량 − 미보상감수량) + 병충해감수량} ÷ 평년수확량

    = {(9,000kg − 4,500kg − 450kg) + 600kg} ÷ 9,000kg

    = 0.51666 = **51.67%**(※ 소수점 셋째자리에서 반올림)
- 보험가입금액 = 30,000,000원
- 자기부담비율 = 10%

    ※ 3년 연속가입 및 3년간 수령보험금이 순보험료의 120% 미만인 과수원은 자기부담비율이 10%이다.
- 보험금 = 30,000,000원 × (51.67% − 10%)

    = **12,501,000원**

② 수확량감소 추가보장 특약

보험금 = 보험가입금액 × (주계약 피해율 × 10%)

- 주계약 피해율 = {(평년수확량 − 수확량 − 미보상감수량) + 병충해감수량} ÷ 평년수확량

    = {(9,000kg − 4,500kg − 450kg) + 600kg} ÷ 9,000kg

    = 51.67%
- 보험금 = 보험가입금액 × (주계약 피해율 × 10%)

    = 30,000,000원 × (51.67% × 10%)

    = **1,550,100원**

③ 총 지급보험금

① + ② = 12,501,000원 + 1,550,100원 = **14,051,100원**

10 종합위험보장 매실, 무화과, 두릅, 블루베리, 감귤(만감류) 품목을 요약한 내용이다. 다음 ( )에 들어갈 내용을 쓰시오. [15점]

품 목	보 장	대상재해	보험기간	
			보장개시	보장종료
매실	수확감소보장	자연재해, 조수해, 화재	계약체결일 24시	(①)
	나무손해보장		판매개시연도 12월 1일 다만, 12월 1일 이후 보험에 가입하는 경우에는 계약체결일 24시	(②)
무화과	과실손해보장	자연재해, 조수해, 화재	계약체결일 24시	(③)
	(④)		(⑤)	(⑥)
	나무손해보장	자연재해, 조수해, 화재	판매개시연도 12월 1일 다만, 12월 1일 이후 보험에 가입하는 경우에는 계약체결일 24시	(⑦)
두릅	과실손해보장	자연재해, 조수해, 화재	계약체결일 24시	(⑧)
블루베리				(⑨)
감귤 (만감류)	과실손해보장	자연재해, 조수해, 화재	계약체결일 24시	(⑩)
	나무손해보장		계약체결일 24시	(⑪)

정답

① 수확기종료 시점(단, 이듬해 7월 31일을 초과할 수 없음)
② 이듬해 11월 30일
③ 이듬해 7월 31일
④ 태풍(강풍), 우박
⑤ 이듬해 8월 1일
⑥ 이듬해 수확기종료 시점(단, 이듬해 10월 31일을 초과할 수 없음)
⑦ 이듬해 11월 30일
⑧ 수확기종료 시점(다만, 이듬해 5월 15일을 초과할 수 없음)
⑨ 수확기종료 시점(다만, 이듬해 9월 15일을 초과할 수 없음)
⑩ 이듬해 2월 말일
⑪ 이듬해 4월 30일

11 적과전 종합위험방식(Ⅱ) 적과종료 이전 특정 5종 위험한정 특약 사과 품목에서 적과전 우박피해사고로 피해사실 확인을 위해 표본조사를 실시하고자 한다. 과수원의 품종과 주수가 다음과 같이 확인되었을 때 아래의 표본조사값(①~⑥)에 들어갈 표본주수, 나뭇가지 총수 및 유과 총수의 최솟값을 각각 구하시오(단, 표본주수는 소수점 첫째자리에서 올림하여 다음 예시와 같이 구하시오. 예시 : 12.6주 → 13주로 기재). [5점]

○ 과수원의 품종과 주수

품 목	품 종		주 수	피해내용	피해조사내용
사과	조생종	스가루	380	우박	유과타박률
	만생종	부사	210		

○ 표본조사값

품 종	표본주수	나뭇가지 총수	유과 총수
스가루	①	③	⑤
부사	②	④	⑥

정답

① **표본주수** : $12주 \times \dfrac{380}{(380+210)} = 7.72주 = 8주$

② **표본주수** : $12주 \times \dfrac{210}{(380+210)} = 4.27주 = 5주$

③ **나뭇가지 총수** : 8주 × 4가지/주 = 32가지

④ **나뭇가지 총수** : 5주 × 4가지/주 = 20가지

⑤ **유과 총수** : 32가지 × 5개/가지 = 160개

⑥ **유과 총수** : 20가지 × 5개/가지 = 100개

유과타박률 확인(적과종료 이전 특정 5종 한정 특약 가입 건의 우박피해시)

① 적과종료 전의 착과된 유과 및 꽃눈 등에서 우박으로 피해를 입은 유과(꽃눈)의 비율을 표본조사 한다.

② 표본주수는 조사대상주수를 기준으로 품목별 표본주수표에 따라 표본나무를 선정한후 조사용 리본을 부착한다.
  ※ 과수원내 골고루 분포되도록 하고, 품목별 표본주수표의 표본주수 이상을 선정할 수 있음

[표본주(구간)수표(사과)]

조사대상주수	표본주수
50주 미만	5
50주 이상 100주 미만	6
100주 이상 150주 미만	7
150주 이상 200주 미만	8
200주 이상 300주 미만	9
300주 이상 400주 미만	10
400주 이상 500주 미만	11
500주 이상 600주 미만	12
600주 이상 700주 미만	13
700주 이상 800주 미만	14
800주 이상 900주 미만	15
900주 이상 1,000주 미만	16
1,000주 이상	17

③ 선정된 표본주마다 동서남북 4곳의 가지에 각 가지별로 5개 이상의 유과(꽃눈 등)를 표본으로 추출하여 피해 유과(꽃눈 등)와 정상 유과(꽃눈 등)의 개수를 조사한다. 단, 사과, 배는 선택된 과(화)총당 동일한 위치(번호)의 유과(꽃)에 대하여 우박 피해 여부를 조사한다.

12 다음은 수확량 산출식에 관한 내용이다. ① ~ ④에 들어갈 작물을 〈보기〉에서 선택하여 쓰고, '마늘' 수확량 산출식의 ⑤ 환산계수를 쓰시오. [5점]

〈보기〉

양배추   감자   콩   옥수수   고구마   마늘(한지형)

○ 표본구간 수확량 산출식에서 50% 피해형이 포함되는 품목 ································ (①)
○ 표본구간 수확량 산출식에서 50% 피해형과 80% 피해형이 포함되는 품목 ·········· (②)
○ 표본구간 수확량 산출식에서 80% 피해형이 포함되는 품목 ····················· (③), (④)
○ 마늘(한지형)의 표본구간 단위면적당 수확량 : 표본구간 수확량 합계 ÷ 표본구간면적
　※ 환산계수 : (⑤)

정답

① 감자
② 고구마
③ 양배추
④ 마늘(한지형)
⑤ 0.7

해설

① 감자
　표본구간 수확량 합계 = 표본구간별 정상 감자 중량 + (최대 지름이 5cm 미만이거나 <u>50%형 피해 감자 중량</u> × 0.5) + 병충해 입은 감자 중량
② 고구마
　표본구간 수확량 합계 = 표본구간별 정상 고구마 중량 + (<u>50%형 피해 고구마 중량</u> × 0.5) + (<u>80%형 피해 고구마 중량</u> × 0.2)
③ 양배추
　표본구간 수확량 합계 = 표본구간 정상 양배추 중량 + (<u>80% 피해 양배추 중량</u> × 0.2)
④ 마늘(한지형)
　표본구간 수확량 합계 = (표본구간별 정상 마늘 중량 + <u>80% 피해 마늘 중량</u> × 0.2) × (1 + 누적비대추정지수) × 환산계수
⑤ 마늘(한지형)의 표본구간 단위면적당 수확량 = 표본구간 수확량 합계 ÷ 표본구간면적
　※ 환산계수 : <u>0.7(한지형)</u>, 0.72(난지형 · 홍산)

13 다음의 계약사항 및 조사내용에 따라 참다래 수확량(kg)을 구하시오(단, 착과수와 수확량은 소수점 첫째 자리에서 반올림하여 다음 예시와 같이 구하시오. 예시 : 착과수 1.6개 → 2개, 수확량 1.6kg → 2kg로 기재). [5점]

○ 계약사항

실제결과주수	미보상주수	고사주수	수확완료주수	재식면적	
				주간거리	열간거리
500주	0주	50주	0주	4m	5m

○ 조사내용(수확전 사고)

표본주수	표본구간 면적조사			표본구간 착과수 합계	착과피해 구성률	과중조사	
	윗변	아랫변	높이			50g 이하	50g 초과
9주	1.2m	1.8m	1.5m	900개	30%	1,450g/50개	2,150g/30개

정답

참다래 수확량(kg) : 10,966kg

해설

- 품종·수령별 재식면적 = 주간거리 × 열간거리 = 4m × 5m = 20m^2/주
- 품종·수령별 표본조사대상주수
  = 품종·수령별 (실제결과주수 − 미보상주수 − 고사나무주수 − 수확완료주수)
  = 500주 − 0주 − 50주 − 0주 = 450주
- 품종·수령별 표본조사대상면적 = 품종·수령별 표본조사대상주수 × 품종·수령별 재식면적
  = 450주 × 20m^2/주 = 9,000m^2
- 표본구간 넓이 = (표본구간 윗변 길이 + 표본구간 아랫변 길이) × 표본구간 높이 ÷ 2
  = (1.2m + 1.8m) × 1.5m ÷ 2 = 2.25m^2
- 품종·수령별 m^2당 착과수 = 품종·수령별 표본구간 착과수 ÷ 품종·수령별 표본구간 넓이
  = 900개 ÷ (9 × 2.25m^2) = 44.44개/m^2 = 44개/m^2(※ 소수점 첫째자리에서 반올림)
- 품종·수령별 착과수 = 품종·수령별 표본조사대상면적 × 품종·수령별 m^2당 착과수
  = 9,000m^2 × 44개/m^2 = 396,000개
- 품종별 개당 과중 = 품종별 표본과실 무게 합계 ÷ 표본과실수
  = {(1,450g × 0.7) + 2,150g} ÷ (50개 + 30개) = 39.56g
  ※ 중량이 50g 이하인 과실은 조사수확량의 70%로 적용한다.
- 착과피해구성률(%) = 30%
- 품종·수령별 m^2당 평년수확량 = 0kg
- 품종·수령별 미보상주수 = 0kg

∴ 수확량 = {품종·수령별 착과수 × 품종별 개당 과중 × (1 − 피해구성률)} + (품종·수령별 m^2당 평년수확량
  × 품종·수령별 미보상주수 × 품종·수령별 재식면적)
  = {396,000개 × 39.56g/개 × (1 − 30%)} + (0kg × 0kg × 20m^2)
  = 10,966,032g = **10,966kg**

14 돼지를 사육하는 축산농가에서 화재가 발생하여 사육장이 전소되고 사육장내 돼지가 모두 폐사하였다. 다음의 계약 및 조사내용을 참조하여 가축재해보험약관에 따른 보험금을 계산하시오. [5점]

○ 계약 및 조사내용

보험가입금액	사육두수	두당 단가	자기부담금	잔존물처리비용	잔존물보전비용
3,000만원	50두	100만원	보험금의 10%	350만원	50만원

※ 회사가 잔존물을 취득함
※ 잔존물처리비용과 잔존물보전비용은 지급보험금의 계산을 준용하여 계산한 값이다.

정답

보험금 : 3,050만원

해설

가축재해보험약관(제3조~제15조)에 따른 보험금 계산

① 보험가액 = 50두 × 100만원/두 = 5,000만원
② 손해액
   모두 폐사하였으므로, 손해액 = 50두 × 100만원/두 = 5,000만원
③ 보험가입금액이 보험가액보다 적을 때 지급할 보험금

   보험가입금액을 한도로 비례보상하므로, 손해액 $\times \dfrac{\text{보험가입금액}}{\text{보험가액}}$ 으로 계산한다. 즉

   지급보험금 = 손해액 $\times \dfrac{\text{보험가입금액}}{\text{보험가액}}$ = 5,000만원 $\times \dfrac{3,000만원}{5,000만원}$ = 3,000만원

   계산한 보험금에서 자기부담금(보험금의 10%)을 차감한 금액을 지급하므로,
   • 보험금 = 3,000만원 − (3,000만원 × 10%) = **2,700만원**
④ 잔존물처리비용
   손해에 의한 보험금과 잔존물처리비용은 지급보험금의 계산을 준용하여 계산하며, 그 합계액은 보험증권에 기재된 보험가입금액 한도로 한다. 다만, 잔존물처리비용은 손해액의 10%를 초과할 수 없다(**약관 조항**). 그런데 보험금(2,700만원)과 잔존물처리비용(350만원)의 합은 보험가입금액(3,000만원)을 초과하므로, 잔존물처리비용은 <u>300만원</u>이 된다.
⑤ 잔존물보전비용
   <u>잔존물보전비용은 지급보험금의 계산을 준용하여 계산한 금액이 보험가입금액을 초과하는 경우에도 이를 지급한다.</u> 다만, 회사가 잔존물을 취득한 경우에 한한다(**약관 조항**).
   • 잔존물보전비용 = 50만원
⑥ 총 보험금
   ③ + ④ + ⑤ = 2,700만원 + 300만원 + 50만원 = **3,050만원**

15 다음의 계약사항 및 조사내용을 참조하여 피해율을 구하시오(단, 피해율은 소수점 셋째자리에서 반올림하여 둘째자리까지 다음 예시와 같이 구하시오. 예시 : 피해율 12.345% → 12.35%로 기재).　[5점]

○ 계약사항

상품명	보험가입금액	평년수확량	수확량	미보상감수량
무화과	1,000만원	300kg	200kg	10kg

○ 조사내용

보상고사결과지수	미보상고사결과지수	미고사결과지수	사고일	수확전 사고피해율
12개	8개	20개	2024.8.7.	30%

○ 잔여수확량비율 = {(100 − (1.06 × 사고발생일자)}

정답

피해율 : 49.44%

해설

피해율은 7월 31일 이전 사고피해율과 8월 1일 이후 사고피해율을 합산한다.
① 7월 31일 이전 사고피해율(수확전 사고피해율) = **30%**
　　수확전 사고피해율 = (평년수확량 − 수확량 − 미보상감수량) ÷ 평년수확량
　　　　　　　　　　 = (300kg − 200kg − 10kg) ÷ 300kg = 0.3 = **30%**
② 8월 1일 이후 사고피해율
　　(1 − 수확전 사고피해율) × 잔여수확량비율 × 결과지피해율
　　• 잔여수확량비율 = {100 − (1.06 × 7)} = 92.58%
　　　※ 사고발생일자는 해당 월의 사고발생일자를 의미한다.
　　• 결과지피해율 = {고사결과지수 + (미고사결과지수 × 착과피해율) − 미보상고사결과지수} ÷ 기준결과지수
　　　　　　　　 = (20개 + 0개 − 8개) ÷ 40개 = 0.3 = **30%**
　　• 기준결과지수 = 고사결과지수 + 미고사결과지수 = 20개 + 20개 = 40개
　　• 고사결과지수 = 보상고사결과지수 + 미보상고사결과지수 = 12개 + 8개 = 20개
　　• 사고피해율 = (1 − 30%) × 92.58% × 30% = 19.4418% = **19.44%**
③ **피해율**
　　① + ② = 30% + 19.44% = **49.44%**

16 특정위험방식 인삼 해가림시설(2형)에 관한 내용이다. 태풍으로 인삼 해가림시설에 일부 파손 사고가 발생하여 아래와 같은 피해를 입었다. 가입조건이 아래와 같을 때 ① 감가율, ② 손해액, ③ 자기부담금, ④ 보험금, ⑤ 잔존보험가입금액을 계산과정과 답을 각각 쓰시오.

[15점]

○ 보험가입내용

재배칸수	칸당 면적(m^2)	시설 재료	설치비용(원/m^2)	설치 연월	가입금액(원)
2,200칸	3.3	목재	6,000	2022.6.	43,560,000

※ 보험가입시점은 2023년 11월임

○ 보험사고내용

파손칸수	사고원인	사고 연월
900칸(전부 파손)	태풍	2024.7.

※ 2024년 설치비용은 설치연도와 동일한 것으로 함
※ 손해액과 보험금은 원 단위 이하 버림
※ 보험가액과 보험가입금액은 천원 단위 절사

[정답]

① 감가율 : 13.33%
② 손해액 : 15,444,590원
③ 자기부담금 : 100만원
④ 보험금 : 14,444,590원
⑤ 잔존보험가입금액 : 23,300,000원

[해설]

① 감가율
연단위 감가상각을 적용하며, 경과기간이 1년 미만은 적용하지 않는다.
감가율 = 경과기간 × 경년감가율 = 1년 × 13.33%/년 = 13.33%
• 경과기간 = 2023년 11월 − 2022년 6월 = 1년 5월 = 1년
※ 해가림시설(2형)의 보험기간은 1년으로 판매개시연도 11월 1일에 보장개시하고, 이듬해 10월 31일 24시에 보장종료한다.
• 경년감가율

유 형	내용연수	경년감가율
목재	6년	13.33%
철재	18년	4.44%

② **손해액**

산출된 피해액에 대하여 감가상각을 적용하여 손해액을 산정한다. 다만, 피해액이 보험가액의 20% 이하인 경우에는 감가를 적용하지 않고, 피해액이 보험가액의 20%를 초과하면서 감가후 피해액이 보험가액의 20% 미만인 경우에는 보험가액의 20%를 손해액으로 산출한다.

　㉠ 피해액

　　재조달가액으로 산출한 피해액을 산정한다. 재조달가액은 단위면적($1m^2$)당 설치비용에 재배면적(m^2)을 곱하여 산출한다.

　　$900칸 \times 3.3m^2/칸 \times 6,000원/m^2 = \textbf{17,820,000원}$

　㉡ 감가후 피해액 $=$ 피해액 $\times$ (1 $-$ 감가상각률) $=$ 17,820,000원 $\times$ (1 $-$ 13.33%)

　　　　　　　$= \textbf{15,444,594원}$

　㉢ 재조달가액 $= 2,200칸 \times 3.3m^2/칸 \times 6,000원/m^2 = \textbf{43,560,000원}$

　㉣ 보험가액 $=$ 재조달가액 $\times$ (1 $-$ 감가상각률)

　　　　　$=$ 43,560,000원 $\times$ (1 $-$ 13.33%) $=$ 37,753,452원 $= \textbf{37,750,000원}$(※ 천원 단위 절사)

　㉤ 보험가입금액 $=$ 재조달가액 $\times$ (1 $-$ 감가상각률)

　　　　　　　$=$ 43,560,000원 $\times$ (1 $-$ 13.33%) $=$ 37,750,000원(※ 천원 단위 절사)

　　※ 인삼 해가림시설의 경우 기평가보험으로 재조달가액에서 감가상각을 적용한 보험가액을 보험가입금액으로 설정하기 때문에 보험가액 $=$ 보험가입금액이다.

　㉥ 보험가액의 20% $=$ 37,750,000원 $\times$ 20% $= \textbf{7,550,000원}$

　㉦ 손해액 $= \textbf{15,444,590원}$(∵ 감가후 피해액 > 보험가액의 20%)(※ 원 단위 이하 버림)

③ **자기부담금**

10만원 $\leqq$ 손해액 $\times$ 10% $\leqq$ 100만원,

즉 1사고당 손해액의 10%를 자기부담금으로 하되 손해액의 10%가 10만원 이하인 경우 최저 자기부담금으로 10만원을 적용하며, 손해액의 10%가 100만원 이상인 경우 최고 자기부담금으로 100만원을 적용한다.

자기부담금 $=$ 15,444,590원 $\times$ 10% $=$ 1,544,459원 $= \textbf{1,544,450원}$(※ 원 단위 이하 버림)

따라서, 자기부담금은 100만원 이상이므로 <u>**100만원**</u>으로 한다.

④ **보험금**

보험가입금액이 보험가액과 같으므로, 보험금은 보험가입금액을 한도로 손해액에서 자기부담금을 차감한 금액이다.

보험금 $=$ 15,444,590원 $-$ 1,000,000원 $= \textbf{14,444,590원}$

⑤ **잔존보험가입금액**

보험가입금액에서 보상액을 뺀 잔액이다.

잔존보험가입금액 $=$ 37,750,000원 $-$ 14,444,590원 $=$ 23,305,410원 $= \textbf{23,300,000원}$(※ 천원 단위 절사)

17 종합위험 수확감소보장방식 논작물(벼) 품목의 통상적인 영농활동 중 보상하는 재해가 발생하였다. 보험금 산정방법에 따른 ① 보험금 지급사유와 ② 지급거절사유 및 ③ 지급보험금 계산식을 각각 쓰시오. [15점]

(1) 이앙·직파불능보험금
(2) 경작불능보험금(자기부담비율 20%형)
(3) 수확감소보험금
(4) 수확불능보험금(자기부담비율 20%형)

정답

(1) 이앙·직파불능보험금
① **보험금 지급사유** : 보험기간 내에 보상하는 재해로 농지 전체를 이앙·직파하지 못하게 된 경우 보험가입금액의 15%를 지급한다.
② **지급거절사유** : 논둑 정리, 논갈이, 비료 시비, 제초제 살포 등 이앙 전의 통상적인 영농활동을 하지 않은 농지에 대해서는 지급하지 않는다.
③ **지급보험금 계산식** : 보험가입금액 × 15%

(2) 경작불능보험금(자기부담비율 20%형)
① **보험금 지급사유** : 보험기간 내에 보상하는 재해로 식물체 피해율이 65%(분질미의 경우 60%) 이상이고, 계약자가 경작불능보험금을 신청한 경우 경작불능보험금은 자기부담비율에 따라 보험가입금액의 일정 비율로 계산한다.
② **지급거절사유** : 보험금 지급대상 농지 벼가 산지폐기 등의 방법으로 시장으로 유통되지 않은 것이 확인되지 않으면 경작불능보험금을 지급하지 않는다.
③ **지급보험금 계산식** : 보험가입금액 × 40%

(3) 수확감소보험금
① **보험금 지급사유** : 보험기간 내에 보상하는 재해로 피해율이 자기부담비율을 초과하는 경우 지급한다.
② **지급거절사유**
  • 경작불능보험금 및 수확불능보험금의 규정에 따른 보험금을 지급하여 계약이 소멸된 경우에는 수확감소보험금을 지급하지 않는다.
  • 보험기간 내에 발생한 재해로 인해 식물체 피해율이 65%(분질미의 경우 60%) 이상인 경작불능보험금 대상인 경우에는 수확감소보험금을 지급하지 않는다.
③ **지급보험금 계산식** : 보험가입금액 × (피해율 – 자기부담비율)
  ※ 피해율 = (평년수확량 – 수확량 – 미보상감수량) ÷ 평년수확량

(4) 수확불능보험금(자기부담비율 20%형)
① **보험금 지급사유** : 보험기간 내에 보상하는 재해로 보험의 목적인 벼(조곡) 제현율이 65%(분질미의 경우 70%) 미만으로 떨어져 정상 벼로서 출하가 불가능하게 되고, 계약자가 수확불능보험금을 신청한 경우 산정된 보험가입금액의 일정 비율을 수확불능보험금으로 지급한다.
② **지급거절사유**
  • 보험기간 내에 발생한 재해로 인해 식물체 피해율이 65%(분질미의 경우 60%) 이상인 경작불능보험금 대상인 경우에는 수확불능보험금을 지급하지 않는다.
  • 보험금 지급대상 농지 벼가 산지폐기 등의 방법으로 시장으로 유통되지 않은 것이 확인되지 않으면 수확불능보험금을 지급하지 않는다.
③ **지급보험금 계산식** : 보험가입금액 × 55%

18 종합위험 수확감소보장 논작물 벼보험에 관한 내용이다. 아래와 같이 보험가입을 하고 보험 사고가 발생한 것을 가정한 경우 다음의 물음에 답하시오(단, 피해율은 소수점 셋째자리에서 반올림하여 둘째자리까지 다음 예시와 같이 구하시오. 예시 : 피해율 12.345% → 12.35%로 기재). [15점]

○ 보험가입내용

구 분	농지면적 (m²)	실제 경작면적 (m²)	단위면적당 평년수확량 (kg/m²)	가입가격 (원/kg)	자기부담비율 (%)	가입비율
A농지	19,000	18,000	0.85	1,400	20	평년수확량의 100%
B농지	13,500	13,500	0.84	1,500	15	평년수확량의 110%

○ 보험사고내용

구 분	사고내용	조사방법	수확량(kg)	미보상비율(%)	미보상사유
A농지	도열병	전수조사	4,100	10	방재 미흡
B농지	벼멸구	전수조사	4,000	10	방재 미흡

※ 위 보험사고는 각각 병해충 단독사고이며, 모두 병해충 특약에 가입함
※ 함수율은 배제하고 계산함
※ 보험금은 원 단위 이하 버림

(1) 수확감소에 따른 A농지의 ① 피해율, ② 보험금과 B농지의 ③ 피해율, ④ 보험금을 각각 구하시오.

(2) 각 농지의 식물체가 65% 이상 고사하여 경작불능보험금을 받을 경우, A농지의 ⑤ 보험금과 B농지의 ⑥ 보험금을 구하시오.

정답

(1) **A농지의 ① 피해율, ② 보험금과 B농지의 ③ 피해율, ④ 보험금**

① A농지의 피해율 = (평년수확량 - 수확량 - 미보상감수량) ÷ 평년수확량
  • 평년수확량 = 실제경작면적 × 단위면적당 평년수확량 = 18,000m² × 0.85kg/m² = 15,300kg
  • 피해율 = (15,300kg - 4,100kg - 0kg) ÷ 15,300kg = 0.7320 = 73.20% = **70%**
    ※ 병해충 특약에 가입한 경우 미보상감수량을 적용하지 않는다(특약 제2조 제2항).
    ※ 병해충 단독사고일 경우 피해율은 병해충 최대 인정피해율(70%)을 초과하지 않는다(별표 5).

② A농지의 보험금 = 보험가입금액 × (피해율 - 자기부담비율)
  • 보험가입금액 = 가입수확량 × 가입가격 = 15,300kg × 1,400원/kg = 21,420,000원
    ※ 가입비율이 평년수확량의 100%이므로 가입수확량과 평년수확량은 같다.
  • 보험금 = 21,420,000원 × (70% - 20%) = **10,710,000원**

③ B농지의 피해율 = (평년수확량 - 수확량 - 미보상감수량) ÷ 평년수확량
  • 평년수확량 = 실제경작면적 × 단위면적당 평년수확량 = 13,500m² × 0.84kg/m² = 11,340kg
  • 피해율 = (11,340kg - 4,000kg - 0kg) ÷ 11,340kg = 0.6472 = **64.72%**

④ B농지의 보험금 = 보험가입금액 × (피해율 − 자기부담비율)
- 보험가입금액 = 가입수확량 × 가입가격 = 12,474kg × 1,500원/kg = **18,711,000원**
  ※ 가입비율이 평년수확량의 110%이므로 가입수확량 = 11,340kg × 1.1 = 12,474kg
- 보험금 = 18,711,000원 × (64.72% − 15%) = 9,303,109원
  = **9,303,100원**(※ 원 단위 이하 버림)

(2) 경작불능보험금을 받을 경우 A농지의 ⑤ 보험금과 B농지의 ⑥ 보험금
보험금 = 보험가입금액 × 자기부담비율에 따른 일정비율

[자기부담비율별 경작불능보험금]

자기부담비율	경작불능보험금
10%형	보험가입금액 × 45%
15%형	보험가입금액 × 42%
20%형	보험가입금액 × 40%
30%형	보험가입금액 × 35%
40%형	보험가입금액 × 30%

⑤ A농지의 보험금
자기부담비율이 20%형이므로
보험금 = 보험가입금액 × 40% = 21,420,000원 × 40% = **8,568,000원**

⑥ B농지의 보험금
자기부담비율이 15%형이므로
보험금 = 보험가입금액 × 42% = 18,711,000원 × 42% = **7,858,620원**

19 종합위험방식 원예시설작물 토마토에 관한 내용이다. 아래의 내용을 참조하여 물음에 답하시오. [15점]

○ 계약사항

품 목	보험가입금액(원)	가입면적(m²)	전작기 지급보험금(원)
종합위험방식 원예시설작물(토마토)	12,500,000	1,000	2,500,000

○ 조사내용

피해작물 재배면적 (m²)	손해정도 (%)	피해비율 (%)	정식일로부터 수확개시일까지의 기간	수확개시일로부터 수확종료일까지의 기간
1,000	30	30	80일	50일

(1) 수확일로부터 수확종료일까지의 기간 중 1/5 경과시점에서 사고가 발생한 경우 경과비율을 구하시오.

(2) 정식일로부터 수확개시일까지의 기간 중 1/5 경과시점에서 사고가 발생한 경우 보험금을 구하시오(단, 피해율 산정시 미보상비율은 0%임).

정답

(1) 수확일로부터 수확종료일까지의 기간 중 1/5 경과시점에서 사고가 발생한 경우 경과비율
경과비율 = 1 − (수확일수 ÷ 표준수확일수)
• 수확일수 : 수확개시일부터 사고발생일까지 경과일수 = 50일 × 1/5 = **10일**
• 표준수확일수 : 수확개시일부터 수확종료일까지의 일수 = **50일**
• 경과비율 = 1 − (10일 ÷ 50일) = **0.8**

(2) 정식일로부터 수확개시일까지의 기간 중 1/5 경과시점에서 사고가 발생한 경우 보험금
생산비보장보험금 = 피해작물 재배면적 × 피해작물 단위면적당 보장생산비 × 경과비율 × 피해율
• 피해작물 재배면적 = **1,000m²**
• 피해작물 단위면적당 보장생산비 = 보험가입금액 ÷ 피해작물 재배면적
   = 12,500,000원 ÷ 1,000m² = **12,500원/m²**
• 경과비율 = α + (1 − α) × (생장일수 ÷ 표준생장일수)
   = 40% + (1 − 40%) × (16일 ÷ 80일) = 0.52 = **52%**
※ α = 준비기생산비계수(40%)
※ 생장일수 : 정식일로부터 사고발생일까지 경과일수 = 80일 × 1/5 = 16일
※ 표준생장일수 : 정식일로부터 수확개시일까지 표준적인 생장일수 = 80일
• 피해비율 = 30%
• 손해정도비율 = 40%

손해정도	1~20%	21~40%	41~60%	61~80%	81~100%
손해정도비율	20%	40%	60%	80%	100%

• 피해율 = 피해비율 × 손해정도비율 × (1 − 미보상비율)
   = 30% × 40% × (1 − 0) = **12%**
• 생산비보장보험금 = 1,000m² × 12,500원/m² × 52% × 12% = **780,000원**

20 다음의 계약사항과 조사내용에 따른 ① 착과감소보험금, ② 과실손해보험금을 구하시오(단, 감수과실수와 누적감수량 산정시 소수점 이하 반올림함). [15점]

○ 계약사항

상품명	특 약	평년착과수	가입과중	가입가격	실제결과주수	자기부담비율	
적과전 종합 위험방식(Ⅱ) 단감	5종 한정보장 나무손해 보장	75,000개	0.4kg	1,000원/kg	750주	과실	10%
						나무	5%

○ 조사내용

구 분	재해 종류	사고 일자	조사 일자	조사내용
계약일 24시 ~ 적과전	우박	5월 3일	5월 4일	〈피해사실확인조사〉 • 표본주의 피해유과, 정상유과는 각각 66개, 234개 • 미보상비율 : 10%
	집중 호우	6월 25일	6월 26일	〈피해사실확인조사〉 ※표 참조 • 침수꽃(눈)·유과수의 합계 : 210개 • 미침수꽃(눈)·유과수의 합계 : 90개 • 미보상비율 : 20%
적과후 착과수 조사	–		7월 10일	〈적과후착과수조사〉 ※표 참조
적과 종료 이후	태풍	9월 8일	9월 10일	〈낙과피해조사〉 • 총 낙과과실수 : 5,000개(전수조사) ※표 참조 • 조사대상주수 중 50주는 강풍으로 1/2 이상 절단(A품종 30주, B품종 20주) • 낙엽피해 표본조사 : 낙엽수 180개, 착엽수 120개 • 경과일수 : 100일 • 미보상비율 : 0%
	우박	5월 3일	11월 4일	〈착과피해조사〉 ※표 참조

집중호우 피해사실확인조사:

피해형태	유 실	침 수	매 몰	미보상
주수	100	40	90	20

적과후착과수조사:

품 종	실제결과주수	조사대상주수	표본주 1주당 착과수
A품종	390	300	130
B품종	360	200	110

낙과피해조사:

피해과실구성	100%	80%	50%	정 상
과실수(개)	1,000	2,000	1,000	1,000

착과피해조사:

피해과실구성	100%	80%	50%	정상	병충해
과실수(개)	20	10	10	50	10

※ 적과 이후 자연낙과 등은 감안하지 않으며, 무피해나무의 평균착과수는 적과후착과수의 1주당 평균착과수와 동일한 것으로 본다.
※ 나무손해보장 특약의 보험가입금액은 1주당 10만원을 적용한다.
※ 착과감소보험금 보장수준은 70%로 선택한다.

정답

(1) 착과감소보험금 : 476,000원
(2) 과실손해보험금 : 12,999,000원

해설

(1) 착과감소보험금

보험금 = (착과감소량 – 미보상감수량 – 자기부담감수량) × 가입가격 × 보장수준(70%)

① 착과감소량 = 5,600kg
- 착과감소과실수 = 최솟값(평년착과수 – 적과후착과수, 최대 인정감소과실수)
  = 최솟값(75,000개 – 61,000개, 21,750개)
  = 14,000개
- 적과후착과수 = 61,000개
  A품종 적과후착과수 = 조사대상주수 × 표본주 1주당 착과수 = 300주 × 130개/주 = 39,000개
  B품종 적과후착과수 = 조사대상주수 × 표본주 1주당 착과수 = 200주 × 110개/주 = 22,000개
- 착과감소량 : 착과감소량은 산출된 착과감소과실수에 가입과중을 곱하여 산출한다.
  착과감소과실수 × 가입과중 = 14,000개 × 0.4kg/개 = 5,600kg
- 최대 인정피해율
  최대 인정피해율은 적과종료 이전까지 조사한 (나무피해율, 낙엽률에 따른 인정피해율, 우박 발생시 유과타박률) 중 가장 큰 값으로 하므로, 29%로 한다.
  ※ 나무피해율 : 농지별 유실・매몰・도복・절단(1/2)・소실(1/2)・침수주수를 실제결과주수로 나눈 값이다. 침수주수는 침수피해를 입은 나무수에 과실침수율을 곱하여 계산한다.
  (유실, 매몰, 도복, 절단(1/2), 소실(1/2), 침수주수) ÷ 실제결과주수
  = (100주 + 90주 + 28주) ÷ 750주 = 0.29 = 29%
  ※ 침수주수 = (침수피해를 입은 나무수) × 과실침수율
  = 40주 × 70% = 28주

  ※ 과실침수율 = $\dfrac{\text{침수 꽃(눈)・유과수의 합계}}{\text{침수 꽃(눈)・유과수의 합계 + 미침수 꽃(눈)・유과수의 합계}} = \dfrac{210}{210 + 90}$
  = 0.7 = 70%

  ※ 유과타박률 = $\dfrac{\text{표본주의 피해유과수 합계}}{\text{표본주의 피해유과수 합계 + 표본주의 정상유과수 합계}} = \dfrac{66}{66 + 234}$
  = 0.22 = 22%

- 최대 인정감소과실수 = 평년착과수 × 최대 인정피해율
  = 75,000개 × 29% = 21,750개
- 최대 인정감소량 : 착과감소량이 최대 인정감소량을 초과하는 경우 최대 인정감소량을 착과감소량으로 한다.
  ※ 최대 인정감소량 = 평년착과량 × 최대 인정피해율
  따라서, 최대 인정감소량 = 평년착과량 × 최대 인정피해율
  = (75,000개 × 0.4kg/개) × 29% = 8,700kg
- 결국, 착과감소량이 최대 인정감소량을 초과하지 않으므로, 착과감소량은 5,600kg이 된다.

② **미보상감수량**

보상하는 재해 이외의 원인으로 감소되었다고 평가되는 부분을 말하며, 계약 당시 이미 발생한 피해, 병해충으로 인한 피해 및 제초상태불량 등으로 인한 수확량감소량으로서 감수량에서 제외된다.

- 미보상주수 감수과실수 = 미보상주수 × 1주당 평년착과수 = 20주 × (75,000개 ÷ 750주) = 2,000개
- 미보상감수과실수 = {(착과감소과실수 × 미보상비율) + 미보상주수 감수과실수}
  = {(14,000개 × 20%) + 2,000개} = 4,800개
- 미보상감수량 = 4,800개 × 0.4kg/개 = **1,920kg**

③ **자기부담감수량 = 기준수확량 × 자기부담비율**

- 기준착과수 = 적과후착과수 + 착과감소과실수 = 61,000개 + 14,000개 = 75,000개
- 기준수확량 = 기준착과수 × 과입과중 = 75,000개 × 0.4kg/개 = 30,000kg
- 자기부담감수량 = 30,000kg × 10% = **3,000kg**

④ **가입가격 = 1,000원/kg**

⑤ **착과감소보험금**

보험금 = (착과감소량 − 미보상감수량 − 자기부담감수량) × 가입가격 × 70%
= (5,600kg − 1,920kg − 3,000kg) × 1,000원/kg × 0.7 = **476,000원**

(2) 과실손해보험금

보험금 = (적과종료 이후 누적감수량 − 미보상감수량 − 자기부담감수량) × 가입가격

① **적과종료 이후 누적감수량**

㉠ 태풍낙과피해 감수과실수(전수조사)

총 낙과과실수 × (낙과피해구성률 − max A)
= 5,000개 × (62% − 0) = **3,100개**

※ 낙과피해구성률

$$= \frac{(100\%형\ 피해과실수 \times 1) + (80\%형\ 피해과실수 \times 0.8) + (50\%형\ 피해과실수 \times 0.5)}{100\%형\ 피해과실수 + 80\%형\ 피해과실수 + 50\%형\ 피해과실수 + 정상과실수}$$

$$= \frac{(1,000 \times 1) + (2,000 \times 0.8) + (1,000 \times 0.5)}{1,000 + 2,000 + 1,000 + 1,000} = 0.62 = 62\%$$

※ max A : 금차 사고전 기조사된 착과피해구성률 또는 인정피해율 중 최댓값(= 0)

㉡ 태풍나무피해 감수과실수

- 나무의 고사 및 수확불능(유실, 매몰, 도복, 절단, 화재, 침수) 손해
  (고사주수 + 수확불능주수) × 무피해 나무 1주당 평균착과수 × (1 − max A)
- A품종 나무피해 감수과실수 = 30주 × 130개/주 × (1 − 0) = 3,900개
  ※ 무피해나무의 평균착과수는 적과후착과수의 1주당 평균착과수와 동일한 것으로 본다.
- B품종 나무피해 감수과실수 = 20주 × 110개/주 × (1 − 0) = 2,200개
- 태풍나무피해 감수과실수 = 3,900개 + 2,200개 = **6,100개**

㉢ 태풍낙엽피해 감수과실수

사고 당시 착과과실수 × (인정피해율 − max A)

- 사고 당시 착과과실수
  = 적과후착과수 − 총 낙과과실수 − 총 적과종료후 나무피해과실수 − 총 기수확과실수
  = 61,000개 − 5,000개 − {(30주 × 130개/주) + (20주 × 110개/주)} − 0개
  = **49,900개**

- 인정피해율 = (1.0115 × 낙엽률) − (0.0014 × 경과일수)

$\qquad$ = (1.0115 × 60%) − (0.0014 × 100)

$\qquad$ = 0.4669 = 46.69%

$\quad$ ※ 낙엽률 = $\dfrac{\text{표본주의 낙엽수 합계}}{\text{표본주의 낙엽수 합계 + 표본주의 착엽수 합계}} = \dfrac{180}{180 + 120} = 0.6 = 60\%$

$\quad$ ※ max A : 금차 사고전 기조사된 착과피해구성률 또는 인정피해율 중 최댓값(= 0)

- 미보상비율은 금차 사고조사의 미보상비율을 적용함(= 0)
- 태풍낙엽피해 감수과실수 = 49,900개 × (46.69% − 0)

$\qquad$ = 23,298.31개 = **23,298개**

$\quad$ ㉣ 우박착과피해 감수과실수

$\qquad$ 사고 당시 착과과실수 × (착과피해구성률 − max A)

$\qquad$ = 49,900개 × (33% − 46.69%) = **0개**

$\qquad$ ※ 착과피해구성률 = $\dfrac{(20 \times 1) + (10 \times 0.8) + (10 \times 0.5)}{20 + 10 + 10 + 60} = 0.33 = 33\%$

$\qquad$ ※ 보상하지 않는 손해(병충해)에 해당하는 과실은 정상과실로 구분한다.

$\qquad$ ※ max A : 금차 사고전 기조사된 착과피해구성률 또는 인정피해율 중 최댓값(= **46.69%**)

$\qquad$ ※ (착과피해구성률 − max A)의 값이 영(0)보다 작은 경우 <u>감수과실수는 "0"으로 한다.</u>

$\quad$ ㉤ 적과종료 이후 누적감수량 : 적과종료 이후 감수과실수의 합계에 가입과중을 곱하여 산출한다.

$\qquad$ (3,100개 + 6,100개 + 23,298개 + 0개) × 0.4kg/개 = **12,999kg**

② **미보상감수량** : 감수량에서 제외된다.

③ **자기부담감수량** : 기준수확량에 자기부담비율을 곱한 양으로 한다. 다만, 산출된 착과감소량이 존재하는 경우에는 착과감소량에서 적과종료 이전에 산정된 미보상감수량을 뺀 값을 자기부담감수량에서 제외한다. 이때 <u>자기부담감수량은 0보다 작을 수 없다.</u>

- 자기부담감수량

$\quad$ = (기준수확량 × 자기부담비율) − (착과감소량 − 적과종료 이전에 산정된 미보상감수량)

$\quad$ = (30,000kg × 10%) − (5,600kg − 1,920kg) < 0이므로, **0kg**이다.

④ **과실손해보험금**

$\quad$ (적과종료 이후 누적감수량 − 미보상감수량 − 자기부담감수량) × 가입가격

$\quad$ = (12,999kg − 0kg − 0kg) × 1,000원/kg = **12,999,000원**

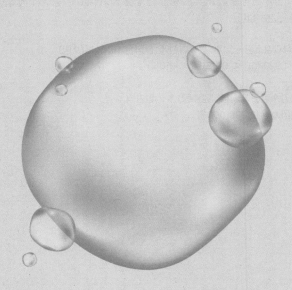

세상을 바꿀 수 있다고 믿을 만큼 미친 사람들이
결국 세상을 바꾸는 사람들이다.

- 스티브 잡스 -

농작물재해보험 및 가축재해보험의 이론과 실무

01 다음은 보험의 특성에 관한 내용이다. (　　)에 들어갈 용어를 순서대로 쓰시오.　　　[5점]

> • "예기치 못한 손실"이란 계약자나 피보험자의 입장에서 전혀 예상할 수 없었던 (　①　)을(를) 의미하며, 계약자나 피보험자의 (　②　) 손실은 보상하지 않는다는 의미이다.
> • "손실의 집단화(the pooling of fortuitous losses)"란 손실을 한데 모음으로써 (　③　)을(를) 손실 집단으로 전환시키는 것을 의미한다.
> • (　④　)은 개별적으로 부담하기 힘든 손실을 나누어 분담함으로써 손실로부터의 회복을 보다 용이하게 한다. 이러한 상호부조 관계가 당사자간의 (　⑤　)을(를) 통해 달성된다는 점이 보험의 주요한 특징이다.

정답

① 불의의 손실, ② 고의적인, ③ 개별위험, ④ 위험 분산, ⑤ 자율적인 시장거래

02 종합위험보장 과수작물 보험의 계약인수와 관련하여 맞는 내용은 "○"로, 틀린 내용은 "×"로 표기하여 순서대로 나열하시오.　　　[5점]

> ① 과수작물의 계약인수는 과수원 단위로 가입하고, 개별 과수원당 최저 보험가입금액은 300만원이다.
> ② 과수작물의 계약자 1인이 서로 다른 2개 이상 품목을 가입하고자 할 경우에는 별개의 계약으로 처리하지 않는다.
> ③ 과수원은 한 덩어리 과수원이 여러 필지로 나누어져 있더라도 하나의 농지로 취급한다.
> ④ 비가림과수 포도, 대추, 참다래의 비가림시설은 단지 단위로 가입(구조체＋피복재)하고, 최소 가입면적은 100m² 이다.

정답

① ×, ② ×, ③ ○, ④ ×

해설

① 과수작물의 계약인수는 과수원 단위로 가입하고, 개별 과수원당 최저 보험가입금액은 200만원이다.
② 과수작물의 계약자 1인이 서로 다른 2개 이상 품목을 가입하고자 할 경우에는 <u>별개의 계약</u>으로 각각 가입·처리한다.
③ 과수원이라 함은 한 덩어리의 토지의 개념으로 필지(지번)와는 관계없이 실제 경작하는 단위이므로 한 덩어리 과수원이 여러 필지로 나누어져 있더라도 <u>하나의 농지로 취급</u>한다.
④ 비가림과수 포도, 대추, 참다래의 비가림시설은 단지 단위로 가입(구조체＋피복재)하고, 최소 가입면적은 <u>$200m^2$</u>이다.

03 다음은 농작물재해보험 대상 품목별 가입자격(2024년 기준)에 관한 내용이다. 농작물재해보험 대상 품목에 따른 가입자격을 쓰시오. [5점]

• 사과, 배, 단감, 떫은감 : 농지의 보험가입금액(생산액 또는 생산비) (①)
• 오디, 인삼, 두릅, 블루베리, 수박(노지) : 농지의 보험가입금액(생산액 또는 생산비) (②)
• 옥수수, 콩, 배추, 양상추 : 농지의 보험가입금액(생산액 또는 생산비) (③)
• 벼, 밀, 보리, 메밀, 귀리 : 농지의 보험가입금액(생산액 또는 생산비) (④)
• 농업용 시설물 및 시설작물 : 단지 면적이 (⑤)
• 차(茶), 조사료용 벼, 사료용 옥수수 : 농지의 면적이 (⑥)

정답

① 200만원 이상
② 200만원 이상
③ 100만원 이상
④ 50만원 이상
⑤ $300m^2$ 이상
⑥ $1,000m^2$ 이상

04 다음 밭작물의 품목별 보장내용에 관한 표의 빈칸에 담보가능은 "○"로, 부담보는 "×"로 표시할 때 다음 물음에 답하시오(단, '차' 품목 예시를 포함하여 개수를 산정함). [5점]

밭작물	재파종 보장	재정식 보장	경작불능 보장	수확감소 보장	수입보장	생산비 보장
차	×	×	×	○	×	×
양배추						
고구마						
양파						
마늘						
시금치(노지)						

① '재파종보장' 열에서 "○"의 개수
② '재정식보장' 열에서 "○"의 개수
③ '경작불능보장' 열에서 "○"의 개수
④ '수입보장' 열에서 "○"의 개수
⑤ '시금치(노지)' 행에서 "○"의 개수

정답

① '재파종보장' 열에서 "○"의 개수 : 1
② '재정식보장' 열에서 "○"의 개수 : 1
③ '경작불능보장' 열에서 "○"의 개수 : 5
④ '수입보장' 열에서 "○"의 개수 : 4
⑤ '시금치(노지)' 행에서 "○"의 개수 : 2

해설

밭작물	재파종 보장	재정식 보장	경작불능 보장	수확감소 보장	수입보장	생산비 보장
차	×	×	×	○	×	×
양배추	×	○	○	○	○	×
고구마	×	×	○	○	○	×
양파	×	×	○	○	○	×
마늘	○	×	○	○	×	×
시금치(노지)	×	×	○	×	×	○

05 종합위험 손해보장방식 참다래 품목 비가림시설에 관한 내용이다. 다음 조건에서 계약자가 가입할 수 있는 보험가입금액의 ① 최솟값과 ② 최댓값을 구하고, ③ 계약자가 부담할 보험료의 최솟값은 얼마인지 쓰시오(단, 화재위험보장 특약은 제외하고, m²당 시설비는 18,000원임).   [5점]

- 가입면적 : 3,000m²
- 지역별 보험요율(순보험요율) : 5%
- 순보험료 정부 보조금 비율 : 50%
- 순보험료 지방자치단체 보조금 비율 : 30%
- 손해율에 따른 할인·할증과 방재시설할인은 없음

정답

① 보험가입금액의 최솟값 : 43,200,000원
② 보험가입금액의 최댓값 : 70,200,000원
③ 계약자가 부담할 보험료의 최솟값 : 432,000원

해설

① **보험가입금액의 최솟값**
비가림시설의 m²당 시설비(18,000원)에 비가림시설 면적을 곱하여 산정한다(천원 단위 절사). 산정된 금액의 80% ~ 130% 범위 내에서 계약자가 보험가입금액을 결정한다.
- 보험가입금액의 최솟값 = 3,000m² × 18,000원/m² × 80% = **43,200,000원**

② **보험가입금액의 최댓값**
- 보험가입금액의 최댓값 = 3,000m² × 18,000원/m² × 130% = **70,200,000원**

③ **계약자가 부담할 보험료의 최솟값**
- 보험료 산출(비가림시설보장) = 보험가입금액 × 지역별 영업요율(보험요율)
- 지역별 영업요율(보험요율) = 5% × {1 − (50% + 30%)}
- ∴ 계약자가 부담할 보험료의 최솟값 = 43,200,000원 × 5% × 20% = **432,000원**

---

06 적과전 종합위험방식(Ⅱ) 상품의 보험 계약이 무효, 효력상실 또는 해지된 경우 계약자 또는 피보험자의 책임 유무에 따른 보험료의 반환에 대하여 서술하시오.   [15점]

(1) 계약자 또는 피보험자의 책임 없는 사유에 의하는 경우

(2) 계약자 또는 피보험자의 책임 있는 사유에 의하는 경우

정답

(1) 계약자 또는 피보험자의 책임 없는 사유에 의하는 경우
　① 무효의 경우에는 납입한 계약자부담보험료의 전액
　② 효력상실 또는 해지의 경우에는 해당 월 미경과비율에 따라 아래와 같이 '환급보험료'를 계산한다.

> 환급보험료 = 계약자부담보험료 × 미경과비율
> ※ 계약자부담보험료는 최종 보험가입금액 기준으로 산출한 보험료 중 계약자가 부담한 금액

(2) 계약자 또는 피보험자의 책임 있는 사유에 의하는 경우
　① 계산한 해당 월 미경과비율에 따른 보험료를 환급한다.
　② 다만, 계약자, 피보험자의 고의 또는 중대한 과실로 무효가 된 때에는 보험료를 반환하지 않는다.

07 종합위험방식 고추 품목에 관한 다음 내용을 각각 서술하시오.　　　　　　[15점]

(1) 다음 독립된 A, B, C 농지 각각의 보험가입 가능 여부와 그 이유(단, 각각 제시된 조건 이외는 고려하지 않음)

> • A농지 : 보험가입금액이 200만원으로 농지 10a당 재식주수가 3,500주인 농지
> • B농지 : 농지 10a당 재식주수가 3,000주로 4월 2일 고추를 터널재배 형식만으로 식재한 농지
> • C농지 : 재식밀도가 1,000m²당 1,000주로 전 농지가 비닐멀칭이 된 노지재배

(2) 병충해가 없는 경우 생산비보장보험금 지급사유와 계산식
(3) 수확기 중 보험사고가 발생한 경우 경과비율 계산식

정답

(1) 독립된 A, B, C 농지 각각의 보험가입 가능 여부와 그 이유
　• **A농지** : 보험가입금액이 200만원이고, 농지 10a당 재식주수가 <u>1,500주 이상이고 4,000주 이하인 농지</u>만 가입 가능하므로 보험가입이 가능하다.
　• **B농지** : 농지 10a당 재식주수가 <u>1,500주 이상이고 4,000주 이하인 농지</u>에 해당하며, <u>4월 1일 이전과 5월 31일 이후에 고추를 식재한 농지</u>가 아니며, 터널재배 형식만으로 식재한 농지이므로 보험가입이 가능하다.
　• **C농지** : 재식밀도가 1,000m²당 1,500주 미만이거나 4,000주 초과하는 농지는 가입이 불가능하기 때문에 보험가입이 불가능하다.

(2) 병충해가 없는 경우 생산비보장보험금 지급사유와 계산식
　① **지급사유** : 보상하는 재해로 약관에 따라 계산한 생산비보장보험금이 자기부담금을 초과하는 경우
　② **계산식** : 생산비보장보험금 = (잔존보험가입금액 × 경과비율 × 피해율) − 자기부담금
　　• 잔존보험가입금액 = 보험가입금액 − 보상액(기발생 생산비보장보험금 합계액)
　　• 자기부담금 : 잔존보험가입금액의 3% 또는 5%

(3) 수확기 중 보험사고가 발생한 경우 경과비율 계산식
　경과비율 = 1 − (수확일수 ÷ 표준수확일수)
　• 수확일수는 수확개시일부터 사고발생일까지 경과일수로 한다.
　• 표준수확일수는 수확개시일부터 수확종료일까지의 일수로 한다.

08 적과전 종합위험방식(Ⅱ) 일소피해보장 보통약관에 관한 다음 내용을 각각 서술하시오.

[15점]

(1) 일소피해의 정의
(2) 일소피해보장의 보험기간
(3) 일소피해보장의 감수과실수 산정

정답

(1) 일소피해의 정의

폭염(暴炎)으로 인해 보험의 목적에 일소(日燒)가 발생하여 생긴 피해를 말하며, '일소'란 과실이 태양광에 노출되어 과피 또는 과육이 괴사되어 검게 그을리거나 변색되는 현상을 말한다.

폭염은 대한민국 기상청에서 폭염특보(폭염주의보 또는 폭염경보)를 발령한 때 과수원에서 가장 가까운 3개소의 기상관측장비(기상청 설치 또는 기상청이 인증하고 실시간 관측 자료를 확인할 수 있는 관측소)로 측정한 낮 최고기온이 연속 2일 이상 33℃ 이상으로 관측된 경우를 말하며, 폭염특보가 발령한 때부터 해제한 날까지 일소가 발생한 보험의 목적에 한하여 보상한다. 이때 폭염특보는 과수원이 위치한 지역의 폭염특보를 적용한다.

(2) 일소피해보장의 보험기간

구 분	보험기간	
	보장개시	보장종료
일소피해보장	적과종료 이후	판매개시연도 9월 30일

(3) 일소피해보장의 감수과실수 산정

일소피해로 인한 감수과실수는 보험사고 한 건당 적과후착과수의 6%를 초과하는 경우에만 감수과실수로 인정한다.

① **착과손해** : 피해과실을 분류하고, 이에 과실 분류에 따른 피해인정계수를 적용하여 감수과실수를 산출한다.
② **낙과손해** : 낙과를 분류하고, 이에 과실 분류에 따른 피해인정계수를 적용하여 감수과실수를 산출한다.

09 가축재해보험과 관련하여 정부지원에 관한 내용이다. 다음 내용을 각각 서술하시오.

[15점]

(1) 정부지원 대상
(2) 정부지원 요건
(2) 정부지원 범위

(1) 정부지원 대상

　　가축재해보험 목적물(가축 및 축산시설물)을 사육하는 개인 또는 법인

(2) 정부지원 요건

　　① 농업인·법인

　　　　축산법 제22조 제1항 및 제3항에 따른 <u>축산업 허가(등록)</u>를 받은 자로, 농어업경영체법 제4조에 따라 해당 <u>축종으로 농업경영정보를 등록한 자</u>

　　　　단, 축산법 제22조 제5항에 의한 <u>축산업등록 제외 대상은 해당 축종으로 농업경영정보를 등록한 자</u>

　　② 농·축협

　　　　㉠ 농업식품기본법 시행령 제4조 제1호의 <u>농·축협으로 축산업 허가(등록)를 받은 자</u>

　　　　㉡ 축산법 제22조 제5항에 의한 축산업등록 제외 대상도 지원

　　② 축사

　　　　㉠ 축사는 가축사육과 관련된 적법한 건물(시설물 포함)로 건축물관리대장 또는 가설건축물관리대장이 있는 경우에 한함

　　　　㉡ 건축물관리대장상 주택용도 등 가축사육과 무관한 건물은 정부지원에서 제외함

　　　　㉢ 가축전염병예방법 제19조에 따른 경우에는 사육가축이 없어도 축사에 대해 정부 지원 가능

(3) 정부지원 범위

　　① 가축재해보험에 가입한 재해보험가입자가 납입하는 <u>보험료의 50%를 지원</u>한다. 단, 농업인(주민등록번호) 또는 법인별(법인등록번호) 5천만원 한도 내에서 지원 가능하다.

　　② 말은 마리당 가입금액 <u>4,000만원 한도내 보험료의 50%를 지원</u>하되, 4,000만원을 초과하는 경우는 <u>초과 금액의 70%까지 가입금액을 산정하여 보험료의 50%를 지원</u>한다(단, 외국산 경주마는 정부지원 제외).

　　③ 닭(육계·토종닭·삼계), 돼지, 오리 축종은 가축재해보험 가입두수가 축산업 허가(등록)증의 <u>가축사육 면적당 보험가입 적용 기준을 초과하는 경우 정부지원에서 제외</u>한다.

　　④ 정부지원을 받은 계약자 사망으로 축산업 승계, 목적물 매도 등이 발생한 경우, <u>변경 계약자의 정부지원 요건 충족 여부에 대해 철저한 확인이 필요</u>하다. 정부지원 요건 미충족시 보험계약 해지 또는 잔여기간에 대한 정부지원금(지방비 포함)을 반납 처리한다.

10 가축재해보험(젖소) 사고시 월령에 따른 보험가액을 산출하고자 한다. 각 사례별(① ~ ⑤)로 보험가액 계산과정과 값을 쓰시오(단, 유량검정젖소 가입시는 제외하고, 만원 미만은 절사함). [15점]

[사고 전전월 전국산지 평균가격]

- 분유떼기 암컷 : 100만원
- 수정단계 : 350만원
- 초산우 : 450만원
- 다산우 : 500만원
- 노산우 : 300만원

---

① 월령 3개월 질병사고 폐사
② 월령 11개월 대사성 질병 폐사
③ 월령 20개월 유량감소 긴급 도축
④ 월령 35개월 급성고창 폐사
⑤ 월령 61개월 사지골절 폐사

정답

① **월령 3개월 질병사고 폐사**
질병사고의 경우 <u>월령이 3개월 미만일 때는 분유떼기 암컷 가격의 50%를 보험가액으로 하지만 해당되지 않으므로,</u>
보험가액 = 100만원

② **월령 11개월 대사성 질병 폐사**

$$\text{분유떼기 암컷가격} + \frac{\text{수정단계가격} - \text{분유떼기 암컷가격}}{6} \times (\text{사고월령} - 7\text{개월})$$

$$= 100\text{만원} + \frac{350\text{만원} - 100\text{만원}}{6} \times (11\text{개월} - 7\text{개월}) = 266.67\text{만원}$$

= **266만원**(※ 만원 미만 절사)

③ **월령 20개월 유량감소 긴급 도축**

$$\text{수정단계가격} + \frac{\text{초산우가격} - \text{수정단계가격}}{6} \times (\text{사고월령} - 18\text{개월})$$

$$= 350\text{만원} + \frac{450\text{만원} - 350\text{만원}}{6} \times (20\text{개월} - 18\text{개월}) = 383.33\text{만원}$$

= **383만원**(※ 만원 미만 절사)

④ **월령 35개월 급성고창 폐사**

$$\text{초산우가격} + \frac{\text{다산우가격} - \text{초산우가격}}{9} \times (\text{사고월령} - 31\text{개월})$$

$$= 450\text{만원} + \frac{500\text{만원} - 450\text{만원}}{9} \times (35\text{개월} - 31\text{개월}) = 472.22\text{만원}$$

= **472만원**(※ 만원 미만 절사)

⑤ **월령 61개월 사지골절 폐사**

$$\text{다산우가격} + \frac{\text{노산우가격} - \text{다산우가격}}{12} \times (\text{사고월령} - 55\text{개월})$$

$$= 500\text{만원} + \frac{300\text{만원} - 500\text{만원}}{12} \times (61\text{개월} - 55\text{개월})$$

$$= 500\text{만원} - 100\text{만원} = \textbf{400만원}$$

11 적과전 종합위험방식(Ⅱ) 사과 품목에서 「적과종료 이후부터 수확기종료」에 발생한 「태풍(강풍), 지진, 집중호우, 화재 피해」의 「피해사실확인조사」 관련 설명이다. 다음 (   ) 안의 내용을 쓰시오.　　　　　　　　　　　　　　　　　　　　　　　　　　　　[5점]

> • 나무피해 확인 : 보상하지 않는 손해로 고사한 나무가 있는 경우 (①)로 조사한다.
> • 유과타박률 확인(5종 한정 특약 가입 건의 우박피해시 및 필요시) : 적과종료 전의 착과된 유과 및 꽃눈 등에서 우박으로 피해를 입은 유과(꽃눈)의 비율을 (②) 한다.
> • 피해규모 확인 : 조수해 및 화재 등으로 전체 나무 중 일부 나무에만 피해가 발생된 경우 실시하며, 피해대상주수(③)를 확인한다.
> • 낙엽률 확인(단감 또는 떫은감, 수확연도 6월 1일 이후 낙엽피해시, 적과종료 이전 특정 5종 한정 특약 가입 건) : (④) 기준으로 품목별 표본주수표의 표본주수에 따라 주수를 산정한다.

정답

① 미보상주수, ② 표본조사, ③ 고사주수, 수확불능주수, 일부피해주수, ④ 조사대상주수

12 종합위험 수확감소보장방식 밭작물 품목에 관한 내용이다. 다음 (   )의 알맞은 내용을 순서대로 쓰시오.　　　　　　　　　　　　　　　　　　　　　　　　　　　[5점]

> • 대상품목은 마늘, 양파, 고구마, 양배추, (①), 옥수수(사료용 옥수수 포함), 콩, 팥, 차(茶), (②) 품목으로 한다.
> • 피해사실확인조사는 (③)을 조사한다.
> • (④)은(는) 양배추 품목에만 해당한다.
> • 경작불능조사는 (⑤) 품목을 제외하고 전품목을 조사한다.

정답

① 감자(봄재배, 가을재배, 고랭지재배), ② 수박(노지), ③ 전품목, ④ 재정식조사, ⑤ 차(茶)

13 복분자 농사를 짓고 있는 △△마을의 A와 B농가는 4월에 저온으로 인해 큰 피해를 입어 경작이 어려운 상황에서 농작물재해보험 가입사실을 기억하고 경작불능보험금을 청구하였다. 두 농가의 피해를 조사한 결과에 따른 경작불능보험금을 구하시오(단, 피해는 면적 기준으로 조사하였으며, 미보상 사유는 없다). [5점]

구 분	보험가입금액	보험가입면적	고사면적	자기부담비율
A농가	4,000,000원	$1,500m^2$	$1,200m^2$	20%
B농가	5,000,000원	$2,000m^2$	$1,500m^2$	10%

정답

① A농가의 경작불능보험금 : 1,600,000원
② B농가의 경작불능보험금 : 2,250,000원

해설

경작불능보험금
경작불능보험금은 경작불능조사 결과 식물체 피해율이 65% 이상이고, 계약자가 경작불능보험금을 신청한 경우에 지급하며, 보험금은 보험가입금액에 일정비율(자기부담비율에 따른 경작불능보험금)을 곱하여 산출한다.

[자기부담비율에 따른 경작불능보험금]

자기부담비율	경작불능보험금
10%형	보험가입금액 × 45%
15%형	보험가입금액 × 42%
20%형	보험가입금액 × 40%
30%형	보험가입금액 × 35%
40%형	보험가입금액 × 30%

① **A농가**

식물체 피해율 $= \dfrac{1,200m^2}{1,500m^2} = 0.80 (= 80\%)$이고, 자기부담비율이 20%형이므로,

A농가의 경작불능보험금 $= 4,000,000원 \times 40\% = \textbf{1,600,000원}$

② **B농가**

식물체 피해율 $= \dfrac{1,500m^2}{2,000m^2} = 0.75 (= 75\%)$이고, 자기부담비율이 10%형이므로,

B농가의 경작불능보험금 $= 5,000,000원 \times 45\% = \textbf{2,250,000원}$

14 다음의 계약사항과 조사내용을 참조하여 착과감소보험금을 구하시오(단, 착과감소량은 소수점 첫째자리에서 반올림하여 다음 예시와 같이 구하시오. 예시 : 123.4kg → 123kg).

[5점]

○ 계약사항(해당 과수원의 모든 나무는 단일 품종, 단일 재배방식, 단일 수령으로 함)

품 목	가입금액	평년착과수	자기부담비율	보장수준
적과전 종합위험방식(Ⅱ) 사과	26,400,000원	30,000개	20%	70%

가입과중	가입가격	나무손해보장 특별약관	적과종료 이전 특정위험 5종 한정보장 특별약관
0.4kg	2,200원/kg	미가입	미가입

○ 조사내용

구 분	재해종류	사고일자	조사일자	조사내용
계약일 ~ 적과종료 이전	조수해	5월 6일	5월 7일	• 피해규모 : 일부 • 금차 조수해로 죽은 나무수 : 45주 • 미보상비율 : 5%
	냉해	6월 7일	6월 8일	• 피해규모 : 전체 • 냉해피해 확인 • 미보상비율 : 10%
적과후 착과수 조사	–		7월 23일	• 실제결과주수 : 120주 • 적과후착과수 : 18,000개 • 1주당 평년착과수 : 250개

정답

착과감소보험금 = (착과감소량 − 미보상감수량 − 자기부담감수량) × 가입가격 × 보장수준(70%)
- 착과감소과실수 = 평년착과수 − 적과후착과수 = 30,000개 − 18,000개 = 12,000개
- 착과감소량 = 착과감소과실수 × 가입과중 = 12,000개 × 0.4kg/개 = **4,800kg**
- 미보상감수량 = 미보상감수과실수 × 가입과중 = 1,200개 × 0.4kg/개 = **480kg**
  ※ 적과종료 이전의 미보상감수과실수 = (착과감소과실수 × 미보상비율) + 미보상주수 감수과실수
  = (12,000개 × 10%) + 0개 = 1,200개
  ※ 미보상주수 감수과실수 = 미보상주수 × 1주당 평년착과수 = 0개 × 250개 = 0개
  ※ 적과전 사고조사에서 미보상비율은 미보상비율 조사값 중 가장 큰 값만 적용한다.
- 자기부담감수량 = 기준수확량 × 자기부담비율 = 12,000kg × 20% = **2,400kg**
  ※ 기준수확량 = (적과후착과수 + 착과감소과실수) × 가입과중
  = (18,000개 + 12,000개) × 0.4kg/개 = 12,000kg

∴ 착과감소보험금 보장수준이 70%이므로
착과감소보험금 = (4,800kg − 480kg − 2,400kg) × 2,200원/kg × 70% = **2,956,800원**

15 가축재해보험 보통약관에서 정의하는 다음 (   ) 안의 용어를 답란에 쓰시오.   [5점]

- (①) : 가축 또는 동물의 생명 현상이 끝남을 말한다.
- (②) : 사체를 고온·고압 처리하여 기름과 고형분으로 분리, 사료·공업용 유지 및 육분·육골분을 생산하는 공정을 말한다.
- (③) : 재해보험사업자와 계약을 체결하고 보험료를 납입할 의무를 지는 사람을 말한다.
- (④) : 보험에 가입한 물건으로 보험증권에 기재된 가축 등을 말한다.
- (⑤) : 재해보험사업자가 보험금을 지급하고 취득하는 법률상의 권리를 말한다.

정답

① 폐사, ② 랜더링, ③ 보험계약자, ④ 보험의 목적, ⑤ 대위권

16 농업수입감소보장 마늘 품목에 냉해와 가뭄피해가 발생하여 아래와 같이 수확량조사를 하였다. 계약사항과 조사내용을 토대로 하여 ① 표본구간 단위면적당 수확량, ② 수확량, ③ 실제수입, ④ 피해율, ⑤ 보험가입금액 및 농업수입감소보험금의 계산과정과 값을 각각 구하시오 (단, 품종에 따른 환산계수는 미적용하고, 수확량과 피해율은 소수점 셋째자리에서 반올림하여 둘째자리까지 다음 예시와 같이 구하시오. 예시 : 수확량 3.456kg → 3.46kg, 피해율 12.345% → 12.35%로 기재).   [15점]

〈계약사항〉

- 품종 : 남도
- 평년수확량 : 10,000kg
- 실제경작면적 : 3,000m²
- 가입수확량 : 10,000kg
- 자기부담비율 : 10%
- 기준가격 : 2,800원/kg

〈조사내용〉

- 실제경작면적 : 3,000m²
- 수확불능면적 : 200m²
- 타작물 및 미보상면적 : 300m²
- 표본구간 : 7구간
- 표본구간면적 : 10m²
- 표본구간 수확량 : 30kg
- 미보상비율 : 20%
- 수확기가격 : 2,500원/kg

정답

① 표본구간 단위면적당 수확량 : $3kg/m^2$
② 수확량 : 8,499kg
③ 실제수입 : 21,998,000원
④ 피해율 : 21.44%
⑤ 보험가입금액 및 농업수입감소보험금
  • 보험가입금액 : 28,000,000원
  • 농업수입감소보험금 : 3,203,200원

해설

① 표본구간 단위면적당 수확량

(표본구간 수확량 × 환산계수) ÷ 표본구간면적 $= \dfrac{30kg}{10m^2} = 3kg/m^2$

※ 문제 조건에서 환산계수는 미적용함.

② 수확량
  • 조사대상면적 = 실제경작면적 − 수확불능면적 − 타작물 및 미보상면적 − 기수확면적
      $= 3,000m^2 - 200m^2 - 300m^2 - 0m^2 = 2,500m^2$

  • 단위면적당 평년수확량 = 평년수확량 ÷ 실제경작면적 $= \dfrac{10,000kg}{3,000m^2} = 3.33kg/m^2$

  • 수확량 = (표본구간 단위면적당 수확량 × 조사대상면적) + {단위면적당 평년수확량 × (타작물 및 미보상면적 + 기수확면적)}
      $= (3kg/m^2 \times 2,500m^2) + \{3.33kg/m^2 \times (300m^2 + 0m^2)\}$
      = 7,500kg + 999kg = **8,499kg**

③ 실제수입
  • 미보상감수량 = (평년수확량 − 수확량) × 미보상비율
        = (10,000kg − 8,499kg) × 20% = 300.2kg
  • 실제수입 = (수확량 + 미보상감수량) × 최솟값(농지별 기준가격, 농지별 수확기가격)
        = (8,499kg + 300.2kg) × 최솟값(2,800원/kg, 2,500원/kg)
        = 8,799.2kg × 2,500원/kg = **21,998,000원**

④ 피해율
  • 기준수입 = 평년수확량 × 농지별 기준가격
        = 10,000kg × 2,800원/kg = 28,000,000원
  • 피해율 = (기준수입 − 실제수입) ÷ 기준수입
        = (28,000,000원 − 21,998,000원) ÷ 28,000,000원
        ≒ 0.21436 = **21.44%**(※ 소수점 셋째자리에서 반올림)

⑤ 보험가입금액 및 농업수입감소보험금
  • 보험가입금액 = 가입수확량 × 기준가격 = 10,000kg × 2,800원/kg = **28,000,000원**
  • 농업수입감소보험금 = 보험가입금액 × (피해율 − 자기부담비율)
        = 28,000,000원 × (21.44% − 10%) = **3,203,200원**

17 금차 조사일정에 대하여 손해평가반을 구성하고자 한다. 아래의 '계약사항', '과거 조사사항', '조사자 정보'를 참조하여 〈보기〉의 손해평가반(①~⑤)별 구성가능 여부를 각 반별로 가능 또는 불가능으로 기재하고 불가능한 반은 그 사유를 각각 쓰시오(단, 제시된 내용외 다른 사항은 고려하지 않음). [15점]

○ 금차 조사일정

구 분	조사종류	조사일자
㉮계약(사과)	낙과피해조사	2024년 9월 7일

○ 계약사항

구 분	계약자(가입자)	모집인	계약일
㉮계약(사과)	A	B	2024년 2월 18일
㉯계약(사과)	C	D	2024년 2월 17일

○ 과거 조사사항

구 분	조사종류	조사일자	조사자
㉮계약(사과)	적과후착과수조사	2024년 8월 13일	E, H
㉯계약(사과)	적과후착과수조사	2024년 8월 18일	A, E, F

○ 조사자 정보(조사자간 생계를 같이하는 친족관계는 없음)

성 명	A	B	C	D	E	F	G	H
구 분	손해평가사	손해평가인	손해평가인	손해평가인	손해평가사	손해평가인	손해평가인	손해평가사

○ 손해평가반 구성

┌〈 보 기 〉──────────────────────────
①반 : A, E   ②반 : C, D   ③반 : G   ④반 : B, E, F   ⑤반 : E, H

정답

①반 : 불가능
　[사유]
　A는 <u>자기가 가입한 보험계약에 관한 손해평가</u>에 해당되어 손해평가반 구성에서 배제된다.

②반 : 불가능
　[사유]
　C는 직전 손해평가일로부터 <u>30일 이내의 보험가입자간(A와 C) 상호 손해평가</u>에 해당되어 손해평가반 구성에서 배제된다.

③반 : 가능

④반 : 불가능
　[사유]
　B는 <u>자기가 모집한 보험계약에 관한 손해평가</u>에 해당되어 손해평가반 구성에서 배제된다.

⑤반 : 가능

해설

손해평가반의 구성

① 손해평가반은 손해평가인, 손해평가사, 「보험업법」 제186조에 따른 손해사정사의 어느 하나에 해당하는 자로 구성하며, 5인 이내로 구성한다. 〈2024.3.29. 개정〉
② 손해평가 일정은 손해평가반별로 수립한다.
③ 다음의 어느 하나에 해당하는 손해평가에 대하여는 해당자를 손해평가반 구성에서 배제하여야 한다.
  ㉠ 자기 또는 자기와 생계를 같이하는 친족(이하 "이해관계자"라 한다)이 가입한 보험계약에 관한 손해평가
  ㉡ 자기 또는 이해관계자가 모집한 보험계약에 관한 손해평가
  ㉢ 직전 손해평가일로부터 30일 이내의 보험가입자간 상호 손해평가
  ㉣ 자기가 실시한 손해평가에 대한 검증조사 및 재조사

18 종합위험 수확감소보장방식 벼 품목의 다음 계약사항과 조사내용을 참조하여 물음에 답하시오.

[15점]

○ 계약사항

품 목	가입면적	보험가입금액	자기부담비율	평년수확량	가입 특약
벼	5,000m^2	5,000,000원	10%	3,000kg	병충해보장특약

○ 조사내용

조사종류	조사내용	조사결과
수확량조사 (표본조사)	실제경작면적	5,000m^2
	벼멸구로 피해를 입어 고사한 면적	500m^2
	이화명충으로 고사한 면적	200m^2
	도열병으로 고사한 면적	300m^2
	집중호우로 도복되어 고사한 면적	100m^2
	고추가 식재된 하우스 시설 면적	400m^2
	조사전 수확이 완료된 기수확면적	100m^2
	표본구간 m^{2}당 유효중량	350g/m^2

(1) 수확량의 계산과정과 값을 구하시오(단, 수확량은 kg단위로, 소수점 둘째자리에서 반올림하여 다음 예시와 같이 구하시오. 예시 : 123.45kg → 123.5kg).

(2) 피해율의 계산과정과 값을 구하시오(단, 피해율은 소수점 셋째자리에서 반올림하여 다음 예시와 같이 구하시오. 예시 : 12.345% → 12.35%).

(1) 수확량

수확량 = (표본구간 단위면적당 유효중량 × 조사대상면적) + {단위면적당 평년수확량 × (타작물 및
　　　　미보상면적 + 기수확면적)}

※ **병해충(7종)보장** : 흰잎마름병, 줄무늬잎마름병, 벼멸구, 도열병, 깨씨무늬병, 먹노린재, 세균성벼알마름병

① 단위면적당 평년수확량 = 평년수확량 ÷ 실제경작면적
　　　　　　　　　　　　= $3,000kg ÷ 5,000m^2 = 0.6kg/m^2$

② 조사대상면적 = 실제경작면적 − 고사면적 − 타작물 및 미보상면적 − 기수확면적
　　　　　　　= $5,000m^2 − (500m^2 + 300m^2 + 100m^2) − (400m^2 + 200m^2) − 100m^2$
　　　　　　　= $3,400m^2$

　　※ 타작물면적 : 고추가 식재된 하우스 시설 면적($400m^2$)
　　※ 미보상면적 : 이화명충으로 고사한 면적($200m^2$)

③ 표본구간 단위면적당 유효중량 = $350g/m^2$

수확량 = (표본구간 단위면적당 유효중량 × 조사대상면적) + {단위면적당 평년수확량 × (타작물 및
　　　　미보상면적 + 기수확면적)}
　　　 = $(0.35kg/m^2 × 3,400m^2) + \{0.6kg/m^2 × (400m^2 + 200m^2 + 100m^2)\}$
　　　 = 1,610kg

(2) 피해율

피해율 = (평년수확량 − 수확량 − 미보상감수량) ÷ 평년수확량
　　　 = (3,000kg − 1,610kg − 0kg) ÷ 3,000kg = 0.46333 = **46.33%**(※ 소수점 셋째자리에서 반올림)

※ 미보상비율(%) : 0%
　　이화명충으로 고사한 면적($200m^2$) ÷ 가입면적($5,000m^2$) = 0.04 = 4% < 20%
　　미보상병해충 면적이 농지 면적의 20% 미만이므로 미보상비율은 "해당 없음"(이론서 별표 2 참조)
　　⇒ 미보상감수량 0kg

19 농작물재해보험 종합위험보장 양파 상품에 가입하려는 농지의 최근 5년간 수확량 정보이다.
다음 물음에 답하시오. [15점]

(단위 : kg)

연 도	2019년	2020년	2021년	2022년	2023년	2024년
평년수확량	1,000	900	950	1,000	1,100	?
표준수확량	900	950	900	950	1,000	1,050
조사수확량	–	–	400	무사고	900	
보험가입 여부	미가입	미가입	가입	가입	가입	

(1) 2024년 평년수확량 산출을 위한 과거 평균수확량의 계산과정과 값을 쓰시오.

(2) 2024년 평년수확량의 계산과정과 값을 쓰시오(단, 평년수확량은 소수점 첫째자리에서 반
올림하여 다음 예시와 같이 구하시오. 예시 : 123.4kg → 123kg).

정답

(1) 2024년 평년수확량 산출을 위한 과거 평균수확량

과거 평균수확량 = $\sum$(과거 5년간 수확량) $\div$ Y(과거수확량 산출연도 횟수)

- 2021년 : 평년수확량의 50% $\geq$ 조사수확량이므로, 과거수확량은 평년수확량의 50%이다(= 950kg $\times$ 50% = 475kg).
- 2022년 : 무사고시에는 표준수확량의 1.1배와 평년수확량의 1.1배 중 큰 값을 적용하므로,
  Max(표준수확량, 평년수확량) $\times$ 1.1
  Max(950kg, 1,000kg) $\times$ 1.1 = 1,100kg
- 2023년 : 조사수확량 > 평년수확량의 50%이므로, 과거수확량은 조사수확량이다(= 900kg).

과거 평균수확량 = (475kg + 1,100kg + 900kg) $\div$ 3 = 825kg

(2) 2024년 평년수확량

평년수확량 = $\left\{ A + (B-A) \times (1 - \dfrac{Y}{5}) \right\} \times \dfrac{C}{B}$

- A(과거 평균수확량) = $\sum$(과거 5년간 수확량) $\div$ Y = 825kg
- B(평균표준수확량) = $\sum$(과거 5년간 표준수확량) $\div$ Y
  = (900kg + 950kg + 1,000kg) $\div$ 3 = 950kg
- C(표준수확량) = 가입하는 해의 표준수확량 = 1,050kg
- Y = 과거수확량 산출연도 횟수 = 3

평년수확량 = $\left\{ A + (B-A) \times (1 - \dfrac{Y}{5}) \right\} \times \dfrac{C}{B}$

$= \left\{ 825\text{kg} + (950\text{kg} - 825\text{kg}) \times (1 - \dfrac{3}{5}) \right\} \times \dfrac{1,050\text{kg}}{950\text{kg}} = 967.1\text{kg}$

= **967kg**(※ 소수점 첫째자리에서 반올림)

※ 평년수확량은 보험가입연도 표준수확량의 130%를 초과할 수 없다.

해설

밭작물의 평년수확량 산출방법

평년수확량은 농지(과수원) 단위로 산출하며, 가입연도 직전 5년 중 보험에 가입한 연도의 실제 수확량과 표준수확량을 가입 횟수에 따라 가중평균하여 산출한다.

(1) 과거수확량 자료가 있는 경우(최근 5년 이내 보험가입 경험이 있는 경우)

$\left\{ A + (B-A) \times (1 - \dfrac{Y}{5}) \right\} \times \dfrac{C}{B}$	A(과거 평균수확량) = $\sum$(과거 5년간 수확량) $\div$ Y
	B(평균표준수확량) = $\sum$(과거 5년간 표준수확량) $\div$ Y
	C(표준수확량) = 가입연도 표준수확량
	Y = 과거수확량 산출연도 횟수(가입횟수)

※ 평년수확량은 보험가입연도 표준수확량의 130%를 초과할 수 없음

(2) 과거수확량 산출

① 수확량조사를 시행한 경우

구 분	수확량
조사수확량 > 평년수확량의 50%	조사수확량
평년수확량의 50% $\geq$ 조사수확량	평년수확량의 50%

② 무사고로 수확량조사를 시행하지 않은 경우

표준수확량의 1.1배와 평년수확량의 1.1배 중 큰 값을 적용한다.

$$\text{Max}(\text{표준수확량, 평년수확량}) \times 1.1$$

20 다음의 계약사항과 조사내용으로 ① 적과후착과수, ② 기준착과수, ③ 누적감수과실수의 계산과정과 값을 각각 구하시오(단, 적과후착과수, 기준착과수, 누적감수과실수는 소수점 첫째 자리에서 반올림하여 다음 예시와 같이 구하시오. 예시 : 3.56개 → 4개로 기재). [15점]

○ 계약사항

상품명	가입 특약	적과종료 이전 최대 인정피해율	평년착과수	가입과실수	실제결과주수
적과전 종합 위험방식(Ⅱ) 사과	적과종료 이전 특정 위험 5종 한정 보장 특약	100%	80,000개	40,000개	600주

○ 조사내용

구 분	재해종류	사고일자	조사일자	조사내용
적과종료 이전	강풍	5월 30일	6월 1일	• 피해사실확인조사 : 피해 있음(풍속 20.0m/s) • 미보상감수과실수 : 없음
적과후착과수	–	–	7월 3일	(아래 표 참조)

품 종	재배방식	수 령	실제결과주수	표본주수	표본주 착과수 합계
A품종	밀식	9	250	7	910
B품종	밀식	9	350	13	1,950

※ 고사주수 : A품종 50주(A품종 1주당 평년착과수 100개)
B품종 0주(B품종 1주당 평년착과수 100개)
※ 미보상주수, 수확불능주수 : 없음

	8월 15일	8월 16일	• 낙과피해조사(전수조사) 총 낙과과실수 : 1,000개

피해과실 구분	병해충 과실	100%	80%	50%	정상
과실수	20개	40개	30개	10개	0개

일소 / 8월 15일 / 10월 25일
• 착과피해조사
단, 일소 사고 이후 착과수 : 변동 없음

피해과실 구분	병해충 과실	100%	80%	50%	정상
과실수	30개	10개	40개	20개	100개

적과 종료 이후 / 우박 / 11월 10일 / 11월 11일
• 착과피해조사
사고 당시 착과과실수 : 5,000개

피해과실 구분	병해충 과실	100%	80%	50%	정상
과실수	10개	30개	70개	40개	50개

• 낙과피해조사(전수조사)
총 낙과과실수 : 500개

피해과실 구분	병해충 과실	100%	80%	50%	정상
과실수	10개	50개	30개	10개	0개

정답

① 적과후착과수 : 78,500개
② 기준착과수 : 80,000개
③ 누적감수과실수 : 22,455개

해설

① 적과후착과수
• 품종 · 재배방식 · 수령별 착과수

$$= \frac{\text{품종 · 재배방식 · 수령별 표본주의 착과수 합계}}{\text{품종 · 재배방식 · 수령별 표본주 합계}} \times \text{품종 · 재배방식 · 수령별 조사대상주수}$$

• A품종 $= \dfrac{910}{7} \times (250 - 50) = 26,000$개

• B품종 : $\dfrac{1,950}{13} \times (350 - 0) = 52,500$개

• 품종 · 재배방식 · 수령별 착과수의 합계를 과수원별 적과후착과수로 하므로,
  적과후착과수 = A품종 + B품종 = 26,000개 + 52,500개 = **78,500개**

② 기준착과수
• 착과감소과실수 = 최솟값(평년착과수 − 적과후착과수, 최대 인정감소과실수)
  ※ 최대 인정감소과실수 = 평년착과수 × 최대 인정피해율
    = 80,000개 × 100% = 80,000개
  착과감소과실수 = 최솟값(80,000개 − 78,500개, 80,000개) = 1,500개

- 기준착과수

  적과종료 이전에 착과감소과실수가 있는 경우

  기준착과수 = 적과후착과수 + 착과감소과실수이므로,

  기준착과수 = 78,500개 + 1,500개 = **80,000개**

③ **누적감수과실수**

- 일소 낙과피해조사(전수조사)

  총 낙과과실수 × (낙과피해구성률 − max A)

  $$= 1,000개 \times \left[\frac{(40 \times 1) + (30 \times 0.8) + (10 \times 0.5)}{20 + 40 + 30 + 10} - 0 \right] = 690개$$

  ※ 낙과피해구성률

  $$= \frac{(100\%형\ 피해과실수 \times 1) + (80\%형\ 피해과실수 \times 0.8) + (50\%형\ 피해과실수 \times 0.5)}{100\%형\ 피해과실수 + 80\%형\ 피해과실수 + 50\%형\ 피해과실수 + 정상과실수}$$

  ※ max A : 금차 사고전 기조사된 착과피해구성률 또는 인정피해율 중 최댓값(= 0)

- 일소 착과피해조사

  사고 당시 착과과실수 × (착과피해구성률 − max A)

  $$= (78,500개 - 1,000개) \times \left[\frac{(10 \times 1) + (40 \times 0.8) + (20 \times 0.5)}{30 + 10 + 40 + 20 + 100} - 0 \right] = 20,150개$$

  ※ 착과피해구성률

  $$= \frac{(100\%형\ 피해과실수 \times 1) + (80\%형\ 피해과실수 \times 0.8) + (50\%형\ 피해과실수 \times 0.5)}{100\%형\ 피해과실수 + 80\%형\ 피해과실수 + 50\%형\ 피해과실수 + 정상과실수}$$

  $$= \frac{(10 \times 1) + (40 \times 0.8) + (20 \times 0.5)}{30 + 10 + 40 + 20 + 100} = 0.26 = 26\%$$

  ※ max A : 금차 사고전 기조사된 착과피해구성률 또는 인정피해율 중 최댓값(= 0)

- 우박 착과피해조사

  사고 당시 착과과실수 × (착과피해구성률 − max A)

  $$= 5,000개 \times \left[\frac{(30 \times 1) + (70 \times 0.8) + (40 \times 0.5)}{10 + 30 + 70 + 40 + 50} - 26\% \right] = 1,350개$$

  ※ max A : 금차 사고전 기조사된 착과피해구성률 또는 인정피해율 중 최댓값(= 26%)

- 우박 낙과피해조사(전수조사)

  총 낙과과실수 × (낙과피해구성률 − max A)

  $$= 500개 \times \left[\frac{(50 \times 1) + (30 \times 0.8) + (10 \times 0.5)}{10 + 50 + 30 + 10} - 26\% \right] = 265개$$

  ※ max A : 금차 사고전 기조사된 착과피해구성률 또는 인정피해율 중 최댓값(= 26%)

- 누적감수과실수

  = 낙과피해조사(일소) + 착과피해조사(일소) + 착과피해조사(우박) + 낙과피해조사(우박)

  = 690개 + 20,150개 + 1,350개 + 265개 = **22,455개**

농작물재해보험 및 가축재해보험의 이론과 실무

01 농작물재해보험에서 정하는 용어의 정의로 ( )에 들어갈 내용을 답란에 쓰시오. [5점]

> • "보험의 목적"이란 보험의 약관에 따라 보험에 가입한 목적물로 보험증권에 기재된 농작물의 (①), (②), 재배용·농업용 시설물, (③) 등을 말한다.
> • "평년수확량"이란 가입연도 직전 5년 중 보험에 가입한 연도의 (④)과 (⑤)을 가입 횟수에 따라 가중평균하여 산출한 해당 농지에 기대되는 수확량을 말한다.

정답

① 과실 또는 나무, ② 시설작물, ③ 부대시설, ④ 실제수확량, ⑤ 표준수확량

02 다음은 농작물재해보험 적과전 종합위험방식(Ⅱ) 과수품목의 과실손해보장 보통약관의 대상 재해별 보험기간에 대한 기준이다. ( )에 들어갈 알맞은 내용을 답란에 쓰시오. [5점]

구 분		보험기간	
		보장개시	보장종료
적과종료 이전	자연재해	계약체결일 24시	단감, 떫은감 : (①)
적과종료 이후	가을동상해	(②)	사과, 배 : (③)
			단감, 떫은감 : (④)

정답

① 적과종료 시점(다만, 판매개시연도 7월 31일을 초과할 수 없음)
② 판매개시연도 9월 1일
③ 판매개시연도 수확기종료 시점(다만, 판매개시연도 11월 10일을 초과할 수 없음)
④ 판매개시연도 수확기종료 시점(다만, 판매개시연도 11월 15일을 초과할 수 없음)

적과전 종합위험방식 과수품목의 과실손해보장 보험기간

구 분		대상재해		보험의 목적	보험기간	
보 장	약 관				보장개시	보장종료
과실손해보장	보통약관	적과종료이전	자연재해, 조수해, 화재	사과, 배	계약체결일 24시	적과종료 시점 다만, 판매개시연도 6월 30일을 초과할 수 없음
				단감, 떫은감	계약체결일 24시	적과종료 시점 다만, 판매개시연도 7월 31일을 초과할 수 없음
		적과종료이후	태풍(강풍), 우박, 집중호우, 화재, 지진	사과, 배, 단감, 떫은감	적과종료 이후	판매개시연도 수확기종료 시점 다만, 판매개시연도 11월 30일을 초과할 수 없음
			가을동상해	사과, 배	판매개시연도 9월 1일	판매개시연도 수확기종료 시점 다만, 판매개시연도 11월 10일을 초과할 수 없음
				단감, 떫은감	판매개시연도 9월 1일	판매개시연도 수확기종료 시점 다만, 판매개시연도 11월 15일을 초과할 수 없음
			일소피해	사과, 배, 단감, 떫은감	적과종료 이후	판매개시연도 9월 30일

03 농작물재해보험 복숭아 품목의 아래 손해 중 보상하는 손해는 "○"로, 보상하지 않는 손해는 "×"로 (　　)에 표기하시오.   [5점]

① 원인의 직·간접을 묻지 아니하고 병해충(세균구멍병)으로 발생한 손해 ············· (　　)
② 제초작업, 시비관리 등 통상적인 영농활동을 하지 않아 발생한 손해 ················ (　　)
③ 서리 또는 기온의 하강으로 인하여 농작물 등이 얼어서 발생한 손해 ················ (　　)
④ 하우스, 부대시설 등의 노후 및 하자로 생긴 손해 ·· (　　)
⑤ 수확기에 계약자 또는 피보험자의 고의 또는 중대한 과실로 수확하지 못하여 발생한 손해
　 ·· (　　)

정답

① ○, ② ×, ③ ○, ④ ×, ⑤ ×

해설

② · ④ · ⑤는 복숭아 품목의 보상하지 않는 손해에 해당된다.
① 복숭아의 세균구멍병으로 인한 손해는 보상한다.
③ 서리 또는 기온의 하강으로 인하여 농작물 등이 얼어서 발생하는 손해는 보상하는 자연재해 중 '동상해'에 해당되므로 보상하는 손해이다.

TIP 복숭아 품목의 보상하는 손해와 보상하지 않는 손해	
보상하는 손해	• 자연재해 : 태풍, 우박, 동상해, 호우, 강풍, 냉해, 한해(가뭄피해), 조해, 설해, 폭염, 기타 자연재해 • 조수(鳥獸)해 : 새나 짐승으로 인하여 발생하는 피해 • 화재 : 화재로 인하여 발생하는 피해 • 병충해 : 세균구멍병으로 인하여 발생하는 피해(복숭아 품목에만 해당)
보상하지 않는 손해	• 계약자, 피보험자 또는 이들의 법정대리인의 고의 또는 중대한 과실로 생긴 손해 • 수확기에 계약자 또는 피보험자의 고의 또는 중대한 과실로 수확하지 못하여 발생한 손해 • 제초작업, 시비관리 등 통상적인 영농활동을 하지 않아 발생한 손해 • 원인의 직·간접을 묻지 아니하고 병해충으로 발생한 손해(단, 복숭아의 세균구멍병으로 인한 손해는 제외) • 보상하지 않는 재해로 제방, 댐 등이 붕괴되어 발생한 손해 • 하우스, 부대시설 등의 노후 및 하자로 인하여 발생한 손해 • 계약 체결 시점 현재 기상청에서 발령하고 있는 기상특보 발령지역의 기상특보 관련 재해로 인한 손해 • 보상하는 손해에 해당하지 않은 재해로 발생한 손해 • 보상하는 손해에 해당하지 않은 재해로 발생한 생리장해 • 전쟁, 혁명, 내란, 사변, 폭동, 소요, 노동쟁의, 기타 이들과 유사한 사태로 생긴 손해

04 ○○도 △△시 관내에서 무화과과수원(실제결과주수 1,000주)을 하는 A씨는 농작물재해보험 무화과 품목의 나무손해보장 특약에 1,000주를 가입한 상태에서 보험기간내 침수로 200주가 고사되는 피해를 입었다. A씨의 피해에 대한 나무손해보장 특약의 보험금 산출식을 쓰고, 해당 보험금을 계산하시오(단, 1주당 가입가격은 30,000원임). [5점]

정답

① 산출식 : 보험금 = 보험가입금액 × {피해율 − 자기부담비율(5%)}
   ※ 피해율 = 피해주수(고사된 나무) ÷ 실제결과주수
② 보험금 : 4,500,000원

해설

- 나무손해보장 특약 보험가입금액은 보험에 가입한 결과주수에 1주당 가입가격(30,000원)을 곱하여 산출한다.
- 피해율 = 피해주수(고사된 나무) ÷ 실제결과주수 = 200주 ÷ 1,000주 = 0.2(= 20%)
- 보험금 = 보험가입금액 × {피해율 − 자기부담비율(5%)}
  = 1,000주 × 30,000원/주 × (20% − 5%) = 4,500,000원

05 가축재해보험(한우 · 육우 · 젖소)의 정부지원 관련 내용이다. (   )에 들어갈 내용을 답란에 쓰시오. [5점]

- 가축재해보험가입방식은 농작물재해보험과 같은 방식으로 가입대상자(축산농업인)가 가입 여부를 판단하여 가입하는 (①) 방식이다.
- 가축재해보험에 가입하여 정부의 지원을 받는 요건은 (②)에 등록하고, 축산업 (③)을(를) 받은 자로 한다.
- 가축재해보험과 관련하여 정부의 지원은 개인 또는 법인당 (④) 한도 내에서 납입보험료의 (⑤)%까지 받을 수 있다.

정답

① 임의보험, ② 농업경영체, ③ 허가(등록), ④ 5,000만원, ⑤ 50

06 농작물재해보험에 따른 적과전 종합위험방식(Ⅱ) 나무손해보장 특별약관에서 정하는 보상하는 손해와 보상하지 않는 손해를 답란에 각각 서술하시오. [15점]

보상하는 손해	
보상하지 않는 손해	

[정답]

보상하는 손해	보험의 목적(나무)이 보통약관에서 보상하는 재해(자연재해, 조수해, 화재)로 인해 입은 손해
보상하지 않는 손해	1. 계약자, 피보험자 또는 이들의 법정대리인의 고의 또는 중대한 과실로 인한 손해 2. 제초작업, 시비관리 등 통상적인 영농활동을 하지 않아 발생한 손해 3. 보상하지 않는 재해로 제방, 댐 등이 붕괴되어 발생한 손해 4. 피해를 입었으나 회생 가능한 나무 손해 5. 토양관리 및 재배기술의 잘못된 적용으로 인해 생기는 나무 손해 6. 병충해 등 간접손해에 의해 생긴 나무 손해 7. 하우스, 부대시설 등의 노후 및 하자로 생긴 손해 8. 계약 체결 시점 현재 기상청에서 발령하고 있는 기상특보 발령 지역의 기상특보 관련 재해로 인한 손해 9. 보상하는 손해에 해당하지 않은 재해로 발생한 손해 10. 전쟁, 혁명, 내란, 사변, 폭동, 소요, 노동쟁의, 기타 이들과 유사한 사태로 생긴 손해

07 농작물재해보험 원예시설 및 시설작물에서 정하는 자기부담금과 소손해면책금에 대하여 서술하시오. [15점]

[정답]

(1) 자기부담금
 ① 최소 자기부담금(30만원)과 최대 자기부담금(100만원)을 한도로 보험사고로 인하여 발생한 손해액의 10%에 해당하는 금액을 자기부담금으로 한다. 단, 피복재 단독사고는 최소 자기부담금(10만원)과 최대 자기부담금(30만원)을 한도로 한다.
 ② 농업용 시설물(버섯재배사 포함)과 부대시설 모두를 보험의 목적으로 하는 보험계약은 두 보험의 목적의 손해액 합계액을 기준으로 자기부담금을 산출한다.
 ③ 자기부담금은 단지 단위, 1사고 단위로 적용한다.
 ④ 화재손해는 자기부담금을 적용하지 않는다(농업용 시설물 및 버섯재배사, 부대시설에 한함).

(2) 소손해면책금
 ① 시설작물 및 버섯작물에 적용한다.
 ② 보상하는 재해로 1사고당 생산비보험금이 10만원 이하인 경우 보험금이 지급되지 않고, 소손해면책금을 초과하는 경우 손해액 전액을 보험금으로 지급한다.

08 농작물재해보험 종합위험방식 옥수수 품목에서 정하는 보험금 지급사유와 보험금 계산식을 답란에 서술하시오(단, 자기부담비율은 10%형, 보장비율은 45%형이고, 사고발생월은 5월임).

[15점]

구 분	지급사유	보험금 계산식
경작불능 보험금		① 옥수수 : ② 사료용 옥수수 :
수확감소 보험금		

정답

구 분	지급사유	보험금 계산식
경작불능 보험금	보상하는 재해로 식물체 피해율이 65% 이상이고, 계약자가 경작불능보험금을 신청한 경우에 지급한다.	① 옥수수 : 보험가입금액×45% ② 사료용 옥수수 : 보험가입금액×45%×80%
수확감소 보험금	보상하는 재해로 손해액이 자기부담금을 초과하는 경우에 지급한다.	Min[보험가입금액, 손해액] − 자기부담금 ※ 손해액 = 피해수확량×가입가격 ※ 자기부담금 = 보험가입금액×자기부담비율

해설

보험금 계산식
(1) 경작불능보험금
　① 옥수수

> 보험금 = 보험가입금액 × 자기부담비율에 따른 일정비율

[자기부담비율에 따른 경작불능보험금]

자기부담비율	경작불능보험금
10%형	보험가입금액×45%
15%형	보험가입금액×42%
20%형	보험가입금액×40%
30%형	보험가입금액×35%
40%형	보험가입금액×30%

② 사료용 옥수수

$$보험금 = 보험가입금액 \times 보장비율 \times 경과비율$$

[계약자 선택에 따른 보장비율 표]

구 분	45%형	42%형	40%형	35%형	30%형
보장비율	45%	42%	40%	35%	30%

[사고발생일에 속한 월에 따른 경과비율 표]

월 별	5월	6월	7월	8월
경과비율	80%	80%	90%	100%

(2) 수확감소보험금

$$Min[보험가입금액, 손해액] - 자기부담금$$
※ 손해액 = 피해수확량 × 가입가격
※ 자기부담금 = 보험가입금액 × 자기부담비율

09 가축재해보험 손해평가의 ① 목적 및 ② 손해평가 담당자, ③ 평가방법에 관하여 서술하시오.
[15점]

정답

(1) 목 적
가축재해보험 손해평가는 가축재해보험에 가입한 계약자에게 보상하는 재해가 발생한 경우 피해사실을 확인하고, 손해액을 평가하여 약정한 보험금을 지급하기 위하여 실시한다.

(2) 손해평가 담당자
재해보험사업자는 보험목적물에 관한 지식과 경험을 갖춘 자 또는 그 밖에 전문가를 손해평가인으로 위촉하여 손해평가를 담당하게 하거나, 손해평가사 또는 보험업법에 따른 손해사정사에게 손해평가를 담당하게할 수 있다(농어업재해보험법 제11조).

(3) 평가방법
가축재해보험 손해평가는 농어업재해보험법 제11조 및 농림축산식품부장관이 정하여 고시하는 농업재해보험손해평가요령에 따라 손해평가를 실시하고, 손해평가시 고의로 진실을 숨기거나 허위로 하여서는 안 된다.
① 재해보험사업자는 손해평가의 공정성 확보를 위해 보험목적물에 대한 수의사 진단 및 검안시 시·군 공수의사, 수의사로 하여금 진단 및 검안 등을 실시한다.
② 소 사고 사진은 귀표가 정확하게 나오도록 하고, 매장시 매장장소가 확인되도록 전체 배경화면이 나오는 사진을 추가하며, 검안시 해부 사진을 첨부한다.
③ 진단서, 폐사 진단서 등은 상단에 연도별 일련번호를 표기하고 법정서식을 사용한다.

10 농업수입감소보장 포도 품목 캠벨얼리(노지)의 기준가격(원/kg)과 수확기가격(원/kg)을 구하고, 산출식을 답란에 서술하시오(단, 2024년에 수확하는 포도를 2023년 11월에 보험가입하였고, 과거 5년 농가수취비율의 올림픽 평균값은 80%로 정함). [15점]

연 도	서울시 가락도매시장 캠벨얼리(노지) 연도별 평균가격(원/kg)	
	중 품	상 품
2019	3,300	4,500
2020	3,200	3,500
2021	3,000	3,300
2022	3,900	4,700
2023	3,500	3,900
2024	4,000	4,900

[정답]

- 기준가격 : 2,920원
  산출식 : 기준가격 = 연도별 중품과 상품 평균가격의 올림픽 평균값 × 농가수취비율의 올림픽 평균값
  = 3,650원 × 80% = 2,920원
- 수확기가격 : 3,560원
  산출식 : 수확기가격 = 수확연도의 서울시 가락도매시장 중품과 상품 평균가격 × 농가수취비율의 올림픽 평균값
  = 4,450원 × 80% = 3,560원

[해설]

(1) 기준가격
   서울시 가락도매시장의 과거 5년 중품과 상품 평균가격의 올림픽 평균값에 과거 5년 농가수취비율의 올림픽 평균값을 곱하여 산출한다.
   ① **연도별 평균가격** : 연도별 기초통계 기간의 일별 가격을 평균하여 산출한다.
   ② **올림픽 평균값** : 연도별 평균가격 중 최댓값과 최솟값을 제외한 평균값
   ③ **과거 5년 농가수취비율의 올림픽 평균값** : 80%
      과거 5년 연도별 중품과 상품 평균가격을 구해보면,

연 도	서울 가락도매시장 캠벨얼리(노지) 연도별 평균가격(원/kg)		
	중 품	상 품	평균가격
2019	3,300	4,500	3,900
2020	3,200	3,500	3,350
2021	3,000	3,300	3,150
2022	3,900	4,700	4,300
2023	3,500	3,900	3,700

올림픽 평균값은 최댓값(4,300원)과 최솟값(3,150원)을 제외한 평균값이므로,
- 올림픽 평균값 = 3,650원
- 기준가격 = 3,650원 × 80% = 2,920원

(2) 수확기가격

수확연도의 서울시 가락도매시장 중품과 상품 평균가격에 과거 5년 농가수취비율의 올림픽 평균값을 곱하여 산출한다.

- 수확연도의 서울시 가락도매시장 중품과 상품 평균가격 = (4,000원 + 4,900원) ÷ 2 = 4,450원
- 수확기가격 = 수확연도의 서울시 가락도매시장 중품과 상품 평균가격 × 농가수취비율의 올림픽 평균값
  = 4,450원 × 80% = 3,560원

11 다음은 농작물재해보험에서 사용하는 용어의 정의이다. 설명하는 내용에 알맞은 용어를 답란에 쓰시오. [5점]

> ① 국가 및 지방자치단체의 지원보험료를 제외한 계약자가 부담하는 금액을 의미한다.
> ② 보험가입금액에 해당하는 농지에서 경작한 수확물을 모두 조사하는 방법을 말한다.
> ③ 보험가입한 수확량으로 평년수확량의 일정범위(50% ~ 100%) 내에서 보험계약자가 결정한 수확량으로 가입금액의 기준을 의미한다.
> ④ 통상적인 적과 및 자연낙과 종료 시점의 착과수를 의미한다.
> ⑤ 실제경작면적 중 목적물 외에 타작물이 식재되어 있거나 보상하는 손해 이외의 원인으로 수확량이 현저하게 감소된 면적을 의미한다.

정답

① 계약자부담보험료
② 전수조사
③ 가입수확량
④ 적과후착과수
⑤ 타작물 및 미보상면적

12 종합위험 수확감소보장방식 과수 품목의 과중조사를 실시하고자 한다. 아래 농지별 최소 표본과실수를 답란에 쓰시오(단, 해당 기준의 절반 조사는 고려하지 않는다). [5점]

계약사항			최소 표본과실수(개)
농 지	품 목	품종수	
A	포도	2	①
B	감귤(만감류)	1	②
C	복숭아	3	③
D	자두	1	④
E	자두	4	⑤

정답

① 40개, ② 30개, ③ 60개, ④ 40개, ⑤ 80개

과중조사

과중조사는 사고접수가 된 농지에 한하여 품종별로 수확시기에 각각 실시한다. 농지에서 품종별로 착과가 평균 적인 3주 이상의 표본주에서 크기가 평균적인 과실을 20개 이상[표본 과실수는 포도·감귤(만감류)의 경우에 농지당 30개 이상, 복숭아·자두의 경우에 농지당 40개 이상] 추출하여 품종별 과실 개수와 무게를 조사한다.

계약사항			최소 표본과실수(개)
농 지	품 목	품종수	
A	포도	2	20개×2 = 40개
B	감귤(만감류)	1	30개×1 = 30개
C	복숭아	3	20개×3 = 60개
D	자두	1	40개×1 = 40개
E	자두	4	20개×4 = 80개

13 다음은 종합위험 수확감소보장방식 밭작물 품목별 수확량조사 적기에 관한 내용이다. 괄호 안에 알맞은 내용을 답란에 쓰시오.　　　　　　　　　　　　　　　　　　　　　[5점]

품 목	수확량조사 적기
마늘	잎과 줄기가 (①) 황변하여 말랐을 때와 해당 지역의 통상 수확기가 도래하였을 때
고구마	삽식일로부터 (②)일 이후에 농지별로 적용
감자(가을재배)	파종일로부터 제주지역은 (③)일 이후, 이외 지역은 (④)일 이후
팥	꼬투리가 (⑤)% 이상이 성숙한 시기
양배추	(⑥) 형성이 완료된 때
수박(노지)	꽃가루받이후 또는 착과후 (⑦)

① 1/2 ~ 2/3, ② 120, ③ 110, ④ 95, ⑤ 70~80, ⑥ 결구, ⑦ 35~45일

품목별 수확량조사 적기

품 목	수확량조사 적기
마늘	잎과 줄기가 (1/2 ~ 2/3) 황변하여 말랐을 때와 해당 지역의 통상 수확기가 도래하였을 때
고구마	삽식일로부터 (120)일 이후에 농지별로 적용
감자(가을재배)	파종일로부터 제주지역은 (110)일 이후, 이외 지역은 (95)일 이후
팥	꼬투리가 (70~80)% 이상이 성숙한 시기
양배추	(결구) 형성이 완료된 때
수박(노지)	수확적기(꽃가루받이후 또는 착과후 35~45일)

14 다음은 종합위험 수확감소보장방식 논작물 및 밭작물 품목에 대한 내용이다. (　　)에 알맞은 내용을 답란에 쓰시오. [5점]

구 분	품 목
수확량 전수조사 대상 품목	논작물의 경우 (①)이고, 밭작물의 경우 (②)를 제외한 전품목이다.
경작불능조사 대상 품목	논작물의 경우 (③)이고, 밭작물의 경우 (④)를 제외한 마늘, 양파, 양배추, 고구마, 감자(봄재배, 가을재배, 고랭지재배), 옥수수, 사료용 옥수수, 콩, 팥, 수박(노지) 품목이다.
병해충을 보장하는 품목 (특약 포함)	논작물의 경우 중 (⑤) 품목만 해당하고, 밭작물의 경우 (⑥) 품목만 해당한다.

정답

① 벼, 밀, 보리, 귀리, ② 사료용 옥수수, ③ 벼, 조사료용 벼, 밀, 보리, 귀리, ④ 차(茶), ⑤ 벼, ⑩ 감자

15 가축재해보험의 축사 보통약관에서 보상하는 손해 중 지진 피해의 경우 다음의 최저기준을 초과하는 손해를 담보한다. (　　) 안에 알맞은 내용을 순서대로 답란에 쓰시오. [5점]

> ① 기둥의 (　　) 이하를 해체하여 수선 또는 보강하는 것
> ② 보의 (　　) 이하를 해체하여 수선 또는 보강하는 것
> ③ 지붕틀의 (　　) 이하를 해체하여 수선 또는 보강하는 것
> ④ 기둥, 보, 지붕틀, 벽 등에 (　　) 이하의 균열이 발생한 것
> ⑤ 지붕재의 (　　) 이하를 수선하는 것

정답

① 1개
② 1개
③ 1개
④ 2m
⑤ 2m^2

16 종합위험 수확감소보장방식 벼 품목에 가입한 농가가 보상하는 재해로 피해를 입어 수확량 조사 방법 중 수량요소조사를 실시하였다. 다음 계약사항 및 조사내용을 기준으로 주어진 조사표의 ①~⑫항의 해당 항목값을 구하시오(단, 조사수확비율 결정은 해당 구간의 가장 큰 비율을 적용하고 미보상감수량은 없으며, 항목별 요소점수는 조사표본포기 순서대로 기재하고, 소수점 셋째자리에서 반올림하여 둘째자리까지 다음 예시와 같이 구하시오. 예시 : 수확량 3.456kg → 3.46kg, 피해율 12.345% → 12.35%로 기재). [15점]

○ 이삭상태 점수표

포기당 이삭수	16개 미만	16개 이상
점 수	1	2

○ 완전낟알상태 점수표

이삭당 완전낟알수	51개 미만	51개 이상 61개 미만	61개 이상 71개 미만	71개 이상 81개 미만	81개 이상
점 수	1	2	3	4	5

○ 조사수확비율 환산표

점수 합계(점)	10점 미만	10 ~11	12 ~13	14 ~15	16 ~18	19 ~21	22 ~23	24점 이상
조사수확비율 (%)	0 ~20	21 ~40	41 ~50	51 ~60	61 ~70	71 ~80	81 ~90	91 ~100

○ 조사내용

표본포기	1포기	2포기	3포기	4포기
포기당 이삭수	12	15	18	20
완전낟알수	49	56	75	65

○ 수량요소조사 조사표

항목별 요소점수조사									조사 수확 비율 (%)	표준 수확량 (kg)	조사 수확량 (kg)	평년 수확량 (kg)	피해 면적 비율 (%)	피해율 (%)
이삭상태				완전 낟알상태				합 계						
①	②	③	④	⑤	⑥	⑦	⑧	⑨	⑩	1,800	⑪	2,000	10% 이상 30% 미만	⑫

① 1점, ② 1점, ③ 2점, ④ 2점, ⑤ 1점, ⑥ 2점, ⑦ 4점, ⑧ 3점, ⑨ 16점, ⑩ 70%, ⑪ 1,386kg, ⑫ 30.7%

① 1포기의 포기당 이삭수가 12이므로 이삭상태 점수표에서 1점에 해당한다.
② 2포기의 포기당 이삭수가 15이므로 이삭상태 점수표에서 1점에 해당한다.
③ 3포기의 포기당 이삭수가 18이므로 이삭상태 점수표에서 2점에 해당한다.
④ 4포기의 포기당 이삭수가 20이므로 이삭상태 점수표에서 2점에 해당한다.
⑤ 1포기의 완전낟알수가 49이므로 완전낟알상태 점수표에서 1점에 해당한다.
⑥ 2포기의 완전낟알수가 56이므로 완전낟알상태 점수표에서 2점에 해당한다.
⑦ 3포기의 완전낟알수가 75이므로 완전낟알상태 점수표에서 4점에 해당한다.
⑧ 4포기의 완전낟알수가 65이므로 완전낟알상태 점수표에서 3점에 해당한다.
⑨ 1점 + 1점 + 2점 + 2점 + 1점 + 2점 + 4점 + 3점 = 16점
⑩ 항목별 요소점수조사 합계가 16점이므로 조사수확비율 환산표에서 61~70%에 해당한다. 그런데 조사수확 비율은 해당 구간의 가장 큰 비율을 적용하므로 70%가 된다.
⑪ 조사수확량(kg) = 표준수확량(kg) × 조사수확비율(%) × 피해면적 보정계수
= 1,800kg × 0.7 × 1.1 = **1,386kg**
※ 피해면적비율(%)이 10% 이상 30% 미만이므로 피해면적 보정계수 = 1.1
⑫ 피해율(%) = (평년수확량 – 수확량 – 미보상감수량) ÷ 평년수확량
= (2,000kg – 1,386kg – 0kg) ÷ 2,000kg = 0.307(= **30.7%**)

17 다음의 계약사항과 보상하는 손해에 따른 조사내용에 관하여 수확량, 미보상감수량, 수확감
소보험금을 구하시오.   [15점]

① 계약사항

상품명	보험가입금액	가입면적	평년수확량	자기부담비율
수확감소보장 양배추	20,000,000원	10,000m^2	5,000kg	10%

② 조사내용

조사종류	실제경작면적	고사면적	타작물 및 미보상면적	기수확면적
수확량조사	10,000m^2	1,000m^2	1,000m^2	1,000m^2

표본구간 정상 양배추 중량	80% 피해 양배추 중량	표본구간면적 합계	미보상비율
3kg	6kg	10m^2	10%

(1) 수확량(kg단위로 소수점 셋째짜리에서 반올림하여 둘째자리까지 다음 예시와 같이 구하시
    오. 예시 : 3.456kg → 3.46kg로 기재)
(2) 미보상감수량
(3) 수확감소보험금

정답

(1) 수확량
- 표본구간 수확량 합계 = 표본구간 정상 양배추 중량 + (80% 피해 양배추 중량 × 0.2)
    $$= 3kg + (6kg × 0.2) = 4.2kg$$
- 표본구간 단위면적당 수확량 = 표본구간 수확량 합계 ÷ 표본구간면적
    $$= 4.2kg ÷ 10m^2 = 0.42kg/m^2$$
- 조사대상면적 = 실제경작면적 − 고사면적 − 타작물 및 미보상면적 − 기수확면적
    $$= 10,000m^2 − 1,000m^2 − 1,000m^2 − 1,000m^2 = 7,000m^2$$
- 단위면적당 평년수확량 = 평년수확량 ÷ 실제경작면적 = 5,000kg ÷ 10,000m^2 = 0.5kg/m^2
- 수확량 = (표본구간 단위면적당 수확량 × 조사대상면적) + {단위면적당 평년수확량 × (타작물 및 미보상면
    적 + 기수확면적)}
    $$= (0.42kg/m^2 × 7,000m^2) + \{0.5kg/m^2 × (1,000m^2 + 1,000m^2)\}$$
    $$= 3,940kg$$

(2) 미보상감수량
    미보상감수량 = (평년수확량 − 수확량) × 미보상비율
    $$= (5,000kg − 3,940kg) × 10\% = 106kg$$

(3) 수확감소보험금
- 수확감소보험금 = 보험가입금액 × (피해율 − 자기부담비율)
- 피해율 = (평년수확량 − 수확량 − 미보상감수량) ÷ 평년수확량
    $$= (5,000kg − 3,940kg − 106kg) ÷ 5,000kg = 0.1908 = 19.08\%$$
- 수확감소보험금 = 20,000,000원 × (19.08% − 10%) = **1,816,000원**

18 다음 조건에 따라 농업수입감소보장 포도 품목의 피해율 및 농업수입감소보험금을 산출하시오.

[15점]

- 보험가입금액 : 10,000,000원
- 평년수확량 : 1,000kg
- 조사수확량 : 600kg
- 농지별 기준가격 : 5,000원/kg
- 농지별 수확기가격 : 4,000원/kg
- 자기부담비율 : 20%
- 미보상비율 : 10%

---

(1) 피해율(피해율은 %단위로 소수점 셋째자리에서 반올림하여 둘째자리까지 다음 예시와 같이 구하시오. 예시 : 12.345% → 12.35%로 기재)
(2) 농업수입감소보험금

정답

(1) 피해율
- 기준수입 = 평년수확량 × 농지별 기준가격 = 1,000kg × 5,000원/kg = 5,000,000원
- 미보상감수량 = (평년수확량 − 수확량) × 최댓값(미보상비율)
  = (1,000kg − 600kg) × 10% = 40kg
- 실제수입 = (수확량 + 미보상감수량) × Min(농지별 기준가격, 농지별 수확기가격)
  = (600kg + 40kg) × 4,000원/kg = 2,560,000원
- 피해율 = (기준수입 − 실제수입) ÷ 기준수입
  = (5,000,000원 − 2,560,000원) ÷ 5,000,000원 = 0.488(= **48.8%**)

(2) 농업수입감소보험금
농업수입감소보험금 = 보험가입금액 × (피해율 − 자기부담비율)
  = 10,000,000원 × (48.8% − 20%) = **2,880,000원**

19 다음의 계약사항과 조사내용에 따른 표본구간 유효중량, 피해율 및 수확감소보험금을 구하시오. [15점]

① 계약사항

품목명	가입 특약	가입금액	가입면적	가입수확량	평년수확량	자기부담비율	품종구분
벼	병해충보장특약	5,000,000원	5,000m²	3,900kg	3,500kg	15%	새누리(메벼)

② 조사내용

조사종류	재해내용	실제경작면적	고사면적	타작물 및 미보상면적	기수확면적	표본구간면적	표본구간작물중량합계	함수율
수확량(표본)조사	병해충(도열병) / 집중호우	5,000m²	1,000m²	500m²	500m²	0.5m²	250g	25%

(1) 표본구간 유효중량(단, 표본구간 유효중량은 g단위로 소수점 첫째자리에서 반올림하여 다음 예시와 같이 구하시오. 예시 : 123.4g → 123g로 기재)
(2) 피해율(단, 피해율은 % 단위로 소수점 셋째자리에서 반올림하여 둘째자리까지 다음 예시와 같이 구하시오. 예시 : 12.345% → 12.35%로 기재)
(3) 수확감소보험금

정답

(1) 표본구간 유효중량
　표본구간 유효중량 = 표본구간 작물중량 합계 × (1 - Loss율) × {(1 - 함수율) ÷ (1 - 기준함수율)}
　※ Loss율 : 7% / 기준함수율 : 메벼(15%), 찰벼(13%), 분질미(14%)
　표본구간 유효중량 = 250g × (1 - 7%) × {(1 - 25%) ÷ (1 - 15%)} = 205.15g
　　　　　　　　　　 = **205g**(※ 소수점 첫째자리에서 반올림)

(2) 피해율
- 표본구간 단위면적당 유효중량 = 205g ÷ 0.5m² = 410g/m² = 0.41kg/m²
- 조사대상면적 = 실제경작면적 - 고사면적 - 타작물 및 미보상면적 - 기수확면적
　　　　　　　 = 5,000m² - 1,000m² - 500m² - 500m² = 3,000m²
- 단위면적당 평년수확량 = 평년수확량 ÷ 실제경작면적 = 3,500kg ÷ 5,000m² = 0.7kg/m²
- 수확량 = (표본구간 단위면적당 유효중량 × 조사대상면적) + {단위면적당 평년수확량 × (타작물 및 미보상면적 + 기수확면적)}
　　　　 = (0.41kg/m² × 3,000m²) + {0.7kg/m² × (500 + 500)m²} = 1,930kg
- 미보상감수량 = (평년수확량 - 수확량) × 미보상비율
　　　　　　　 = (3,500kg - 1,930kg) × 0% = 0kg
- 피해율 = (평년수확량 - 수확량 - 미보상감수량) ÷ 평년수확량
　　　　 = (3,500kg - 1,930kg - 0kg) ÷ 3,500kg = 0.44857 = **44.86%**(※ 소수점 셋째자리에서 반올림)

(3) 수확감소보험금
　보험금 = 보험가입금액 × (피해율 - 자기부담비율)
　　　　 = 5,000,000원 × (44.86% - 15%) = **1,493,000원**

20 다음의 계약사항과 조사내용에 관한 적과후착과수와 누적감수과실수를 구하시오(단, 감수과실수와 기준착과수는 소수점 첫째자리에서 반올림하고, 피해율은 %단위로 소수점 셋째자리에서 반올림하여 다음 예시와 같이 구하시오. 예시 : 12.345% → 12.35%).   [15점]

① 계약사항

상품명	가입 특약	평년착과수	가입과실수	실제결과주수
적과전 종합위험방식(Ⅱ) 단감	미가입	15,000개	9,000개	100주

② 적과후착과수 조사내용(조사일자 : 7월 25일)

품 종	수 령	실제결과주수	표본주수	표본주 착과수 합계
부유	10년	20주	3주	210개
부유	15년	50주	8주	960개
차랑	20년	30주	3주	300개

구 분	재해 종류	사고 일자	조사 일자	조사내용
적과 종료 이전	우박	5월 15일	5월 16일	• 해당 조사 없음
적과 종료 이후	강풍	7월 30일	7월 31일	• 낙과피해조사(전수조사) 총 낙과과실수 : 1,000개 / 나무피해 없음 / 미보상감수과실수 0개 <table><tr><td>피해과실 구분</td><td>100%</td><td>80%</td><td>50%</td><td>정상</td></tr><tr><td>과실수</td><td>1,000개</td><td>0</td><td>0</td><td>0</td></tr></table>• 낙엽피해조사 낙엽률 50%(경과일수 60일) / 미보상비율 0%
	태풍	10월 08일	10월 09일	• 낙과피해조사(전수조사) 총 낙과과실수 : 500개 / 나무피해 없음 / 미보상감수과실수 0개 <table><tr><td>피해과실 구분</td><td>100%</td><td>80%</td><td>50%</td><td>정상</td></tr><tr><td>과실수</td><td>200개</td><td>100개</td><td>100개</td><td>100개</td></tr></table>• 낙엽피해조사 낙엽률 60%(경과일수 130일) / 미보상비율 0%
	우박	5월 15일	10월 29일	• 착과피해조사 단, 태풍 사고 이후 착과수는 변동 없음 <table><tr><td>피해과실 구분</td><td>100%</td><td>80%</td><td>50%</td><td>정상</td></tr><tr><td>과실수</td><td>20개</td><td>30개</td><td>20개</td><td>30개</td></tr></table>
	가을 동상해	10월 30일	10월 31일	• 가을동상해 착과피해조사 사고 당시 착과과실수 : 3,000개 가을동상해로 인한 잎 피해율 : 70% 잔여일수 : 10일 <table><tr><td>피해과실 구분</td><td>100%</td><td>80%</td><td>50%</td><td>정상</td></tr><tr><td>과실수</td><td>20개</td><td>20개</td><td>20개</td><td>40개</td></tr></table>

(1) **적과후착과수**

① 품종·재배방식·수령별 착과수

$$= \frac{품종 \cdot 재배방식 \cdot 수령별 \ 표본주의 \ 착과수 \ 합계}{품종 \cdot 재배방식 \cdot 수령별 \ 표본주 \ 합계} \times 품종 \cdot 재배방식 \cdot 수령별 \ 조사대상주수$$

② 적과후착과수 $= \left(\frac{210}{3} \times 20 \right) + \left(\frac{960}{8} \times 50 \right) + \left(\frac{300}{3} \times 30 \right) = \mathbf{10,400개}$

(2) **누적감수과실수**

① **적과종료 이전 자연재해(우박)로 인한 적과종료 이후 착과손해 감수과실수**

적과후착과수가 평년착과수의 60% 이상 100% 미만인 경우,

감수과실수 $=$ 적과후착과수 $\times 5\% \times \dfrac{100\% - 착과율}{40\%}$

※ 착과율 $=$ 적과후착과수 $\div$ 평년착과수 $= 10,400개 \div 15,000개 = 0.6933(= \mathbf{69.33\%})$

감수과실수 $= 10,400개 \times 5\% \times \dfrac{100\% - 69.33\%}{0.4} = 398.71개 = \mathbf{399개}$(※ 소수점 첫째자리에서 반올림)

※ 상기 계산된 감수과실수는 적과종료 이후 누적감수량에 합산하며, 적과종료 이후 착과피해율(max A 적용)로 인식함

※ 착과피해율 $=$ 감수과실수 $\div$ 적과후착과수 $= 399개 \div 10,400개 = 0.03837(= 3.84\%)$

② **적과후착과수 = 10,400개**

③ **강풍피해조사**

- 낙과피해조사(전수조사)

총 낙과과실수 $\times$ (낙과피해구성률 $-$ max A)

$= 1,000개 \times \left[\dfrac{(1,000 \times 1) + (0 \times 0.8) + (0 \times 0.5)}{1,000 + 0 + 0 + 0} - 3.84\% \right] = 961.6개$

$= \mathbf{962개}$(※ 소수점 첫째자리에서 반올림)

- 낙엽피해조사

사고 당시 착과과실수 $\times$ (인정피해율 $-$ max A)

※ 사고 당시 착과과실수

$=$ 적과후착과수 $-$ 총 낙과과실수 $-$ 총 적과종료후 나무피해과실수 $-$ 총 기수확과실수

※ 인정피해율 $= (1.0115 \times 낙엽률) - (0.0014 \times 경과일수)$

※ max A : 금차 사고전 기조사된 착과피해구성률 또는 인정피해율 중 최댓값($= 3.84\%$)

사고 당시 착과과실수 $\times \{[(1.0115 \times 낙엽률) - (0.0014 \times 경과일수)] - max A\}$

$= (10,400개 - 1,000개 - 0개 - 0개) \times \{[(1.0115 \times 50\%) - (0.0014 \times 60)] - 3.84\%\}$

$= 3,603.49개 = \mathbf{3,603개}$(※ 소수점 첫째자리에서 반올림)

강풍피해 감수과실수 $= 962개 + 3,603개 = \mathbf{4,565개}$

④ **태풍피해조사**
  - 낙과피해조사(전수조사)
    총 낙과과실수 × (낙과피해구성률 − max A)

$$= 500개 \times \left[\frac{(200 \times 1) + (100 \times 0.8) + (100 \times 0.5)}{200 + 100 + 100 + 100} - 42.18\% \right] = 119.1개$$

    = **119개**(※ 소수점 첫째자리에서 반올림)
    ※ max A : 금차 사고전 기조사된 착과피해구성률 또는 인정피해율 중 최댓값
    인정피해율 = [(1.0115 × 50%) − (0.0014 × 60)] = 0.42175(= **42.18%**)
    ※ 낙과피해구성률

$$= \frac{(100\%형\ 피해과실수 \times 1) + (80\%형\ 피해과실수 \times 0.8) + (50\%형\ 피해과실수 \times 0.5)}{100\%형\ 피해과실수 + 80\%형\ 피해과실수 + 50\%형\ 피해과실수 + 정상과실수}$$

  - 낙엽피해조사
    사고 당시 착과과실수 × (인정피해율 − max A)
    ※ 사고 당시 착과과실수 = 10,400개 − 1,000개 − 500개 = 8,900개
    ※ 인정피해율 = [(1.0115 × 낙엽률) − (0.0014 × 경과일수)]
              = [(1.0115 × 60%) − (0.0014 × 130)] = 0.4249(= 42.49%)
    ※ max A : 금차 사고전 기조사된 착과피해구성률 또는 인정피해율 중 최댓값(= **42.18%**)
    낙엽피해 감수과실수 = 8,900개 × (42.49% − 42.18%) = 27.59개 = **28개**(※ 소수점 첫째자리에서 반올림)
    태풍피해 감수과실수 = 119개 + 28개 = **147개**

⑤ **우박 착과피해조사**
  - 사고 당시 착과과실수 × (착과피해구성률 − max A)
    ※ 착과피해구성률

$$= \frac{(100\%형\ 피해과실수 \times 1) + (80\%형\ 피해과실수 \times 0.8) + (50\%형\ 피해과실수 \times 0.5)}{100\%형\ 피해과실수 + 80\%형\ 피해과실수 + 50\%형\ 피해과실수 + 정상과실수}$$

$$= \frac{(20 \times 1) + (30 \times 0.8) + (20 \times 0.5)}{100}$$

    = 0.54(= **54%**)
    ※ max A : 금차 사고전 기조사된 착과피해구성률 또는 인정피해율 중 최댓값(= **42.49%**)
  - 우박 착과피해 감수과실수
    = 8,900개 × (54% − 42.49%) = 1,024.39개 = **1,024개**(※ 소수점 첫째자리에서 반올림)

⑥ **가을동상해 착과피해조사**
    사고 당시 착과과실수 × (착과피해구성률 − max A)
    ※ 착과피해구성률

$$= \frac{(100\%형\ 피해과실수 \times 1) + (80\%형\ 피해과실수 \times 0.8) + (50\%형\ 피해과실수 \times 0.5) + (정상과실수 \times 0.0031 \times 잔여일수)}{100\%형\ 피해과실수 + 80\%형\ 피해과실수 + 50\%형\ 피해과실수 + 정상과실수}$$

$$= \frac{(20 \times 1) + (20 \times 0.8) + (20 \times 0.5) + (40 \times 0.0031 \times 10)}{100} = 0.4724(= 47.24\%)$$

    ※ max A : 금차 사고전 기조사된 착과피해구성률 또는 인정피해율 중 최댓값(= 54%)
    가을동상해 감수과실수 = 사고 당시 착과과실수 × (착과피해구성률 − max A)
                  = 3,000개 × (47.24% − 54%) = **0개**
    즉, (착과피해구성률 − max A)의 값이 영(0)보다 작은 경우 금차 감수과실수는 "영(0)"으로 한다.

  ∴ 누적감수과실수 = 399개 + 4,565개 + 147개 + 1,024개 + 0개 = **6,135개**

농작물재해보험 및 가축재해보험의 이론과 실무

01 다음은 위험(Risk) 관련 용어의 정의로 (   ) 안에 공통적으로 들어갈 내용을 답란에 쓰시오.
[5점]

> ① (   )은 손실의 기회만 있고 이득의 기회는 없는 위험이다. 즉, (   )은 이득의 범위가 0에서 −∞이다.
> ② (   )은 손실의 기회도 있지만 이익을 얻는 기회도 있는 위험을 말한다. 따라서 (   )의 이득의 범위는 −∞부터 +∞까지 광범위하다.

정답
① 순수위험, ② 투기적 위험

02 다음과 같이 4개의 사과 과수원을 경작하고 있는 A씨가 적과전 종합위험방식 보험상품에 가입하고자 할 경우, 계약인수 규정에 따라 보험가입이 가능한 과수원 구성과 그 이유를 쓰시오(단, 밀식재배 조건임). [5점]

구 분	가입 조건	소재지
1번 과수원	'홍로' 품종 3년생 보험가입금액 200만원	경북 청송군 부남면 감연리
2번 과수원	'부사' 품종 4년생 보험가입금액 90만원	경북 청송군 부남면 감연리
3번 과수원	'감홍' 품종 5년생 보험가입금액 120만원	경북 청송군 부남면 감연리
4번 과수원	'스가루' 품종 6년생 보험가입금액 100만원	경북 청송군 부남면 상평리

(1) 과수원 구성
(2) 이 유

(1) 과수원 구성

① **1번 과수원** : 최저 보험가입금액이 200만원이므로 보험가입이 가능하다.

② **2번 과수원＋3번 과수원** : 하나의 리, 동 안에 있는 각각 보험가입금액 200만원 미만의 두 개의 과수원은 하나의 과수원으로 취급하여 계약이 가능하다. 따라서, 경북 청송군 부남면 감연리 안에 있는 2번 과수원과 3번 과수원의 보험가입금액을 합하면, 90만원＋120만원＝210만원이 되므로 이를 하나의 과수원으로 계약이 가능하다.

(2) 이 유

계약인수는 과수원 단위로 가입하고, 개별 과수원당 최저 보험가입금액은 200만원이다. 다만, 하나의 리, 동 안에 있는 각각 보험가입금액 200만원 미만의 두 개의 과수원은 하나의 과수원으로 취급하여 계약 가능하다(단, 2개 과수원 초과 구성 가입은 불가하다).

3번 과수원과 4번 과수원은 모두 최저 보험가입금액 200만원 미만이므로 보험가입이 불가능하다.

---

03 다음의 조건으로 농업용 시설물 및 시설작물을 종합위험방식 원예시설보험에 가입하려고 하는 경우 보험가입 여부를 판단하고, 그 이유를 쓰시오(단, 주어진 조건 외에는 고려하지 않는다).

[5점]

> • 시설하우스 조건 : 일부 하우스만을 선택적으로 가입
> • 시설작물의 재식밀도 : 토마토 1,600주/10a

(1) 보험가입 여부

(2) 이 유

(1) 보험가입 여부

토마토의 재식밀도가 1,600주/10a이므로 인수제한에 해당하지 않지만, 일부 하우스만을 선택적으로 가입할 수 없기 때문에 보험가입이 불가능하다.

(2) 이 유

① 단지내 해당되는 시설작물은 전체를 가입해야 하며, 일부 하우스만을 선택적으로 가입할 수 없다.

② 시설작물인 토마토의 재식밀도가 1,500주/10a 미만일 경우 인수제한 되지만, 이 인수제한 조건에는 해당되지 않는다.

③ 농업용 시설물을 가입해야 부대시설 및 시설작물 가입이 가능하다[단, 유리온실(경량철골조)의 경우 부대시설 및 시설작물만 가입 가능].

[해설]

(1) 농업용 시설물(버섯재배사 포함) 및 부대시설의 인수제한 목적물

① 판매를 목적으로 하는 작물을 경작하지 않는 시설

② 작업동, 창고동 등 작물경작용으로 사용되지 않는 시설(단, 농업용 시설물 한 동 면적의 80% 이상을 작물재배용으로 사용하는 경우 가입 가능)

※ 원예시설(버섯재배사 제외)의 경우, 연중 8개월 이상 육묘를 키우는 육묘장의 경우 하우스만 가입 가능

③ 피복재가 없거나 작물을 재배하고 있지 않은 시설(단, 지역적 기후특성에 따른 한시적 휴경은 제외)

④ 목재, 죽재로 시공된 시설

⑤ 비가림시설

⑥ 구조체, 피복재 등 목적물이 변형되거나 훼손된 시설

⑦ 목적물의 소유권에 대한 확인이 불가능한 시설

⑧ 건축 또는 공사 중인 시설

⑨ 1년 이내에 철거 예정인 고정식 시설

⑩ 하천부지 및 상습침수지역에 소재한 시설(다만, 수재위험부보장 특약에 가입하여 풍재만을 보장하는 것은 가능함)

⑪ 연륙교가 설치되어 있지 않고 정기선이 운항하지 않는 등 신속한 손해평가가 불가능한 도서 지역 시설

⑫ 정부에서 보험료의 일부를 지원하는 다른 계약에 이미 가입되어 있는 시설

⑬ 기타 인수가 부적절한 하우스 및 부대시설

(2) 시설작물의 인수제한 목적물

① 작물의 재배면적이 시설면적의 50% 미만인 경우(다만, 백합, 카네이션의 경우 하우스 면적의 50% 미만이라도 동당 작기별 200m^2 이상 재배시 가입 가능)

② 분화류의 국화, 장미, 백합, 카네이션을 재배하는 경우

③ 판매를 목적으로 재배하지 않는 시설작물

④ 한 시설에서 화훼류와 비화훼류를 혼식재배 중이거나 또는 재배 예정인 경우

⑤ 통상적인 재배시기, 재배품목, 재배방식이 아닌 경우

　　예 • 여름재배 토마토가 불가능한 지역에서 여름재배 토마토를 가입하는 경우

　　　 • 파프리카 토경재배가 불가능한 지역에서 토경재배 파프리카를 가입하는 경우

⑥ 시설작물별 10a당 인수제한 재식밀도 미만인 경우 예 토마토 : 1,500주/10a 미만

04 농작물재해보험 종합위험방식 상품의 보험계약이 무효, 효력상실 또는 해지되었을 때 보험료의 환급에 관한 설명이다. ( ) 안에 들어갈 내용을 순서대로 답란에 쓰시오. [5점]

① 계약자 또는 피보험자의 책임 없는 사유에 의하는 경우 무효의 경우에는 납입한 계약자부담보험료의 ( ), 효력상실 또는 해지의 경우에는 해당 ( )에 따라 '환급보험료'를 계산한다.
② 계약자 또는 피보험자의 책임 있는 사유에 의하는 경우 계산한 해당 ( )에 따른 보험료를 환급한다.
③ 계약자 또는 피보험자의 ( )로 무효가 된 경우는 보험료를 반환하지 않는다.
④ 계약의 무효, 효력상실 또는 해지로 인하여 반환해야 할 보험료가 있을 때에는 계약자는 환급금을 청구하여야 하며, 청구일의 다음 날부터 지급일까지의 기간에 대하여 '보험개발원이 공시하는 ( )'을 연단위 복리로 계산한 금액을 더하여 지급한다.

정답

① 전액, 월 미경과비율, ② 월 미경과비율, ③ 고의 또는 중대한 과실, ④ 보험계약대출이율

05 다음 조건에 따라 적과전 종합위험방식(Ⅱ) 보험상품에 가입할 경우, 과실손해보장 보통약관 보험료를 산출하시오. [5점]

• 품목 : 배
• 보험가입금액 : 10,000,000원
• 지역별 보통약관 보험요율 : 10%
• 손해율에 따른 할증률 : 20%
• 방재시설할인율 : −10%
• 부보장 및 한정보장 특별약관 할인율 : −10%

정답

보험료 : 972,000원

해설

보험료
= 보통약관 보험가입금액 × 지역별 보통약관 보험요율 × (1 + 부보장 및 한정보장 특별약관 할인율) × (1 + 손해율에 따른 할인 · 할증률) × (1 + 방재시설할인율)
= 10,000,000원 × 10% × (1 − 10%) × (1 + 20%) × (1 − 10%)
= 972,000원

06 적과전 종합위험방식(Ⅱ) 보험상품에 가입하는 경우 다음과 같은 조건에서 과실손해보장의 자기부담금과 태풍(강풍)·집중호우 나무손해보장 특약의 보험가입금액 및 자기부담금을 계산하시오(단, 결과주수 1주당 가입가격은 10만원이다). [15점]

> '신고' 배 6년생 1,000주를 실제 경작하고 있는 A씨는 최근 2년간 동 보험에 가입하였으며, 2년간 수령한 보험금이 순보험료의 120% 미만이었다. 과실손해보장의 보험가입금액은 1,000만원으로서 최저 자기부담비율을 선택하고, 특약으로는 태풍(강풍)·집중호우 나무손해보장 특약만을 선택하여 보험에 가입하고자 한다.

(1) 과실손해보장의 자기부담금
(2) 태풍(강풍)·집중호우 나무손해보장 특약의 보험가입금액
(3) 태풍(강풍)·집중호우 나무손해보장 특약의 자기부담금

정답

(1) 과실손해보장의 자기부담금
과실손해보장의 자기부담비율은 지급보험금을 계산할 때 피해율에서 차감하는 비율로서, 계약할 때 계약자가 선택한 비율(10%, 15%, 20%, 30%, 40%)로 한다. 자기부담비율의 선택 기준은 다음과 같다.
① **10%형** : 최근 3년간 연속 보험가입 과수원으로서 3년간 수령한 보험금이 순보험료의 120% 미만인 경우에 한하여 선택 가능하다.
② **15%형** : 최근 2년간 연속 보험가입 과수원으로서 2년간 수령한 보험금이 순보험료의 120% 미만인 경우에 한하여 선택 가능하다.
③ **20%형, 30%형, 40%형** : 제한 없음

따라서, 최근 2년간 연속 보험가입 과수원으로서 2년간 수령한 보험금이 순보험료의 120% 미만인 경우에 해당하므로 15%형 자기부담비율을 선택한다.

∴ 자기부담금 = 1,000만원 × 15% = **150만원**

(2) 태풍(강풍)·집중호우 나무손해보장 특약의 보험가입금액
나무손해보장 특약의 보험가입금액은 결과주수 1주당 가입가격(10만원)을 곱하여 산정한다.

∴ 보험가입금액 = 1,000주 × 10만원/주 = **1억원**

(3) 태풍(강풍)·집중호우 나무손해보장 특약의 자기부담금
나무손해보장 특약의 자기부담비율은 5%로 한다.

∴ 자기부담금 = 1억원 × 5% = **500만원**

07 단감 '태추' 품종을 경작하는 A씨는 적과전 종합위험방식(Ⅱ) 보험에 가입하면서 적과종료 이전 특정위험 5종 한정보장 특별약관에도 가입하였다. (1) 보험가입금액이 감액된 경우의 차액보험료 산출방법에 대해 서술하고, (2) 다음 조건의 차액보험료를 계산하시오. [15점]

- 착과감소보험금 보장수준 : 50%형
- 주계약 보험가입금액 : 1,000만원
- 기준수확량 : 1,100kg
- 가입수확량 : 1,200kg
- 계약자부담보험금 : 100만원
- 감액분 계약자부담보험료 : 10만원
- 감액미경과비율 : 90%
- 미납입보험료 : 1만원

(1) 차액보험료 산출방법
(2) 차액보험료 계산

정답

(1) 차액보험료 산출방법

적과종료후 '기준수확량'이 '가입수확량'보다 적은 경우 가입수확량 조정을 통해 보험가입금액을 감액한다. 보험가입금액을 감액한 경우 아래와 같이 계산한 차액보험료를 환급한다.

① 차액보험료 = (감액분 계약자부담보험료 × 감액미경과비율) − 미납입보험료
  ※ 감액분 계약자부담보험료는 감액한 가입금액에 해당하는 계약자부담보험료이다.
② 차액보험료는 적과후착과수 조사일이 속한 달의 다음달 말일 이내에 지급한다.
③ 적과후착과수조사 이후 착과수가 적과후착과수보다 큰 경우에는 지급한 차액보험료를 다시 정산한다.

(2) 차액보험료 계산

차액보험료 = (감액분 계약자부담보험료 × 감액미경과비율) − 미납입보험료
    = (10만원 × 90%) − 1만원 = 80,000원

∴ 차액보험료 = **80,000원**

※ 적과종료 이전 특정위험 5종 한정보장 특별약관에 가입한 경우 착과감소보험금 보장수준 50%형이므로 단감의 감액미경과비율은 90%이다.

08 강원도 철원에서 '오대벼'를 재배하는 A씨는 100,000m² 논의 주계약(보통약관) 보험가입금액 1억5천만원, 병충해보장 특약 보험가입금액 1억원을 선택하여 친환경재배방식으로 농작물재해보험에 가입하고자 한다. 다음의 추가조건에 따른 (1) 보통약관 보험료와 (2) 병해충보장 특약 보험료를 계산하시오.   [15점]

> **[추가조건]**
> 철원지역 보통약관 영업요율 1%, 특별약관 영업요율 1%, 손해율에 따른 할인율 −20%, 친환경재배 시 할증률 30%, 직파재배 농지할증률 15%이며, 정부보조보험료는 순보험료의 50%와 부가보험료를 지원하고 지자체지원 보험료는 순보험료의 30%를 지원한다. 상기 보험요율은 순보험요율이다.

(1) 보통약관 보험료
(2) 병충해보장 특약 보험료

정답

(1) 보통약관 보험료

보통약관 보험료 = 보통약관 보험가입금액 × 지역별 보통약관 영업요율 × (1 + 손해율에 따른 할인·할증률)
× (1 + 친환경재배시 할증률) × (1 + 직파재배 농지할증률)

∴ 보통약관 보험료 = 1억5천만원 × 1% × (1 − 20%) × (1 + 30%) × (1 + 15%)
= 1,794,000원

(2) 병해충보장 특약 보험료

병해충보장 특약 보험료 = 특약 보험가입금액 × 지역별 특약 영업요율 × (1 + 손해율에 따른 할인·할증률)
× (1 + 친환경재배시 할증률) × (1 + 직파재배 농지할증률)

∴ 병해충보장 특약 보험료 = 1억원 × 1% × (1 − 20%) × (1 + 30%) × (1 + 15%)
= 1,196,000원

09 종합위험 수확감소보장방식 마늘 품목에 관한 내용이다. 다음 조건을 참고하여 물음에 답하시오(단, 주어진 문제 조건외 다른 조건은 고려하지 않고, 피해율은 소수점 둘째자리에서 다음 예사와 같이 절사한다. 예시 : 12.678% → 12.67%). [15점]

- 계약자 甲은 제주특별자치도 서귀포시 대정읍 소재에서 마늘 농사를 짓고 있다.
- 계약자 甲은 2024년 10월 15일 농지 5,000m²에 의성 품종 마늘을 파종하여, 보험가입금액 15,000,000원, 평년수확량 10,000kg, 최저 자기부담비율로 농작물재해보험 계약을 체결하였다.
- 이후 통상적인 영농활동을 하며 농사를 짓던 중 2024년 10월 20일 호우피해가 발생하여 보험회사에 사고접수를 하였고, 조사결과 농지 전체 면적에서 식물체 주수가 75,000주 되어 2024년 10월 31일 160,000주를 재파종하였다.

---

(1) 보험회사에서 계약자 甲에게 지급하여야 할 보험금의 지급사유를 쓰시오.
(2) 보험회사에서 계약자 甲에게 지급하여야 할 보험금의 계산과정과 값을 쓰시오.
(3) 밭작물 공통 인수제한 목적물을 제외한 마늘 품목의 인수제한 목적물을 쓰시오.

정답

(1) 보험금의 지급사유
의성 품종 마늘을 10월 10일 이후 파종하고, 보상하는 재해로 10a당 식물체 주수가 15,000주로 30,000주보다 적어지고, 10월 31일 이전에 10a당 30,000주 이상(= 32,000주)으로 재파종하였으므로 보험금 지급사유가 발생한다(1회 지급).

(2) 보험금 계산
보험금 = 보험가입금액 × 35% × 표준피해율
  = 15,000,000원 × 35% × 50% = **2,625,000원**

※ 표준피해율(10a 기준) = (30,000 − 식물체 주수) ÷ 30,000
        = (30,000 − 15,000) ÷ 30,000 = 0.5(= 50%)
※ 단위환산 : 10a = 1,000m² ⇒ 5,000m² = 50a
※ 식물체 주수(10a 기준) = 75,000주 ÷ 5 = 15,000주
※ 재파종 주수(10a 기준) = 160,000주 ÷ 5 = 32,000주

(3) 마늘 품목의 인수제한 목적물
① 난지형의 경우 남도 및 대서 품종, 한지형의 경우는 의성 품종, 홍산 품종이 아닌 마늘
② 난지형은 8월 31일, 한지형은 10월 10일 이전 파종한 농지
③ 재식밀도가 30,000주/10a 미만인 농지(= 30,000주/1,000m²)
④ 마늘 파종후 익년 4월 15일 이전에 수확하는 농지
⑤ 액상멀칭 또는 무멀칭 농지
⑥ 코끼리 마늘, 주아재배 마늘(※ 단, 주아재배의 경우 2년차 이상부터 가입 가능)
⑦ 시설재배 농지, 자가채종 농지

10 가축재해보험의 축종별 보장수준과 관련하여 소(牛)의 주계약에서 보상하는 손해와 자기부담금을 다음 구분에 따라 쓰시오. [15점]

구 분	보상하는 손해	자기부담금
한우, 육우, 젖소		
종모우		

정답

구 분	보상하는 손해	자기부담금
한우, 육우, 젖소	① 법정 전염병을 제외한 질병 또는 각종 사고(풍해·수해·설해 등 자연재해, 화재)로 인한 폐사 ② 부상(경추골절, 사지골절, 탈구·탈골), 난산, 산욕마비, 급성고창증 및 젖소의 유량 감소로 긴급도축을 하여야 하는 경우 ※ 젖소 유량 감소는 유방염, 불임 및 각종 대사성 질병으로 인하여 젖소로서의 경제적 가치가 없는 경우에 한함 ※ 신규가입일 경우 가입일로부터 1개월 이내 질병 관련 사고(긴급도축 제외)는 보상하지 아니함 ③ 소 도난 및 행방불명에 의한 손해 ※ 도난손해는 보험증권에 기재된 보관장소 내에 보관되어 있는 동안에 불법침입자, 절도 또는 강도의 도난행위로 입은 직접손해(가축의 상해, 폐사 포함)에 한함 ④ 가축사체 잔존물처리비용 ⑤ 검안서 및 진단서발급비용	보험금의 20%, 30%, 40%
종모우	① 연속 6주 동안 정상적으로 정액을 생산하지 못하고, 종모우로서의 경제적 가치가 없다고 판정시 ※ 정액생산은 6주 동안 일주일에 2번에 걸쳐 정액을 채취한후 이를 근거로 경제적 도살 여부 판단 ② 그 외 보상하는 사고는 한우·육우·젖소와 동일	보험금의 20%

11 다음의 조건에 따른 적과전 종합위험방식(Ⅱ) 사과 품목의 실제결과주수와 태풍(강풍)·집중호우 나무손해보장 특별약관에 의한 보험금을 구하시오. [5점]

태풍(강풍)·집중호우 나무손해보장 특별약관 보험가입금액	9,000만원
가입일자 기준 과수원에 식재된 모든 나무수	1,000주
인수조건에 따라 보험에 가입할 수 없는 나무수	100주
보상하는 재해(태풍)로 고사된 나무수	90주
보상하는 재해 이외의 원인으로 고사한 나무수	50주

(1) 실제결과주수
(2) 나무손해보장 특별약관 보험금

정답

(1) 실제결과주수 : 900주
(2) 나무손해보장 특별약관 보험금 : 450만원

해설

(1) **실제결과주수**
"실제결과주수"라 함은 가입일자를 기준으로 농지(과수원)에 식재된 모든 나무수를 의미한다. 다만, 인수조건에 따라 보험에 가입할 수 없는 나무(유목 및 제한 품종 등) 수는 제외한다.
∴ 실제결과주수 = 1,000주 − 100주 = 900주

(2) **나무손해보장 특별약관 보험금**
① 피해율 = 피해주수(고사된 나무) ÷ 실제결과주수 = 90주 ÷ 900주 = 0.10 = 10%
② 지급보험금 = 보험가입금액 × (피해율 − 자기부담비율)에서 자기부담비율은 5%로 하므로
∴ 지급보험금 = 9,000만원 × (10% − 5%) = 450만원

12 다음은 특정위험방식 인삼 품목 해가림시설의 손해조사에 관한 내용이다. 밑줄 친 틀린 내용을 알맞은 내용으로 수정하시오. [5점]

> • 조사대상은 인삼 해가림시설 사고가 접수된 농지이며, 조사시기는 ① <u>수확량 확인이 가능한 시기</u>이다.
> • 단위면적당 시설가액표, 파손 칸수 및 파손 정도 등을 참고하여 실제 피해에 대한 복구비용을 기평가한 ② <u>보험가액</u>으로 피해액을 산출한다.
> • 산출된 피해액에 대하여 감가상각을 적용하여 손해액을 산정한다. 다만, 피해액이 보험가액의 20% 이하인 경우에는 감가를 적용하지 않고, 피해액이 보험가액의 20%를 초과하면서 감가후 피해액이 보험가액의 20% 미만인 경우에는 ③ <u>보험가액의 10%</u>를 손해액으로 산출한다.

정답

① 사고접수 직후
② 재조달가액
③ 보험가액의 20%

13 다음은 복분자 품목의 특정위험 과실손해조사에서 고사결과모지수 산정방법에 관한 내용이다. 괄호에 알맞은 내용을 답란에 쓰시오. [5점]

> • 고사결과모지수는 수확감소환산 고사결과모지수에서 (①)고사결과모지수를 빼어 산출한다.
> • 수확감소환산 고사결과모지수는 종합위험 과실손해조사를 실시한 경우 기준 살아있는 결과모지수에서 (②) 고사결과모지수를 뺀후 (③)를 곱하여 산출한다. 종합위험 과실손해조사를 실시하지 않은 경우 (④)결과모지수에 (③)를 곱하여 산출한다.

정답

① 미보상
② 수정불량환산
③ 누적수확감소환산계수
④ 평년

14 종합위험 수확감소보장방식 감자 품목의 병충해에 의한 피해사실 확인후 보험금 산정을 위한 표본조사를 실시하였다. 한 표본구간에서 시들음병(2급)으로 입은 괴경의 무게가 30kg이고 손해정도가 30%인 경우 이 표본구간의 병충해감수량을 계산하시오(단, 병충해감수량은 kg단위로 소수점 둘째자리에서 반올림하여 첫째자리까지 다음 예시와 같이 구하시오. 예시 : 1.234kg → 1.2kg). [5점]

정답

병충해감수량 : 8.4kg

해설

(1) 병충해감수량 산정
병충해감수량은 병충해를 입은 괴경의 무게에 손해정도비율과 인정비율을 곱하여 산출한다.

> 병충해감수량 = 병충해를 입은 괴경의 무게 × 손해정도비율 × 인정비율

(2) 손해정도비율
손해정도가 30%인 경우 손해정도비율은 **40%**이다.

[손해정도에 따른 손해정도비율]

품 목	손해정도	손해정도비율	손해정도	손해정도비율
감자	1~20%	20%	61~80%	80%
	21~40%	40%	81~100%	100%
	41~60%	60%		

(3) 인정비율
시들음병의 경우 인정비율은 70%이다.

[병충해 등급별 인정비율]

구 분		병·해충	인정비율
품 목	급 수		
감자	1급	역병, 갈쭉병, 모자이크병, 무름병, 둘레썩음병, 가루더뎅이병, 잎말림병, 감자뿔나방	90%
	2급	홍색부패병, **시들음병**, 마른썩음병, 풋마름병, 줄기검은병, 더뎅이병, 균핵병, 검은무늬썩음병, 줄기기부썩음병, 진딧물류, 아메리카잎굴파리, 방아벌레류	70%
	3급	반쪽시들음병, 흰비단병, 잿빛곰팡이병, 탄저병, 겹둥근무늬병, 오이총채벌레, 뿌리혹선충, 파밤나방, 큰28점박이무당벌레, 기타	50%

∴ 병충해감수량 = 30kg × 40% × 70% = **8.4kg**

15 종합위험 수확감소보장방식 밭작물 품목의 표본구간별 수확량조사 방법에 관한 내용이다. 괄호 안에 알맞은 내용을 답란에 쓰시오. [5점]

품 목	표본구간별 수확량조사 방법
옥수수	표본구간내 작물을 수확한후 착립장 길이에 따라 상(①)·중(②)·하(③)로 구분한후 해당 개수를 조사한다.
차(茶)	표본구간 중 두 곳에 (④) 테를 두고 테 내의 수확이 완료된 새싹의 수를 세고, 남아있는 모든 새싹(1심2엽)을 따서 개수를 세고 무게를 조사한다.
콩·팥	표본구간내 콩·팥을 수확하여 (⑤)를 제거한후 콩·팥 종실의 무게 및 함수율(3회 평균)을 조사한다.
양배추	표본구간내 작물의 뿌리를 절단하여 수확(외엽 2개 내외 부분을 제거)한후, (⑥) 피해 양배추, (⑦) 피해 양배추로 구분한다. (⑥) 피해형은 해당 양배추의 피해 무게를 (⑥) 인정하고, (⑦) 피해형은 해당 양배추 피해 무게를 (⑦) 인정한다.
수박(노지)	표본구간내 작물의 줄기를 절단하지 않고 각각의 수박 무게를 조사한다. 단, 보상하는 재해로 인해 피해가 발생하여 (⑧)는(은) 피해로 인정하고 해당 무게의 (⑨)을(를) 수확량으로 인정한다.

정답

① 17cm 이상
② 15cm 이상 17cm 미만
③ 15cm 미만
④ 20cm × 20cm
⑤ 꼬투리
⑥ 80%
⑦ 100%
⑧ 일반시장 출하가 불가능하고 가공용으로도 공급될 수 없는 작물
⑨ 0%

16 가축재해보험에서 자기부담금의 의의 및 약관상 규정에 관하여 서술하시오. [15점]

정답

자기부담금

(1) 의 의

자기부담금은 보험사고발생시 계약자에게 일정 금액을 부담시키는 것으로 이를 통하여 <u>재해보험사업자의 지출비용을 축소하여 보험료를 경감</u>하고 피보험자의 자기부담을 통하여 <u>도덕적 해이 및 사고방지에 대한 의식을 고취</u>하는 기능을 하게 된다.

① 소, 돼지, 종모우, 가금, 기타 가축 부문

가축재해보험에서 소, 돼지, 종모우, 가금, 기타 가축 부문의 자기부담금은 지급보험금의 계산방식에 따라서 계산한 금액에서 보험증권에 기재된 <u>자기부담금비율을 곱한 금액을</u> 자기부담금으로 한다. 다만, 폭염재해보장 추가특별약관 · 전기적장치위험보장 특약 · 돼지질병위험보장 특약의 경우 <u>위의 자기부담금과 200만원 중 큰 금액을</u> 자기부담금으로 한다.

② 말 부문

말 부문의 경우는 지급보험금의 계산방식에 따라서 <u>계산한 금액의 20%</u>를 자기부담금으로 한다. 다만, <u>경주마(보험가입후 경주마로 용도 변경된 경우 포함)는 보험증권에 기재된 자기부담금비율을 곱한 금액</u>을 자기부담금으로 한다.

③ 축사 부문

<u>풍재 · 수재 · 설해 · 지진으로 인한 손해</u>일 경우에는 지급보험금의 계산방법에 따라 계산한 금액에서 보험증권에 기재된 <u>자기부담비율을 곱한 금액 또는 50만원 중 큰 금액</u>을 자기부담금으로 한다. 단, <u>화재로 인한 손해</u>일 경우에는 지급보험금의 계산방법에 따라 계산한 금액에서 보험증권에 기재된 자기부담비율을 곱한 금액을 자기부담금으로 한다.

17 종합위험 수확감소보장방식 벼 품목에서 사고가 접수된 농지의 수량요소조사 방법에 의한 수확량조사 결과가 다음과 같을 경우 수확량과 피해율을 구하시오. [15점]

평년수확량	2,800kg	조사수확비율	80%
표준수확량	2,500kg	미보상비율	10%
기준수확량	2,400kg	피해면적 보정계수	1.1

(1) 수확량(단, 수확량은 kg단위로 소수점 첫째자리에서 반올림하여 다음 예시와 같이 구하시오. 예시 : 994.55kg → 995kg)

(2) 피해율(단, 피해율은 %단위로 소수점 셋째자리에서 반올림하여 둘째자리까지 다음 예시와 같이 구하시오. 예시 : 12.345% → 12.35%)

[정답]

(1) 수확량 : 2,200kg
(2) 피해율 : 19.26%

[해설]

(1) 수확량

조사수확량(kg) = 표준수확량(kg) × 조사수확비율(%) × 피해면적 보정계수
= 2,500kg × 80% × 1.1 = **2,200kg**

(2) 피해율

피해율(%) = (평년수확량 − 수확량 − 미보상감수량) ÷ 평년수확량
미보상감수량 = (평년수확량 − 수확량) × 미보상비율
= (2,800kg − 2,200kg) × 10% = **60kg**
피해율(%) = (2,800kg − 2,200kg − 60kg) ÷ 2,800kg ≒ 0.19257(= **19.26%**)

18 종합위험방식 밭작물 고추에 관하여 수확기 이전에 보험사고가 발생한 경우 〈보기〉의 조건에 따른 생산비보장보험금을 산정하시오. [15점]

> 〈보기〉
> • 잔존보험가입금액 : 10,000,000원
> • 자기부담금 : 500,000원
> • 준비기생산비계수 : 49.5%
> • 병충해 등급별 인정비율 : 70%
> • 생장일수 : 60일
> • 표준생장일수 : 100일
> • 피해면적 : 500m^2
> • 재배면적 : 1,000m^2
> • 평균손해정도비율 : 80%
> • 미보상비율 : 10%

(1) 계산과정
(2) 생산비보장보험금

정답

(1) 계산과정

보험금 = (잔존보험가입금액 × 경과비율 × 피해율 × 병충해 등급별 인정비율) – 자기부담금

• 경과비율 = 준비기생산비계수 + (1 – 준비기생산비계수) × $\dfrac{생장일수}{표준생장일수}$

$\qquad$ = 49.5% + (1 – 49.5%) × $\dfrac{60}{100}$ = 0.798(= 79.8%)

• 면적피해율 = 피해면적(주수) ÷ 재배면적(주수) = 500m^2 ÷ 1,000m^2 = 0.5(= 50%)

• 피해율 = 면적피해율 × 평균손해정도비율 × (1 – 미보상비율)

$\qquad$ = 50% × 80% × (1 – 10%) = 0.36(= 36%)

∴ 생산비보장보험금 = (10,000,000원 × 79.8% × 36% × 70%) – 500,000원

$\qquad\qquad\qquad$ = 1,510,960원

(2) 생산비보장보험금 : 1,510,960원

19 다음의 계약사항과 보상하는 손해에 따른 조사내용에 관하여 수확량, 기준수입, 실제수입, 피해율, 농업수입감소보험금을 구하시오(단, 피해율은 % 단위로 소수점 셋째자리에서 반올림하여 둘째자리까지 다음 예시와 같이 구하시오. 예시 : 12.345% → 12.35%). [15점]

○ 계약사항

상품명	보험가입금액	가입면적	평년수확량	자기부담비율	기준가격
농업수입감소 보장보험 양파	1,000만원	$10,000m^2$	2,500kg	20%	4,000원/kg

○ 조사내용

조사종류	조사방식	실제경작면적	수확불능면적	타작물 및 미보상면적
수확량조사	표본조사	$10,000m^2$	$1,000m^2$	$1,000m^2$

기수확면적	표본구간 수확량 합계	표본구간 면적 합계	미보상감수량	수확기가격
$1,000m^2$	1.2kg	$12m^2$	200kg	4,300원/kg

정답

(1) 수확량

수확량(표본조사) = (표본구간 단위면적당 수확량 × 조사대상면적) + {단위면적당 평년수확량 × (타작물 및 미보상면적 + 기수확면적)}

표본구간 단위면적당 수확량 = 표본구간 수확량 합계 ÷ 표본구간면적 = 1.2kg ÷ $12m^2$ = $0.1kg/m^2$

조사대상면적 = 실제경작면적 - 수확불능면적 - 타작물 및 미보상면적 - 기수확면적

$= 10,000m^2 - 1,000m^2 - 1,000m^2 - 1,000m^2 = 7,000m^2$

단위면적당 평년수확량 = 평년수확량 ÷ 실제경작면적 = 2,500kg ÷ $10,000m^2$ = $0.25kg/m^2$

∴ 수확량(표본조사) = ($0.1kg/m^2$ × $7,000m^2$) + {$0.25kg/m^2$ × ($1,000m^2$ + $1,000m^2$)} = **1,200kg**

(2) 기준수입

기준수입 = 평년수확량 × 농지별 기준가격

= 2,500kg × 4,000원/kg = **10,000,000원**

(3) 실제수입

실제수입 = (수확량 + 미보상감수량) × Min(농지별 기준가격, 농지별 수확기가격)

= (1,200kg + 200kg) × 4,000원/kg = **5,600,000원**

(4) 피해율

피해율 = (기준수입 - 실제수입) ÷ 기준수입

= (10,000,000원 - 5,600,000원) ÷ 10,000,000원 = 0.44 = **44%**

(5) 농업수입감소보험금

농업수입감소보험금 = 보험가입금액 × (피해율 - 자기부담비율)

= 10,000,000원 × (44% - 20%) = **2,400,000원**

20 다음의 계약사항과 조사내용을 참고하여 누적감수과실수와 기준착과수를 구하시오[단, 감수
과실수는 소수점 첫째자리에서 반올림하고, 피해율(%)은 소수점 셋째자리에서 반올림하여
다음 예시와 같이 구하시오. 예시 : 감수과실수 9.56개 → 10개, 피해율(%) 12.345% →
12.35%]. [20점]

○ 계약사항

상품명	가입특약	평년착과수	가입과실수	실제결과주수
적과전 종합위험방식(Ⅱ) 단감	적과종료 이전 특정위험 5종 한정보장 특별약관	10,000개	8,000개	100주

○ 조사내용

구 분	재해 종류	사고 일자	조사 일자	조사내용
적과 종료 이전	우박	5월 10일	5월 11일	〈유과타박률조사〉 유과타박률 20% 미보상감수과실수 : 없음 / 미보상비율 : 0%
적과후 착과수	–		7월 10일	적과후착과수 5,000개
적과 종료 이후	태풍	9월 8일	9월 9일	〈낙과피해조사(전수조사)〉 총 낙과과실수 : 1,000개 나무피해 없음 / 미보상감수과실수 없음 | 피해과실 구분	100%	80%	50%	정상
과실수	1,000개	0	0	0 | 〈낙엽피해조사〉 낙엽률 30%(경과일수 100일) / 미보상비율 0%
	우박	5월 10일	10월 30일	〈착과피해조사〉 단, 태풍 사고 이후 착과수는 변동 없음 | 피해과실 구분	100%	80%	50%	정상
과실수	10개	20개	20개	50개	
	가을 동상해	10월 30일	10월 31일	〈가을동상해 착과피해조사〉 사고 당시 착과과실수 : 4,000개 | 피해과실 구분	100%	80%	50%	정상
과실수	10개	30개	20개	40개	

정답

(1) 누적감수과실수

① 적과종료 이전

착과감소과실수 = 최솟값(평년착과수 − 적과후착과수, 최대 인정감소과실수)

= 최솟값(10,000개 − 5,000개, 2,000개) = **2,000개**

※ 최대 인정피해율 = 유과타박률 20%

※ 최대 인정감소과실수 = 평년착과수 × 최대 인정피해율 = 10,000개 × 20% = **2,000개**

② 적과후착과수 = **5,000개**

③ 적과종료 이후 태풍피해조사

㉠ 낙과피해조사

총 낙과과실수 = **1,000개**

㉡ 낙엽피해조사

사고 당시 착과과실수 × (인정피해율 − max A)

※ 사고 당시 착과과실수

= 적과후착과수 − 총 낙과과실수 − 총 적과종료후 나무피해과실수 − 총 기수확과실수

= 5,000개 − 1,000개 − 0개 − 0개 = **4,000개**

※ 인정피해율

= (1.0115 × 낙엽률) − (0.0014 × 경과일수)

= (1.0115 × 30%) − (0.0014 × 100) = 0.30345 − 0.14 = 0.16345

= 16.35%(※ 소수점 셋째자리에서 반올림)

※ max A : 금차 사고전 기조사된 착과피해구성률 또는 인정피해율 중 최댓값(= 0)

※ "(인정피해율 − max A)"이 영(0)보다 작은 경우 금차 감수과실수는 영(0)으로 한다.

낙엽피해조사 감수과실수 = (5,000개 − 1,000개) × (16.35% − 0) = **654개**

태풍피해 감수과실수 = 1,000개 + 654개 = **1,654개**

④ 적과종료 이후 우박 착과피해조사

사고 당시 착과과실수 × (착과피해구성률 − max A)

※ 착과피해구성률

$$= \frac{(100\%형\ 피해과실수 \times 1) + (80\%형\ 피해과실수 \times 0.8) + (50\%형\ 피해과실수 \times 0.5)}{100\%형\ 피해과실수 + 80\%형\ 피해과실수 + 50\%형\ 피해과실수 + 정상과실수}$$

$$= \frac{(10 \times 1) + (20 \times 0.8) + (20 \times 0.5)}{100}$$

= 0.36 = 36%

※ max A : 금차 사고전 기조사된 착과피해구성률 또는 인정피해율 중 최댓값(= 16.35%)

우박 착과피해 감수과실수 = (5,000개 − 1,000개) × (36% − 16.35%) = **786개**

⑤ 가을동상해 착과피해조사

사고 당시 착과과실수 × (착과피해구성률 − max A)

※ 착과피해구성률 $= \dfrac{(10 \times 1) + (30 \times 0.8) + (20 \times 0.5)}{100} = 0.44 = 44\%$

※ max A : 금차 사고전 기조사된 착과피해구성률 또는 인정피해율 중 최댓값(= 36%)

가을동상해 감수과실수 = 4,000개 × (44% − 36%) = **320개**

∴ 누적감수과실수 = 1,654개 + 786개 + 320개 = **2,760개**

(2) 기준착과수

기준착과수 = 적과후착과수 + 착과감소과실수

= 5,000개 + 2,000개 = **7,000개**

손해평가사 2차 모의고사

농작물재해보험 및 가축재해보험의 이론과 실무

---

01 농작물재해보험 보통약관에서 정하는 용어를 순서대로 답란에 쓰시오. [5점]

- ( ) : 과수원에서 전체 눈이 50% 정도 발아한 시점
- ( ) : 가입연도 직전 5년 중 보험에 가입한 연도의 실제수확량과 표준수확량(가입품목의 품종, 수령, 재배방식 등에 따라 정해진 수확량)을 가입횟수에 따라 가중 평균하여 산출한 해당 과수원에 기대되는 수확량
- ( ) : 보험에 가입한 수확량으로 평년수확량의 일정범위(50%~100%) 내에서 보험계약자가 결정한 수확량으로 가입금액의 기준
- ( ) : 보험에 가입한 농작물의 kg당 가격(나무손해보장 특별약관의 경우에는 보험에 가입한 나무의 1주당 가격)
- ( ) : 보험의 목적에 대한 피보험이익을 금전으로 평가한 금액 또는 보험의 목적에 발생할 수 있는 최대 손해액

정답

발아기, 평년수확량, 가입수확량, 가입가격, 보험가액

02 다음은 농작물재해보험 대상 품목의 보험가입자격 및 기준에 관하여 (　　) 안에 알맞은 내용을 순서대로 쓰시오. [5점]

> • 대추 : 농지의 보험가입금액(생산액 또는 생산비) (　　) 이상
> • 단호박 : 농지의 보험가입금액(생산액 또는 생산비) (　　) 이상
> • 보리 : 농지의 보험가입금액(생산액 또는 생산비) (　　) 이상
> • 차(茶) : 농지의 면적이 (　　) 이상
> • 버섯작물 : 단지 면적이 (　　) 이상

정답

• 대추 : 200만원
• 단호박 : 100만원
• 보리 : 50만원
• 차(茶) : 1,000m^2
• 버섯작물 : 300m^2

03 가축재해보험에 가입한 A축사에 다음과 같은 지진 피해가 발생하였다. 보상하는 손해에 해당하는 경우에는 "해당"을, 보상하지 않는 손해에 해당하는 경우에는 "미해당"을 쓰시오(다만, 주어진 조건외 다른 사항은 고려하지 않음). [5점]

> • 지진으로 축사의 대문이 파손되어 이를 복구한 비용 150만원 : (①)
> • 지진으로 기둥 또는 보 1개를 해체하여 수선한 비용 100만원 : (②)
> • 지진으로 기둥, 보, 지붕틀, 벽 등에 2m를 초과하여 균열이 발생한 손해 200만원 : (③)
> • 지진으로 축사내 배전반의 전기적 사고로 생긴 손해 150만원 : (④)
> • 지진으로 축사의 냉난방설비가 파손되어 이를 복구하는 비용 300만원 : (⑤)

정답

① (해당) : 건물의 부속물인 축사의 대문이 파손되었으므로 보상한다.
② (미해당) : 지진으로 기둥 또는 보 1개 이하를 해체하여 수선한 비용은 보상하지 않는다.
③ (해당) : 지진으로 기둥, 보, 지붕틀, 벽 등에 2m를 초과하여 균열이 발생한 손해는 보상한다.
④ (미해당) : 축사내 배전반의 전기적 사고로 생긴 손해는 보상하지 않는다.
⑤ (해당) : 건물의 부속설비인 축사의 냉난방설비가 파손되었으므로 보상한다.

04 작물특정 및 시설종합위험 인삼손해보장방식의 자연재해에 대한 설명이다. ( )에 들어갈 내용을 쓰시오.   [5점]

- 폭설은 기상청에서 대설에 대한 특보(대설주의보, 대설경보)를 발령한 때 해당 지역의 눈 또는 (①)시간 신적설이 (②)cm 이상인 상태
- 냉해는 출아 및 전엽기(4~5월) 중에 해당 지역에 최저기온 (③)℃ 이하의 찬 기온으로 인하여 발생하는 피해를 말하며, 육안으로 판별 가능한 냉해 증상이 있는 경우에 피해를 인정
- 폭염은 해당 지역의 최고기온 (④)℃ 이상이 7일 이상 지속되는 상태를 말하며, 잎에 육안으로 판별 가능한 타들어간 증상이 (⑤)% 이상 있는 경우에 인정

[정답]

① 24, ② 5, ③ 0.5, ④ 30, ⑤ 50

[해설]

인삼의 보상하는 재해
- 폭설은 기상청에서 대설에 대한 특보(대설주의보, 대설경보)를 발령한 때 해당 지역의 눈 또는 (__24__)시간 신적설이 (__5__)cm 이상인 상태
- 냉해는 출아 및 전엽기(4~5월) 중에 해당 지역에 최저기온 (__0.5__)℃ 이하의 찬 기온으로 인하여 발생하는 피해를 말하며, 육안으로 판별 가능한 냉해 증상이 있는 경우에 피해를 인정
- 폭염은 해당 지역의 최고기온 (__30__)℃ 이상이 7일 이상 지속되는 상태를 말하며, 잎에 육안으로 판별 가능한 타들어간 증상이 (__50__)% 이상 있는 경우에 인정

05 농작물재해보험 보험료 방재시설 할인율의 방재시설 판정기준에 관한 내용이다. ( )에 들어갈 내용을 쓰시오.   [5점]

- 방풍림은 높이가 (①)미터 이상의 영년생 침엽수와 상록활엽수가 (②)미터 이하의 간격으로 과수원 둘레 전체에 식재되어 과수원의 바람 피해를 줄일 수 있는 나무
- 방풍망은 망구멍 가로 및 세로가 (③)mm의 망목네트를 과수원 둘레 전체나 둘레 일부[1면 이상 또는 전체 둘레의 (④)% 이상]에 설치
- 방충망은 망구멍이 가로 및 세로가 (⑤)mm 이하의 망목네트로 과수원 전체를 피복
- 방조망은 망구멍의 가로 및 세로가 (⑥)mm를 초과하고 새의 입출이 불가능한 그물, 주 지주대와 보조 지주대를 설치하여 과수원 전체를 피복

[정답]

① 6, ② 5, ③ 6~10, ④ 20, ⑤ 6, ⑥ 10

방재시설 판정기준
- 방풍림은 높이가 (6)미터 이상의 영년생 침엽수와 상록활엽수가 (5)미터 이하의 간격으로 과수원 둘레 전체에 식재되어 과수원의 바람 피해를 줄일 수 있는 나무이다.
- 방풍망은 망구멍 가로 및 세로가 (6~10)mm의 망목네트를 과수원 둘레 전체나 둘레 일부[1면 이상 또는 전체 둘레의 (20)% 이상]에 설치한다.
- 방충망은 망구멍이 가로 및 세로가 (6)mm 이하의 망목네트로 과수원 전체를 피복한다.
- 방조망은 망구멍의 가로 및 세로가 (10)mm를 초과하고 새의 입출이 불가능한 그물이며, 주 지주대와 보조 지주대를 설치하여 과수원 전체를 피복한다.

06 농작물재해보험 가입시 적과전 종합위험방식(Ⅱ) 과수품목 인수제한 목적물의 공통기준을 서술하시오. [15점]

정답

적과전 종합위험방식(Ⅱ) 과수품목 인수제한 목적물의 공통기준
① 보험가입금액이 200만원 미만인 과수원
② 품목이 혼식된 과수원(다만, 주력 품목의 결과주수가 90% 이상인 과수원은 주품목에 한하여 가입 가능)
③ 통상적인 영농활동(병충해방제, 시비관리, 전지·전정, 적과 등)을 하지 않은 과수원
④ 전정, 비배관리 잘못 또는 품종갱신 등의 이유로 수확량이 현저하게 감소할 것이 예상되는 과수원
⑤ 시험연구를 위해 재배되는 과수원
⑥ 하나의 과수원에 식재된 나무 중 일부 나무만 가입하는 과수원[단, 감귤(만감류, 온주밀감류)의 경우 해거리가 예상되는 나무의 경우 제외]
⑦ 하천부지 및 상습 침수지역에 소재한 과수원
⑧ 판매를 목적으로 경작하지 않는 과수원
⑨ 가식(假植)되어 있는 과수원
⑩ 기타 인수가 부적절한 과수원

07 다음 품목에 해당하는 보장방식을 (보기)에서 모두 선택하고, 보장종료일을 (예)와 같이 서술하시오. [15점]

> (예) 양파 : 수확감소보장 – 수확기종료 시점(단, 이듬해 6월 30일을 초과할 수 없음)
>   경작불능보장 – 수확개시 시점

> (보기) 조기파종보장, 수확감소보장, 생산비보장, 경작불능보장, 과실손해보장, 재파종보장,
>   재정식보장

양배추	
마 늘	
감자(봄재배)	
고 추	
무화과	

정답

양배추	① 재정식보장 – 재정식 완료일(단, 판매개시연도 10월 15일을 초과할 수 없음) ② 경작불능보장 – 수확개시 시점
마 늘	① 재파종보장 – 판매개시연도 10월 31일 ② 수확감소보장 – 수확기종료 시점(단, 이듬해 6월 30일을 초과할 수 없음) ③ 경작불능보장 – 수확개시 시점 ④ 조기파종보장(특약) – 한지형 마늘 보험상품 최초 판매개시일 24시
감자(봄재배)	① 수확감소보장 – 수확기종료 시점(단, 판매개시연도 7월 31일을 초과할 수 없음) ② 경작불능보장 – 수확개시 시점
고 추	생산비보장 – 정식일부터 150일째 되는 날 24시
무화과	과실손해보장 • 이듬해 7월 31일 이전 – 이듬해 7월 31일 • 이듬해 8월 1일 이후 – 이듬해 수확기종료 시점(단, 이듬해 10월 31일을 초과할 수 없음)

08 작물특정 및 시설종합위험 인삼손해보장방식 해가림시설의 ① 보험가입금액 산출방법과 ② 보험가입금액 산정을 위한 감가상각방법에 관하여 서술하시오. [15점]

정답

(1) 보험가입금액 산출방법

보험가입금액은 <u>재조달가액에 (100% − 감가상각률)을 곱하여 산출</u>하며, 천원 단위에서 절사한다.

(2) 보험가입금액 산정을 위한 감가상각방법

① 해가림시설 설치와 감가상각방법

- 계약자에게 <u>설치시기를 고지 받아 해당 일자를 기초로 감가상각</u> 하되, 최초 설치시기를 특정하기 어려운 때에는 <u>인삼의 정식시기와 동일한 시기</u>로 한다.
- 해가림시설 구조체를 재사용하여 설치를 하는 경우에는 <u>해당 구조체의 최초 설치시기를 기초로 감가상각</u>하며, 최초 설치시기를 알 수 없는 경우에는 <u>해당 구조체의 최초 구입시기를 기준으로 감가상각</u>한다.

② 해가림시설 설치재료에 따른 감가상각방법

- 동일한 재료(목재 또는 철재)로 설치하였으나, 설치시기 경과연수가 각기 다른 해가림시설 구조체가 상존하는 경우, <u>가장 넓게 분포하는 해가림시설 구조체의 설치시기를 동일하게 적용</u>한다.
- 1개의 농지내 감가상각률이 상이한 재료(목재 + 철재)로 해가림시설을 설치한 경우, <u>재료별로 설치구획이 나뉘어 있는 경우에만 인수 가능</u>하며, 각각의 면적만큼 구분하여 가입한다.

09 다음 사례를 읽고 농작물재해보험에서 정하는 기준에 따라 인수가능 여부와 해당 사유를 서술하시오. [15점]

> A씨는 김해시에서 6년전 간척된 대동면 수안리 1번지(본인소유 농지 4,000m²)와 3년전 간척된 대동면 수안리 100번지(임차한 농지 1,000m², 수안리 1번지와 인접한 농지)에 벼를 경작하고 있다. 최근 3년 연속으로 김해시에 집중호우가 내려 호우경보가 발령되었고, A씨가 경작하고 있는 농지(수안리 1번지, 수안리 100번지)에도 매년 침수피해가 발생하였다. 이에 A씨는 농작물재해보험에 가입하고자 가입금액을 산출한 결과 수안리 1번지 농지는 190만원, 수안리 100번지 농지는 50만원이 산출되었다.

(1) 인수가능 여부

(2) 해당 사유

정답

(1) 인수가능 여부

수안리 1번지 농지는 <u>인수가능</u>하지만, 수안리 100번지 농지는 <u>인수불가능</u>하다.

(2) 해당 사유

① 보험계약인수는 농지 단위로 가입하고, <u>개별 농지당 최저 보험가입금액은 50만원</u>이므로, 수안리 1번지 농지와 수안리 100번지 농지는 인수가능하다.

② 최근 3년 연속 침수피해를 입은 농지는 인수제한 되지만, <u>호우주의보 및 호우경보 등 기상특보에 해당되는 재해로 피해를 입은 경우는 제외</u>하기 때문에 인수가능하다.

③ 그런데 <u>최근 5년 이내에 간척된 농지는 인수제한 농지에 해당</u>되므로 3년전 간척된 수안리 100번지 농지는 인수제한 된다.

해설

(1) 보험가입기준

① 개별 농지당 최저 보험가입금액은 50만원이다.

② 다만, 가입금액 50만원 미만의 농지라도 인접농지의 면적과 합하여 50만원 이상이 되면 통합하여 하나의 농지로 가입할 수 있다. 벼의 경우 통합하는 농지의 개수는 2개까지만 가능하며, 가입후 농지를 분리할 수 없다.

(2) 인수제한 목적물(공통)

① 하천부지에 소재한 농지

② <u>최근 3년 연속 침수피해를 입은 농지(다만, 호우주의보 및 호우경보 등 기상특보에 해당되는 재해로 피해를 입은 경우는 제외함)</u>

③ 오염 및 훼손 등의 피해를 입어 복구가 완전히 이루어지지 않은 농지

④ <u>최근 5년 이내에 간척된 농지</u>

⑤ 보험가입전 농작물의 피해가 확인된 농지

⑥ 통상적인 재배 및 영농활동을 하지 않는 농지

⑦ 보험목적물을 수확하여 판매를 목적으로 경작하지 않는 농지(채종농지 등)

⑧ 농업용지가 다른 용도로 전용되어 수용예정농지로 결정된 농지

⑨ 전환지(개간, 복토 등을 통해 논으로 변경한 농지), 휴경지 등 농지로 변경하여 경작한지 3년 이내인 농지

⑩ 도서 지역의 경우 연륙교가 설치되어 있지 않고 정기선이 운항하지 않는 등 신속한 손해평가가 불가능한 지역에 소재한 농지

※ 단, 벼·조사료용 벼 품목의 경우 연륙교가 설치되어 있거나, 농작물재해보험 위탁계약을 체결한 지역 농·축협 또는 품목농협(지소 포함)이 소재하고 있고 손해평가인 구성이 가능한 지역은 보험가입이 가능하다.

⑪ 기타 인수가 부적절한 농지

10 종합위험 과실손해보장방식 감귤에 관한 내용이다. 다음의 조건 1~2를 참조하여 다음 물음에 답하시오(단, 주어진 조건외 다른 사항은 고려하지 않음). [15점]

○ 조건 1

- 감귤(온주밀감) / 5년생
- 보험가입금액 : 10,000,000원(자기부담비율 10%)
- 가입 특별약관 : 동상해과실손해보장 특별약관

○ 조건 2

(1) **과실손해조사**(수확전 사고조사는 없었음. 주품종 수확 이후 사고발생 함)
  ① 사고일자 : 2024년 11월 15일
  ② 피해사실확인조사를 통해 보상하는 재해로 확인됨
  ③ 표본주수 2주 선정후 표본조사내용
   • 등급내 피해과실수 32개
   • 등급외 피해과실수 26개
   • 기준과실수 300개
  ④ 미보상비율 : 20%

(2) **동상해과실손해조사**
  ① 사고일자 : 2024년 12월 20일
  ② 피해사실확인조사를 통해 보상하는 재해(동상해)로 확인됨
  ③ 표본주수 2주 선정후 표본조사내용

기수확과실	정상과실	80%형 피해과실	100%형 피해과실
100개	90개	80개	30개

  ④ 수확기 잔존비율(%) : (100 − 37) − (0.9 × 사고발생일자)[사고발생 월 12월 기준]
  ⑤ 미보상비율 : 10%

(1) 과실손해보장 보통약관 보험금의 계산과정과 값(원)을 쓰시오.
(2) 동상해과실손해보장 특별약관 보험금의 계산과정과 값(원)을 쓰시오.

(1) 과실손해보장 보통약관 보험금의 계산과정

> 보험금 = 손해액 − 자기부담금

① 손해액 = 보험가입금액 × 피해율 = 10,000,000원 × 12% = 1,200,000원
② 피해율 = (등급내 피해과실수 + 등급외 피해과실수 × 50%) ÷ 기준과실수 × (1 − 미보상비율)
  = (32개 + 26개 × 50%) ÷ 300개 × (1 − 20%) = 12%
③ 자기부담금 = 보험가입금액 × 자기부담비율 = 10,000,000원 × 10% = 1,000,000원
④ 보험금 = 손해액 − 자기부담금
  = 1,200,000원 − 1,000,000원 = **200,000원**

(2) 동상해과실손해보장 특별약관 보험금의 계산과정

> 보험금 = 손해액 − 자기부담금

① 기사고피해율 = 12% ÷ (1 − 20%) = 15%
  ※ **기사고피해율** : 주계약(과실손해보장 보통약관) 피해율을 {1 − (과실손해보장 보통약관 보험금 계산에 적용된) 미보상비율}로 나눈 값과 이전 사고의 동상해과실손해 피해율을 더한 값을 말한다.

② 수확기 잔존비율(%) = (100 − 37) − (0.9 × 20) = 45%
③ 동상해피해율 = {(동상해 80%형 피해과실수 합계 × 80%) + (동상해 100%형 피해과실수 합계 × 100%)} ÷ 기준과실수
  = (80개 × 80%) + (30개 × 100%) ÷ 200개 = 47%
  ※ 기준과실수 = 정상과실수 + 동상해 80%형 피해과실수 + 동상해 100%형 피해과실수
  = 90개 + 80개 + 30개 = 200개
④ 손해액 = {보험가입금액 − (보험가입금액 × 기사고피해율)} × 수확기 잔존비율 × 동상해피해율 × (1 − 미보상비율)
  = {10,000,000원 − (10,000,000원 × 15%)} × 45% × 47% × (1 − 10%)
  = 1,617,975원
⑤ 자기부담금 = | 보험가입금액 × Min(주계약 피해율 − 자기부담비율, 0) |
  = | 10,000,000원 × Min(12% − 10%, 0) |
  = 0원
⑥ 보험금 = 손해액 − 자기부담금
  = 1,617,975원 − 0원 = **1,617,975원**

11 다음은 농작물재해보험에서 정하는 손해평가 업무 절차상 손해평가반 구성에 관한 내용이다. 괄호에 알맞은 내용을 답란에 쓰시오. [5점]

> • 재해보험사업자 등은 보험가입자로부터 보험사고가 접수되면 (①) 등에 따라 조사내용을 결정하고 지체 없이 손해평가반을 구성한다.
> • 손해평가반은 농업재해보험 손해평가요령 제8조에서와 같이 손해평가인, 손해평가사, 손해사정사에 해당하는 자로 구성하며, (②) 이내로 한다. 이 규정에도 불구하고 직전 손해평가일로부터 (③) 이내의 보험가입자간 상호 손해평가에 대하여는 해당자를 손해평가반 구성에서 배제하여야 한다.

정답

① 생육시기・품목・재해종류, ② 5인, ③ 30일

12 A과수원의 종합위험방식 포도 품목의 과중조사를 실시하고자 한다. 다음 조건을 이용하여 ① 과중조사 횟수, ② 최소 표본주수 및 ③ 최소 추출과실개수를 답란에 쓰시오. [5점]

> • A과수원의 품종은 3종이다.
> • 각 품종별 수확시기는 다르다.
> • 최소 표본주수는 회차별 표본주수의 합계로 본다.
> • 최소 추출과실개수는 회차별 추출과실개수의 합계로 본다.
> • 위 조건외 단서조항은 고려하지 않는다.

정답

① 과중조사 횟수 : 3회
② 최소 표본주수 : 9주수
③ 최소 추출과실개수 : 60개

해설

과중조사는 사고접수가 된 농지에 한하여 품종별로 수확시기에 각각 실시한다. 농지에서 품종별로 착과가 평균적인 3주 이상의 표본주에서 크기가 평균적인 과실을 품종별 20개 이상(포도의 경우 농지당 30개 이상) 추출하여 품종별 과실 개수와 무게를 조사한다.
① **과중조사 횟수** : A과수원의 품종은 3종이므로, 과중조사 횟수는 3회 실시한다.
② **최소 표본주수** : 최소 표본주수는 회차별 표본주수의 합계로 하므로, 3회×3주/회 = 9주수
③ **최소 추출과실개수** : 포도는 품종별 20개 이상(농지당 30개 이상) 추출하므로, 최소 추출과실개수는
3×20개 = 60개

13 적과전 종합위험방식 '떫은감' 품목이 적과종료일 이후 태풍피해를 입었다. 다음 조건을 참조하여 물음에 답하시오(단, 주어진 조건외 다른 사항은 고려하지 않음). [5점]

○ 조건

조사대상주수	총 표본주의 낙엽수 합계	표본주수
650주	130개	13주

※ 모든 표본주의 각 결과지(신초, 1년생 가지)당 착엽수와 낙엽수의 합계 : 10개

(1) 낙엽률의 계산과정과 값(%)을 쓰시오.
(2) 낙엽률에 따른 인정피해율의 계산과정과 값(%)을 쓰시오[단, 인정피해율(%)은 소수점 셋째 자리에서 반올림한다. 예시 : 12.345% → 12.35%로 기재].

[정답]

(1) **낙엽률의 계산과정**

$$낙엽률 = \frac{표본주의\ 낙엽수\ 합계}{표본주의\ 낙엽수\ 합계 + 표본주의\ 착엽수\ 합계}$$

$$= \frac{130개}{13 \times 4 \times 10개} = 0.25 = 25\%$$

※ 선정된 표본주에 동서남북 4곳의 결과지(신초, 1년생 가지)를 무작위로 정하여 각 가지별로 낙엽수와 착엽수를 조사하여 낙엽률을 산정한다.

(2) **낙엽률에 따른 인정피해율의 계산과정**
떫은감의 낙엽률에 따른 인정피해율
$= 0.9662 \times 낙엽률 - 0.0703$
$= 0.9662 \times 25\% - 0.0703$
$= 0.17125 = 17.13\%$(※ 소수점 셋째자리에서 반올림)

14 다음은 농작물재해보험에서 규정하는 농작물의 손해평가와 관련한 내용이다. 괄호에 알맞은 내용을 답란에 순서대로 쓰시오. [5점]

• 인삼 품목의 수확량조사에서 기초자료인 칸 넓이조사는 두둑폭과 고랑폭을 더한 합계에 (　　)을 (를) 곱하여 산출한다.
• 메밀 품목의 피해면적은 도복으로 인한 피해면적에 (　　)를 곱한 값과 도복 이외 피해면적에 평균손해정도비율을 곱한 값을 더하여 산정한다.
• 단호박 품목의 표본구간내 작물상태조사는 선정된 표본구간에 표본구간의 가로(　　)·세로(　　) 길이를 구획하여, 표본구간내 식재된 단호박을 손해정도비율표에 따라 구분하여 조사한다.

[정답]

지주목 간격, 70%, 이랑폭, 1m

해설

- 인삼 품목의 수확량조사에서 기초자료인 칸 넓이조사는 두둑폭과 고랑폭을 더한 합계에 (**지주목 간격**)을 곱하여 산출한다.
  ※ 칸 넓이 = 지주목 간격 × (두둑폭 + 고랑폭)
- 메밀 품목의 피해면적은 도복으로 인한 피해면적에 (**70%**)를 곱한 값과 도복 이외 피해면적에 평균손해정도비율을 곱한 값을 더하여 산정한다.
- 단호박 품목의 표본구간내 작물상태조사는 선정된 표본구간에 표본구간의 가로(**이랑폭**)·세로(**1m**) 길이를 구획하여, 표본구간내 식재된 단호박을 손해정도비율표에 따라 구분하여 조사한다.

15 다음은 농작물재해보험 농업수입감소보장방식 밭작물 품목별 수확량조사 적기에 관한 내용이다. 괄호에 알맞은 내용을 답란에 순서대로 쓰시오. [5점]

- 콩 : 콩잎이 누렇게 변하여 떨어지고 꼬투리의 (　　)% 이상이 고유한 성숙(황색)색깔로 변하는 시기인 생리적 성숙기로부터 (　　)일이 지난 시기
- 감자(가을재배) : 파종일로부터 제주지역은 (　　)일 이후, 이외 지역은 (　　)일 이후
- 마늘 : 잎과 줄기가 (　　) 황변하여 말랐을 때와 해당 지역의 통상 수확기가 도래하였을 때
- 고구마 : 삽식일로부터 (　　)일 이후에 농지별로 적용
- 옥수수 : 수염이 나온후 (　　)일 이후

정답

80~90, 7~14, 110, 95, 1/2~2/3, 120, 25

해설

농업수입보장방식 품목별 수확량조사 적기

품 목	수확량조사 적기
콩	콩잎이 누렇게 변하여 떨어지고 꼬투리의 (**80~90**)% 이상이 고유한 성숙(황색) 색깔로 변하는 시기인 생리적 성숙기로부터 (**7~14**)일이 지난 시기
양배추	결구 형성이 완료된 때
양파	양파의 비대가 종료된 시점(식물체의 도복이 완료된 때)
감자 (가을재배)	감자의 비대가 종료된 시점[파종일로부터 제주지역은 (**110**)일 이후, 이외 지역은 (**95**)일 이후]
마늘	마늘의 비대가 종료된 시점[잎과 줄기가 (**1/2~2/3**) 황변하여 말랐을 때와 해당 지역의 통상 수확기가 도래하였을 때]
고구마	고구마의 비대가 종료된 시점[삽식일로부터 (**120**)일 이후에 농지별로 적용]
옥수수	옥수수 수확의 적기[수염이 나온후 (**25**)일 이후]
보리	알곡이 여물어 수확이 가능한 시기

16 종합위험 수확감소보장 마늘 품목에서 다음 계약사항과 조사내용에 따른 2가지 질문에 답하시오.

[15점]

○ 계약사항

상품명	보험가입금액	가입면적	평년수확량	자기부담비율
종합위험 수확감소보장 마늘	1,000만원	5,000m²	5,000kg	20%

○ 조사내용

조사종류	조사방식	1m²당 식물체 주수 (1차조사)	1m²당 재파종 주수 (2차조사)
재파종조사	표본조사	15주	20주

(1) 재파종조사의 조사대상과 조사시기를 서술하시오.

(2) 재파종보험금 산정방법을 서술하고, 재파종보험금을 구하시오(단, 1a는 100m²이다).

[정답]

(1) 재파종조사의 조사대상과 조사시기

① **조사대상** : 피해사실확인조사시 재파종조사가 필요하다고 판단된 농지

② **조사시기** : 피해사실확인조사 직후 또는 사고접수 직후

(2) 재파종보험금

① **산정방법**
- 재파종보험금은 보험기간 내에 보상하는 재해로 10a당 식물체 주수가 30,000주보다 적어지고, 10a당 30,000주 이상으로 재파종한 경우 1회에 한하여 지급하며, 보험가입금액에 35%를 곱한후 다시 표준피해율을 곱하여 산정한다.
- 표준피해율은 10a 기준 식물체 주수를 30,000주에서 뺀후 이 값을 30,000주로 나누어 산출한다.

② **재파종보험금 계산**
- 재파종보험금 = 보험가입금액 × 35% × 표준피해율
- 식물체 주수(1차조사)
  10a(1,000m²)당 식물체 주수 = 1,000 × 15주 = 15,000주
- 표준피해율(10a 기준) = (30,000주 - 식물체 주수) ÷ 30,000주
                        = (30,000주 - 15,000주) ÷ 30,000주 = 0.5(= 50%)
∴ 재파종보험금 = 1,000만원 × 35% × 50% = **175만원**

17 종합위험방식 벼(조곡) 품목에 관한 다음 조건에 따른 보험금을 산정하시오(단, 아래의 조건들은 지급사유에 해당된다고 가정한다). [15점]

(1) 이앙·직파불능보험금

> 〈조건〉
> • 보험가입금액 : 10,000,000원
> • 자기부담비율 : 20%

① 계산과정 :
② 보험금 : _____원

(2) 재이앙·재직파보험금

> 〈조건〉
> • 보험가입금액 : 10,000,000원
> • 자기부담비율 : 20%
> • 면적피해율 : 50%
> • 미보상감수면적 : 없음

① 계산과정 :
② 보험금 : _____원

(3) 경작불능보험금

> 〈조건〉
> • 보험가입금액 : 10,000,000원
> • 자기부담비율 : 20%
> • 식물체 70% 이상 고사

① 계산과정 :
② 보험금 : _____원

(4) 수확감소보험금

> 〈조건〉
> • 보험가입금액 : 10,000,000원
> • 자기부담비율 : 20%
> • 평년수확량 : 1,500kg
> • 수확량 : 500kg
> • 미보상감수량 : 100kg

① 계산과정 :
② 보험금 : _____원

(1) 이앙・직파불능보험금
　① 계산과정 : 지급금액 = 보험가입금액 × 15%
　　　　　　　　　　　= 10,000,000원 × 15% = 1,500,000원
　② 보험금 : <u>1,500,000원</u>

(2) 재이앙・재직파보험금
　① 계산과정 : 지급금액 = 보험가입금액 × 25% × 면적피해율
　　　　　　　　　　　= 10,000,000원 × 25% × 50% = 1,250,000원
　② 보험금 : <u>1,250,000원</u>

(3) 경작불능보험금
　① 계산과정 : 지급금액 = 자기부담비율별 경작불능보험금
　　　자기부담비율이 20%일 때
　　　지급금액 = 보험가입금액 × 40% = 10,000,000원 × 40% = 4,000,000원
　② 보험금 : <u>4,000,000원</u>

TIP　자기부담비율별 경작불능보험금	
자기부담비율	**경작불능보험금**
10%형	보험가입금액 × 45%
15%형	보험가입금액 × 42%
20%형	보험가입금액 × 40%
30%형	보험가입금액 × 35%
40%형	보험가입금액 × 30%

(4) 수확감소보험금
　① 계산과정 : 지급금액 = 보험가입금액 × (피해율 − 자기부담비율)
　　　피해율 = (평년수확량 − 수확량 − 미보상감수량) ÷ 평년수확량
　　　　　　= (1,500kg − 500kg − 100kg) ÷ 1,500kg = 0.6(= 60%)
　　　지급금액 = 10,000,000원 × (60% − 20%) = 4,000,000원
　② 보험금 : <u>4,000,000원</u>

18 종합위험 수확감소방식 복숭아에 관한 내용이다. 다음의 계약사항과 조사내용을 참조하여 물음에 답하시오(단, 피해율은 소수점 셋째자리에서 반올림하여 다음 예시와 같이 구하시오. 예시 : 12.345% → 12.35%). [15점]

○ 계약사항

품 목	품 종	가입주수	보험가입금액	자기부담비율	평년수확량	표준수확량	가입 특약
복숭아	조생	100주	80,000,000원	10%	30,000kg	10,000kg	수확감소 추가보장 특약
	만생	250주				15,000kg	

○ 조사내용
• 착과수조사(조사일자 : 2024년 6월 20일)

품 종	실제결과주수	미보상주수	표본주 1주당 착과수	미보상비율	기 타
조생	100주	5주	100개	10%	착과수조사전 사고 없음
만생	250주	10주	180개		

• 2024년 8월 13일 우박 피해(조사일자 : 2024년 8월 15일)

품 종	금차 착과수	낙과피해 과실수	착과피해구성률	낙과피해구성률	과중조사
조생	0개	0개	–	–	기수확
만생	20,000개	6,000개	60%	70%	개당 350g

※ 우박 피해는 만생 품종 수확 중 발생한 피해임

(1) 수확량의 계산과정과 값을 구하시오.
(2) 수확감소보험금의 계산과정과 값을 구하시오.
(3) 수확감소 추가보장특약 보험금의 계산과정과 값을 구하시오.

정답

(1) 수확량

착과수조사 이전 사고가 없으므로,

수확량 = Max(평년수확량, 착과량) − 사고당 감수량의 합

① 착과량 = 품종·수령별 착과량의 합

    품종·수령별 착과량 = (품종·수령별 착과수 × 품종별 과중) + (품종·수령별 주당 평년수확량 × 미보상주수)

    ※ 단, 품종별 과중이 없는 경우(과중조사전 기수확 품종)에는 품종·수령별 평년수확량을 품종·수령별 착과량으로 한다. ⇒ 조생종 착과량

      – 품종·수령별 주당 평년수확량 = 품종·수령별 평년수확량 ÷ 품종·수령별 실제결과주수

      – 품종·수령별 평년수확량 = 평년수확량 × (품종·수령별 표준수확량 ÷ 표준수확량)

      – 품종·수령별 표준수확량 = 품종·수령별 주당 표준수확량 × 품종·수령별 실제결과주수

② 조생종 착과량 = 평년수확량 × (조생종 표준수확량 ÷ 표준수확량)

                = 30,000kg × {10,000kg ÷ (10,000kg + 15,000kg)}

                = 12,000kg

③ 만생종 착과량 = (만생종 착과수 × 만생종 과중) + (만생종 주당 평년수확량 × 미보상주수)

   • 조사대상주수 = 실제결과주수 − 미보상주수

                = 250주 − 10주 = 240주

   • 만생종 착과수 = 조사대상주수 × 주당 착과수

              = 240주 × 180개/주 = 43,200개

   • 만생종 주당 평년수확량 = 만생종 평년수확량 ÷ 만생종 실제결과주수

                      = 30,000kg × {15,000kg ÷ (10,000kg + 15,000kg)} ÷ 250주

                      = 72kg/주

   • 만생종 착과량 = (43,200개 × 0.35kg) + (72kg/주 × 10주)

               = 15,840kg

④ 착과량 = 조생종 착과량 + 만생종 착과량

         = 12,000kg + 15,840kg = 27,840kg

⑤ 사고당 감수량의 합

   • 만생종 착과 감수량 = 금차 착과수 × 과중 × 금차 착과피해구성률

                  = 20,000개 × 0.35kg × 60% = 4,200kg

   • 만생종 낙과 감수량 = 금차 낙과수 × 과중 × 금차 낙과피해구성률

                  = 6,000개 × 0.35kg × 70% = 1,470kg

   • 사고당 감수량의 합 = 4,200kg + 1,470kg = 5,670kg

⑥ 수확량 = Max(평년수확량, 착과량) − 사고당 감수량의 합

        = Max(30,000kg, 27,840kg) − 5,670kg = **24,330kg**

(2) 수확감소보험금

① 미보상감수량 = (평년수확량 − 수확량) × 미보상비율

              = (30,000kg − 24,330kg) × 10% = 567kg

② 피해율 = (평년수확량 − 수확량 − 미보상감수량) ÷ 평년수확량

       = (30,000kg − 24,330kg − 567kg) ÷ 30,000kg

       = 0.1701 = 17.01%

③ 수확감소보험금 = 보험가입금액 × (피해율 − 자기부담비율)

               = 80,000,000원 × (17.01% − 10%) = **5,608,000원**

(3) 수확감소 추가보장특약 보험금

보험금 = 보험가입금액 × (피해율 × 10%)

       = 80,000,000원 × (17.01% × 10%) = **1,360,800원**

19 다음은 가축재해보험에 관한 내용이다. 다음 물음에 답하시오.　　　　　　[15점]

(1) 가축재해보험에서 모든 부문 축종에 적용되는 보험계약자 등의 계약 전·후 알릴의무와 관련한 내용의 일부분이다. 다음 (　　)에 들어갈 내용을 쓰시오.

> [계약전 알릴의무]
> 계약자, 피보험자 또는 이들의 대리인은 보험계약을 청약할 때 청약서에서 질문한 사항에 대하여 알고 있는 사실을 반드시 사실대로 알려야 할 의무이다. 보험계약자 또는 피보험자가 고의 또는 중대한 과실로 계약전 알릴의무를 이행하지 않은 경우에 보험자는 그 사실을 안 날로부터 (①)월 내에, 계약을 체결한 날로부터 (②)년 내에 한하여 계약을 해지할 수 있다. 그러나 보험자가 계약 당시에 그 사실을 알았거나 중대한 과실로 인하여 알지 못한 때에는 그러하지 아니하다.

> [계약후 알릴의무]
> • 보험목적 또는 보험목적 수용장소로부터 반경 (③)km 이내 지역에서 가축전염병 발생(전염병으로 의심되는 질환 포함) 또는 원인 모를 질병으로 집단 폐사가 이루어진 경우
> • 보험의 목적 또는 보험의 목적을 수용하는 건물의 구조를 변경, 개축, 증축하거나 계속하여 (④)일 이상 수선할 때
> • 보험의 목적 또는 보험의 목적이 들어 있는 건물을 계속하여 (⑤)일 이상 비워두거나 휴업하는 경우

(2) 가축재해보험 소에 관한 내용이다. 다음 조건을 참조하여 한우(수컷)의 지급보험금(원)을 쓰시오(단, 주어진 조건외 다른 사항은 고려하지 않음).

> [조건]
> • 보험목적물 : 한우(수컷, 2022.4.3. 출생)
> • 가입금액 : 6,500,000원, 자기부담비율 : 20%, 중복보험 없음
> • 사고일 : 2024.8.6.(경추골절의 부상으로 긴급도축)
> • 보험금 청구일 : 2024.9.1.
> • 이용물처분액 : 1,000,000원(도축장발행 정산자료의 지육금액)
> • 2024년 한우(수컷) 월별 산지 가격동향
>
> | 구 분 | 4월 | 5월 | 6월 | 7월 | 8월 |
> |---|---|---|---|---|---|
> | 350kg | 3,500,000원 | 3,220,000원 | 3,150,000원 | 3,590,000원 | 3,600,000원 |
> | 600kg | 3,780,000원 | 3,600,000원 | 3,654,000원 | 2,980,000원 | 3,200,000원 |

정답

(1) 계약 전·후 알릴의무

① 1

② 3

③ 10

④ 15

⑤ 30

(2) 한우(수컷)의 지급보험금

① **한우 수컷 월령** : 2024년 8월 6일 − 2022년 4월 3일 = 28개월 3일 = <u>28월령</u>

  ※ 월령은 만(滿)으로 계산하고, 월 미만의 일수는 무시한다.

② **체중** : 한우 수컷 월령이 25개월을 초과한 경우에는 <u>655kg</u>으로 한다.

③ **kg당 금액** : kg당 금액은 사고 「농협축산정보센터」에 등재된 <u>전전월 전국산지평균가격</u>(350kg 및 600kg 성별 전국산지평균가격 중 kg당 가격이 높은 금액)을 그 체중으로 나누어 구한다.

  • 3,150,000원 ÷ 350kg = 9,000원/kg

  • 3,654,000원 ÷ 600kg = 6,090원/kg

④ **보험가액**

  보험가액 = 655kg × 전전월 전국산지평균가격(350kg 및 600kg 성별 전국 산지평균가격 중 kg당 가격
          이 높은 금액)

        = 655kg × Max[9,000원/kg, 6,090원/kg] = 5,895,000원

⑤ **이용물처분액** : 도축장발행 정산자료가 있는 경우 도축장발행 정산자료의 <u>지육금액 × 75%</u>로 계산한다.

  이용물처분액 = 1,000,000원 × 75% = 750,000원

⑥ **지급보험금** : 이용물처분액이 있는 경우에는 보험가액에서 이를 차감하고 지급한다.

  지급보험금 = (보험가액 − 이용물처분액) × (1 − 자기부담비율)

        = (5,895,000원 − 750,000원) × (1 − 20%) = **4,116,000원**

20 다음의 계약사항과 조사내용을 참고하여 누적감수과실수를 구하시오(단, 감수과실수는 소수점 첫째자리에서 반올림하여 다음 예시와 같이 구하시오. 예시 : 10.6개 → 11개로 기재).

[20점]

○ 계약사항

상품명	특 약	평년착과수	가입과실수	실제결과주수
적과전 종합위험방식(Ⅱ) 배	적과종료 이전 특정위험 5종 한정보장 특별약관	10,000개	8,000개	100주

○ 조사내용

구 분	재해 종류	사고 일자	조사 일자	조사내용 적과전 종합위험방식(Ⅱ)
적과종료 이전	태풍	4월 20일	4월 21일	〈피해사실확인조사〉 나무피해율 : 50% 미보상감수과실수 : 없음
	우박	5월 15일	5월 16일	〈유과타박률조사〉 유과타박률 : 35% 미보상감수과실수 : 없음
적과후 착과수	–		7월 10일	적과후착과수 : 6,000개
적과종료 이후	태풍	8월 25일	8월 26일	〈낙과피해조사(전수조사)〉 총 낙과과실수 : 1,000개 나무피해 없음 피해과실 구분 100% 80% 50% 정상 / 과실수(개) 200 300 400 100 미보상감수과실수 : 없음
	우박	5월 15일	9월 10일	〈착과피해조사〉 피해과실 구분 100% 80% 50% 정상 / 과실수(개) 10 12 18 60 미보상감수과실수 : 없음

(1) 계산과정

(2) 누적감수과실수

(1) 계산과정

　① **적과종료 이전 착과감소과실수**

　　착과감소과실수 = 최솟값(평년착과수 − 적과후착과수, 최대 인정감소과실수)

　　　　　　　　　= 최솟값(10,000개 − 6,000개, 5,000개) = **4,000개**

　　※ 최대 인정감소과실수 = 평년착과수 × 최대 인정피해율

　　　　　　　　　　　　　= 10,000개 × 50% = **5,000개**

　　※ 최대 인정피해율은 나무피해율과 유과타박률 중 가장 큰 값을 적용한다.

　② **적과종료 이후 태풍 낙과피해 감수과실수(전수조사)**

　　총 낙과과실수 × (낙과피해구성률 − max A) × 1.07

$$= 1,000개 \times \left[\frac{(200 \times 1) + (300 \times 0.8) + (400 \times 0.5)}{1,000개} - 0 \right] \times 1.07$$

　　= 684.8개 = **685개**(※ 소수점 첫째자리에서 반올림)

　　※ 낙과피해구성률

$$= \frac{(100\%형\ 피해과실수 \times 1) + (80\%형\ 피해과실수 \times 0.8) + (50\%형\ 피해과실수 \times 0.5)}{100\%형\ 피해과실수 + 80\%형\ 피해과실수 + 50\%형\ 피해과실수 + 정상과실수}$$

　　※ max A : 금차 사고전 기조사된 착과피해구성률 중 최댓값(= 0)

　③ **우박 착과피해 감수과실수**

　　사고 당시 착과과실수 × (착과피해구성률 − max A)

　　※ 사고 당시 착과과실수

　　　= 적과후착과수 − 총 낙과과실수 − 총 적과종료후 나무피해과실수 − 총 기수확과실수

　　　= 6,000개 − 1,000개 − 0개 − 0개 = 5,000개

　　※ 착과피해구성률

$$= \frac{(100\%형\ 피해과실수 \times 1) + (80\%형\ 피해과실수 \times 0.8) + (50\%형\ 피해과실수 \times 0.5)}{100\%형\ 피해과실수 + 80\%형\ 피해과실수 + 50\%형\ 피해과실수 + 정상과실수}$$

　　※ max A : 금차 사고전 기조사된 착과피해구성률 중 최댓값(= 0)

　　우박 착과피해 감수과실수

$$= 5,000개 \times \left[\frac{(10 \times 1) + (12 \times 0.8) + (18 \times 0.5)}{100개} - 0 \right]$$

　　= **1,430개**

　∴ 누적감수과실수 = 685개 + 1,430개 = **2,115개**

(2) 누적감수과실수 : 2,115개

꼼수는 실력을 이길 수 없다.

- 이현승 -

┌───┐
│   농작물재해보험 및 가축재해보험의 이론과 실무   │
└───┘

01 종합위험보장 벼(조사료용 벼 제외) 상품의 병해충보장 특별약관에서 담보하는 보장을 답란에 쓰시오. [5점]

[정답]

재이앙·재직파보장, 경작불능보장, 수확불능보장, 수확감소보장

02 농작물재해보험에서 계약자(피보험자)의 가입자격에 관한 설명이다. ( ) 안에 알맞은 내용을 쓰시오. [5점]

> 농작물재해보험 사업대상자는 사업 실시지역에서 보험대상 작물을 경작하는 (①)이다. 사업대상자 중에서 재해보험에 가입할 수 있는 자는 농어업재해보험법 제7조에 의한 동법 시행령 제9조에 따른 (②)을(를) 말한다.

[정답]

① 개인 또는 법인, ② 농작물을 재배하는 자

[해설]

계약자(피보험자)의 가입자격

> 농작물재해보험 사업대상자는 사업 실시지역에서 보험대상 작물을 경작하는 (**개인 또는 법인**)이다. 사업대상자 중에서 재해보험에 가입할 수 있는 자는 농어업재해보험법 제7조에 의한 동법 시행령 제9조에 따른 (**농작물을 재배하는 자**)를 말한다.

03 경상남도지역 농지에서 마늘을 재배하는 A씨는 보험가입금액 100,000,000원의 재파종보장 마늘 상품에 가입하였다. 보상하는 재해로 10a당 식물체 주수가 24,000주 되어 10월 31일 이전에 10a당 32,000주로 재파종을 한 경우 재파종보험금의 계산과정과 값을 쓰시오.

[5점]

정답

재파종보험금 = 보험가입금액 × 35% × 표준피해율
• 표준피해율(10a 기준) = (30,000주 − 식물체 주수) ÷ 30,000주
                        = (30,000주 − 24,000주) ÷ 30,000주 = 0.2(= 20%)
• 재파종보험금 = 100,000,000원 × 35% × 20% = **7,000,000원**

해설

재파종보험금 계산방식
보상하는 재해로 10a당 식물체 주수가 30,000주보다 적어지고, 10a당 30,000주 이상으로 재파종한 경우 아래와 같이 계산한 재파종보험금을 1회 지급한다.

> 보험금 = 보험가입금액 × 35% × 표준피해율
> ※ 표준피해율(10a기준) = (30,000주 − 식물체 주수) ÷ 30,000주

04 가축재해보험의 보험가입 단위에 관한 설명이다. ( ) 안에 알맞은 내용을 쓰시오.

[5점]

> • 가축재해보험은 사육하는 가축 및 축사를 (①) 보험가입하는 것이 원칙이다.
> • 예외적으로 종모우와 말의 경우는 (②)이 가능하다.
> • 소는 1년 이내 출하 예정인 경우, 축종별 및 성별을 구분하지 않고 보험가입시에는 소 이력제 현황의 (③) 이상, 축종별 및 성별을 구분하여 보험가입시에는 소 이력제 현황의 (④) 이상 조건에서 (⑤)이 가능하다.

정답

① 전부, ② 개별가입, ③ 70%, ④ 80%, ⑤ 일부가입

해설

가축재해보험의 보험가입 단위

> • 가축재해보험은 사육하는 가축 및 축사를 (**전부**) 보험가입하는 것이 원칙이다.
> • 예외적으로 종모우와 말의 경우는 (**개별가입**)이 가능하다.
> • 소는 1년 이내 출하 예정인 경우, 축종별 및 성별을 구분하지 않고 보험가입시에는 소 이력제 현황의 (**70%**) 이상, 축종별 및 성별을 구분하여 보험가입시에는 소 이력제 현황의 (**80%**) 이상 조건에서 (**일부가입**)이 가능하다.

05 종합위험보장 벼 상품의 보통약관에서 정하는 용어를 순서대로 답란에 쓰시오. [5점]

- ( ) : 수확량 또는 품질을 높이기 위해 비료성분을 토양 중에 공급하는 것
- ( ) : 식물체가 고사한 면적을 보험가입면적으로 나누어 산출
- ( ) : 못자리 등에서 기른 모를 농지로 옮겨 심는 일
- ( ) : 물이 있는 논에 종자를 파종하는 방법
- ( ) : 장기간의 지속적인 강우 부족에 의한 토양수분 부족으로 인하여 발생하는 피해

[정답]

시비관리, 식물체 피해율, 이앙, 직파(담수직파), 한해(가뭄피해)

06 다음은 손해보험계약의 법적 특성이다. 각 특성에 대하여 서술하시오. [15점]

(1) 유상계약성
(2) 쌍무계약성
(3) 상행위성
(4) 최고선의성
(5) 계속계약성

[정답]

(1) 유상계약성
손해보험계약은 계약자의 보험료 지급과 보험자의 보험금 지급을 약속하는 유상계약(有償契約)이다.

(2) 쌍무계약성
보험자인 손해보험회사의 손해보상의무와 계약자의 보험료 납부의무가 대가(對價) 관계에 있으므로 쌍무계약(雙務契約)이다.

(3) 상행위성
손해보험계약은 상행위이며(상법 제46조), 영업행위이다.

(4) 최고선의성
손해보험계약에 있어 보험자는 사고의 발생 위험을 직접 관리할 수 없기 때문에 도덕적 위태의 야기 가능성이 큰 계약이다. 따라서 신의성실의 원칙이 무엇보다도 중요시되고 있다.

(5) 계속계약성
손해보험계약은 한 때 한 번만의 법률행위가 아니고 일정 기간에 걸쳐 당사자간에 권리의무 관계를 존속시키는 법률행위이다.

07 종합위험보장 벼 품목에 관한 내용이다. 계약내용과 조사내용을 참조하여 다음 물음에 답하시오.   [15점]

○ 계약내용	○ 조사내용
• 보험가입금액 : 10,000,000원	• 벼(조곡) 제현율 : 60%
• 가입면적 : 10,000m²	• 평년수확량 : 1,000kg
• 자기부담비율 : 15%	• 수확량 : 300kg
	• 미보상감수량 : 0kg

(1) 수확불능보험금과 수확감소보험금을 지급하는 경우를 각각 서술하시오.
(2) 수확불능보장과 수확감소보장의 보장종료 시점을 각각 쓰시오.
(3) 수확불능보험금의 계산과정과 값을 쓰시오.
(4) 수확감소보험금의 계산과정과 값을 쓰시오.

정답

(1) 수확불능보험금과 수확감소보험금을 지급하는 경우
　① **수확불능보험금** : 보상하는 재해로 벼(조곡) 제현율이 65%(분질미는 70%) 미만으로 떨어져 정상벼로서 출하가 불가능하게 되고, 계약자가 수확불능보험금을 신청한 경우 지급한다.
　② **수확감소보험금** : 보상하는 재해로 피해율이 자기부담비율을 초과하는 경우 지급한다.

(2) 수확불능보장과 수확감소보장의 보장종료 시점
　① **수확불능보장** : 수확기종료 시점(다만, 판매개시연도 11월 30일을 초과할 수 없음)
　② **수확감소보장** : 수확기종료 시점(다만, 판매개시연도 11월 30일을 초과할 수 없음)

(3) 수확불능보험금
　수확불능보험금 = 보험가입금액 × 일정비율
　※ 자기부담비율이 15%형인 경우 보험가입금액의 57%
　수확불능보험금 = 10,000,000원 × 57%
　　　　　　　　　= 5,700,000원

(4) 수확감소보험금
　수확감소보험금 = 보험가입금액 × (피해율 − 자기부담비율)
　※ 피해율 = (평년수확량 − 수확량 − 미보상감수량) ÷ 평년수확량
　　　　　　= (1,000kg − 300kg − 0kg) ÷ 1,000kg = 0.7(= 70%)
　수확감소보험금 = 10,000,000원 × (70% − 15%)
　　　　　　　　　= 5,500,000원

08 종합위험 수확감소보장방식의 차(茶) 품목에 관한 사항이다. 다음 도표의 빈 칸에 알맞은 내용을 쓰시오. [15점]

구 분	내 용
계약인수	
보험가입대상	
인수제한 목적물 (7가지 이상)	

정답

차(茶) 품목

구 분	내 용
계약인수	농지 단위로 가입하고, 개별 농지당 최저 보험가입면적은 1,000㎡이다. 단, 하나의 리, 동에 있는 각각 1,000㎡ 미만의 두 개의 농지는 하나의 농지로 취급하여 계약 가능하다.
보험가입대상	7년생 이상의 차나무에서 익년에 수확하는 햇차이다.
인수제한 목적물	① 보험가입면적이 1,000㎡ 미만인 농지 ② 가입하는 해의 나무 수령이 7년 미만인 차나무 ③ 깊은 전지로 인해 차나무의 높이가 지면으로부터 30cm 이하인 경우 가입면적에서 제외 ④ 통상적인 영농활동을 하지 않는 농지 ⑤ 말차 재배를 목적으로 하는 농지 ⑥ 보험계약시 피해가 확인된 농지 ⑦ 시설(비닐하우스, 온실 등)에서 촉성재배 하는 농지 ⑧ 판매를 목적으로 경작하지 않는 농지 ⑨ 다른 작물과 혼식되어 있는 농지 ⑩ 하천부지, 상습 침수지역에 소재한 농지 ⑪ 군사시설보호구역 중 통제보호구역 내의 농지(단, 통상적인 영농활동 및 손해평가가 가능하다고 판단되는 농지는 인수 가능) ⑫ 기타 인수가 부적절한 농지

손해평가사

2차 제8회 모의고사

09 종합위험보장 원예시설작물에 대하여 다음 물음에 답하시오. [15점]

(1) 보험가입금액의 산정에 대해 서술하시오.

(2) 생산비보장보험금의 지급사유에 대하여 서술하시오.

(3) 시설작물 인수제한 내용이다. (   )에 들어갈 내용을 각각 쓰시오.

> • 작물의 재배면적이 시설면적의 (①) 미만인 경우. 다만, 백합·카네이션의 경우 하우스 면적의 50% 미만이라도 동당 작기별 (②) 이상 재배시 가입 가능하다.
> • 분화류의 (③)을(를) 재배하는 경우
> • 한 시설에서 화훼류와 비화훼류를 (④)재배 중이거나 또는 재배 예정인 경우

정답

(1) 보험가입금액의 산정
하우스별 연간 재배 예정인 시설작물 중 생산비가 가장 높은 작물 가액의 50~100% 범위 내에서 계약자가 가입금액을 결정(10% 단위)한다.

(2) 생산비보장보험금의 지급사유
보상하는 재해로 1사고마다 1동 단위로 생산비보장보험금이 10만원을 초과하는 경우에 그 전액을 보험가입금액 내에서 지급한다.

(3) (   )에 들어갈 내용
① 50%
② 200m^2
③ 국화, 장미, 백합, 카네이션
④ 혼식

> • 작물의 재배면적이 시설면적의 (**50%**) 미만인 경우. 다만, 백합·카네이션의 경우 하우스 면적의 50% 미만이라도 동당 작기별 (**200m^2**) 이상 재배시 가입 가능하다.
> • 분화류의 (**국화, 장미, 백합, 카네이션**)을 재배하는 경우
> • 한 시설에서 화훼류와 비화훼류를 (**혼식**)재배 중이거나 또는 재배 예정인 경우

10 甲의 사과과수원에 대한 내용이다. 조건 1~3을 참조하여 다음 물음에 답하시오(단, 주어진 조건외 다른 사항은 고려하지 않음). [15점]

○ 조건 1

- 2019년 사과(홍로/3년생/밀식재배) 300주를 농작물재해보험에 신규로 보험가입 함
- 2020년과 2022년도에는 적과전에 우박과 냉해피해로 과수원의 적과후착과량이 현저하게 감소하였음.
- 사과(홍로)의 일반재배방식 표준수확량은 아래와 같음

수 령	5년	6년	7년	8년	9년
표준수확량	6,000kg	8,000kg	8,500kg	9,000kg	10,000kg

○ 조건 2

[甲의 과수원 과거수확량 자료]

구 분	2019년	2020년	2021년	2022년	2023년
평년착과량	1,500kg	3,200kg	–	4,000kg	3,700kg
표준수확량	1,500kg	3,000kg	4,500kg	5,700kg	6,600kg
적과후착과량	2,000kg	800kg	–	950kg	6,000kg
보험가입 여부	가입	가입	미가입	가입	가입

○ 조건 3

[2024년 보험가입내용 및 조사결과 내용]
- 적과전 종합위험방식 II 보험가입(적과종료 이전 특정위험 5종 한정보장 특별약관 미가입)
- 가입가격 : 2,000원/kg
- 보험가입 당시 계약자부담보험료 : 200,000원(미납보험료 없음)
- 자기부담비율 : 20%
- 착과감소보험금 보장수준 50%형 가입
- 2024년 과수원의 적과전 냉해피해로, 적과후착과량이 2,500kg으로 조사됨
- 미보상감수량 없음

(1) 2024년 평년착과량의 계산과정과 값(kg)을 쓰시오.

(2) 2024년 착과감소보험금의 계산과정과 값(원)을 쓰시오.

(3) 만약 2024년 적과전 사고가 없이 적과후착과량이 2,500kg으로 조사되었다면, 계약자 甲에게 환급해야 하는 차액보험료의 계산과정과 값(원)을 쓰시오(단, 보험료는 일원 단위 미만 절사함. 예시 : 12,345.6원 → 12,345원).

(1) 2024년 평년착과량의 계산과정

$$평년착과량 = [A + (B-A) \times (1 - \frac{Y}{5})] \times \frac{C}{D}$$

① A = ∑과거 5년간 적과후착과량 ÷ 과거 5년간 가입횟수
   = (2,000kg + 800kg + 1,200kg + 6,000kg) ÷ 4 = 2,500kg
   ※ 2021년 적과후착과량부터는 상한(평년착과량의 300%) 및 하한(평년착과량의 30%)을 적용하므로
      2022년은 하한인 평년착과량(4,000kg) × 30% = 1,200kg을 적용한다.
② B = ∑과거 5년간 표준수확량 ÷ 과거 5년간 가입횟수
   = (1,500kg + 3,000kg + 5,700kg + 6,600kg) ÷ 4 = 4,200kg
③ Y = 과거 5년간 가입횟수 = 4
④ C = 당해 연도(가입연도) 기준표준수확량 = 9,000kg
   ※ 사과 품목의 기준표준수확량은 일반재배방식의 표준수확량으로 산출한다. 즉, 2019년 사과 3년생이므
      로 가입연도(2024년) 기준표준수확량은 8년생 일반재배방식의 표준수확량을 적용한다.
⑤ D = ∑과거 5년간 기준표준수확량 ÷ 과거 5년간 가입횟수
   = [(6,000kg × 50%) + (6,000kg × 75%) + 8,000kg + 8,500kg] ÷ 4 = 6,000kg
   ※ 과거기준표준수확량(D) 적용 비율(사과 품목만 해당)
      • 3년생 : 일반재배방식 표준수확량 5년생의 50%
      • 4년생 : 일반재배방식 표준수확량 5년생의 75%
⑥ 평년착과량 = $[A + (B-A) \times (1 - \frac{Y}{5})] \times \frac{C}{D}$

   = $[2,500kg + (4,200kg - 2,500kg) \times (1 - \frac{4}{5})] \times \frac{9,000kg}{6,000kg}$

   = 4,260kg

(2) 2024년 착과감소보험금의 계산과정

착과감소보험금 = (착과감소량 − 미보상감수량 − 자기부담감수량) × 가입가격 × 보장수준(50%)

① 착과감소량 = 평년착과량 − 적과후착과량 = 4,260kg − 2,500kg = 1,760kg
   ※ 2024년 과수원의 적과전 냉해피해로, 적과후착과량이 2,500kg으로 조사됨
② 기준수확량 = 적과후착과량 + 착과감소량 = 2,500kg + 1,760kg = 4,260kg
③ 자기부담감수량 = 기준수확량 × 자기부담비율 = 4,260kg × 20% = 852kg
④ 착과감소보험금
   = (착과감소량 − 미보상감수량 − 자기부담감수량) × 가입가격 × 보장수준(50%)
   = (1,760kg − 0kg − 852kg) × 2,000원/kg × 50% = **908,000원**

(3) **차액보험료의 계산과정**

$$\text{차액보험료} = (\text{감액분 계약자부담보험료} \times \text{감액미경과비율}) - \text{미납입보험료}$$

① 보험가입 당시 보험가입금액 = 4,260kg × 2,000원/kg = 8,520,000원
② 감액한 가입금액 = (4,260kg − 2,500kg) × 2,000원/kg = 3,520,000원
  ※ 2024년 적과전 사고가 없이 적과후착과량이 2,500kg(= 기준수확량)으로 조사됨
③ 감액분 계약자부담보험료 : 감액한 가입금액에 해당하는 계약자부담보험료
  감액분 계약자부담보험료 = (3,520,000원 × 200,000원 ÷ 8,520,000원)
              = 82,629.1원 = 82,629원(※ 일원 단위 미만 절사)
④ 차액보험료
  = (감액분 계약자부담보험료 × 감액미경과비율) − 미납입보험료
  = (82,629원 × 70%) − 0원 = 57,840.3원 = **57,840원**(※ 일원 단위 미만 절사)
  ※ **감액미경과비율** : 사과, 배 품목의 경우 착과감소보험금 보장수준 50%형은 70%임

11 농작물재해보험의 보험금 심사에 관한 내용이다. (   )에 들어갈 내용을 각각 쓰시오.

[5점]

> • 보험사고접수 이후 피해사실의 확인, (①) 및 손해액의 평가 등 손해평가 과정 이후 재해보험사
> 업자의 보험금 지급 여부 및 지급보험금을 결정하기 위하여 보험금 심사를 하게 된다.
> • 사고보험금 심사는 (②) 사고로 발생한 재산상의 손해를 보상할 것을 목적으로 약관형식으로
> 판매되는 (③) 특성상 약관 규정 내용을 중심으로 판단하게 된다.
> • 보험계약의 단체성과 (④)이라는 특수성 때문에 약관의 해석은 보험계약자 등을 보호하기 위하
> 여 일정한 해석의 원칙이 필요하기 때문에 우리나라에서는 (⑤)에 약관의 해석과 관련하여 다
> 양한 약관의 해석의 원칙을 규정하고 있다.

정답

① 보험가액
② 우연한
③ 손해보험
④ 부합계약성
⑤ 「약관의 규제에 관한 법률」

해설

보험금 심사

> • 보험사고접수 이후 피해사실의 확인, (**보험가액**) 및 손해액의 평가 등 손해평가 과정 이후 재해보험사업자
> 의 보험금 지급 여부 및 지급보험금을 결정하기 위하여 보험금 심사를 하게 된다.
> • 사고보험금 심사는 (**우연한**) 사고로 발생한 재산상의 손해를 보상할 것을 목적으로 약관형식으로 판매되
> 는 (**손해보험**) 특성상 약관 규정 내용을 중심으로 판단하게 된다.
> • 보험계약의 단체성과 (**부합계약성**)이라는 특수성 때문에 약관의 해석은 보험계약자 등을 보호하기 위하
> 여 일정한 해석의 원칙이 필요하기 때문에 우리나라에서는 (**「약관의 규제에 관한 법률」**)에 약관의 해석과
> 관련하여 다양한 약관의 해석의 원칙을 규정하고 있다.

12 종합위험 수확감소보장방식 밭작물 품목의 품목별 표본구간 면적조사 방법에 관한 내용이다. ( )에 들어갈 내용을 각각 쓰시오. [5점]

품 목	표본구간 면적조사 방법
(①)	• 이랑폭 2m 미만 : 이랑길이(②) 및 이랑폭조사 • 이랑폭 2m 이상 : 이랑길이(③) 및 이랑폭조사
고구마, 양배추, 감자, 옥수수	이랑길이(④) 및 이랑폭조사
차(茶)	규격의 테(⑤) 사용
콩, 팥	• 점파 : 이랑길이(⑥) 및 이랑폭조사 • 산파 : 규격의 원형(⑦) 이용 또는 표본구간의 가로·세로길이조사
수박(노지)	이랑길이(⑧) 및 이랑폭조사

정답

① 양파, 마늘
② 5주 이상
③ 3주 이상
④ 5주 이상
⑤ 0.04m^2
⑥ 4주 이상
⑦ 1m^2
⑧ 10주 이상

해설

품목별 표본구간 면적조사 방법

품 목	표본구간 면적조사 방법
(**양파, 마늘**)	• 이랑폭 2m 미만 : 이랑길이(**5주 이상**) 및 이랑폭조사 • 이랑폭 2m 이상 : 이랑길이(**3주 이상**) 및 이랑폭조사
고구마, 양배추, 감자, 옥수수	이랑길이(**5주 이상**) 및 이랑폭조사
차(茶)	규격의 테(**0.04m^2**) 사용
콩, 팥	• 점파 : 이랑길이(**4주 이상**) 및 이랑폭조사 • 산파 : 규격의 원형(**1m^2**) 이용 또는 표본구간의 가로·세로길이조사
수박(노지)	이랑길이(**10주 이상**) 및 이랑폭조사

13 적과전 종합위험방식(Ⅱ) 사과 품목에서 적과후착과수조사를 실시하고자 한다. 과수원의 현황(품종, 재배방식, 수령, 주수)이 다음과 같이 확인되었을 때 ①, ②, ③, ④, ⑤의 계산과정과 값을 쓰시오(단, 적정표본주수 최솟값은 소수점 첫째자리에서 올림하여 다음 예시와 같이 구하시오. 예시 : 10.2주 → 11주로 기재). [5점]

품 종	재배방식	수 령	실제결과주수	미보상주수	고사주수	수확불능주수	조사대상주수	적정표본주수
스가루	반밀식	10	100	0	0	0	100	①
스가루	반밀식	20	200	0	0	0	200	②
홍로	밀식	10	120	0	0	0	120	③
부사	일반	10	150	0	0	0	150	④
합계			570	0	0	0	570	⑤

정답

적정표본주수 산정 = 전체 표본주수×(품종·재배방식·수령별 조사대상주수 ÷ 조사대상주수 합계)
※ 조사대상주수 500주 이상~600주 미만의 표본주수는 12주이다.
① 적정표본주수
  = 12주×(100주 ÷ 570주) = 2.11주 ⇒ **3주**
② 적정표본주수
  = 12주×(200주 ÷ 570주) = 4.21주 ⇒ **5주**
③ 적정표본주수
  = 12주×(120주 ÷ 570주) = 2.53주 ⇒ **3주**
④ 적정표본주수
  = 12주×(150주 ÷ 570주) = 3.16주 ⇒ **4주**
⑤ 적정표본주수 합계
  = 3주 + 5주 + 3주 + 4주 = **15주**

해설

표본주수표(사과)

조사대상주수	표본주수	조사대상주수	표본주수
50주 미만	5	50주 이상 100주 미만	6
100주 이상 150주 미만	7	150주 이상 200주 미만	8
200주 이상 300주 미만	9	300주 이상 400주 미만	10
400주 이상 500주 미만	11	500주 이상 600주 미만	12
600주 이상 700주 미만	13	700주 이상 800주 미만	14
800주 이상 900주 미만	15	900주 이상 1,000주 미만	16
1,000주 이상	17		

14 종합위험 생산비보장방식 '브로콜리'에 관한 내용이다. 보험금 지급사유에 해당하며, 아래 조건을 참조하여 보험금의 계산과정과 값(원)을 쓰시오(단, 주어진 조건외 다른 사항은 고려하지 않음). [5점]

○ 조건 1

보험가입금액	자기부담비율
20,000,000원	5%

○ 조건 2

재배면적	피해면적	정식일로부터 사고발생일까지 경과일수
1,000m²	500m²	65일

※ 수확기 이전에 보험사고가 발생하였고, 기발생 생산비보장보험금은 없음

○ 조건 3
피해 조사결과

정 상	50%형 피해송이	80형 피해송이	100%형 피해송이
24개	30개	20개	26개

※ 미보상비율은 없음

정답

생산비보장보험금의 계산과정

$$생산비보장보험금 = (잔존보험가입금액 \times 경과비율 \times 피해율) - 자기부담금$$

① 잔존보험가입금액 = 보험가입금액 - 보상액(기발생 생산비보장보험금 합계액)
= 20,000,000원 - 0원 = 20,000,000원

② 경과비율 = 준비기생산비계수 + {(1 - 준비기생산비계수) × (생장일수 ÷ 표준생작일수)}
= 55.9% + (1 - 55.9%) × (65일 ÷ 130일) = 77.95%
※ 준비기생산비계수는 55.9%로 한다.
※ 표준생장일수는 사전에 설정된 값으로 130일로 한다.

③ 면적피해율 = 피해면적(m²) ÷ 재배면적(m²) = 500m² ÷ 1,000m² = 0.5 = 50%

④ 작물피해율 = (피해면적내 피해송이수 × 피해인정계수) ÷ 총 송이수
= {(30개 × 0.5) + (20개 × 0.8) + (26개 × 1.0)} ÷ 100개 = 0.57 = 57%

⑤ 피해율 = 면적피해율 × 작물피해율 × (1 - 미보상비율)
= 50% × 57% × (1 - 0) = 28.5%

⑥ 자기부담금 = 잔존보험가입금액 × 보험가입을 할 때 계약자가 선택한 비율
= 20,000,000원 × 5% = 1,000,000원

⑦ 생산비보장보험금 = (잔존보험가입금액 × 경과비율 × 피해율) - 자기부담금
= (20,000,000원 × 77.95% × 28.5%) - 1,000,000원 = **3,443,150원**

15 가축재해보험 소(牛) 부문의 보상하는 손해에 관한 내용이다. ( )에 들어갈 용어를 각각 쓰시오. [5점]

> • 폐사는 질병 또는 (①)에 의하여 수의학적으로 구할 수 없는 상태가 되고 맥박, 호흡, 그 외 일반증상으로 폐사한 것이 확실한 때로 하며, 통상적으로는 (②) 등의 소견을 기준으로 판단하게 된다.
> • 긴급도축은 "사육하는 장소에서 부상, 난산, 산욕마비, (③) 및 젖소의 (④) 등이 발생한 소(牛)를 즉시 도축장에서 도살하여야 할 불가피한 사유가 있는 경우"에 한한다.
> • 도난손해는 보험증권에 기재된 보관장소 내에 보관되어 있는 동안에 불법침입자, 절도 또는 강도의 도난행위로 입은 (⑤)로 한정하고 있으며, 보험증권에 기재된 보관장소에서 이탈하여 운송 도중 등에 발생한 도난손해 및 도난행위로 입은 (⑥)은(는) 도난손해에서 제외된다.

정답

① 불의의 사고
② 수의사의 검안서
③ 급성고창증
④ 유량 감소
⑤ 직접손해(가축의 상해, 폐사를 포함)
⑥ 간접손해(경제능력 저하, 전신쇠약, 성장 지체 · 저하 등)

해설

소(牛)의 보상하는 손해

> • 폐사는 질병 또는 (**불의의 사고**)에 의하여 수의학적으로 구할 수 없는 상태가 되고 맥박, 호흡, 그 외 일반증상으로 폐사한 것이 확실한 때로 하며, 통상적으로는 (**수의사의 검안서**) 등의 소견을 기준으로 판단하게 된다.
> • 긴급도축은 "사육하는 장소에서 부상, 난산, 산욕마비, (**급성고창증**) 및 젖소의 (**유량 감소**) 등이 발생한 소(牛)를 즉시 도축장에서 도살하여야 할 불가피한 사유가 있는 경우"에 한한다.
> • 도난손해는 보험증권에 기재된 보관장소 내에 보관되어 있는 동안에 불법침입자, 절도 또는 강도의 도난행위로 입은 [**직접손해(가축의 상해, 폐사를 포함)**]로 한정하고 있으며, 보험증권에 기재된 보관장소에서 이탈하여 운송 도중 등에 발생한 도난손해 및 도난행위로 입은 [**간접손해(경제능력 저하, 전신쇠약, 성장 지체 · 저하 등)**]는 도난손해에서 제외된다.

16 농업수입감소보장방식 고구마에 관한 내용이다. 계약사항과 수확량 조사내용을 참조하여 다음 물음에 답하시오. [15점]

○ 계약사항

보험가입금액	자기부담비율	가입면적	평년수확량	농지별 기준가격
10,000,000원	20%	10,000m²	3,000kg	5,000원/kg

※ 수확기가격은 4,500원/kg임

○ 수확량 조사내용

[면적조사]

실제경작면적	수확불능면적	타작물 및 미보상면적	기수확면적
10,000m²	1,000m²	1,000m²	1,000m²

[표본조사]

표본구간면적	표본구간 수확량
10m²	2kg

[미보상비율] : 10%

(1) 수확량의 계산과정과 값을 쓰시오.
(2) 피해율의 계산과정과 값을 쓰시오.
(3) 농업수입감소보험금의 계산과정과 값을 쓰시오.

정답

(1) 수확량
- 표본구간 단위면적당 수확량 = 표본구간 수확량 합계 ÷ 표본구간면적
$$= 2kg \div 10m^2 = 0.2kg/m^2$$
- 조사대상면적 = 실제경작면적 − 수확불능면적 − 타작물 및 미보상면적 − 기수확면적
$$= 10,000m^2 - 1,000m^2 - 1,000m^2 - 1,000m^2 = 7,000m^2$$
- 단위면적당 평년수확량 = 평년수확량 ÷ 실제경작면적
$$= 3,000kg \div 10,000m^2 = 0.3kg/m^2$$
- 수확량 = (표본구간 단위면적당 수확량 × 조사대상면적) + {단위면적당 평년수확량 × (타작물 및 미보상면적 + 기수확면적)}
$$= (0.2kg/m^2 \times 7,000m^2) + \{(0.3kg/m^2 \times (1,000m^2 + 1,000m^2)\}$$
$$= 1,400kg + 600kg = \textbf{2,000kg}$$

(2) 피해율

- 미보상감수량 = (평년수확량 − 수확량) × 미보상비율
  = (3,000kg − 2,000kg) × 10% = 100kg
- 피해율 = (기준수입 − 실제수입) ÷ 기준수입
  = (15,000,000원 − 9,450,000원) ÷ 15,000,000원
  = 0.37(= 37%)

  ※ 기준수입 = 평년수확량 × 농지별 기준가격
  = 3,000kg × 5,000원/kg = 15,000,000원

  ※ 실제수입 = (수확량 + 미보상감수량) × 최솟값(농지별 기준가격, 농지별 수확기가격)
  = (2,000kg + 100kg) × 최솟값(5,000원/kg, 4,500원/kg)
  = 2,100kg × 4,500원/kg = 9,450,000원

(3) 농업수입감소보험금

농업수입감소보험금 = 보험가입금액 × (피해율 − 자기부담비율)
= 10,000,000원 × (37% − 20%) = **1,700,000원**

[해설]

(1) 수확량

수확량 = (표본구간 단위면적당 수확량 × 조사대상면적) + {단위면적당 평년수확량 × (타작물 및 미보상면적 + 기수확면적)}

① 표본구간 단위면적당 수확량 = 표본구간 수확량 합계 ÷ 표본구간면적
② 조사대상면적 = 실제경작면적 − 수확불능면적 − 타작물 및 미보상면적 − 기수확면적
③ 단위면적당 평년수확량 = 평년수확량 ÷ 실제경작면적

(2) 피해율

① 피해율 = (기준수입 − 실제수입) ÷ 기준수입
② 기준수입 = 평년수확량 × 농지별 기준가격
③ 실제수입 = (수확량 + 미보상감수량) × 최솟값(농지별 기준가격, 농지별 수확기가격)
  ※ 미보상감수량 = (평년수확량 − 수확량) × 미보상비율

(3) 농업수입감소보험금 산정

농업수입감소보험금 = 보험가입금액 × (피해율 − 자기부담비율)

17 농업용 원예시설물(고정식 하우스)에 강풍이 불어 피해가 발생되었다. 다음 조건을 참조하여 물음에 답하시오(단, 문제 조건에서 손해액은 감가율을 적용하지 않은 금액으로 가정함).

[15점]

구 분	손해내역	내용연수	경년감가율	경과연월	보험가입금액	손해액	비 고
1동	연동하우스 (구조체 손해)	15년	5.3%	3년	500만원	300만원	피복재 손해 제외
2동	장수 PE (피복재 단독사고)	1년	40%	1년	300만원	100만원	–
3동	장기성 PO (피복재 단독사고)	5년	16%	2년	200만원	100만원	• 재조달가액보장 특약 • 미복구

(1) 1동의 지급보험금 계산과정과 값을 쓰시오.
(2) 2동의 지급보험금 계산과정과 값을 쓰시오.
(3) 3동의 지급보험금 계산과정과 값을 쓰시오.

정답

(1) 1동의 지급보험금
손해가 생긴 때와 곳에서의 가액에 따라 농업용 시설물의 <u>감가율을 적용한 손해액을 산출</u>한다.
- 감가율 = 5.3% × 3 = 15.9%
- 손해액 = 3,000,000원 × (1 − 15.9%) = 2,523,000원
- 지급보험금 = 손해액 − 자기부담금
　　　　　　 = 2,523,000원 − 300,000원 = **2,223,000원**
　※ **자기부담금** : <u>최소 자기부담금(30만원)</u>과 최대 자기부담금(100만원)을 한도로 보험사고로 인하여 발생한 손해액의 10%에 해당하는 금액을 적용한다.

(2) 2동의 지급보험금
- 손해액 = 1,000,000원 × (1 − 40%) = 600,000원
- 지급보험금 = 손해액 − 자기부담금
　　　　　　 = 600,000원 − 100,000원 = **500,000원**
　※ **자기부담금** : 피복재 단독사고는 <u>최소 자기부담금(10만원)</u>과 최대 자기부담금(30만원)을 한도로 한다.

(3) 3동의 지급보험금
재조달가액보장 특별약관에 가입한 경우에는 <u>감가율을 적용하지 않고 재조달가액 기준으로 계산한 손해액을 산출</u>한다. 단, 보험의 목적이 손해를 입은 장소에서 실제로 <u>수리 또는 복구되지 않은 때에는 재조달가액에 의한 보상을 하지 않고 시가(감가상각된 금액)로 보상</u>한다.
- 감가율 = 16% × 2 = 32%
- 손해액 = 1,000,000원 × (1 − 32%) = 680,000원
- 지급보험금 = 손해액 − 자기부담금
　　　　　　 = 680,000원 − 100,000원 = **580,000원**

18 벼 농사를 짓고 있는 甲은 가뭄으로 농지내 일부 면적의 벼가 고사되는 피해를 입어 재이앙 조사후 모가 없어 경작면적의 일부만 재이앙을 하였다. 이후 수확전 태풍으로 도복피해가 발생해 수확량 조사방법 중 표본조사를 하였으나, 甲이 결과를 불인정하여 전수조사를 실시하였다. 계약사항(종합위험 수확감소보장방식)과 조사내용을 참조하여 다음 물음에 답하시오 [단, 수확량(kg) 및 피해율(%)은 소수점 이하 절사함. 예시 : 12.67% → 12%].   [15점]

○ 계약사항

품 종	보험가입금액	가입면적	평년수확량	표준수확량	자기부담비율
동진찰벼	5,000,000원	3,000m²	3,600kg	3,200kg	20%

○ 조사내용
• 재이앙조사

재이앙전 조사내용		재이앙후 조사내용	
실제경작면적	3,000m²	재이앙면적	1,000m²
피해면적	1,200m²	–	–

• 수확량조사

표본조사 내용		전수조사 내용	
표본구간 총 중량 합계	0.48kg	전체 조곡중량	1,200kg
표본구간면적	0.96m²	미보상비율	10%
함수율	16%	함수율	20%

(1) 재이앙보험금의 지급가능한 횟수를 쓰시오.
(2) 재이앙보험금의 계산과정과 값을 쓰시오.
(3) 수확량감소보험금의 계산과정과 값을 쓰시오.

정답

(1) 재이앙보험금의 지급가능한 횟수

보험기간 내에 보상하는 재해로 면적피해율이 10%를 초과하고, 재이앙한 경우 재이앙보험금을 1회 지급한다.

(2) 재이앙보험금

① 면적피해율 = 피해면적 ÷ 보험가입면적

$$= 1,000\text{m}^2 ÷ 3,000\text{m}^2 = 0.3333(= 33\%)$$

　※ 피해면적 중 일부에 대해서만 재이앙이 이루어진 경우에는 재이앙이 이루어지지 않은 면적은 피해면적에서 제외된다.

② 지급보험금 = 보험가입금액 × 25% × 면적피해율

$$= 5,000,000원 × 25\% × 33\%$$

$$= \textbf{412,500원}$$

(3) 수확량감소보험금

① 수확량 = 조사대상면적 수확량 + {단위면적당 평년수확량 × (타작물 및 미보상면적 + 기수확면적)}

　• 단위면적당 평년수확량 = 평년수확량 ÷ 실제경작면적

$$= 3,600\text{kg} ÷ 3,000\text{m}^2 = 1.2\text{kg/m}^2$$

　• 조사대상면적 수확량 = 작물중량 × {(1 − 함수율) ÷ (1 − 기준함수율)}

$$= 1,200\text{kg} × \{(1 − 20\%) ÷ (1 − 13\%)\} = 1,103.4\text{kg} = 1,103\text{kg}(※ 소수점 이하 절사)$$

　※ 기준함수율 : 찰벼(13%)

　• 수확량 = 1,103kg + {1.2kg/m² × 0m²} = **1,103kg**

② 피해율 = (평년수확량 − 수확량 − 미보상감수량) ÷ 평년수확량

　• 미보상감수량 = (평년수확량 − 수확량) × 미보상비율

$$= (3,600\text{kg} − 1,103\text{kg}) × 10\% = 249.7\text{kg} = 249\text{kg}(※ 소수점 이하 절사)$$

　• 피해율 = (3,600kg − 1,103kg − 249kg) ÷ 3,600kg

$$= 0.6244 = \textbf{62\%}(※ 소수점 이하 절사)$$

③ 지급보험금 = 보험가입금액 × (피해율 − 자기부담비율)

$$= 5,000,000원 × (62\% − 20\%) = \textbf{2,100,000원}$$

19 농업수입감소보장방식 마늘에 관한 내용이다. 다음의 계약사항 및 조사내용을 참조하여 물음에 답하시오(단, 주어진 조건외 다른 사항은 고려하지 않음). [15점]

○ 계약사항

품 종	보험가입금액	가입면적	평년수확량	자기부담비율	기준가격
대서(난지형)	20,000,000원	2,000m²	6,000kg	10%	2,400원/kg

○ 조사내용
① 재해종류 : 한해(가뭄)
② 면적조사 및 표본구간면적

실제경작면적	타작물 및 미보상면적	표본구간수	표본구간	
			이랑길이	이랑폭
2,000m²	300m²	5	1m	2m

※ 모든 표본구간의 이랑 길이와 이랑 폭은 같음
③ 모든 표본구간 수확량

피해구분	정상마늘	80%형 피해 마늘	100%형 피해 마늘
합계	18kg	10kg	2kg

④ 미보상비율 : 10%
⑤ 수확적기까지 잔여일수 10일, 잔여일수 1일당 작물이 0.8%(0.008)씩 비대해지는 것으로 산정할 것.
⑥ 수확기가격 : 2,000원/kg

(1) 표본구간 단위면적당 수확량(kg/m²)의 계산과정과 값을 구하시오(단, 단위면적당 수확량(kg/m²)은 소수점 둘째자리에서 반올림하여 다음 예시와 같이 구하시오. 예시 : 123.45kg → 123.5kg).

(2) 농업수입감소보험금의 계산과정과 값을 구하시오(단, 피해율은 소수점 셋째자리에서 반올림하여 다음 예시와 같이 구하시오. 예시 : 12.345% → 12.35%).

(3) 위 계약사항 및 조사내용으로 감소된 수확량이 보상하는 재해로 인한 것이 아니라면, 이때의 농업수입감소보험금의 계산과정과 값을 구하시오(단, 피해율은 소수점 셋째자리에서 반올림하여 다음 예시와 같이 구하시오. 예시 : 12.345% → 12.35%).

정답

(1) **표본구간 단위면적당 수확량**
표본구간 단위면적당 수확량 = (표본구간 수확량 × 환산계수) ÷ 표본구간면적
① 누적비대추정지수 = 지역별 수확적기까지 잔여일수 × 비대추정지수
　　　　　　　　　　= 10일 × 0.8%/일 = 8%
　※ 마늘 비대추정지수 = 0.8%/일
② 환산계수 : 0.7(한지형·홍산), 0.72(난지형)
③ 표본구간 수확량 = (표본구간 정상 마늘 중량 + 80%형 피해 마늘 중량의 20%) × (1 + 누적비대추정지수)
　　　　　　　　　= (18kg + 10kg × 20%) × (1 + 8%) = 21.6kg
④ 표본구간 면적 = 5 × (1m × 2m) = 10m²

⑤ 표본구간 단위면적당 수확량
= (표본구간 수확량 × 환산계수) ÷ 표본구간면적
= (21.6kg × 0.72) ÷ 10m² = 1.5552kg/m² = **1.6kg/m²** (※ 소수점 둘째자리에서 반올림)

(2) 농업수입감소보험금
농업수입감소보험금 = 보험가입금액 × (피해율 − 자기부담비율)
① 피해율 = (기준수입 − 실제수입) ÷ 기준수입
- 기준수입 = 평년수확량 × 기준가격
= 6,000kg × 2,400원/kg = 14,400,000원
- 실제수입 : 수확기에 조사한 수확량과 미보상감수량의 합에 기준가격과 수확기가격 중 작은 값을 곱하여 산출한다.
실제수입 = (수확량 + 미보상감수량) × Min(농지별 기준가격, 농지별 수확기가격)
= (3,620kg + 238kg) × Min[2,400원/kg, 2,000원/kg] = 7,716,000원
※ 단위면적당 평년수확량 = 평년수확량 ÷ 실제경작면적
= 6,000kg ÷ 2,000m² = 3kg/m²
※ 수확량 = (표본구간 단위면적당 수확량 × 조사대상면적) + {단위면적당 평년수확량 × (타작물 및 미보상면적 + 기수확면적)}
= {1.6kg/m² × (2,000m² − 300m²)} + {3kg/m² × (300m² + 0m²)}
= 3,620kg
※ 미보상감수량 = (평년수확량 − 수확량) × 미보상비율
= (6,000kg − 3,620kg) × 10% = 238kg

- 피해율 = (기준수입 − 실제수입) ÷ 기준수입
= (14,400,000원 − 7,716,000원) ÷ 14,400,000원
= 0.46416 = 46.41% (※ 소수점 셋째자리에서 반올림)
② 자기부담비율 : 10%
③ 농업수입감소보험금 = 보험가입금액 × (피해율 − 자기부담비율)
= 20,000,000원 × (46.41% − 10%)
= **7,282,000원**

(3) 농업수입감소보험금
① 수확량 = 3,620kg
② 미보상감수량 = (평년수확량 − 수확량) × 미보상비율
= (6,000kg − 3,620kg) × 100% = 2,380kg
※ 미보상감수량은 평년수확량에서 수확량을 뺀 값에 미보상비율을 곱하여 산출하며, 평년수확량보다 수확량이 감소하였으나, 보상하는 재해로 인한 감소가 확인되지 않는 경우에는 감소한 수량을 모두 미보상감수량(100%)으로 한다.
③ 실제수입 = (수확량 + 미보상감수량) × Min(농지별 기준가격, 농지별 수확기가격)
= (3,620kg + 2,380kg) × Min[2,400원/kg, 2,000원/kg] = 12,000,000원
④ 피해율 = (기준수입 − 실제수입) ÷ 기준수입
= (14,400,000원 − 12,000,000) ÷ 14,400,000원
= 0.16666 = 16.67% (※ 소수점 셋째자리에서 반올림)
⑤ 농업수입감소보험금 = 보험가입금액 × (피해율 − 자기부담비율)
= 20,000,000원 × (16.67% − 10%) = **1,334,000원**

20 계약사항과 조사내용을 참조하여 다음 물음에 답하시오.　　　　　　　　　　　[15점]

○ 계약사항

상품명	특약 및 주요사항	평년착과수	가입과중
적과전 종합위험방식(Ⅱ) 사과 품목	• 나무손해보장 특약 • 착과감소 50% 선택	100,000개	500g

가입가격	가입주수	자기부담률	
1,500원/kg	750주	과실	10%
		나무	5%

※ 나무손해보장 특약의 보험가입금액은 1주당 10만원 적용

○ 조사내용

구 분	재해 종류	사고 일자	조사 일자	조사내용
계약일 24시 ~ 적과전	우박	5월 30일	5월 31일	[피해사실확인조사] • 피해발생 인정 • 미보상비율 : 0%
적과후 착과수 조사	-		6월 10일	[적과후착과수조사] 	품 종	실제결과주수	조사대상주수	표본주 1주당 착과수
---	---	---	---
홍로	390주	390주	60개
부사	360주	360주	90개	 ※ 홍로, 부사는 사과의 품종임
적과 종료 이후	태풍	9월 1일	9월 2일	[낙과피해조사] • 총 낙과수 : 4,000개(전수조사) | 피해과실구성	정상	50%	80%	100%
과실수(개)	1,000	1,000	1,000	1,000	
	조수해	9월 18일	9월 20일	[나무피해조사] • 홍로 30주, 부사 30주는 조수해로 고사
	우박	5월 30일	10월 1일	[착과피해조사] | 피해과실구성	정상	50%	80%	100%
과실수(개)	50	10	20	20	

※ 적과 이후 자연낙과 등은 감안하지 않으며, 무피해나무의 평균착과수는 적과후착과수의 1주당 평균착과수와 동일한 것으로 본다.

(1) 착과감소보험금의 계산과정과 값을 쓰시오.

(2) 과실손해보험금의 계산과정과 값을 쓰시오.

(3) 나무손해보험금의 계산과정과 값을 쓰시오.

정답

(1) 착과감소보험금

① 적과후착과수 = 품종별 표본주 1주당 착과수 × 조사대상주수

        = (390주 × 60개/주) + (360주 × 90개/주) = **55,800개**

② 착과감소과실수 = 최솟값(평년착과수 − 적과후착과수, 최대 인정감소과실수)

        = (100,000개 − 55,800개) = **44,200개**

③ 착과감소량 = 착과감소과실수 × 가입과중

        = 44,200개 × 0.5kg/개 = **22,100kg**

④ 기준착과수 = 적과후착과수 + 착과감소과실수

        = 55,800개 + 44,200개 = **100,000개**

⑤ 기준수확량 = 기준착과수 × 가입과중

        = 100,000개 × 0.5kg/개 = **50,000kg**

⑥ 자기부담감수량 = 기준수확량 × 자기부담비율

        = 50,000kg × 10% = **5,000kg**

⑦ 착과감소보험금

   = (착과감소량 − 미보상감수량 − 자기부담감수량) × 가입가격 × (50%)

   = (22,100kg − 0kg − 5,000kg) × 1,500원/kg × 50%

   = **12,825,000원**

(2) 과실손해보험금

① 누적감수과실수

   ㉠ 적과종료 이전 자연재해(우박)로 인한 적과종료 이후 착과손해 : 적과후착과수가 평년착과수의 60% 미만인 경우

     감수과실수 = 적과후착과수 × 5% = 55,800개 × 5% = **2,790개**

   ㉡ 태풍낙과피해(전수조사)

     총 낙과과실수 × (낙과피해구성률 − max A) × 1.07

     = 4,000개 × (57.5% − 5%) × 1.07 = **2,247개**

     ※ 낙과피해구성률

$$= \frac{(100\%\text{형 피해과실수} \times 1) + (80\%\text{형 피해과실수} \times 0.8) + (50\%\text{형 피해과실수} \times 0.5)}{100\%\text{형 피해과실수} + 80\%\text{형 피해과실수} + 50\%\text{형 피해과실수} + 정상과실수}$$

$$= \frac{(1,000 \times 1) + (1,000 \times 0.8) + (1,000 \times 0.5)}{1,000 + 1,000 + 1,000 + 1,000} = 0.575(= \textbf{57.5\%})$$

     ※ max A : 금차 사고전 기조사된 착과피해구성률 또는 인정피해율 중 최댓값(= 5%)

   ㉢ 조수해 나무피해 : 미보상

     홍로 30주, 부사 30주가 조수해로 고사하였으므로,

     (30주 × 60개/주) + (30주 × 90개/주) = **4,500개**

   ㉣ 우박 착과피해

     사고 당시 착과과실수 × (착과피해구성률 − max A)

     = 47,300개 × (41% − 5%) = **17,028개**

     ※ 사고 당시 착과과실수

       = 적과후착과수 − 총 낙과과실수 − 총 적과종료 후 나무피해과실수 − 총 기수확과실수

       = 55,800개 − 4,000개 − 4,500개 − 0개 = 47,300개

     ※ 착과피해구성률 $= \dfrac{(20 \times 1) + (20 \times 0.8) + (10 \times 0.5)}{50 + 10 + 20 + 20} = 0.41(= \textbf{41\%})$

     ※ max A : 금차 사고전 기조사된 착과피해구성률 중 최댓값(= 5%)

   ㉤ 누적감수과실수 = 2,790개 + 2,247개 + 0개 + 17,028개 = **22,065개**

② 적과종료 이후 감수량 = 누적감수과실수 × 가입과중
= 22,065개 × 0.5kg/개 = 11,032.5kg
③ **미보상감수량** : 감수량에서 제외된다.
④ **자기부담감수량** : 0kg
자기부담감수량
= (기준수확량 × 자기부담비율) − (착과감소량 − 적과종료 이전에 산정된 미보상감수량)
= (50,000kg × 0.1) − (22,100kg − 0kg) < 0이므로, **0kg**이다.
⑤ **과실손해보험금**
과실손해보험금
= (적과종료 이후 누적감수량 − 미보상감수량 − 자기부담감수량) × 가입가격
= (11,032.5kg − 0kg − 0kg) × 1,500원/kg
= **16,548,750원**

(3) **나무손해보험금**
① 실제결과주수 = 390주 + 360주 = **750주**
② 피해율 = 피해주수(고사된 나무) ÷ 실제결과주수
= (30주 + 30주) ÷ 750주 = 0.08(= **8%**)
③ 자기부담비율 = **5%**(약관)
④ 지급보험금 = 보험가입금액 × (피해율 − 자기부담비율)
= (750주 × 100,000원/주) × (8% − 5%) = **2,250,000원**
※ 나무손해보장 특약의 보험가입금액은 1주당 100,000원을 적용한다.

손해평가사 2차 모의고사

농작물재해보험 및 가축재해보험 손해평가의 이론과 실무

---

01 농작물재해보험 보통약관에서 규정하는 용어의 정의로 (   )에 들어갈 내용을 쓰시오. [5점]

> • (①)란 차나무의 신초(新梢, 햇가지)를 수확한 것을 말하며, 통상 생산자조합 또는 농협의 수매기한(②) 내에 수확한 것에 한한다.
> • (③)란 생산비에서 수확기에 발생되는 생산비를 차감한 값을 말한다.
> • (④)이란 보험사고로 인하여 발생한 손해에 대하여 계약자 또는 피보험자가 부담하는 일정 비율로 보험가입금액에 대한 비율을 말한다.
> • (⑤)란 회사가 지급할 금전에 이자를 줄 때 1년마다 마지막 날에 그 이자를 원금에 더한 금액을 다음 1년의 원금으로 하는 이자 계산방법을 말한다.

정답

① 햇차, ② 5월 10일까지, ③ 보장생산비, ④ 자기부담비율, ⑤ 연단위 복리

---

02 농작물재해보험 종합위험보장 과수 품목 중 가입하는 해의 나무 수령(나이)이 3년 미만인 과수원을 인수제한 하는 품목을 3가지 이상 쓰시오(단, 농작물재해보험 판매상품 기준으로 한다). [5점]

정답

포도(비가림시설 포함), 복숭아, 참다래(비가림시설 포함)

03 농작물재해보험 종합위험 비가림과수 품목의 보험기간에 대한 기준이다. (   )에 들어갈 내용을 쓰시오.
[5점]

구 분		보장개시	보장종료
보 장	품 목		
수확감소보장	포도	(①)	수확기종료 시점 단, 이듬해 (②)을 초과할 수 없음
	이듬해에 맺은 참다래 과실	(③) 단, (③)가 지난 경우에는 계약체 결일 24시	해당 꽃눈이 성장하여 맺은 과실의 수확기종료 시점 단, 이듬해 (④)을 초과할 수 없음
	대추	(⑤) 단, (⑤)가 경과한 경우에는 계약 체결일 24시	수확기종료 시점 단, 판매개시연도 (⑥)을 초과할 수 없음

정답

① 계약체결일 24시, ② 10월 10일, ③ 꽃눈분화기, ④ 11월 30일, ⑤ 신초발아기, ⑥ 10월 31일

해설

종합위험 비가림과수의 보험기간

구 분		보장개시	보장종료
보 장	품 목		
수확감소보장	포도	(**계약체결일 24시**)	수확기종료 시점 단, 이듬해 (**10월 10일**)을 초과할 수 없음
	이듬해에 맺은 참다래 과실	(**꽃눈분화기**) 단, (**꽃눈분화기**)가 지난 경우에는 계 약체결일 24시	해당 꽃눈이 성장하여 맺은 과실의 수확기종료 시점 단, 이듬해 (**11월 30일**)을 초과할 수 없음
	대추	(**신초발아기**) 단, (**신초발아기**)가 경과한 경우에는 계약체결일 24시	수확기종료 시점 단, 판매개시연도 (**10월 31일**)을 초 과할 수 없음

04 다음은 역선택과 도덕적 해이의 유사점과 차이점에 관한 설명이다. (   )에 들어갈 내용을 쓰시오. [5점]

> • 역선택과 도덕적 해이는 (①)의 원인으로 발생하며, 보험가액에 비해 보험금액의 비율이 (②) 발생 가능성이 높고, (③)는(은) 역선택이나 도덕적 해이를 야기한 당사자에게 귀착되는 반면, (④)는(은) 보험자와 다수의 선의의 계약자들에 돌아가 결국 보험사업의 정상적 운영에 악영향을 미친다는 점에서 유사하다(황희대, 2010).
> • 역선택은 (⑤)에 예측한 위험보다 높은 위험(집단)이 가입하여 사고발생률을 증가시키는데 비해 도덕적 해이는 (⑥) 계약자가 사고발생 예방노력 수준을 낮추는 선택을 한다는 점에서 차이가 있다.

정답

① 정보비대칭, ② 클수록, ③ 이익, ④ 피해, ⑤ 계약체결전, ⑥ 계약체결후

해설

> • 역선택과 도덕적 해이는 (**정보비대칭**)의 원인으로 발생하며, 보험가액에 비해 보험금액의 비율이 (**클수록**) 발생 가능성이 높고, (**이익**)은 역선택이나 도덕적 해이를 야기한 당사자에게 귀착되는 반면, (**피해**)는 보험자와 다수의 선의의 계약자들에 돌아가 결국 보험사업의 정상적 운영에 악영향을 미친다는 점에서 유사하다(황희대, 2010).
> • 역선택은 (**계약체결전**)에 예측한 위험보다 높은 위험(집단)이 가입하여 사고발생률을 증가시키는데 비해 도덕적 해이는 (**계약체결후**) 계약자가 사고발생 예방노력 수준을 낮추는 선택을 한다는 점에서 차이가 있다.

05 농작물재해보험사업 시행과 관련된 설명이다. (   )에 들어갈 내용을 쓰시오. [5점]

> • 시범사업은 전국적으로 보험사업을 실시하기 전에 일부 지역에서 보험설계의 (①), 사업의 확대 가능성, 농가의 (②) 등을 파악하여 미비점을 보완함으로써 전국적 본사업 실시시의 시행착오를 최소화하기 위한 것이다. (③)차 이상 시범사업 품목 중에서 농업재해보험심의회에 심의에 따라 본사업으로 전환될 수 있다.
> • 재해보험사업자는 보험대상 농작물 등이라 하더라도 보험화가 곤란한 특정 품종, 특정 재배방법, 특정시설 등에 대해서는 (④)과 협의하여 보험대상에서 제외하거나 보험인수를 거절할 수 있다.

정답

① 적정성, ② 호응도, ③ 3년, ④ 농림축산식품부장관(농업정책보험금융원장)

06 농업재해대응에서 정부의 역할과 정책보험으로서 농업재해보험을 국가가 운영하는 이유를 서술하시오. [15점]

> **정답**

(1) 농업재해대응에서에서 정부의 역할

정부의 역할은 농업인이 대응하기 어렵거나 시장 기구에 의존하여 해결하기 어려운 위험을 관리하고 기반을 마련하는데 있다. 이 때, 위험의 크기와 범위를 기준으로 정부 개입 수준을 결정할 수 있다. 위험 영향이 크고, 다수 농가들에게 상호 연관이 있는 경우에는 정부 개입이 강화되어야 하는 반면, 위험발생 가능성이 높지만, 위험이 발생해도 피해손실 정도가 크지 않은 위험(통상 위험)이나 개별 농가에 특정적으로 나타는 위험에 대해서는 자율관리가 강화되어야 한다.

(2) 정책보험으로서 농업재해보험을 국가가 운영하는 이유

자유경쟁시장에서는 모든 상품(보험도 상품)은 수요와 공급이 일치하는 점에서 가격이 결정되고 거래가 이루어진다. 보험상품의 경우에도 보험계약자의 수요와 보험회사의 공급이 일치하는 수준에서 보험료(P)와 보험수량(계약건수 Q)이 결정될 것이다. 그러나 농업재해보험의 경우 재해의 빈도와 규모가 크고, 자연재해에 대한 손해평가의 복잡성과 경제력이 취약한 농업인을 대상으로 하므로 민간보험회사가 자체적으로 농업재해보험을 개발하여 운영하는 것은 현실적으로 어려운 측면이 있기 때문에 거래가 이루어지기 어렵다. 농업인의 입장에서는 농업재해보험이 필요하다는 것은 알지만 높은 가격(보험료)을 지불하고 보험을 구입(가입)하기에는 경제력이 부족하여 망설일 수 있다. 한편 보험자의 입장에서는 농업재해보험을 운영하기 위해서는 일정한 가격을 유지해야 한다. 가격을 낮추어 농업재해보험을 판매한다면 거대재해가 발생하는 농업의 특성을 고려하여 충분한 준비금을 쌓을 수 없을 것이다. 이와 같이 농업인과 보험자의 입장이 크게 다른 상황에서는 보험자가 농업재해보험상품을 판매한다고 하더라도 거래가 이루어지기는 어렵다. 따라서 일반보험과 달리 농작물재해보험은 보험시장의 형성이 어렵기 때문에 대부분의 국가에서 농작물재해보험을 정책보험으로 운영하고 있다.

07 종합위험 밭작물(생산비보장) 고추 품목의 인수제한 목적물에 대한 내용이다. 다음 각 농지별 보험가입가능 여부를 "가능" 또는 "불가능"으로 쓰고, 불가능한 농지는 그 사유를 쓰시오.

[15점]

- A농지 : 고추 정식 1년전 인삼을 재배한 농지로, 가입금액 300만원으로 가입 신청 (①)
- B농지 : 직파하고 6월 1일에 고추를 식재한 농지로 가입 신청 (②)
- C농지 : 해당 연도 5월 1일 터널재배로 정식하여 풋고추 형태로 판매하기 위해 재배하는 농지로 가입 신청 (③)
- D농지 : 동일 농지내 재배방법이 동일하지 않은 농지로, 보장생산비가 낮은 재배방법으로 가입 신청 (④)
- E농지 : 1,000m²당 1,200주의 재식밀도로 4월 30일 노지재배로 식재하고 가입 신청 (⑤)

[정답]

① **(가능)** : 고추 정식 6개월 이내에 인삼을 재배한 농지가 아니고, 보험가입금액이 200만원 미만인 농지에 해당하지 않으므로 보험가입이 가능하다.

② **(불가능)** : 직파한 농지와 5월 31일 이후에 고추를 식재한 농지는 인수제한 목적물에 해당한다.

③ **(불가능)** : 풋고추 형태로 판매하기 위해 재배하는 농지는 인수제한 목적물에 해당한다.

④ **(가능)** : 동일 농지내 재배방법이 동일하지 않은 농지는 인수제한 목적물에 해당한다. 단, 보장생산비가 낮은 재배방법으로 가입하는 경우 인수 가능하다.

⑤ **(불가능)** : 재식밀도가 1,000m²당 1,500주 미만 농지에 해당하므로 인수제한 목적물에 해당한다.

[해설]

밭작물(생산비보장) 고추 품목의 인수제한 목적물
1. 보험가입금액이 200만원 미만인 농지
2. 재식밀도가 조밀(1,000m²당 4,000주 초과) 또는 넓은(1,000m²당 1,500주 미만) 농지
3. 노지재배, 터널재배 이외의 재배작형으로 재배하는 농지
4. 비닐멀칭이 되어 있지 않은 농지
5. 직파한 농지
6. 4월 1일 이전과 5월 31일 이후에 고추를 식재한 농지
7. 동일 농지내 재배방법이 동일하지 않은 농지(단, 보장생산비가 낮은 재배방법으로 가입하는 경우 인수 가능)
8. 동일 농지내 재식일자가 동일하지 않은 농지(단, 농지 전체의 정식이 완료된 날짜로 가입하는 경우 인수 가능)
9. 고추 정식 6개월 이내에 인삼을 재배한 농지
10. 풋고추 형태로 판매하기 위해 재배하는 농지

08 적과전 종합위험방식(Ⅱ) 떫은감 상품에 관한 내용이다. 다음 조건을 참고하여 물음에 답하시오(단, 주어진 문제 조건외 다른 조건은 고려하지 않음). [15점]

○ 계약사항
- 보장내용 : 과실손해보장
  (5종 한정 특약 미가입)
- 평년착과량(가입수확량) : 10,000kg
- 가입일자 : 2024년 2월 7일
- 가입주수 : 300주
- 평균과중 : 160g
- 가입가격(kg당) : 1,000원
- 보통약관 영업요율 : 11%

- 순보험요율 : 10%
- 지자체보험지원비율 : 순보험료의 30%
- 부가보험료 : 순보험료의 10%
- 보장수준 : 가입 가능한 최대 수준
- 자기부담비율 : 가입 가능한 최소 수준
- 방재시설할인율 : -20%
- 과수원 할인·할증률 : 없음

○ 조사사항
- 조사일자 : 2024년 8월 2일
- 재해내용 : 냉해·호우피해

- 적과후착과수 : 30,000개
- 미보상감수량 : 250kg

○ 보험료 및 보험금 지급내용(단위 : 천원)

구 분	영업보험료	순보험료	부가보험료	지급보험금	
				착과감소 보험금	과실손해 보험금
2019년	1,733	1,575	158	–	–
2020년	1,832	1,665	167	1,000	2,000
2021년	1,733	1,575	158	3,000	–
2022년	1,931	1,755	176	1,800	–
2023년	1,782	1,620	162	–	1,500

○ 정부의 농가부담보험료 지원비율

구 분	품 목	보장수준(%)				
		60	70	80	85	90
국고보조율 (%)	사과, 배, 단감, 떫은감	60	60	50	38	33

(1) 정부보조보험료의 계산식과 값을 쓰시오.

(2) 계약자부담보험료의 계산식과 값을 쓰시오.

(3) 착과감소보험금의 계산식과 값을 쓰시오.

(1) 정부보조보험료

① 보험가입금액 = 가입수확량 × 가입가격
  = 10,000kg × 1,000원/kg = 10,000,000원

② 순보험료 = 보험가입금액 × 순보험요율 × 할인·할증률
  = 보험가입금액 × 순보험요율 × (1 + 부보장 및 한정보장 특별약관 할인율) × (1 + 손해율에 따른 할인·할증률) × (1 + 방재시설할인율)
  = 10,000,000원 × 10% × (1 + 0) × (1 + 0) × (1 − 20%)
  = 800,000원

  ※ 영업보험료 = 순보험료 + 부가보험료
  ※ 보통약관 영업요율(11%) = 순보험요율(10%) + 부가보험요율(1%)
  ※ 과수원 할인·할증률 : 없음

TIP 손해율에 따른 할인·할증률

손해율 = 최근 5개년 보험금 합계(단위 : 천원) ÷ 최근 5개년 순보험료 합계(단위 : 천원)
  = (1,000 + 2,000 + 3,000 + 1,800 + 1,500)
    ÷ (1,575 + 1,665 + 1,575 + 1,755 + 1,620)
  = 9,300 ÷ 8,190 = 1.1355 = 113.55%
손해율이 <u>80% 이상 120% 미만</u> 구간에 해당하므로 손해율에 따른 할인·할증률은 없다.

---

③ 부가보험료 = 순보험료 × 10%
  = 800,000원 × 10% = 80,000원

④ 자기부담비율 : 15%
  최근 2년간 연속 보험가입 과수원으로서 2년간 수령한 보험금이 순보험료의 120% 미만이므로, 15%형으로 선택 가능하다(단위 : 천원).

  $$\frac{1,800 + 1,500}{1,755 + 1,620} = \frac{3,300}{3,375} = 0.9778(=97.78\%) < 120\% \text{ (선택)}$$

  참고로, 최근 3년간 연속 보험가입 과수원으로서 3년간 수령한 보험금이 순보험료의 120% 이상이므로, 10%형은 선택할 수 없다(단위 : 천원).

  $$\frac{3,000 + 1,800 + 1,500}{1,575 + 1,755 + 1,620} = \frac{6,300}{4,950} = 1.2727(=127.27\%) > 120\% \text{ (선택 불가)}$$

TIP 자기부담비율 산정
- 10%형 : 최근 3년간 연속 보험가입 과수원으로서 3년간 수령한 보험금이 순보험료의 120% 미만인 경우에 한하여 선택 가능하다.
- 15%형 : 최근 2년간 연속 보험가입 과수원으로서 2년간 수령한 보험금이 순보험료의 120% 미만인 경우에 한하여 선택 가능하다.

---

⑤ 정부보조보험료 = 순보험료 + 부가보험료
  정부보조보험료는 순보험료의 경우 보장수준별로 33~60% 차등 지원하며, 부가보험료는 100%를 지원한다. 자기부담비율이 15%형이므로, 국고보조율(%)의 보장수준은 38%이다. 즉,

  정부보조보험료 = (800,000원 × 38%) + 80,000원 = **384,000원**

(2) 계약자부담보험료

계약자부담보험료는 국가 및 지방자치단체의 지원보험료를 제외한 계약자가 부담하는 보험료를 말한다.

$$계약자부담보험료 = 순보험료 \times [1 - 국가보조율(\%) - 지자체보험지원비율(\%)]$$
$$= 800,000원 \times (1 - 38\% - 30\%) = \mathbf{256,000원}$$

(3) 착과감소보험금

① **착과감소보험금 보장수준** : 70%

보장수준 70%형은 최근 3년간 연속 보험가입 과수원으로 누적 적과전 손해율 120% 미만인 경우에만 가능하다(단위 : 천원). 즉,

$$\frac{3,000 + 1,800}{1,575 + 1,755 + 1,620} = \frac{4,800}{4,950} = 0.9696(= 96.96\%) < 120\% \text{ (선택)}$$

※ 최근 3년간 누적 적과전 손해율이 120% 이상인 경우 50%형만 가입 가능하다.

② **착과감소량**

• 평년착과수 = 평년착과량 ÷ 가입과중

$$= 10,000kg \div 0.16kg/개 = 62,500개$$

• 착과감소과실수 = 평년착과수 - 적과후착과수

$$= 62,500개 - 30,000개 = 32,500개$$

• 착과감소량 = 착과감소과실수 × 가입과중

$$= 32,500개 \times 0.16kg/개 = 5,200kg$$

③ **미보상감수량** : 250kg

④ **자기부담감수량**

• 적과후착과량 = 30,000개 × 0.16kg/개 = 4,800kg

• 기준수확량 = 착과감소량 + 적과후착과량

$$= 5,200kg + 4,800kg = 10,000kg$$

• 자기부담감수량 = 기준수확량 × 자기부담비율

$$= 10,000kg \times 15\% = 1,500kg$$

⑤ **착과감소보험금**

착과감소보험금 = (착과감소량 - 미보상감수량 - 자기부담감수량) × 가입가격 × 보장수준(70%)

$$= (5,200kg - 250kg - 1,500kg) \times 1,000원 \times 70\% = 2,415,000원$$

09 다음과 같은 '인삼'의 해가림시설이 있다. 다음 물음에 답하시오(단, 주어진 조건외 다른 조건은 고려하지 않음). [15점]

○ 가입시기 : 2024년 6월
○ 농지내 재료별(목재, 철재)로 구획되어 해가림시설이 설치되어 있음

　[해가림시설(목재)]
　① 시설년도 : 2018년 10월
　② 면적 : 5,000m²
　③ 단위면적당 시설비 : 30,000원/m²
　　※ 해가림시설 정상 사용 중

　[해가림시설(철재)]
　① 전체면적 : 6,000m²
　　• 면적 A : 4,500m²(시설년도 : 2021년 3월)
　　• 면적 B : 1,500m²(시설년도 : 2022년 3월)
　② 단위면적당 시설비 : 50,000원/m²
　　※ 해가림시설 정상 사용 중이며, 면적 A, B는 동일 농지에 설치

---

(1) 해가림시설(목재)의 보험가입금액의 계산과정과 값을 쓰시오.
(2) 해가림시설(철재)의 보험가입금액의 계산과정과 값을 쓰시오.

정답

(1) 해가림시설(목재)의 보험가입금액
　보험가입금액 = 재조달가액 × (100% − 감가상각률)
　• 재조달가액 = 5,000m² × 30,000원/m² = 150,000,000원
　• 감가상각률 = 경과기간 × 경년감가율 = 5년 × 13.33%/년 = 66.65%
　　※ 경과기간 = 2024년 6월 − 2018년 10월 = 5년 8월 = 5년(※ 경과기간 1년 미만은 미적용)
　• 보험가입금액 = 150,000,000원 × (100% − 66.65%) = **50,025,000원**

(2) 해가림시설(철재)의 보험가입금액
　동일한 재료(철재)로 설치하였으나, 설치시기 경과연수가 각기 다른 해가림시설 구조체가 상존하는 경우, <u>가장 넓게 분포하는 해가림시설 구조체의 설치시기를 동일하게 적용한다.</u> 즉 면적 A의 시설년도를 적용한다.
　• 재조달가액 = 6,000m² × 50,000원/m² = 300,000,000원
　• 감가상각률 = 경과기간 × 경년감가율 = 3년 × 4.44%/년 = 13.32%
　　※ 경과기간 = 2024년 6월 − 2021년 3월 = 3년 3월 = 3년(※ 경과기간 1년 미만은 미적용)
　• 보험가입금액 = 300,000,000원 × (100% − 13.32%) = **260,040,000원**

[경년감가율]

유 형	내용연수	경년감가율
목재	6년	13.33%
철재	18년	4.44%

10 농업수입안정보험 포도 품목에 관한 내용이다. 다음 조건을 참고하여 물음에 답하시오(단, 주어진 문제 조건외 다른 조건은 고려하지 않고, 피해율은 소수점 둘째자리 미만 절사함. 예시 : 12.678% → 12.67%). [15점]

○ 계약사항
- 품종 : 캠벨얼리(시설)
- 평년수확량 : 10,000kg
- 가입수확량 : 5,000kg
- 가입일자 : 2023년 12월 18일
- 가입주수 : 300주
- 자기부담비율 : 20%

○ 조사사항
- 조사일자 : 2024년 6월 12일
- 조사내용 : 냉해피해
- 수확량 : 5,000kg
- 미보상감수량 : 100kg

○ 기타 사항
- 기준가격과 수확기가격 산출시 동일한 농가수취비율 적용
- 기준가격 산출시 보험가입 직전 5년(2019년~2023년) 적용
- 보험가입금액은 천원 단위 절사

○ 연도별 농가수취비율

구 분	2019년	2020년	2021년	2022년	2023년
농가수취비율	78%	70%	76%	80%	74%

○ 서울시 농수산식품공사 가락시장 연도별 가격(원/kg)

구 분	2019년	2020년	2021년	2022년	2023년	2024년
중품	4,500	5,100	5,400	5,300	5,200	5,400
상품	5,200	5,500	5,800	5,500	5,800	6,000

(1) 2024년 기준가격의 계산식과 값을 쓰시오.

(2) 2024년 수확기가격의 계산식과 값을 쓰시오.

(3) 2024년 농업수입감소보장 보험금의 계산식과 값을 쓰시오.

정답

(1) 기준가격

기준가격은 서울시 농수산식품공사 가락도매시장의 과거 5년 중품과 상품 평균가격의 올림픽 평균값에 과거 5년 농가수취비율을 곱하여 산출한다.

① **연도별 평균가격**
- 2019년 평균가격 = (4,500원/kg + 5,200원/kg) ÷ 2 = 4,850원/kg
- 2020년 평균가격 = (5,100원/kg + 5,500원/kg) ÷ 2 = 5,300원/kg
- 2021년 평균가격 = (5,400원/kg + 5,800원/kg) ÷ 2 = 5,600원/kg
- 2022년 평균가격 = (5,300원/kg + 5,500원/kg) ÷ 2 = 5,400원/kg
- 2023년 평균가격 = (5,200원/kg + 5,800원/kg) ÷ 2 = 5,500원/kg

② **올림픽 평균값**
연도별 평균가격 중 최댓값(5,600원/kg)과 최솟값(4,850원/kg)을 제외하고 남은 값들의 산술평균이므로, 올림픽 평균값 = (5,300원/kg + 5,400원/kg + 5,500원/kg) ÷ 3 = 5,400원/kg

③ **농가수취비율**
과거 5년간 올림픽 평균값이므로,
농가수취비율 = (78% + 76% + 74%) ÷ 3 = 76%

④ **기준가격**
기준가격 = 중품과 상품 평균가격의 올림픽 평균값 × 농가수취비율의 올림픽 평균값
= 5,400원/kg × 76% = **4,212원/kg**

(2) 수확기가격

수확연도의 가격 구분별 기초통계기간 동안 서울시 농수산식품공사 가락도매시장 중품과 상품 평균가격에 과거 5년 농가수취비율의 올림픽 평균값을 곱하여 산출한다.

① 2024년 평균가격 = (5,400원/kg + 6,000원/kg) ÷ 2 = 5,700원/kg
② 수확기가격 = 2024년 중품과 상품 평균가격 × 농가수취비율의 올림픽 평균값
= 5,700원/kg × 76% = **4,446원/kg**

※ 문제 조건에서 기준가격과 수확기가격은 동일한 농가수취비율을 적용한다.

(3) 농업수입감소보장 보험금

> 농업수입감소보험금 = 보험가입금액 × (피해율 − 자기부담비율)
> ※ 피해율 = (기준수입 − 실제수입) ÷ 기준수입

① 보험가입금액 = 가입수확량 × 기준가격
= 5,000kg × 4,212원/kg = 21,060,000원
② 기준수입 = 평년수확량 × 기준가격
= 10,000kg × 4,212원/kg = 42,120,000원
③ 실제수입 = (수확량 + 미보상감수량) × Min(기준가격, 수확기가격)
= (5,000kg + 100kg) × Min(4,212원/kg, 4,446원/kg)
= 21,481,200원
④ 피해율 = (기준수입 − 실제수입) ÷ 기준수입
= (42,120,000원 − 21,481,200원) ÷ 42,120,000원
= 0.49 = 49%
⑤ 농업수입감소보장 보험금 = 보험가입금액 × (피해율 − 자기부담비율)
= 21,060,000원 × (49% − 20%) = **6,107,400원**

11 종합위험 수확감소보장방식 벼 품목의 수량요소조사 시기와 조사방법에 관한 일부 내용이다. 다음 ( )에 들어갈 용어를 각각 쓰시오. [5점]

유 형	조사시기	조사방법
수량요소 조사	(①)	1. 표본포기수 : (②)(가입면적과 무관함) 2. 표본포기 선정 : 재배방법 및 품종 등을 감안하여 (③)에 동일한 간격으로 골고루 배치될 수 있도록 표본포기를 선정한다. 다만, 선정한 포기가 표본으로서 부적합한 경우(해당 포기의 수확량이 현저히 많거나 적어서 표본으로서의 대표성을 가지기 어려운 경우 등)에는 가까운 위치의 다른 포기를 표본으로 선정한다. 3. 표본포기조사 : 선정한 표본포기별로 (④) 점수 및 (⑤) 점수를 조사한다.

[정답]

① 수확전 14일 전후, ② 4포기, ③ 조사대상면적, ④ 이삭상태, ⑤ 완전낟알상태

[해설]

수량요소조사

조사시기	조사방법
(수확전 14일 전후)	1. 표본포기수 : (**4포기**)(가입면적과 무관함) 2. 표본포기 선정 : 재배방법 및 품종 등을 감안하여 (**조사대상면적**)에 동일한 간격으로 골고루 배치될 수 있도록 표본포기를 선정한다. 다만, 선정한 포기가 표본으로서 부적합한 경우(해당 포기의 수확량이 현저히 많거나 적어서 표본으로서의 대표성을 가지기 어려운 경우 등)에는 가까운 위치의 다른 포기를 표본으로 선정한다. 3. 표본포기조사 : 선정한 표본포기별로 (**이삭상태**) 점수 및 (**완전낟알상태**) 점수를 조사한다. 4. 수확비율 산정 • 표본포기별 이삭상태 점수(4개) 및 완전낟알상태 점수(4개)를 합산한다. • 합산한 점수에 따라 조사수확비율 환산표에서 해당하는 수확비율구간을 확인한다. • 해당하는 수확비율구간 내에서 조사 농지의 상황을 감안하여 적절한 수확비율을 산정한다. 5. 피해면적 보정계수 산정 : 피해정도에 따른 보정계수를 산정한다. 6. 병해충 단독사고 여부 확인(벼만 해당) : 농지의 피해가 자연재해, 조수해 및 화재와는 상관없이 보상하는 병해충만으로 발생한 병해충 단독사고인지 여부를 확인한다. 이 때, 병해충 단독사고로 판단될 경우에는 가장 주된 병해충명을 조사한다.

12 종합위험 수확감소보장 밭작물(마늘, 양배추) 품목에 관한 내용이다. 보험금 지급사유에 해당하며, 아래의 조건을 참조하여 다음 물음에 답하시오(단, 피해율은 소수점 셋째자리에서 반올림하여 다음 예시와 같이 구하시오. 예시 : 12.345% → 12.35%). [5점]

○ 조건

품 목	재배지역	보험가입금액	보험가입면적	자기부담비율
마늘	의성	5,000,000원	1,500m²	20%
양배추	제주	3,000,000원	2,000m²	10%

(1) '마늘'의 재파종전조사 결과는 1a당 식물체 주수가 2,400주이고, 재파종후조사 결과는 1a당 식물체 주수가 3,300주로 조사되었다. 보험금 지급사유와 재파종보험금(원)을 구하시오.

(2) '양배추'의 재정식전조사 결과는 피해면적 1,000m²이고, 재정식후조사 결과는 재정식면적 1,000m²으로 조사되었다. 보험금 지급사유와 재정식보험금(원)을 구하시오.

정답

(1) **재파종보험금**

① **보험금 지급사유**

보상하는 재해로 10a당 식물체 주수가 30,000주보다 적어지고, 10a당 30,000주 이상으로 재파종한 경우 보험금을 지급한다.

② **재파종보험금 계산**

- 표준피해율(10a 기준) = (30,000 − 식물체 주수) ÷ 30,000

  = {30,000 − (2,400 × 10)} ÷ 30,000 = 0.2 = 20%

- 재파종보험금 = 보험가입금액 × 35% × 표준피해율

  = 5,000,000원 × 35% × 20% = **350,000원**

(2) **재정식보험금**

① **보험금 지급사유**

보상하는 재해로 면적피해율이 자기부담비율을 초과하고 재정식한 경우 보험금을 1회 지급한다.

② **재정식보험금 계산**

- 면적피해율 = 피해면적 ÷ 보험가입면적

  = 1,000m² ÷ 2,000m² = 0.50 = 50%(※ 자기부담비율 초과)

- 재정식보험금 = 보험가입금액 × 20% × 면적피해율

  = 3,000,000원 × 20% × 50% = **300,000원**

13 종합위험 수확감소보장방식 '유자(동일 품종, 동일 수령)' 품목에 관한 내용으로 수확개시전 수확량 조사를 실시하였다. 보험금 지급사유에 해당하며, 아래의 조건을 참조하여 보험금의 계산과정과 값(원)을 쓰시오(단, 주어진 조건외 다른 사항은 고려하지 않음). [5점]

○ 조건 1

보험가입금액	평년수확량	자기부담비율	미보상비율
30,000,000원	12,000kg	20%	10%

○ 조건 2

조사대상주수	고사주수	미보상주수	표본주수	총 표본주의 착과량
570주	10주	20주	9주	270kg

○ 조건 3
• 착과피해 조사결과

정상과	50%형 피해과실	80%형 피해과실	100%형 피해과실
20개	20개	30개	30개

정답

수확감소보장보험금의 계산과정

$$수확감소보장보험금 = 보험가입금액 \times (피해율 - 자기부담비율)$$

① 실제결과주수 = 조사대상주수 + 고사주수 + 미보상주수
= 570주 + 10주 + 20주 = 600주
② 주당 평년수확량 = 평년수확량 ÷ 실제결과주수
= 12,000kg ÷ 600주 = 20kg/주
③ 표본주당 착과량 = 총 표본주의 착과량 ÷ 표본주수 = 270kg ÷ 9주 = 30kg/주
④ 착과피해구성률 = {(20개 × 0.5) + (30개 × 0.8) + (30개 × 1.0) ÷ 100개}
= 0.64 = 64%
⑤ 수확량
= {표본조사대상주수 × 표본주당 착과량 × (1 - 착과피해구성률)} + (주당 평년수확량 × 미보상주수)
= {570주 × 30kg/주 × (1 - 64%)} + (20kg/주 × 20주) = 6,556kg
⑥ 미보상감수량 = (평년수확량 - 수확량) × 미보상비율
= (12,000kg - 6,556kg) × 10% = 544.4kg
⑦ 피해율 = (평년수확량 - 수확량 - 미보상감수량) ÷ 평년수확량
= (12,000kg - 6,556kg - 544.4kg) ÷ 12,000kg = 0.4083 = 40.83%
⑧ 수확감소보장보험금 = 보험가입금액 × (피해율 - 자기부담비율)
= 30,000,000원 × (40.83% - 20%)
= **6,249,000원**

14 종합위험 수확감소보장방식 감자에 관한 내용이다. 다음 계약사항과 조사내용을 참조하여 피해율(%)의 계산과정과 값을 쓰시오(단, 피해율은 소수점 셋째자리에서 반올림하여 다음 예시와 같이 구하시오. 예시 : 12.345% → 12.35%). [5점]

○ 계약사항

품 목	보험가입금액	가입면적	평년수확량	자기부담비율
감자(고랭지재배)	5,000,000원	2,500m²	5,000kg	20%

○ 조사내용

재 해	조사방법	실제경작면적	고사면적	타작물 및 미보상면적	미보상비율	표본구간면적	표본구간 총 수확량조사 내용
호우	수확량 조사 (표본조사)	2,500m²	100m²	100m²	20%	10m²	• 정상 감자 5kg • 최대 지름 5cm 미만 감자 3kg • 병충해(균핵병) 감자 4kg • 병충해 손해정도비율 40%

정답

① **수확량**

수확량 = (표본구간 단위면적당 수확량 × 조사대상면적) + {단위면적당 평년수확량 × (타작물 및 미보상면적 + 기수확면적)}

• 단위면적당 평년수확량 = 평년수확량 ÷ 실제경작면적 = 5,000kg ÷ 2,500m² = 2kg/m²
• 조사대상면적 = 실제경작면적 − 고사면적 − 타작물 및 미보상면적 − 기수확면적
  = 2,500m² − 100m² − 100m² − 0m² = 2,300m²
• 표본구간 수확량 합계 = 표본구간별 정상 감자 중량 + (최대 지름이 5cm 미만이거나 50%형 피해 감자 중량 × 0.5) + 병충해 입은 감자 중량
  = 5kg + (3kg × 0.5) + 4kg = 10.5kg
• 표본구간 단위면적당 수확량 = 표본구간 수확량 합계 ÷ 표본구간면적
  = 10.5kg ÷ 10m² = 1.05kg/m²
• 수확량 = (1.05kg/m² × 2,300m²) + {2kg/m² × (100m² + 0m²)} = **2,615kg**

② **미보상감수량**

미보상감수량 = (평년수확량 − 수확량) × 미보상비율
  = (5,000kg − 2,615kg) × 20% = **477kg**

③ **병충해감수량**

병충해감수량은 표본구간 병충해감수량 합계를 표본구간면적 합계로 나눈후 조사대상면적 합계를 곱하여 산출한다.

병충해감수량 = 조사대상면적 × {(병충해 입은 괴경의 무게 × 손해정도비율 × 인정비율) ÷ 표본구간면적}
  = 2,300m² × {(4kg × 40% × 70%) ÷ 10m²} = **257.6kg**

※ 균핵병(2급)의 인정비율 : 70%

④ 피해율

피해율 = {(평년수확량 − 수확량 − 미보상감수량) + 병충해감수량} ÷ 평년수확량

= {(5,000kg − 2,615kg − 477kg) + 257.6kg} ÷ 5,000kg

= 0.43312 = **43.31%**

15 다음의 계약사항과 조사내용을 참조하여 ① 수확량(kg), ② 피해율(%) 및 ③ 보험금을 구하시오[단, 품종에 따른 비대추정지수는 미적용하고, 수확량과 피해율(%)은 소수점 셋째자리에서 반올림하여 다음 예시와 같이 구하시오. 예시 : 수확량 12.345kg → 12.35kg, 피해율(%) 12.345% → 12.35%]. [5점]

○ 계약사항

품 목	가입금액	가입면적	평년수확량	기준가격	자기부담비율
수입감소보장 마늘(한지형)	3,000만원	2,500m²	8,000kg	2,900원/kg	20%

○ 조사내용

재해종류	조사종류	실제경작면적	수확불능면적	타작물 및 미보상면적	기수확면적
냉해	수확량조사	2,500m²	500m²	100m²	100m²

표본구간 수확량	표본구간면적	미보상비율	수확기가격
12kg	10m²	15%	3,000원/kg

※ 환산계수 : 0.7(한지형)

정답

① 수확량(kg)

> 수확량 = (표본구간 단위면적당 수확량 × 조사대상면적) + {단위면적당 평년수확량 × (타작물 및 미보상면적 + 기수확면적)}

- 표본구간 단위면적당 수확량 = (표본구간 수확량 × 환산계수) ÷ 표본구간면적
  = (12kg × 0.7) ÷ 10m² = 0.84kg/m²
- 조사대상면적 = 실제경작면적 − 수확불능면적 − 타작물 및 미보상면적 − 기수확면적
  = 2,500m² − 500m² − 100m² − 100m² = 1,800m²
- 단위면적당 평년수확량 = 평년수확량 ÷ 실제경작면적 = 8,000kg ÷ 2,500m² = 3.2kg/m²
- 수확량 = (0.84kg/m² × 1,800m²) + {3.2kg/m² × (100m² + 100m²)} = **2,152kg/m²**

② 피해율(%)

$$피해율 = (기준수입 - 실제수입) \div 기준수입$$

- 기준수입 = 평년수확량 × 농지별 기준가격 = 8,000kg × 2,900원/kg = 23,200,000원
- 실제수입 = (수확량 + 미보상감수량) × 최솟값(농지별 기준가격, 농지별 수확기가격)
  = (2,152kg + 877.2kg) × 2,900원/kg = 8,784,680원
- 미보상감수량 = (평년수확량 - 수확량) × 미보상비율 = (8,000kg - 2,152kg) × 15%
  = 877.2kg
- 피해율 = (기준수입 - 실제수입) ÷ 기준수입 = (23,200,000원 - 8,784,680원) ÷ 23,200,000원
  = 0.62135 = **62.14%**(※ 소수점 셋째자리에서 반올림)

(별해)

$$피해율 = (평년수확량 - 수확량 - 미보상감수량) \div 평년수확량$$

- 미보상감수량 = (평년수확량 - 수확량) × 미보상비율 = (8,000kg - 2,152kg) × 15% = 877.2kg
- 피해율 = (8,000kg - 2,152kg - 877.2kg) ÷ 8,000kg = 0.62135 = **62.14%**

③ 보험금

$$보험금 = 보험가입금액 \times (피해율 - 자기부담비율)$$

- 보험금 = 3,000만원 × (62.14% - 20%) = **12,642,000원**

16 배 과수원은 적과전 과수원 일부가 호우에 의한 유실로 나무 50주가 고사되는 피해(자연재해)가 확인되었고, 적과 이후 봉지작업을 마치고 태풍으로 낙과피해조사를 받았다. 계약사항(적과전 종합위험방식)과 조사내용을 참조하여 다음 물음에 답하시오[단, 감수과실수와 착과손해 감수과실수, 피해율(%)은 소수점 이하 절사함. 예시 : 12.67% → 12%]. [15점]

○ 계약사항 및 적과후착과수 조사내용

계약사항			적과후착과수 조사내용	
품목	가입주수	평년착과수	실제결과주수	1주당 평균착과수
배(단일 품종)	300주	35,000개	300주	100개

※ 적과종료 이전 특정위험 5종 한정보장 특약 미가입

○ 낙과피해 조사내용

사고일자	조사방법	전체 낙과과실수	낙과피해 구성비율(100개)				
			정상 10개	50%형 70개	80%형 10개	100%형 5개	병해충 과실 5개
9월 18일	전수조사	9,000개	정상 10개	50%형 70개	80%형 10개	100%형 5개	병해충 과실 5개

(1) 적과종료 이전 착과감소과실수의 계산과정과 값을 쓰시오.

(2) 적과종료 이후 착과손해 감수과실수의 계산과정과 값을 쓰시오.

(3) 적과종료 이후 낙과피해 감수과실수와 착과손해 감수과실수의 계산과정과 합계 값을 쓰시오.

정답

(1) 적과종료 이전 착과감소과실수
- 조사대상주수 = 300주 − 50주(고사된 나무) = 250주
- 적과후착과수 = 조사대상주수 × 1주당 평균착과수 = 250주 × 100개/주 = 25,000개
- 착과감소과실수 = 평년착과수 − 적과후착과수

  = 35,000개 − 25,000개 = **10,000개**

(2) 적과종료 이후 착과손해 감수과실수

적과후착과수가 평년착과수의 60% 이상 100% 미만인 경우

$$감수과실수 = 적과후착과수 \times 5\% \times \frac{100\% - 착과율}{40\%}$$

- 착과율 = 적과후착과수 ÷ 평년착과수 = 25,000개 ÷ 35,000개 = 0.7142 = 71%(※ 소수점 이하 절사)
- 착과피해율 $= 5\% \times \dfrac{100\% - 착과율}{40\%} = 5\% \times \dfrac{100\% - 71\%}{40\%}$

  = 0.05 × 0.725 = 0.03625 = **3%**(※ 소수점 이하 절사)
- 감수과실수 = 25,000개 × 3% = **750개**

(3) 적과종료 이후 낙과피해 감수과실수와 착과손해 감수과실수의 계산과정과 합계 값

① **낙과피해 감수과실수**

낙과피해(전수조사) 감수과실수 = 총 낙과과실수 × (낙과피해구성률 − max A)

= 9,000개 × (48% − 3%)

= **4,050개**

※ 낙과피해구성률

$$= \frac{(100형\ 피해과실수 \times 1) + (80\%형\ 피해과실수 \times 0.8) + (50\%형\ 피해과실수 \times 0.5)}{100\%형\ 피해과실수 + 80\%형\ 피해과실수 + 50\%형\ 피해과실수 + 정상과실수}$$

$$= \frac{(5개 \times 1) + (10개 \times 0.8) + (70개 \times 0.5)}{100개} = 0.48(= 48\%)$$

※ max A : 금차 사고전 기조사된 착과피해구성률 중 최댓값(= 3%)

② **착과손해 감수과실수**

낙과피해 감수과실수의 7%를 착과손해로 인정하므로,

착과손해 감수과실수 = 4,050개 × 7% = 283.5개 = **283개**(※ 소수점 이하 절사)

③ **합계 값**

① + ② = 4,050개 + 283개 = **4,333개**

해설

적과종료 이후 감수과실수 합계

감수과실수 합계(전수조사) = 총 낙과과실수 × (낙과피해구성률 − max A) × 1.07

= 9,000개 × (48% − 3%) × 1.07

= 4,333.5개 = **4,333개**(※ 소수점 이하 절사)

17 종합위험 생산비보장방식 고추에 관한 내용이다. 다음의 조건을 참조하여 물음에 답하시오 (단, 주어진 조건외 다른 사항은 고려하지 않음). [15점]

○ 조건 1
- 갑(甲)은 2024년 5월 10일 고추를 노지재배방식으로 정식하고, 보험가입금액 10,000,000원 (자기부담비율 5%, 재배면적 3,000m²)으로 가입함.
- 2024년 7월 9일 태풍으로 피해가 발생하여 사고접수후 조사를 받고 생산비보장보험금을 수령함.
- 갑(甲)이 정식일로부터 100일후 수확을 시작하였으나, 수확을 하던 중 바이러스병이 발생한 것을 확인후 병충해로 사고접수를 함.
- 이후 갑(甲)의 요청에 의해 바이러스병 피해에 대한 생산비보장 손해조사(수확개시일로부터 경과일수 10일)를 받았음.

○ 조건 2
- 2024년 7월 9일 태풍피해가 발생함(정식일로부터 경과일수 60일).
- 실제경작면적 3,000m², 피해면적 1,500m²
- 준비기생산비계수 49.5%
- 손해정도비율 조사(표본이랑 합계임)

구 분	정 상	20%형 피해	40%형 피해	60%형 피해	80%형 피해	100%형 피해	합 계
주수	25주	60주	50주	35주	40주	40주	250주

○ 조건 3
- 수확기 중 바이러스병 피해발생
- 실제경작면적 3,000m², 피해면적 2,400m²
- 표준수확일수 50일, 평균손해정도비율 70%, 미보상비율 10%

○ 조건 4
- 수확개시일로부터 30일 경과후 바이러스병에 의한 피해면적이 농지 전체(재배면적 3,000m²)로 확대됨.
- 평균손해정도비율, 미보상비율은 조건 3과 같음.

---

(1) 조건 1 ~ 조건 2를 참조하여 조건 2의 생산비보장보험금의 계산과정과 값을 구하시오.

(2) 조건 1 ~ 조건 3을 참조하여 조건 3의 생산비보장보험금의 계산과정과 값을 구하시오(단, 계산과정에서 산출되는 금액은 소수점 이하 절사하여 다음 예시와 같이 구하시오. 예시 : 1,234.56원 → 1,234원).

(3) 조건 1 ~ 조건 4를 참조하여 조건 4의 생산비보장보험금 및 산정근거를 쓰시오.

(1) 조건 2의 생산비보장보험금

병충해가 없는 경우

생산비보장보험금 = (잔존보험가입금액 × 경과비율 × 피해율) − 자기부담금

① 잔존보험가입금액 = 보험가입금액 − 보상액(기발생 생산비보장보험금 합계액)

        = 10,000,000원 − 0원 = 10,000,000원

② 경과비율(수확기 이전에 보험사고가 발생한 경우)

경과비율 = 준비기생산비계수 + [(1 − 준비기생산비계수) × (생장일수 ÷ 표준생장일수)]

      = 49.5% + [(1 − 49.5%) × (60일 ÷ 100일)]

      = 0.798 = 79.8%

※ 표준생장일수 : 100일

③ 평균손해정도비율

$$= \frac{(0.2 \times 60주) + (0.4 \times 50주) + (0.6 \times 35주) + (0.8 \times 40주) + (1 \times 40주)}{250주}$$

= 0.5 = 50%

> **TIP** 고추 손해정도비율
>
> 평균손해정도비율
>
> = {(20%형 피해 고추주수 × 0.2) + (40%형 피해 고추주수 × 0.4) + (60%형 피해 고추주수 × 0.6) + (80%형 피해 고추주수 × 0.8) + (100%형 피해 고추주수)} ÷ (정상 고추주수 + 20%형 피해 고추주수 + 40%형 피해 고추주수 + 60%형 피해 고추주수 + 80%형 피해 고추주수 + 100%형 피해 고추주수)

④ 피해율 = 면적피해율 × 평균손해정도비율 × (1 − 미보상비율)

      = 50% × 50% × (1 − 0) = 0.25 = 25%

※ 면적피해율 = 피해면적(주수) ÷ 재배면적(주수)

        = 1,500㎡ ÷ 3,000㎡ = 0.5 = 50%

⑤ 자기부담금 = 보험가입금액 × 자기부담비율

      = 10,000,000원 × 5% = 500,000원

⑥ 생산비보장보험금 = (잔존보험가입금액 × 경과비율 × 피해율) − 자기부담금

      = (10,000,000원 × 79.8% × 25%) − 500,000원 = **1,495,000원**

(2) 조건 3의 생산비보장보험금

병충해가 있는 경우

생산비보장보험금 = (잔존보험가입금액 × 경과비율 × 피해율 × 병충해 등급별 인정비율) − 자기부담금

① 잔존보험가입금액 = 보험가입금액 − 보상액(기발생 생산비보장보험금 합계액)

        = 10,000,000원 − 1,495,000원 = 8,505,000원

② 경과비율(수확기 중에 보험사고가 발생한 경우)

경과비율 = 1 − (수확일수 ÷ 표준수확일수)

      = 1 − (10일 ÷ 50일) = 0.8 = 80%

※ 수확일수 : 수확개시일로부터 사고발생일까지 경과일수(= 10일)

③ 피해율 = 면적피해율 × 평균손해정도비율 × (1 − 미보상비율)
  = 80% × 70% × (1 − 10%) = 0.504 = 50.4%

  ※ 면적피해율 = 피해면적(주수) ÷ 재배면적(주수)
    = 2,400m² ÷ 3,000m² = 0.8 = 80%

④ 병충해등급별 인정비율(바이러스병) = 70%

[고추 병충해 등급별 인정비율]

등 급	종 류	인정비율
1등급	역병, 풋마름병, **바이러스병**, 세균성점무늬병, 탄저병	70%
2등급	잿빛곰팡이병, 시들음병, 담배가루이, 담배나방	50%
3등급	흰가루병, 균핵병, 무름병, 진딧물 및 기타	30%

⑤ 자기부담금 = 잔존보험가입금액 × 자기부담비율
  = 8,505,000원 × 5% = 425,250원

⑥ 생산비보장보험금 = (잔존보험가입금액 × 경과비율 × 피해율 × 병충해 등급별 인정비율) − 자기부담금
  = (8,505,000원 × 80% × 50.4% × 70%) − 425,250원
  = 1,975,201.2원 = **1,975,201원**(※ 소수점 이하 절사)

(3) 조건 4의 생산비보장보험금

① **생산비보장보험금** : 조건 3에서 바이러스병 피해로 조사하였기 때문에 보상하지 않는다(= 0원).

② **산정근거** : 한해(가뭄), 폭염 및 병충해와 같이 지속되는 재해의 사고일자는 재해가 끝나는 날을 사고일자로 한다. 재해가 끝나기 전에 조사가 이루어질 경우(조건 3)에는 조사가 이루어진 날을 사고일자로 하며, 조사 이후 해당 재해(바이러스병)로 추가 발생한 손해는 보상하지 않는다.

18 가축재해보험 소에 관한 내용이다. 다음 물음에 답하시오. [15점]

○ 조건 1
- 甲은 가축재해보험에 가입후 A축사에서 소를 사육하던 중 사료 자동급여기를 설정하고 3일간 A축사를 비우고 여행을 다녀왔음
- 여행을 다녀와 A축사의 출입문이 파손되어 CCTV를 확인해 보니 신원불상자의 칩입 흔적이 있었으나, 그 당시에는 도난손해를 인지하지 못했다. 그런데 30일이 지난 이후 재고조사에서 한우(암컷) 1마리를 도난당한 것을 확인하고, 즉시 경찰서에 도난신고후 재해보험사업자에게 도난신고확인서를 제출함
- 금번 사고는 보험기간내 사고이며, 甲과 그 가족 등의 고의 또는 중과실은 없었고, 또한 사고 예방 및 안전대책에 소홀히 한 점도 없었음

○ 조건 2
- 보험목적물 : 한우(암컷)
- 자기부담비율 : 20%
- 출생일 : 2023년 11월 4일
- 보험가입금액 : 3,000,000원
- 소재지 : A축사(보관장소)
- 사고일자 : 2024년 10월 14일

○ 조건 3
- 발육표준표

한우 암컷	월 령	7월령	8월령	9월령	10월령	11월령
	체중	230kg	240kg	250kg	260kg	270kg

- 2024년 월별산지가격동향

한우 암컷	구 분	7월	8월	9월	10월
	350kg	330만원	350만원	340만원	340만원
	600kg	550만원	555만원	550만원	560만원
	송아지(4~5월령)	220만원	230만원	230만원	230만원
	송아지(6~7월령)	240만원	240만원	250만원	250만원

(1) 조건 2 ~ 3을 참조하여 한우(암컷) 보험가액의 계산과정과 값을 쓰시오.

(2) 조건 1 ~ 3을 참조하여 지급보험금과 그 산정 이유를 쓰시오.

(3) 다음 ( )에 들어갈 내용을 쓰시오.

긴급도축에서 부상 범위는 (①), (②)에 한하며, 젖소의 유량 감소는 유방염, 불임 및 각종 대사성질병으로 인하여 수의학적으로 유량 감소가 예견되어 젖소로서의 (③)가 없다고 판단이 확실시되는 경우에 한정하고 있다.

(1) 한우(암컷) 보험가액

한우(암컷)의 보험가액 산정은 월령을 기준으로 6개월령 이하와 7개월령 이상으로 구분하여 다음과 같이 산정한다.

월 령	보험가액
1개월 이상 6개월 이하인 경우	「농협축산정보센터」에 등재된 전전월 전국산지평균 송아지 가격[연령(월령) 2개월 미만(질병사고는 3개월 미만)일 때는 50% 적용] ※「농협축산정보센터」에 등재된 송아지 가격이 없는 경우 　① 연령(월령)이 1개월 이상 3개월 이하인 경우 　　「농협축산정보센터」에 등재된 전전월 전국산지평균가격 4~5월령 송아지 가격[단, 연령(월령)이 2개월 미만(질병사고는 3개월 미만)일 때는 50% 적용] 　　＊「농협축산정보센터」에 등재된 4~5월령 송아지 가격이 없는 경우 아래 ②의 4~5월령 송아지 가격을 적용 　② 연령(월령)이 4개월 이상 5개월 이하인 경우 　　「농협축산정보센터」에 등재된 전전월 전국산지평균가격 6~7월령 송아지 가격의 암송아지는 85%, 수송아지는 80% 적용
7개월 이상인 경우	체중 × kg당 금액

① **체중**: 사고 소(牛)의 월령에 해당되는 체중을 적용한다. 11개월령 = 270kg
② **kg당 금액**: 사고「농협축산정보센터」에 등재된 전전월 전국산지평균가격(350kg 및 600kg 성별 전국산지평균가격 중 kg당 가격이 높은 금액)을 그 체중으로 나누어 구한다.
- 350만원/kg ÷ 350kg = 10,000원
- 555만원/kg ÷ 600kg = 9,250원
- kg당 금액 = **10,000원**
③ 보험가액 = 체중 × kg당 금액
　　　　　= 270kg × 10,000원/kg = **2,700,000원**

(2) 지급보험금과 그 산정 이유

① **지급보험금**
지급보험금 = 0원
② **산정 이유**
재고조사시 발견된 손해와 도난손해가 생긴후 30일 이내에 발견하지 못한 손해는 보상하지 않는다. 즉 30일이 지난후 재고조사에서 도난손해가 발생한 것을 알았기 때문에 보상하지 않는다.

(3) (　　)에 들어갈 내용

① 경추골절
② 사지골절 및 탈구(탈골)
③ 경제적 가치

> 긴급도축에서 부상 범위는 (**경추골절**), (**사지골절 및 탈구(탈골)**)에 한하며, 젖소의 유량 감소는 유방염, 불임 및 각종 대사성질병으로 인하여 수의학적으로 유량 감소가 예견되어 젖소로서의 (**경제적 가치**)가 없다고 판단이 확실시되는 경우에 한정하고 있다.

19 종합위험보장 참다래 상품에서 다음 조건에 따라 2024년의 평년수확량을 구하시오(단, 주어진 조건 외의 다른 조건은 고려하지 않음). [15점]

(단위 : kg)

구 분	2019년	2020년	2021년	2022년	2023년	합 계	평 균
평년수확량	8,100	8,100	8,200	8,400	8,500	41,300	8,260
표준수확량	8,200	8,200	8,300	8,300	8,200	41,200	8,240
조사수확량	8,000	4,000	무사고	무사고	8,600	-	-
가입 여부	가입	가입	가입	가입	가입	-	-

※ 2024년의 표준수확량은 8,240kg임

정답

2024년 평년수확량 : 7,804kg

해설

(1) 과거수확량 산출

구 분	수확량
조사수확량 > 평년수확량×50%	조사수확량
평년수확량×50% ≧ 조사수확량	평년수확량×50%

- 2019년 = 조사수확량 > 평년수확량×50%일 때 조사수확량이므로 **8,000kg**
- 2020년 = 평년수확량×50% ≧ 조사수확량일 때 평년수확량의 50%이므로 8,100kg×50% = **4,050kg**
- 2021년 = 보험에 가입된 과수원에 사고가 없어 수확량조사를 하지 않은 경우에는 표준수확량의 1.1배와 평년수확량 1.1배 중 큰 값을 사용한다. 즉 8,300kg×1.1 = **9,130kg**
- 2022년 = 8,400kg×1.1 = **9,240kg**
- 2023년 = 조사수확량 > 평년수확량×50%일 때 조사수확량이므로 **8,600kg**

(2) 2024년 평년수확량

2024년 평년수확량 산출식 = $\left\{ A + (B-A) \times \left(1 - \dfrac{Y}{5}\right) \right\} \times \dfrac{C}{B}$

- A(과거 평균수확량) = Σ(과거 5년간 수확량) ÷ Y

   = Σ(8,000kg + 4,050kg + 9,130kg + 9,240kg + 8,600kg) ÷ 5 = **7,804kg**
- B(과거 평균표준수확량) = Σ(과거 5년간 표준수확량) ÷ Y

   = 41,200kg ÷ 5 = **8,240kg**
- C(표준수확량) = 가입하는 해의 표준수확량 = **8,240kg**
- Y = 과거 5년간 가입횟수 = 5
- 2024년 평년수확량 = $\left\{ A + (B-A) \times \left(1 - \dfrac{Y}{5}\right) \right\} \times \dfrac{C}{B}$

   = $\left\{ 7,804\text{kg} + (8,240\text{kg} - 7,804\text{kg}) \times (1 - \dfrac{5}{5}) \right\} \times \dfrac{8,240\text{kg}}{8,240\text{kg}}$

   = **7,804kg**

20 수확전 종합위험보장방식 무화과에 관한 내용이다. 다음 계약사항과 조사내용을 참조하여 물음에 답하시오[단, 피해율(%)은 소수점 셋째자리에서 반올림하여 다음 예시와 같이 구하시오. 예시 : 12.345% → 12.35%]. [15점]

○ 계약사항

품 목	보험가입금액	가입주수	평년수확량	표준과중(개당)	자기부담비율
무화과	10,000,000원	500주	5,000kg	90g	20%

○ 수확개시전 조사내용
① 사고내용
 • 재해종류 : 우박
 • 사고일자 : 2024년 5월 10일
② 나무수조사
 • 보험가입일자 기준 과수원에 식재된 모든 나무수 500주(유목 및 인수제한 품종 없음)
 • 보상하는 손해로 고사된 나무수 20주
 • 보상하는 손해 이외의 원인으로 착과량이 현저하게 감소된 나무수 20주
 • 병해충으로 고사된 나무수 40주
③ 착과수조사 및 미보상비율조사
 • 표본주수 10주
 • 표본주 착과수 총 개수 2,000개
 • 제초상태에 따른 미보상비율 10%
④ 착과피해조사(표본주 임의과실 100개 추출하여 조사)
 • 가공용으로도 공급될 수 없는 품질의 과실 20개(일반시장 출하 불가능)
 • 일반시장 출하시 정상과실에 비해 가격하락(50% 정도)이 예상되는 품질의 과실 30개
 • 피해가 경미한 과실 30개
 • 가공용으로 공급될 수 있는 품질의 과실 20개(일반시장 출하 불가능)

○ 수확개시후 조사내용
① 재해종류 : 우박
② 사고일자 : 2024년 9월 5일
③ 표본주 3주의 결과지 조사 : 고사결과지수 10개, 정상결과지수(미고사결과지수) 20개, 병해충 고사결과지수 4개
④ 착과피해율 30%
⑤ 잔여수확량비율

사고발생 월	잔여수확량 산정식(%)
8월	{100 − (1.06 × 사고발생일자)}
9월	{(100 − 33) − (1.13 × 사고발생일자)}
10월	(100 − 67) − 0.84 × 사고발생일자

---

(1) 수확전 피해율(%)의 계산과정과 값을 쓰시오.

(2) 수확후 피해율(%)의 계산과정과 값을 쓰시오.

(3) 지급보험금의 계산과정과 값을 쓰시오.

정답

(1) 수확전 피해율(%)

- 조사대상주수 = 실제결과주수 − 미보상주수 − 고사주수
  = 500주 − 20주 − 40주 − 20주 = 420주
- 주당 착과수 = 표본주 과실수의 합계 ÷ 표본주수
  = 2,000개/주 ÷ 10주 = 200개
- 주당 수확량 = 주당 착과수 × 표준과중
  = 200개 × 90g/개 = 18,000g = 18kg
- 피해구성률 = {(50%형 피해과실수 × 0.5) + (80%형 피해과실수 × 0.8) + (100%형 피해과실수 × 1)} ÷ 표본과실수
  = {(30개 × 0.5) + (20개 × 0.8) + (20개 × 1)} ÷ 100개 = 0.51 = 51%

> * 가공용으로도 공급될 수 없는 품질의 과실 20개(일반시장 출하 불가능) : **100%형 피해과실수**
> * 일반시장 출하시 정상과실에 비해 가격하락(50% 정도)이 예상되는 품질의 과실 30개 : **50%형 피해과실수**
> * 피해가 경미한 과실 30개 : **정상**
> * 가공용으로 공급될 수 있는 품질의 과실 20개(일반시장 출하 불가능) : **80%형 피해과실수**

- 주당 평년수확량 = 평년수확량 ÷ 실제결과주수
  = 5,000kg ÷ 500주 = 10kg/주
- 미보상주수 = 실제결과나무수 중 보상하는 손해 이외의 원인으로 고사되거나 수확량(착과량)이 현저하게 감소된 나무수 = 60주
- 수확량 = {조사대상주수 × 주당 수확량 × (1 − 피해구성률)} + (주당 평년수확량 × 미보상주수)
  = {420주 × 18kg/주 × (1 − 51%)} + (10kg/주 × 60주)
  = 4,304.4kg
- 미보상감수량 = (평년수확량 − 수확량) × 미보상비율
  = (5,000kg − 4,304.4kg) × 10% = 69.56kg
- 수확전 피해율 = (평년수확량 − 수확량 − 미보상감수량) ÷ 평년수확량
  = (5,000kg − 4,304.4kg − 69.56kg) ÷ 5,000kg
  = 0.1252 = **12.52%**

(2) 수확후 피해율(%)

- 고사결과지수 = 보상고사결과지수 + 미보상고사결과지수(※ 병해충 고사결과지수 포함)
  = 10개
- 기준결과지수 = 고사결과지수 + 미고사결과지수
  = 10개 + 20개 = 30개
- 결과지피해율 = (고사결과지수 + 미고사결과지수 × 착과피해율 − 미보상고사결과지수) ÷ 기준결과지수
  = (10개 + 20개 × 0.3 − 4개) ÷ 30개 = 0.4 = 40%
- 잔여수확량비율 = {(100 − 33) − (1.13 × 사고발생일자)}
  = {(100 − 33) − (1.13 × 5)} = 61.35%
- 수확후 피해율 = (1 − 수확전 사고피해율) × 잔여수확량비율 × 결과지피해율
  = (1 − 12.52%) × 61.35% × 40%
  = 0.21467 = **21.47%**

(3) 지급보험금

지급보험금 = 보험가입금액 × (피해율 − 자기부담비율)

※ 피해율은 수확전 피해율과 수확후 피해율을 합산한다.

- 피해율 = 12.52% + 21.47% = 33.99%
- 지급보험금 = 10,000,000원 × (33.99% − 20%) = **1,399,000원**

농작물재해보험 및 가축재해보험의 이론과 실무

01 다음은 위험 특성에 따른 위험관리 방법에 관한 설명이다. (　　) 안에 들어갈 내용을 쓰시오. [5점]

> 위험의 발생 빈도와 평균적인 손실 규모에 따라 네 가지 위험관리 수단이 고려될 수 있다.
> • 손실 규모와 발생 빈도가 낮은 경우는 개인이나 조직 스스로 발생 손실을 부담하는 (①)가 적절하다.
> • 손실의 빈도는 낮지만 발생 손실의 규모가 큰 경우에는 외부의 보험기관에 보험을 가입함으로써 개인이나 조직의 위험을 (②)하는 것이 바람직하다.
> • 발생 빈도가 높지만 손실 규모가 상대적으로 작은 경우에는 (③)을(를) 위주로 한 위험보유 기법이 경제적이다.
> • 손실 발생 빈도가 높고 손실 규모도 큰 경우에는 (④)가 적절하다.

정답

① 위험보유, ② 전가, ③ 손실통제, ④ 위험회피

02 가축재해보험 협정보험가액 특별약관이 적용되는 가축 중 유량검정젖소에 관한 내용이다. (　　)에 들어갈 내용을 쓰시오. [5점]

> 유량검정젖소란 젖소개량사업소의 검정사업에 참여하는 농가 중에서 일정한 요건을 충족하는 농가[직전 월 (①)일 평균유량이 (②)kg 이상이고 평균 체세포수가 (③)만 마리 이하를 충족하는 농가]의 소[최근 산차 305일 유량이 (④)kg 이상이고, 체세포수가 (⑤)만 마리 이하인 젖소]를 의미하며, 요건을 충족하는 유량검정젖소는 시가에 관계없이 협정보험가액 특약으로 보험가입이 가능하다.

정답

① 305, ② 10,000, ③ 30, ④ 11,000, ⑤ 20

유량검정젖소

유량검정젖소란 젖소개량사업소의 검정사업에 참여하는 농가 중에서 일정한 요건을 충족하는 농가[직전 월 (305)일 평균유량이 (10,000)kg 이상이고 평균 체세포수가 (30)만 마리 이하를 충족하는 농가]의 소[최근 산차 305일 유량이 (11,000)kg 이상이고, 체세포수가 (20)만 마리 이하인 젖소]를 의미하며, 요건을 충족하는 유량검정젖소는 시가에 관계없이 협정보험가액 특약으로 보험가입이 가능하다.

03 수확전 종합위험과실손해보장방식 복분자, 무화과 품목을 요약한 내용이다. 다음 (   ) 안에 들어갈 내용을 쓰시오.　　　　　　　　　　　　　　　　　　　　　　　　　　　[5점]

품 목	보 장	보상하는 재해		보험기간	
				보장개시	보장종료
복분자	과실손해보장	이듬해 (①) 이전	자연재해, 조수해, 화재	계약체결일 24시	이듬해 (①)
		이듬해 (②) 이후	태풍(강풍), 우박	이듬해 (②)	이듬해 수확기종료 시점 다만, 이듬해 (③)을 초과할 수 없음
무화과	과실손해보장	이듬해 (④) 이전	자연재해, 조수해, 화재	계약체결일 24시	이듬해 (④)
		이듬해 (⑤) 이후	태풍(강풍), 우박	이듬해 (⑤)	이듬해 수확기종료 시점 다만, 이듬해 (⑥)을 초과할 수 없음
	나무손해보장	자연재해, 조수해, 화재		판매개시연도 (⑦) 다만, (⑦) 이후 보험에 가입한 경우에는 계약체결일 24시	이듬해 (⑧)

[정답]

① 5월 31일, ② 6월 1일, ③ 6월 20일, ④ 7월 31일, ⑤ 8월 1일, ⑥ 10월 31일, ⑦ 12월 1일, ⑧ 11월 30일

04 농작물재해보험 대상품목에 관한 인수제한 목적물 기준이다. (　　)에 들어갈 내용을 쓰시오.
[5점]

대상품목	인수제한 목적물
참다래(비가림시설)	가입면적이 (①)m² 미만인 참다래 비가림시설
밀	(②)재배방식에 의한 봄 파종을 실시한 농지
콩	출현율이 (③)% 미만인 농지
메밀	9월 (④)일 이후에 파종을 실시 또는 할 예정인 농지
자두	가입하는 해의 나무수령(나이)이 (⑤)년 미만인 과수원
두릅	1주당 재배면적이 (⑥)m² 초과인 과수원
블루베리	가입시점 기준 나무 수령이 (⑦)년 미만인 블루베리 나무로만 구성된 과수원

[정답]

① 200, ② 춘파, ③ 80, ④ 15, ⑤ 6, ⑥ 3.3, ⑦ 2

[해설]

인수제한 목적물

대상품목	인수제한 목적물
참다래(비가림시설)	가입면적이 (200)m² 미만인 참다래 비가림시설
밀	(춘파)재배방식에 의한 봄 파종을 실시한 농지
콩	출현율이 (80)% 미만인 농지
메밀	9월 (15)일 이후에 파종을 실시 또는 할 예정인 농지
자두	가입하는 해의 나무수령(나이)이 (6)년 미만인 과수원
두릅	1주당 재배면적이 (3.3)m² 초과인 과수원
블루베리	가입시점 기준 나무 수령이 (2)년 미만인 블루베리 나무로만 구성된 과수원

05 종합위험보장 논작물(벼) 품목의 보험료의 환급에 관한 내용이다. (   ) 안에 들어갈 내용을 답란에 쓰시오. [5점]

(1) 계약자 또는 피보험자의 책임 없는 사유에 의하는 경우
(①)의 경우에는 납입한 계약자부담보험료의 전액, (②)의 경우에는 해당 월 미경과비율에 따라 아래와 같이 '환급보험료'를 계산한다.

> 환급보험료 = (③) × 미경과비율
> ※ (③)은(는) 최종 보험가입금액 기준으로 산출한 보험료 중 계약자가 부담한 금액

(2) 계약자 또는 피보험자의 책임 있는 사유에 의하는 경우
계산한 해당 월 미경과비율에 따른 환급보험료. 다만 계약자, 피보험자의 (④)로 무효가 된 때에는 보험료를 환급하지 않는다.

(3) 계약자 또는 피보험자의 책임 있는 사유라 함은 다음 각 호를 말한다.
① 계약자 또는 피보험자가 (⑤)하는 경우
② 사기에 의한 계약, 계약의 해지 또는 중대사유로 인한 해지에 따라 계약을 (⑥)하는 경우
③ (⑦)으로 인한 계약의 효력 상실

정답

① 무효
② 효력상실 또는 해지
③ 계약자부담보험료
④ 고의 또는 중대한 과실
⑤ 임의 해지
⑥ 취소 또는 해지
⑦ 보험료 미납

06

다음은 '사과'의 적과전 종합위험방식 계약에 관한 사항이다. 다음 물음에 답하시오(단, 주어진 조건외 다른 조건은 고려하지 않음). [15점]

구 분	품 목	보장수준(%)				
		60	70	80	85	90
국고보조율(%)	사과, 배, 단감, 떫은감	60	60	50	38	33

[조건]
○ 품목 : 사과(적과전 종합위험방식)　　　　○ 가입금액 : 1,000만원(주계약)
○ 순보험요율 : 20%　　　　　　　　　　　　○ 부가보험요율 : 3%
○ 할인·할증률 : 없음(=100%)　　　　　　　○ 자기부담비율 : 15%형
○ 착과감소보험금 보장수준 : 70%형

(1) 영업보험료의 계산과정과 값을 쓰시오.
(2) 농가부담보험료의 계산과정과 값을 쓰시오.

정답

(1) 영업보험료

영업보험료 = 순보험료 + 부가보험료
- 순보험료 = 보험가입금액 × 순보험요율 × 할인·할증률
  = 10,000,000원 × 20% × 100% = 2,000,000원
- 부가보험료 = 보험가입금액 × 부가보험요율 × 할인·할증률
  = 10,000,000원 × 3% × 100% = 300,000원
- 영업보험료 = 순보험료 + 부가보험료
  = 2,000,000원 + 300,000원 = **2,300,000원**

(2) 농가부담보험료

정부는 농업인의 경제적 부담을 줄이고 농작물재해보험 사업의 원활한 추진을 위하여 농작물재해보험에 가입한 계약자의 납입 순보험료의 50% 내외를 지원한다. 다만, 사과, 배, 단감, 떫은감 품목은 보장수준별로 33~60% 차등 지원한다.
문제 조건에서 자기부담비율이 15%형이므로, 보장수준은 85%이다. 즉 국가보조율은 38%이다.

- 농가부담보험료 = 2,300,000원 × (1 - 38%) = **1,426,000원**

07 작물특정 및 시설종합위험 인삼손해보장방식의 해가림시설에 관한 내용이다. 다음 물음에 답하시오(단, A시설과 B시설은 별개 계약임). [15점]

시 설	시설유형	재배면적	시설년도	가입시기
A시설	목재A형	3,000m^2	2020년 4월	2024년 10월
B시설	07-철인-A형	1,500m^2	2017년 5월	2024년 11월

(1) A시설의 보험가입금액의 계산과정과 값(원)을 쓰시오(단, 천원 단위 절사).
(2) B시설의 보험가입금액의 계산과정과 값(원)을 쓰시오(단, 천원 단위 절사).

정답

(1) A시설의 보험가입금액의 계산과정
① 목재A형 m^{2}당 시설비 : 5,900원/m^2
② 경과기간 : 2024년 10월 – 2020년 4월 = 4년 6개월 ⇒ 4년(※ 1년 미만은 미적용)
③ 재조달가액 = 단위면적(1m^2)당 시설비 × 재배면적(m^2)
　　　　　　= 5,900원/m^2 × 3,000m^2 = 17,700,000원
④ 감가상각률 = 13.33%/년 × 4년 = 53.32%
⑤ 보험가입금액 = 재조달가액 × (100% – 감가상각률)
　　　　　　　= 17,700,000원 × (100% – 53.32%)
　　　　　　　= 8,262,360원 = **8,260,000원**(※ 천원 단위 절사)

(2) B시설의 보험가입금액의 계산과정
① 07-철인-A형 m^{2}당 시설비 : 7,200원/m^2
② 경과기간 : 2024년 11월 – 2017년 5월 = 7년 6개월 ⇒ 7년(※ 1년 미만은 미적용)
③ 재조달가액 = 단위면적(1m^2)당 시설비 × 재배면적(m^2)
　　　　　　= 7,200원/m^2 × 1,500m^2 = 10,800,000원
④ 감가상각률 = 4.44%/년 × 7년 = 31.08%
⑤ 보험가입금액 = 재조달가액 × (100% – 감가상각률)
　　　　　　　= 10,800,000원 × (100% – 31.08%)
　　　　　　　= 7,443,360원 = **7,440,000원**(※ 천원 단위 절사)

해설

보험가입금액 산출
① 보험가입금액 = 재조달가액 × (100% – 감가상각률)
　※ 단, 천원 단위 절사
② 재조달가액 = 단위면적(m^2)당 시설비 × 재배면적(m^2)
③ 유형별 경년감가율

유 형	내용연수	경년감가율
목재	6년	13.33%
철재	18년	4.44%

④ 단위면적(1m^2)당 시설비

유 형	시설비(원)/m^2
07-철인-A형	7,200
07-철인-A-1형	6,600
07-철인-A-2형	6,000
07-철인-A-3형	5,100
13-철인-W	9,500
목재A형	5,900
목재A-1형	5,500
목재A-2형	5,000
목재A-3형	4,600
목재A-4형	4,100
목재B형	6,000
목재B-1형	5,600
목재B-2형	5,200
목재B-3형	4,100
목재B-4형	4,100
목재C형	5,500
목재C-1형	5,100
목재C-2형	4,700
목재C-3형	4,300
목재C-4형	3,800

08 농작물재해보험 '벼'에 관한 내용이다. 다음 물음에 답하시오(단, 보통약관과 특별약관 보험 가입금액은 동일하며, 병해충 특약에 가입되어 있음).   [15점]

○ 계약사항 등
  • 보험가입일 : 2024년 5월 22일
  • 품목 : 벼
  • 재배방식 : 친환경 직파 재배
  • 가입수확량 : 5,000kg
  • 보통약관 영업요율 : 15%
  • 특별약관 영업요율 : 5%
  • 손해율에 따른 할증률 : 15%
  • 직파재배 농지 할증률 : 10%
  • 친환경 재배시 할증률 : 10%

○ 조사내용
  • 민간 RPC(양곡처리장) 지수 : 1.2
  • 농협 RPC 계약재배 수매가(원/kg)

연 도	수매가	연 도	수매가	연 도	수매가
2018	1,300	2020	1,600	2022	2,000
2019	1,400	2021	1,800	2023	2,200

※ 계산시 민간 RPC 지수는 농협 RPC 계약재배 수매가에 곱하여 산출할 것

(1) 보험가입금액의 계산과정과 값을 쓰시오.

(2) 수확감소보장 보통약관 적용보험료의 계산과정과 값을 쓰시오(단, 천원 단위 절사).

(3) 병해충보장 특별약관 적용보험료의 계산과정과 값을 쓰시오(단, 천원 단위 절사).

정답

(1) 보험가입금액
  벼의 보험가입금액은 가입 단위 농지별로 가입수확량에 표준(가입)가격을 곱하여 산출하며, 천원 단위는 절사한다. 단, 벼의 표준가격은 보험가입연도 직전 5개년의 시·군별 농협 RPC 계약재배 수매가 최근 5년 평균값에 민간 RPC 지수를 반영하여 산출한다.
  ① **벼의 표준(가입)가격**
    • 농협 RPC 계약재배 수매가 최근 5년 평균값
      $= (2,200원 + 2,000원 + 1,800원 + 1,600원 + 1,400원) \div 5 = 1,800원$
    • 표준(가입)가격 $= 1,800원 \times 1.2 = 2,160원$
  ② **보험가입금액**
    보험가입금액 = 가입수확량 × 가입(표준)가격
            $= 5,000kg \times 2,160원/kg = 10,800,000원$

(2) 수확감소보장 보통약관 적용보험료

보통약관 보험가입금액 × 지역별 보통약관 영업요율 × (1 + 손해율에 따른 할인·할증률) × (1 + 친환경 재배시 할증률) × (1 + 직파재배 농지 할증률)

= 10,800,000원 × 15% × (1 + 15%) × (1 + 10%) × (1 + 10%)

= 2,254,230원 = **2,250,000원**(※ 천원 단위 절사)

(3) 병해충보장 특별약관 적용보험료

특별약관 보험가입금액 × 지역별 특별약관 영업요율 × (1 + 손해율에 따른 할인·할증률) × (1 + 친환경 재배시 할증률) × (1 + 직파재배 농지 할증률)

= 10,800,000원 × 5% × (1 + 15%) × (1 + 10%) × (1 + 10%)

= 751,410원 = **750,000원**(※ 천원 단위 절사)

09 농업수입안정보험 '콩' 품목에 관한 내용이다. 계약내용과 조사내용을 참조하여 다음 물음에 답하시오(피해율은 %로 소수점 둘째자리 미만 절사함. 예시 : 12.678% → 12.67%). [15점]

○ **계약내용**
- 보험가입일 : 2024년 6월 20일
- 평년수확량 : 2,000kg
- 가입수확량 : 2,000kg
- 자기부담비율 : 10%
- 과거 5년 농가수취비율의 올림픽 평균값 : 80%
- 전체 재배면적 : 3,000m²(백태 1,500m², 서리태 1,500m²)

○ **조사내용**
- 조사일 : 2024년 10월 20일
- 전체 재배면적 : 3,000m²(백태 1,500m², 서리태 1,500m²)
- 수확량 : 1,500kg
- 미보상감수량 : 100kg

■ 서울양곡도매시장 연도별 '백태' 평균가격(원/kg)

연도 등급	2019	2020	2021	2022	2023	2024
상품	6,300	6,400	7,200	7,400	7,600	7,800
중품	6,100	6,200	6,900	7,000	7,200	7,200

■ 서울양곡도매시장 연도별 '서리태' 평균가격(원/kg)

연도 등급	2019	2020	2021	2022	2023	2024
상품	7,600	7,800	8,200	7,800	8,400	8,600
중품	7,300	7,400	7,800	7,200	8,200	8,200

(1) 2024년 기준가격의 계산과정과 값을 쓰시오.

(2) 2024년 수확기가격의 계산과정과 값을 쓰시오.

(3) 2024년 농업수입감소보장보험금의 계산과정과 값을 쓰시오.

[정답]

(1) 기준가격

① 기준가격의 산출

서울 양곡도매시장의 과거 5년 연도별 중품과 상품 평균가격의 올림픽 평균값에 과거 5년 농가수취비율의 올림픽 평균값을 곱하여 산출한다.

※ **올림픽 평균값** : 연도별 평균가격 중 최댓값과 최솟값을 제외하고 남은 값들의 산술평균

② '백태'의 기준가격

(단위 : 원/kg)

연 도 등 급	2019	2020	2021	2022	2023
상품	6,300	6,400	7,200	7,400	7,600
중품	6,100	6,200	6,900	7,000	7,200
평균가격	6,200	6,300	7,050	7,200	7,400

과거 5년 연도별 중품과 상품 평균가격 중 최댓값(7,400원)과 최솟값(6,200원)을 제외한 산술평균값을 구하면, '백태'의 기준가격 = (6,300원 + 7,050원 + 7,200원) ÷ 3 = 6,850원

③ '서리태'의 기준가격

(단위 : 원/kg)

연 도 등 급	2019	2020	2021	2022	2023
상품	7,600	7,800	8,200	7,800	8,400
중품	7,300	7,400	7,800	7,200	8,200
평균가격	7,450	7,600	8,000	7,500	8,300

과거 5년 연도별 중품과 상품 평균가격 중 최댓값(8,300원)과 최솟값(7,450원)을 제외한 산술평균값을 구하면, '서리태'의 기준가격 = (7,600원 + 8,000원 + 7,500원) ÷ 3 = 7,700원

④ 기준가격

하나의 농지에 2개 이상 용도(또는 품종)의 콩이 식재된 경우에는 기준가격을 해당 용도(또는 품종)의 면적의 비율에 따라 가중평균하여 산출한다. 즉

- **백태** : 6,850원 × (1,500m^2 ÷ 3,000m^2) = 3,425원
- **서리태** : 7,700원 × (1,500m^2 ÷ 3,000m^2) = 3,850원
- **기준가격** = (3,425원 + 3,850원) × 과거 5년 농가수취비율의 올림픽 평균값(80%) = **5,820원**

(2) 수확기가격

① 수확기가격의 산출

수확연도의 기초통계기간 동안 서울 양곡도매시장 중품과 상품 평균가격에 과거 5년 농가수취비율의 올림픽 평균값을 곱하여 산출한다.

② '백태'의 수확기가격

수확기(2024년)의 평균가격 = (7,800원 + 7,200원) ÷ 2 = 7,500원

③ '서리태'의 수확기가격
수확기(2024년)의 평균가격 = (8,600원 + 8,200원) ÷ 2 = 8,400원
④ 수확기가격
수확기가격도 하나의 농지에 2개 이상 용도(또는 품종)의 콩이 식재된 경우에 해당 용도(또는 품종)의 면적의 비율에 따라 가중평균하여 산출하므로,
- 백태 : 7,500원 × (1,500m^2 ÷ 3,000m^2) = 3,750원
- 서리태 : 8,400원 × (1,500m^2 ÷ 3,000m^2) = 4,200원
- 수확기가격 = (3,750원 + 4,200원) × 과거 5년 농가수취비율의 올림픽 평균값(80%) = 6,360원

(3) 농업수입감소보장보험금

> 보험금 = 보험가입금액 × (피해율 − 자기부담비율)
>
> ※ 피해율 = (기준수입 − 실제수입) ÷ 기준수입

① 보험가입금액 = 가입수확량 × 기준가격 = 2,000kg × 5,820원/kg = 11,640,000원
② 기준수입 = 평년수확량 × 농지별 기준가격 = 2,000kg × 5,820원/kg = 11,640,000원
③ 실제수입 = (조사수확량 + 미보상감수량) × 최솟값(농지별 기준가격, 농지별 수확기가격)
　　　　 = (1,500kg + 100kg) × 5,820원 = 9,312,000원
④ 피해율 = (기준수입 − 실제수입) ÷ 기준수입
　　　　 = (11,640,000원 − 9,312,000원) ÷ 11,640,000원 = 0.2 = 20%
⑤ 보험금 = 보험가입금액 × (피해율 − 자기부담비율)
　　　　 = 11,640,000원 × (20% − 10%) = **1,164,000원**

10 종합위험방식 수확감소보장 보리 품목에 관한 내용이다. 다음 조건을 참고하여 물음에 답하시오(단, 주어진 문제 조건외 다른 조건은 고려하지 않음). [15점]

○ 과거수확량 자료

구 분	2019년	2020년	2021년	2022년	2023년	2024년
표준수확량	5,000kg	5,400kg	5,800kg	6,200kg	6,000kg	6,200kg
평년수확량	5,200kg	5,600kg	5,500kg	6,500kg	6,400kg	?
조사수확량	무사고	무사고	무사고	무사고	무사고	
보험가입 여부	여	여	여	여	여	

○ 보험가입조건
- 가입수확량 : 최소 가입
- 가입가격 : 2,000원/kg

(1) 2024년 평년수확량에 대한 계산식과 값을 쓰시오(단, 평년수확량은 kg단위로, 소수점 첫째 자리에서 반올림하여 다음 예시와 같이 구하시오. 예시 : 123.5kg → 124kg).

(2) 2024년 평년수확량을 활용하여 보험가입금액의 계산식과 값을 쓰시오(단, 천원 단위 절사).

(1) 평년수확량

보리 품목의 평년수확량 = $[A + (B - A) \times (1 - \frac{Y}{5})] \times \frac{C}{B}$

- A(과거 평균수확량) = Σ과거 5년간 수확량 ÷ Y
  = (5,720kg + 6,160kg + 6,380kg + 7,150kg + 7,040kg) ÷ 5
  = 6,490kg

  ※ 무사고로 수확량조사를 시행하지 않은 경우 표준수확량의 1.1배와 평년수확량의 1.1배 중 큰 값을 적용한다.

- B(평균표준수확량) = Σ과거 5년간 표준수확량 ÷ Y
  = (5,000kg + 5,400kg + 5,800kg + 6,200kg + 6,000kg) ÷ 5
  = 5,680kg
- C(표준수확량) = 가입연도 표준수확량 = 6,200kg
- Y = 과거수확량 산출연도 횟수(가입횟수) = 5

평년수확량 = $[A + (B - A) \times (1 - \frac{Y}{5})] \times \frac{C}{B}$

= $[6,490kg + (5,680kg - 6,490kg) \times (1 - \frac{5}{5})] \times \frac{6,200kg}{5,680kg}$

= 7,084.15kg = **7,084kg**

  ※ 평년수확량은 보험가입연도(2024년) 표준수확량의 130%를 초과할 수 없다.
  평년수확량 = 2024년 표준수확량(6,200kg) × 130% = 8,060kg

(2) 보험가입금액

가입수확량은 보험에 가입한 수확량으로 범위는 평년수확량의 50%~100% 사이에서 계약자가 결정한다. 문제 조건에서 <u>최소 가입이므로 50%</u>를 적용한다.

보험가입금액 = 평년수확량 × 50% × 가입가격
= 7,084kg × 50% × 2,000원/kg = 7,084,000원 = **7,080,000원**(※ 천원 단위 절사)

11 적과전 종합위험방식의 적과종료 이전 보상하지 않는 손해에 관한 내용의 일부이다. (   ) 에 들어갈 내용을 쓰시오.   [5점]

> • 계약자, 피보험자 또는 이들의 법정대리인의 (①)로 인한 손해
> • 제초작업, 시비관리 등 통상적인 (②)을 하지 않아 발생한 손해
> • 원인의 직·간접을 묻지 않고 (③)으로 발생한 손해
> • 하우스, 부대시설 등의 (④)로 생긴 손해
> • 보상하는 자연재해로 인하여 발생한 (⑤) 등 간접손해
> • 「식물방역법」 제36조(방제명령 등)에 의거 금지 병해충인 과수 (⑥) 발생에 의한 폐원으로 인한 손해 및 정부 및 공공기관의 매립으로 발생한 손해

정답

① 고의 또는 중대한 과실
② 영농활동
③ 병해충
④ 노후 및 하자
⑤ 동녹(과실에 발생하는 검은 반점 병)
⑥ 화상병

해설

적과종료 이전 보상하지 않는 손해
① 계약자, 피보험자 또는 이들의 법정대리인의 <u>고의 또는 중대한 과실</u>로 인한 손해
② 제초작업, 시비관리 등 통상적인 <u>영농활동</u>을 하지 않아 발생한 손해
③ 원인의 직·간접을 묻지 않고 <u>병해충</u>으로 발생한 손해
④ 보상하지 않는 재해로 제방, 댐 등이 붕괴되어 발생한 손해
⑤ 하우스, 부대시설 등의 <u>노후 및 하자</u>로 생긴 손해
⑥ 계약 체결 시점 현재 기상청에서 발령하고 있는 기상특보 발령 지역의 기상특보 관련 재해(태풍, 호우, 홍수, 강풍, 풍랑, 해일, 대설 등)로 인한 손해
⑦ 보상하는 자연재해로 인하여 발생한 <u>동녹(과실에 발생하는 검은 반점 병)</u> 등 간접손해
⑧ 보상하는 재해에 해당하지 않은 재해로 발생한 손해
⑨ 「식물방역법」 제36조(방제명령 등)에 의거 금지 병해충인 과수 <u>화상병</u> 발생에 의한 폐원으로 인한 손해 및 정부 및 공공기관의 매립으로 발생한 손해
⑩ 전쟁, 혁명, 내란, 사변, 폭동, 소요, 노동쟁의, 기타 이들과 유사한 사태로 생긴 손해

12 다음은 손해평가 단위에 관한 내용이다. (   ) 안에 들어갈 내용을 답란에 쓰시오. [5점]

> (1) 보험목적물별 손해평가 단위는 다음 각 호와 같다.
>   1. 농작물 : (①)
>   2. 가축 : (②)
>   3. 농업시설물 : (③)
>
> (2) 농지라 함은 하나의 보험가입금액에 해당하는 토지로 (④) 등과 관계없이 농작물을 재배하는 하나의 경작지를 말하며, 방풍림, 돌담, (⑤) 등에 의해 구획된 것 또는 동일한 울타리, 시설 등에 의해 구획된 것을 하나의 농지로 한다. 다만, (⑥)에서 보이는 돌담 등으로 구획되어 있는 면적이 극히 작은 것은 동일 작업 단위 등으로 정리하여 하나의 농지에 포함할 수 있다.

정답

① 농지별
② 개별가축별(단, 벌은 벌통 단위)
③ 보험가입 목적물별
④ 필지(지번)
⑤ 도로(농로 제외)
⑥ 경사지

13 종합위험 수확감소보장방식의 품목별 과중조사에 관한 내용의 일부이다. (   )에 들어갈 내용을 쓰시오.   [5점]

---

(1) **포도, 복숭아, 자두, 감귤(만감류) 품목**
    품종별로 착과가 평균적인 3주 이상의 나무에서 크기가 평균적인 과실을 (①) 이상 추출한다. 표본 과실수는 포도, 감귤(만감류)의 경우에 농지당 (②) 이상, 복숭아, 자두의 경우에 농지당 (③)개 이상이어야 한다.

(2) **밤(수확개시전 수확량조사시 과중조사)**
    품종별 과실(송이) 개수를 파악하고, 과실(송이)내 과립을 분리하여 지름 길이를 기준으로 정상 (30mm 초과)·소과(30mm 이하)를 구분하여 무게를 조사한다. 이때 소과(30mm 이하)인 과실 은 해당 과실 무게를 실제 무게의 (④)로 적용한다.

(3) **참다래**
    품종별로 과실 개수를 파악하고, 개별 과실 과중이 50g 초과하는 과실과 50g 이하인 과실을 구분하여 무게를 조사한다. 이때, 개별 과실 중량이 50g 이하인 과실은 해당 과실의 무게를 실제 무게의 (⑤)로 적용한다.

(4) **오미자(수확개시후 수확량조사시 과중조사)**
    선정된 표본구간별로 표본구간내 착과된 과실을 (⑥) 수확하여 수확한 과실의 무게를 조사한 다. 다만, 현장 상황에 따라 표본구간별로 착과된 과실 중 (⑦)만을 수확하여 조사할 수 있다.

정답
① 20개
② 30개
③ 40개
④ 80%
⑤ 70%
⑥ 전부
⑦ 절반

14 논작물에 대한 수확량조사(조사료용 벼 제외)에 관한 내용이다. (   )에 들어갈 내용을 순서대로 쓰시오. [5점]

> ① 피해사실확인조사시 수확량조사가 필요하다고 판단된 농지에 대하여 실시하는 조사로, 수확량조사의 조사방법은 (   ), (   ), (   )가 있으며, 현장 상황에 따라 조사방법을 선택하여 실시할 수 있다.
> ② 단, (   ) 발생시 대표농지를 선정하여 각 수확량조사의 조사결과 값[(   ), (   )] 등을 대표농지의 인접 농지(동일 '리' 등 생육환경이 유사한 인근 농지)에 적용할 수 있다.
> ③ 다만, 동일 농지에 대하여 복수의 조사방법을 실시한 경우 피해율 산정의 우선순위는 (   ), (   ), (   ) 순으로 적용한다.

[정답]

① 수량요소조사, 표본조사, 전수조사
② 거대재해, 조사수확비율, 단위면적당 조사수확량
③ 전수조사, 표본조사, 수량요소조사

[해설]

수확량조사(조사료용 벼 제외)

> ① 피해사실확인조사시 수확량조사가 필요하다고 판단된 농지에 대하여 실시하는 조사로, 수확량조사의 조사방법은 (**수량요소조사**), (**표본조사**), (**전수조사**)가 있으며, 현장 상황에 따라 조사방법을 선택하여 실시할 수 있다.
> ② 단, (**거대재해**) 발생시 대표농지를 선정하여 각 수확량조사의 조사결과 값[(**조사수확비율**), (**단위면적당 조사수확량**)] 등을 대표농지의 인접 농지(동일 '리' 등 생육환경이 유사한 인근 농지)에 적용할 수 있다.
> ③ 다만, 동일 농지에 대하여 복수의 조사방법을 실시한 경우 피해율 산정의 우선순위는 (**전수조사**), (**표본조사**), (**수량요소조사**) 순으로 적용한다.

15 종합위험 시설작물 손해평가 및 보험금 산정에 관하여 다음 물음에 답하시오.   [5점]

(1) 농업용 시설물 감가율과 관련하여 아래 (   )에 들어갈 내용을 쓰시오.

구 분	경과기간			
	1년 이하	2~4년	5~8년	9년 이상
구조체(고정감가)	0%	(①)%	(②)%	(③)%
피복재	(④)%(고정감가)			

(2) 다음은 원예시설 작물 중 '시금치'에 관련된 내용이다. 아래의 조건을 참조하여 생산비보장 보험금(원)을 구하시오(단, 아래 제시된 조건 이외의 다른 사항은 고려하지 않음).

○ 조건

품 목	보험가입금액	피해면적	재배면적	손해정도	보장생산비
시금치	3,000,000원	500m^2	1,000m^2	50%	2,500원/m^2

• 보상하는 재해로 보험금 지급사유에 해당(1사고, 1동, 기상특보재해)
• 구조체 및 부대시설 피해 없음
• 수확기 이전 사고이며, 생장일수는 20일
• 중복보험은 없음

[정답]

(1) (   )에 들어갈 내용
   ① 30
   ② 50
   ③ 70
   ④ 40

(2) **생산비보장보험금**
   ① **수확기 이전 경과비율**
      경과비율 = α + [(1 − α) × (생장일수 ÷ 표준생장일수)]
              = 10% + (1 − 10%) × (20일 ÷ 40일) = 0.55 = 55%
      ※ α(준비기생산비계수) = 10%
      ※ 시금치의 표준생장일수 = 40일
   ② **피해비율**
      피해비율 = 피해면적 ÷ 재배면적 = 500m^2 ÷ 1,000m^2 = 0.5 = 50%
   ③ **피해율**
      피해율 = 피해비율 × 손해정도비율 = 50% × 60% = 0.3 = 30%
      ※ 손해정도가 50%이므로 손해정도비율은 60%이다.
   ④ **생산비보장보험금**
      생산비보장보험금 = 재배면적 × 단위면적당 보장생산비 × 경과비율 × 피해율
                     = 1,000m^2 × 2,500원/m^2 × 55% × 30% = **412,500원**

16 떫은감 과수원을 경작하는 갑(甲)은 적과전 종합위험방식(Ⅱ)에 가입한후 적과 전에 냉해, 집중호우, 조수해 피해를 입고 2024년 7월 30일 적과후 착과수조사를 받았다. 다음의 계약사항과 조사내용을 참조하여 물음에 답하시오(단, 피해율은 %단위로 소수점 셋째자리에서 반올림한다. 예시 : 12.345% → 12.35%로 기재하고, 주어진 조건외 다른 사항은 고려하지 않음). [15점]

○ 계약사항

품 목	가입주수	보험가입금액	자기부담비율	평년착과수	가입 특약
떫은감	300주	20,000,000원	10%	30,000개	5종 한정보장, 나무손해보장

• 나무손해 가입금액 : 주당 100,000원(자기부담비율 5%)

○ 조사내용

조사종류	조사내용	조사결과
피해사실 확인조사 (적과전 실시)	2024년 4월 5일 냉해로 고사한 주수	10주
	2024년 6월 1일 집중호우로 유실되거나 매몰되어 고사한 주수	유실 20주 매몰 40주
	2024년 6월 25일 멧돼지 피해로 고사한 주수	10주
적과후 착과수조사	병충해로 고사한 주수	10주
	조사대상주수를 산정하여 착과수조사 결과 표본주 1주당 평균착과수	100개
	잡초 등 제초작업 불량으로 인한 미보상비율	10%

(1) 착과감소과실수의 계산과정과 값을 구하시오.
(2) 미보상감수과실수의 계산과정과 값을 구하시오.
(3) 나무손해보험금의 계산과정과 값을 구하시오.

[정답]

(1) **착과감소과실수**

착과감소과실수 = Min(평년착과수 – 적과후착과수, 최대 인정감소과실수)
적과종료 이전 특정위험 5종 한정보장 특약에 가입하였으므로, 태풍(강풍), 우박, 지진, 화재 집중호우만 보장한다.
① 고사주수 = 20주(유실) + 40주(매몰) = 60주
② 미보상주수 = 10주(냉해) + 10주(조수해) + 10주(병충해) = 30주
③ 조사대상주수 = 300주 – 60주 – 30주 = 210주
④ 적과후착과수 = 조사대상주수 × 1주당 평균착과수
= 210주 × 100개/주 = 21,000개
⑤ 최대 인정피해율(나무피해) : 유실, 매몰, 도복, 절단(1/2), 소실(1/2), 침수주수를 실제결과주수로 나눈 값
• 최대 인정피해율 = (20주 + 40주) ÷ 300주 = 0.2 = 20%
⑥ 최대 인정감소과실수 = 평년착과수 × 최대 인정피해율
= 30,000개 × 20% = 6,000개
⑦ 착과감소과실수 = Min(평년착과수 – 적과후착과수, 최대 인정감소과실수)
= Min(30,000개 – 21,000개, 6,000개) = **6,000개**

(2) 미보상감수과실수

미보상감수과실수 = {(착과감소과실수 × 미보상비율) + 미보상주수 감수과실수}

※ 적과종료 이전 사고조사에서 미보상비율은 미보상비율 조사값 중 가장 큰 값만 적용한다.

① 미보상주수 감수과실수 = 미보상주수 × 1주당 평년착과수

$= 30주 \times (30,000개 \div 300주) = 3,000개$

② 미보상감수과실수 = {(착과감소과실수 × 미보상비율) + 미보상주수 감수과실수}

$= \{(6,000개 \times 10\%) + 3,000개\} = 3,600개$

(3) 나무손해보험금

나무손해보장 특약에 가입하였으므로 <u>자연재해, 조수해, 화재로 인한 피해를 보상한다.</u>

나무손해보험금 = 보험가입금액 × (피해율 − 자기부담비율)

① 보험가입금액 = 300주 × 100,000원/주 = 30,000,000원

② 고사주수 = 10주(냉해) + 20주(유실) + 40주(매몰) + 10주(조수해) = 80주

③ 피해율 = 피해주수(고사주수) ÷ 실제결과주수

$= 80주 \div 300주 = 0.26666 = 26.67\%$(※ 소수점 셋째자리에서 반올림)

④ 나무손해보험금 = 보험가입금액 × (피해율 − 자기부담비율)

$= 30,000,000원 \times (26.67\% - 5\%) = 6,501,000원$

17 종합위험 수확감소보장 밭작물 '옥수수' 품목에 관한 내용이다. 보험금 지급사유에 해당하며, 아래의 조건을 참조하여 물음에 답하시오(단, 주어진 조건외 다른 사항은 고려하지 않음).

[15점]

○ 조건				
품 종	보험가입금액	보험가입면적	표준수확량	
미백2호	20,000,000원	10,000m²	2,000kg	
가입가격	재식시기지수	재식밀도지수	자기부담비율	표본구간면적 합계
2,000원/kg	1	1	10%	18m²
면적조사 결과				
조사대상면적	고사면적	타작물면적	기수확면적	
9,000m²	500m²	200m²	300m²	
표본구간내 수확한 옥수수				
착립장 길이 (13cm)	착립장 길이 (14cm)	착립장 길이 (15cm)	착립장 길이 (16cm)	착립장 길이 (17cm)
10개	12개	7개	9개	2개

(1) 피해수확량의 계산과정과 값(kg)을 쓰시오.

(2) 손해액의 계산과정과 값(원)을 쓰시오.

(3) 수확감소보험금의 계산과정과 값(원)을 쓰시오.

정답

(1) 피해수확량

① 단위면적당 표준수확량 = 표준수확량 ÷ 실제경작면적

$$= 2,000\text{kg} \div 10,000\text{m}^2 = 0.2\text{kg/m}^2$$

※ 실제경작면적 = 조사대상면적 + 고사면적 + 타작물 및 미보상면적 + 기수확면적

$$= 9,000\text{m}^2 + 500\text{m}^2 + 200\text{m}^2 + 300\text{m}^2 = 10,000\text{m}^2$$

② 표본구간 피해수확량 합계 = (표본구간 "하"품 이하 옥수수 개수 + "중"품 옥수수 개수 × 0.5) × 표준중량 × 재식시기지수 × 재식밀도지수

$$= (22\text{개} + 16\text{개} \times 0.5) \times 0.18\text{kg/개} \times 1 \times 1 = 5.4\text{kg}$$

※ 표본구간내 작물을 수확한 후 착립장 길이에 따라 상(17cm 이상) · 중(15cm 이상 17cm 미만) · 하(15cm 미만)로 구분한다.

※ 미백2호의 표준중량 = 180g = 0.18kg/개

③ 표본구간 단위면적당 피해수확량 = 표본구간 피해수확량 합계 ÷ 표본구간면적

$$= 5.4\text{kg} \div 18\text{m}^2 = 0.3\text{kg/m}^2$$

④ 피해수확량 = (표본구간 단위면적당 피해수확량 × 표본조사대상면적) + (단위면적당 표준수확량 × 고사면적)

$$= (0.3\text{kg/m}^2 \times 9,000\text{m}^2) + (0.2\text{kg/m}^2 \times 500\text{m}^2) = \mathbf{2,800\text{kg}}$$

(2) 손해액

손해액 = 피해수확량 × 가입가격

$$= 2,800\text{kg} \times 2,000\text{원/kg} = \mathbf{5,600,000\text{원}}$$

(3) 수확감소보험금

① 자기부담금 = 보험가입금액 × 자기부담비율

$$= 20,000,000\text{원} \times 10\% = 2,000,000\text{원}$$

② 수확감소보험금 = Min(보험가입금액, 손해액) − 자기부담금

$$= \text{Min}(20,000,000\text{원}, 5,600,000\text{원}) - 2,000,000\text{원} = \mathbf{3,600,000\text{원}}$$

18 가축재해보험의 축사에 관한 내용이다. 다음의 계약사항 및 조사내용을 참조하여 금번 사고 보험금의 계산과정과 값을 구하시오(단, 주어진 조건외 다른 사항은 고려하지 않음).

[15점]

○ 계약사항

목적물		건축 면적 및 구조	보험가입금액	자기부담비율
축사	A동	600m² / 경량철골조 판넬지붕	200,000,000원	5%
	B동	300m² / 경량철골조 판넬지붕		

○ 조사내용
- 금번 태풍피해로 B동 축사의 지붕 일부가 파손됨(손해액 10,000,000원).
- 금번 사고시점의 A동 및 B동 축사의 보험가액 산정자료

구 분	재조달가액 (신축가액)	감가상각액 (경과연수 및 경년감가율을 적용한 금액임)
A동 축사	190,000,000원	30,000,000원
B동 축사	100,000,000원	20,000,000원

- 동 보험의 보험기간 중 금번 사고 2개월 전에 A동 축사에 화재가 발생하여 보험금 80,000,000원이 지급됨.

정답

(1) 보험가액 산정
① A동 축사 보험가액 = 재조달가액 − 감가상각액
= 190,000,000원 − 30,000,000원 = 160,000,000원
② B동 축사 보험가액 = 재조달가액 − 감가상각액
= 100,000,000원 − 20,000,000원 = 80,000,000원
③ 보험가액 합계
① + ② = 160,000,000원 + 80,000,000원 = **240,000,000원**

(2) 잔존보험가입금액
보험기간 중 금번 사고 2개월 전에 A동 축사에 화재가 발생하여 보험금 80,000,000원이 지급되었으므로, 잔존보험가입금액 = 보험가입금액 − 기발생 보상액
= 200,000,000원 − 80,000,000원 = **120,000,000원**

(3) 보험금 산정
① B동 축사 손해액 = 10,000,000원
② 보험가입금액이 보험가액의 80%보다 작으므로 보험가입금액을 한도로 비례보상한다.
③ **자기부담금**
풍재로 인한 손해일 경우에 위에서 계산한 금액에서 보험증권에 기재된 자기부담비율을 곱한 금액 또는 50만원 중 큰 금액을 자기부담금으로 한다.

자기부담금 = Max[10,000,000원 × $\frac{120,000,000원}{240,000,000원 \times 80\%}$ × 5%, 500,000원] = **500,000원**

※ 자기부담비율 : 5%

④ 보험금 산정

$$보험금 = 손해액 \times \frac{보험가입금액}{보험가액의\ 80\%\ 해당액} - 자기부담금$$

$$= 10,000,000원 \times \frac{120,000,000원}{240,000,000원 \times 80\%} - 500,000원 = \mathbf{5,750,000원}$$

19 수확전 과실손해보장방식 '복분자' 품목에 관한 내용이다. 다음 물음에 답하시오. [15점]

(1) 아래 표는 복분자의 과실손해보험금 산정시 수확일자별 잔여수확량비율(%)을 구하는 식이다. 다음 ( )에 들어갈 계산식을 쓰시오.

사고일자	경과비율(%)
6월 1일~7일	(①)
6월 8일~20일	(②)

(2) 아래 조건을 참조하여 과실손해보험금(원)을 구하시오(단, 피해율은 %단위로 소수점 셋째 자리에서 반올림한다. 예시 : 12.345% → 12.35%로 기재하고, 주어진 조건외 다른 사항은 고려하지 않음).

○ 조건

품 목	보험가입금액	가입포기수	자기부담비율	평년결과모지수
복분자	10,000,000원	1,800포기	20%	7개

사고일자	사고원인	표본구간 살아있는 결과모지수 합계	표본조사 결과		표본구간수	미보상비율
			전체 결실수	수정불량 결실수		
4월 10일	냉해	300개	500개	250개	10	20%

(1) (   )에 들어갈 계산식

① 98 – 사고발생일자

② (사고발생일자^2 – 43 × 사고발생일자 + 460) ÷ 2

  ※ 사고발생일자는 6월 중 사고발생일자를 의미함

(2) 과실손해보험금

> 과실손해보험금 = 보험가입금액 × (피해율 – 자기부담비율)
>
> ※ 피해율 = 고사결과모지수 ÷ 평년결과모지수

① 기준 살아있는 결과모지수 = 표본구간 살아있는 결과모지수의 합 ÷ (표본구간수 × 5)
  = 300개 ÷ (10 × 5) = 6개

② 수정불량환산계수 = (수정불량결실수 ÷ 전체 결실수) – 자연수정불량률
  = (250개 ÷ 500개) – 15% = 35%

  ※ 자연수정불량률 : 15%

③ 표본구간 수정불량 고사결과모지수 = 표본구간 살아있는 결과모지수 × 수정불량환산계수
  = 300개 × 35% = 105개

④ 수정불량환산 고사결과모지수 = 표본구간 수정불량 고사결과모지수의 합 ÷ (표본구간수 × 5)
  = 105개 ÷ (10 × 5) = 2.1개

⑤ 미보상고사결과모지수 = 최댓값{[평년결과모지수 – (기준 살아있는 결과모지수 – 수정불량환산 고사
  결과모지수)] × 미보상비율, 0}
  = 최댓값{[7개 – (6개 – 2.1개)] × 20%, 0)}
  = 0.62개

⑥ 고사결과모지수 : 5월 31일 이전에 사고가 발생한 경우
  고사결과모지수 = (평년결과모지수 – 기준 살아있는 결과모지수) + 수정불량환산 고사결과모지수 –
  미보상고사결과모지수
  = (7개 – 6개) + 2.1개 – 0.62개 = 2.48개

⑦ 피해율 = 고사결과모지수 ÷ 평년결과모지수
  = 2.48개 ÷ 7개 = 0.35428 = 35.43%(※ 소수점 셋째자리에서 반올림)

⑧ **과실손해보험금**
  과실손해보험금 = 보험가입금액 × (피해율 – 자기부담비율)
  = 10,000,000원 × (35.43% – 20%)
  = 1,543,000원

20 종합위험 수확감소보장방식 '논작물' 품목에 관한 내용으로 보험금 지급사유에 해당하며, 아래 물음에 답하시오(단, 주어진 조건외 다른 사항은 고려하지 않음). [15점]

(1) 종합위험 수확감소보장방식 논작물(조사료용 벼)에 관한 내용이다. 다음 조건을 참조하여 경작불능보험금의 계산식과 값(원)을 쓰시오.

○ 조건

보험가입금액	보장비율	사고발생일
10,000,000원	계약자는 최대 보장비율 가입조건에 해당되어 이를 선택하여 보험가입을 하였다.	6월 15일

(2) 종합위험 수확감소보장방식 논작물(벼)에 관한 내용이다. 다음 조건을 참조하여 표본조사에 따른 수확량감소보험금의 계산과정과 값(원)을 쓰시오(단, 표본구간 조사시 산출된 수확량과 미보상감수량(kg단위), 유효중량(g단위)은 소수점 첫째자리에서 반올림한다. 예시 : 123.4g → 123g, 피해율은 %단위로 소수점 셋째자리에서 반올림한다. 예시 : 12.345% → 12.35%).

○ 조건 1

보험가입금액	가입면적 (실제경작면적)	자기부담비율	평년수확량	품 종
10,000,000원	4,000m^2	10%	2,000kg	메벼

○ 조건 2

기수확면적	표본구간면적 합계	표본구간작물중량 합계	함수율	미보상비율
500m^2	1.5m^2	500g	25%	20%

(3) 종합위험 수확감소보장방식 논작물(벼)에 관한 내용이다. 다음 조건을 참조하여 전수조사에 따른 수확량감소보험금의 계산과정과 값(원)을 쓰시오(단, 조사대상면적 수확량과 미보상감수량은 kg단위로 소수점 첫째자리에서 반올림한다. 예시 : 123.4kg→123kg, 단위면적당 평년수확량은 소수점 첫째자리까지 kg단위로 기재하고, 피해율은 %단위로 소수점 셋째자리에서 반올림한다. 예시 : 12.345% → 12.35%).

○ 조건 1

보험가입금액	가입면적 (실제경작면적)	자기부담비율	평년수확량	품 종
10,000,000원	4,000m^2	10%	2,000kg	찰벼

○ 조건 2

고사면적	기수확면적	작물중량 합계	함수율	미보상비율
200m^2	300m^2	550kg	20%	10%

정답

(1) 경작불능보험금

지급보험금 = 보험가입금액 × 보장비율 × 경과비율

※ 최대 보장비율 = 45%

※ 경과비율(6월) = 85%

[조사료용 벼의 경작불능보험금 보장비율]

구 분	45%형	42%형	40%형	35%형	30%형
보장비율	45%	42%	40%	35%	30%

[사고발생일이 속한 월에 따른 경과비율]

월 별	5월	6월	7월	8월
경과비율	80%	85%	90%	100%

지급보험금 = 10,000,000원 × 45% × 85% = **3,825,000원**

(2) 표본조사에 따른 수확량감소보험금

① 단위면적당 평년수확량 = 평년수확량 ÷ 실제경작면적

$$= 2,000kg ÷ 4,000m^2 = 0.5kg/m^2$$

② 표본구간 유효중량 = 표본구간 작물중량 합계 × (1 − Loss율) × {(1 − 함수율) ÷ (1 − 기준함수율)}

$$= 500g × (1 − 7\%) × \{(1 − 25\%) ÷ (1 − 15\%)\} = 410.2g$$
$$= 410g(※ 소수점 첫째자리에서 반올림)$$

※ Loss율 : 7%

※ 기준함수율 : 메벼(15%)

③ 표본구간 단위면적당 유효중량 = 표본구간 유효중량 ÷ 표본구간면적

$$= 410g ÷ 1.5m^2 = 273.3g/m^2 = 273g/m^2 = 0.273kg/m^2$$

④ 조사대상면적 = 실제경작면적 − 고사면적 − 타작물 및 미보상면적 − 기수확면적

$$= 3,000m^2 − 0m^2 − 0m^2 − 500m^2 = 2,500m^2$$

⑤ 수확량 = (표본구간 단위면적당 유효중량 × 조사대상면적) + {단위면적당 평년수확량 × (타작물 및 미보상면적 + 기수확면적)}

$$= (0.273kg/m^2 × 2,500m^2) + (0.5kg/m^2 × 500m^2) = 932.5kg$$
$$= 933kg(※ 소수점 첫째자리에서 반올림)$$

⑥ 미보상감수량 = (평년수확량 − 수확량) × 미보상비율

$$= (2,000kg − 933kg) × 20\% = 213.4kg = 213kg(※ 소수점 첫째자리에서 반올림)$$

⑦ 피해율 = (평년수확량 − 수확량 − 미보상감수량) ÷ 평년수확량

$$= (2,000kg − 933kg − 213kg) ÷ 2,000kg = 0.427 = 42.7\%$$

⑧ 지급보험금 = 보험가입금액 × (피해율 − 자기부담비율)

$$= 10,000,000원 × (42.7\% − 10\%) = \textbf{3,270,000원}$$

(별해)

표본구간 단위면적당 유효중량을 하나의 산식으로 계산한 경우 지급보험금

① 표본구간 단위면적당 유효중량 = 표본구간 유효중량 ÷ 표본구간면적

$$= \{500g \times (1-7\%) \times [(1-25\%) \div (1-15\%)]\} \div 1.5m^2$$

$$= 273.52g/m^2 = 274g/m^2 = 0.274kg/m^2$$

② 수확량 = (표본구간 단위면적당 유효중량 × 조사대상면적) + {단위면적당 평년수확량 × (타작물 및 미보상면적 + 기수확면적)}

$$= (0.274kg/m^2 \times 2,500m^2) + (0.5kg/m^2 \times 500m^2) = 935kg$$

③ 미보상감수량 = (평년수확량 − 수확량) × 미보상비율

$$= (2,000kg - 935kg) \times 20\% = 213kg$$

④ 피해율 = (평년수확량 − 수확량 − 미보상감수량) ÷ 평년수확량

$$= (2,000kg - 935kg - 213kg) \div 2,000kg = 0.426 = 42.6\%$$

⑤ 지급보험금 = 보험가입금액 × (피해율 − 자기부담비율)

$$= 10,000,000원 \times (42.6\% - 10\%) = \textbf{3,260,000원}$$

(3) 전수조사에 따른 수확량감소보험금

① 단위면적당 평년수확량 = 평년수확량 ÷ 실제경작면적

$$= 2,000kg \div 4,000m^2 = 0.5kg/m^2$$

② 조사대상면적 = 실제경작면적 − 고사면적 − 타작물 및 미보상면적 − 기수확면적

$$= 3,000m^2 - 200m^2 - 0m^2 - 300m^2 = 2,500m^2$$

③ 조사대상면적 수확량 = 작물중량 × {(1 − 함수율) ÷ (1 − 기준함수율)}

$$= 550kg \times \{(1-20\%) \div (1-13\%)\} = 505.7kg$$

$$= 506kg(※ \text{ 소수점 첫째자리에서 반올림})$$

※ 기준함수율 : 찰벼(13%)

④ 수확량 = 조사대상면적 수확량 + {단위면적당 평년수확량 × (타작물 및 미보상면적 + 기수확면적)}

$$= 506kg + (0.5kg/m^2 \times 300m^2) = 656kg$$

⑤ 미보상감수량 = (평년수확량 − 수확량) × 미보상비율

$$= (2,000kg - 656kg) \times 10\% = 134.4kg = 134kg(※ \text{ 소수점 첫째자리에서 반올림})$$

⑥ 피해율 = (평년수확량 − 수확량 − 미보상감수량) ÷ 평년수확량

$$= (2,000kg - 656kg - 134kg) \div 2,000kg = 0.605 = 60.5\%$$

⑦ 지급보험금 = 보험가입금액 × (피해율 − 자기부담비율)

$$= 10,000,000원 \times (60.5\% - 10\%) = \textbf{5,050,000원}$$

2025 시대에듀 손해평가사 2차 기출유형 모의고사

개정1판1쇄 발행	2025년 06월 30일(인쇄 2025년 05월 20일)
초 판 발 행	2022년 07월 25일(인쇄 2022년 07월 13일)
발 행 인	박영일
책 임 편 집	이해욱
저 자	손해평가연구회
편 집 진 행	서정인
표지디자인	하연주
편집디자인	윤준하 · 하한우
발 행 처	(주)시대고시기획
출 판 등 록	제10-1521호
주 소	서울시 마포구 큰우물로 75 [도화동 538 성지 B/D] 9F
전 화	1600-3600
팩 스	02-701-8823
홈 페 이 지	www.sidaegosi.com
I S B N	979-11-383-9265-5 (13320)
정 가	23,000원

너의 길을 가라. 남들이 무엇이라 하든지 내버려 두라.

– A. 단테 –

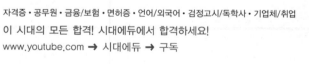

손해평가사

이론중심 전략강의로 단기간 합격을 보장합니다.

1차·2차 시험 이렇게 공부하라!

회독과 반복	선택과 집중	정답과 오답
생소한 개념, 어려운 용어 **반복적으로 학습**	**자신있는 과목에 집중**하여 평균 점수 올리기	오답을 놓치지 않고 **따로 정리하여 오답확률↓**

↓

시대에듀 합격 전략 커리큘럼과 함께하면 합격! 아직 늦지 않았습니다.

기본이론
기본개념 확립을 위한 핵심이론 학습

문제풀이
단원별 문제풀이로 문제해결능력 향상

기출문제해설
최근 기출문제 분석으로 출제 포인트 집중학습

핵심 3단계 구성으로
한방에 끝내는 합격 이론서

1차 한권으로 끝내기

핵심이론 + 예상문제 + 기출문제

최신 개정법령을 반영한 핵심이론
시험에 출제될 가능성이 높은 예상문제
기출문제 단원별 수록

손해평가사
시험의 처음과 끝

손해평가사 1차
한권으로 끝내기(4x6배판)

손해평가사 1차
기출문제해설(4x6배판)

손해평가사 2차
기출문제해설(4x6배판)

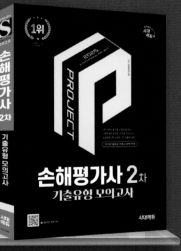

손해평가사 2차 [문제편]
한권으로 끝내기(4x6배판)

손해평가사 2차 [이론편]
한권으로 끝내기(4x6배판)

손해평가사 2차
기출유형 모의고사

※ 본 도서의 이미지는 변경될 수 있습니다.

대한민국
모든 시험 일정 및
최신 출제 경향·신유형 문제

꼭 필요한
자격증·시험 일정과
최신 출제 경향·신유형 문제를
확인하세요!

출제 경향·신유형 문제

◀ 시험 일정 안내 / 최신 출제 경향 · 신유형 문제 ▲

시험 일정 안내

■ 한국산업인력공단 국가기술자격 검정 일정
■ 자격증 시험 일정
■ 공무원·공기업·대기업 시험 일정

합격의 공식
시대에듀